AF744931

Suspicion
et
Procédure pénale équitable

BIBLIOTHÈQUES DE DROIT

COLLECTION FONDÉE ET DIRIGÉE PAR JEAN-PAUL CÉRÉ
Professeur associé à la Faculté de Droit de Campos (Brésil)
Directeur du Master droit de l'exécution des peines et droits de l'homme (universités de Pau et Bordeaux IV, Dakar)

Cette collection a pour vocation d'assurer la diffusion d'ouvrages scientifiques sur des thèmes d'actualité ou sur des sujets peu explorés dans le domaine des sciences juridiques. Elle se destine notamment à la publication de travaux de jeunes chercheurs.

Ouvrages parus :

S. GRUNVALD et J. DANET, La composition pénale. Une première évaluation

G. ROUSSEL, Les procès-verbaux d'interrogatoire. Rédaction et exploitation

R. MONTAGNON, Quel avenir pour les juridictions de proximité ?

N. BIENVENU, Le médecin en milieu carcéral. Etude comparative France/Angleterre et pays de Galle

G. BEAUSSONIE, Le rôle de la doctrine en droit pénal

I. DENAMIEL, La responsabilisation du détenu dans la vie carcérale

C.J. GUILLERMET, La motivation des décisions de justice

C. OLIVA, Breveter l'humain ?

N. BRONZO, Propriété intellectuelle et droits fondamentaux

I. MANSUY, La protection des droits des détenus en France et en Allemagne

E. LIDDELL, La justice pénale américaine de nos jours

E. DUBOURG, Aménager la fin de peine

BIBLIOTHÈQUES DE DROIT : *DROIT PENAL*

Gildas ROUSSEL

Suspicion
et
Procédure pénale équitable

L'HARMATTAN

Du même auteur

Les procès-verbaux d'interrogatoire. Rédaction et exploitation, L'Harmattan, BibliothèqueS de droit, 2005.

Je tiens à exprimer toute ma reconnaissance aux Professeurs Martine Herzog-Evans et André Giudicelli qui ont dirigé ma thèse de doctorat dont cet ouvrage est issu. Leurs conseils me sont toujours précieux.

© L'HARMATTAN, 2010
5-7, rue de l'École-Polytechnique ; 75005 Paris

http://www.librairieharmattan.com
diffusion.harmattan@wanadoo.fr
harmattan1@wanadoo.fr

ISBN : 978-2-296-11458-6
EAN : 9782296114586

A Gaspard et Emmanuelle.

Principales abréviations

Art	Article
Cass. crim	Chambre criminelle de la Cour de cassation
C. civ	Code civil
Cons. d'Et	Conseil d'Etat
C. pén	Code pénal
C. pr. pén	Code de procédure pénale
Dr. pén	Revue Droit pénal
Ed	Edition
Gaz. Pal	Gazette du Palais
Infra	Ci-dessous
JO	Journal Officiel
JCP	Jurisclasseur, La semaine juridique
Not	Notamment
P, pp	page(s)
Préc	Précité
Rev. sc. crim	Revue de science criminelle et de droit pénal comparé
RFD adm	Revue française de droit administratif
RTD civ	Revue trimestrielle de droit civil
S	suivant
Supra	Supra
V	Voir

Introduction

« *Il faut douter de tout, même de ses soupçons.* »

Christine de Suède

Aux termes de l'article 1er du décret des 19 et 22 juillet 1791 sur la police municipale, les municipalités se devaient de tenir registre de leurs habitants. Étaient inscrites avec la note « *gens sans aveu* », les personnes sans moyens de subsistance ou métier précis ; comme « *gens suspects* » avec leur signalement, celles qui refusaient de faire toute déclaration et enfin comme « *gens malintentionnés* » celles ayant réalisé une fausse déclaration. En cas de participation à « *une rixe, un attroupement séditieux, un acte de voie de fait ou de violence* », ces différentes catégories étaient passibles de poursuites correctionnelles. À la même époque, les prêtres catholiques sont déclarés « *suspects de révolte contre la Loi et de mauvaises intentions contre la Patrie* »[1]. Le qualificatif de suspect est ensuite repris par le décret du 17 septembre 1793, dit loi des suspects, permettant l'arrestation et l'emprisonnement des individus dont les activités et la personne même étaient considérées comme attentatoires à la Révolution. Toutefois, ce texte ne donnait pas une définition générique du suspect. Son article 2 se contentait de dresser une liste des personnes suspectes. Étaient notamment visées celles qui, « *par leur conduite, leurs relations, leurs propos ou leurs écrits, s'étaient montré[e]s partisan[e]s du fédéralisme et ennemis de la liberté* », ou « *qui ne pouvaient justifier de leurs moyens d'existence* », ainsi que les fonctionnaires suspendus, les émigrés et leurs parents, les nobles. L'article 6 du décret du 22 prairial an II (10 juin 1794) étendit la catégorie des suspects et les qualifia alors d' « *ennemis du peuple* »[2], c'est-à-dire de

---

1 CARBASSE (J. - M.), *Histoire du droit pénal et de la justice criminelle*, PUF, 2000, n° 224, p. 382.

2 MATHARANT (J.-L.), Suspect(s)/Soupçon/Suspicion. La désignation des ennemis (été 1789-été 1793), in DOUGNAC (F.), GEFFROY (A.), GUILHAUMOU (J.), dir., *Dictionnaire des usages socio-politiques (1770-1815)*, fasc. 1, Paris, Champion, 1985, p. 187 ; Sus-

coupables virtuels. La suspicion légale permettait ainsi un internement presque administratif[1] sans qu'aucune infraction ne soit commise. Cette suspicion généralisée se trouvait bien à la source du « *droit pénal politique*» de l'époque révolutionnaire[2].

À travers ces exemples, il est possible de vérifier que la suspicion inscrit les liens entre l'individu et l'autorité politique dans le registre de la défiance voire de la confrontation. Le langage commun définit d'ailleurs le suspect comme « *la personne qui inspire la défiance* » voire comme « *l'auteur possible d'une infraction* »[3]. D'un point de vue étymologique, le terme suspicion provient du latin *suspicere*, regarder vers, conjecturer, qui a donné *suspicionem*, suspicion[4]. Soupçonner revient à conjecturer sur un individu et le considérer défavorablement. Il s'agit de l'attribution à une personne d'une conduite ou des intentions répréhensibles.

Par conséquent, si l'on considère que le procès pénal est « *au centre de la réaction de toute société à la transgression* »[5], alors devient suspect l'individu sur lequel pèse un doute quant à sa capacité à ne pas enfreindre les règles qui régissent les rapports sociaux[6]. Titulaire du monopole de la violence physique légitime selon la démonstration célèbre de Weber, l'Etat possède seul les pouvoirs d'incriminer, d'accuser, de juger et de condamner. L'homme ordinaire devient dès le début de cette confrontation avec le pouvoir un suspect. Il subit non seulement le « *processus de réaction sociale* »[7] organisé par le procès pénal mais aussi la stigmatisation et l'infamie qui l'accompagnent[8]. La suspicion révèle le suspect et le range à part des autres membres de la cité. Elle s'inscrit bien dans la dimension vindicative du procès pénal.

---

pect(s)/Soupçon/Suspicion. La désignation des ennemis (été 1793-an III), DOUGNAC (F.), GEFFROY (A.), GUILHAUMOU (J.), dir., *Dictionnaire des usages socio-politiques (1770-1815)*, fasc. 4, Paris, Champion, 1989, p. 167.

1 ROYER (J.-P.), *Histoire de la justice en France*, PUF, 3ème éd., 2001, n° 252.

2 CARBASSE (J.-M.), *Histoire du droit pénal et de la justice criminelle*, préc. p. 149.

3 Dictionnaire *Le Petit Larousse*, 2003, p. 980.

4 BLOCH (O.), VVON WARTBURG (W.), *Dictionnaire étymologique de la langue française*, PUF, 1994, p. 602, 617.

5 SALAS (D.), *Du procès pénal*, PUF, 1991, p. 20.

6 LITTRE (P.-E.), *Dictionnaire de la langue française*, t. 6, p. 5994.

7 GUINCHARD (S.), BUISSON (J.), *Procédure pénale*, Litec, 4éme éd., 2008, n° 2, p. 1.

8 PRADEL (J.) *Procédure pénale*, Cujas, 14ème éd., 2008, n° 384, p. 339.

Dès lors, seule la suspicion portant sur la commission d'une infraction par un individu sera ici analysée. Toutefois, la suspicion ne se limite pas à cette seule perspective. Par exemple, l'article 356 du nouveau Code de procédure civile et l'article 662 du Code de procédure pénale prévoient un type particulier de suspicion : la suspicion légitime. Celle-ci ne concerne pas la commission d'une infraction par un citoyen. Elle porte à l'inverse sur la partialité d'une juridiction et entraîne son dessaisissement. Elle ne sera donc pas abordée dans cette étude. De même, le mécanisme de suspicion se retrouve dans d'autres branches du droit privé qui ne font pas non plus l'objet de ce travail spécifiquement pénal.

La doctrine juridique définit la suspicion comme une « *opération intellectuelle consistant à appréhender une situation illicite* » et ayant « *pour objet de saisir une situation qui, selon toute vraisemblance, a pour source une action humaine illicite* »[1]. De ce fait, cette technique est particulièrement adaptée à la répression pénale. Celle-ci se fonde sur l'existence d'une situation illicite, l'infraction reconnue par la loi comme un fait contraire à l'ordre social et puni d'une peine. La suspicion permet d'identifier le suspect comme celui qui a probablement commis l'infraction. La suspicion devient le lien entre les deux objets du droit pénal et de la procédure pénale, entre l'infraction et le délinquant. Elle va se fonder sur un raisonnement syllogistique[2], propre à la science juridique[3], qui, partant de la constatation de différents éléments ayant trait à la commission d'une infraction pénale, va conclure à la possibilité que la personne en soit l'auteur. La suspicion ne se fonde donc pas sur de simples soupçons. Ces derniers, par nature subjectifs ne sont que des sentiments. Ils ne relèvent pas d'une opération intellectuelle et d'un raisonnement mais d'une intuition, d'un préjugé, d'une opinion défavorable. Le soupçon seul ne devrait donc pas, en principe, produire des effets de droit, sauf à vider la technique de suspicion de sa substance et permettre que la procédure pénale se fonde sur une subjectivité.

---

[1] DEFFERRARD (F.), *La suspicion légitime*, LGDJ, 2000, n° 9 p. 7.

[2] GHESTIN (J.), GOUBEAUX (G.), FABRE-MAGNAN (M.), *Traité de droit civil. Introduction générale*, LGDJ, 4ème éd. 1994, n° 48 p. 38.

[3] PERELMAN (C.), *Logique juridique. Nouvelle rhétorique*, Dalloz, 2ème éd. 1999, n° 1, p. 1.

La suspicion implique le suspect dans l'affaire. Néanmoins, l'implication est une notion trop vague pour être comprise comme synonyme de la suspicion[1]. Tout individu peut se voir impliqué dans une affaire pénale sans être suspect. Ainsi, la victime est bien entendu impliquée[2], à l'instar des personnes civilement responsables et des assureurs, mais aussi des témoins. L'implication permet l'intervention dans le procès mais elle ne se fonde pas toujours sur une suspicion. Elle n'est donc pas une forme de mise en œuvre de celle-ci.

En outre, suspecte, la personne peut se voir mise en cause. Cette notion, peu présente dans le Code de procédure, se doit d'être distinguée de la suspicion. En matière pénale, elle consiste précisément à faire rentrer une personne dans la cause, c'est-à-dire dans la procédure. La mise en cause requiert de ce fait deux conditions cumulatives : l'existence d'une suspicion et la désignation de la personne par un tiers[3]. Elle peut intervenir à tout moment du procès, parfois, elle précède la saisine du juge[4]. Dès lors, il est pertinent d'affirmer que « *toute personne mise en cause est donc suspect mais tout suspect n'est pas mis en cause* »[5] notamment si elle n'est pas identifiée ou désignée. La suspicion est un préalable à la mise en cause. La notion de suspicion est ainsi plus large que celle de mise en cause qui apparaît. Le mis en cause est un suspect désigné comme tel.

A partir du moment où la suspicion s'exerce à l'encontre d'une personne, celle-ci est soupçonnée. Différentes expressions sont utilisées pour désigner cette personne touchée par la suspicion : « *personne soupçonnée* », « *personne suspectée* ». Ces expressions sont souvent considérées comme synonymes pour désigner le suspect en matière pénale[6]. Toutefois, certaines nuances révèlent leur importance quant au processus de mise en œuvre de la suspicion. En

---

[1] GUINCHARD (S.), BUISSON (J.), *Procédure pénale*, préc., n° 1120, p. 623.

[2] V. Cass. civ. 1ère, 20 févr. 2001, *Bull. civ.* I, n° 42 ; *D.* 2001, p. 1199, note GRIDEL (H.) à propos de la « *publication d'images des personnes impliquées dans un événement* », ici la victime d'un attentat.

[3] VALETTE (V.), *La personne mise en cause en matière pénale*, Presses universitaires de Clermont-Ferrand, 2002, n° 535, p. 371.

[4] GUINCHARD (S.), BUISSON (J.), *Procédure pénale*, préc., n° 1719, p. 836.

[5] VALETTE (V.), *La personne mise en cause en matière pénale*, préc., n° 9, p. 10.

[6] LAURENT (N.), *Le suspect en matière pénale*, th., Lyon III, 2001, n° 257, p. 221.

effet, le verbe soupçonner renvoie au raisonnement qui élabore la suspicion. Le verbe suspecter dénote quant à la désignation. Il désigne le fait de « *tenir quelqu'un pour suspect* »[1]. L'expression « *personne suspectée* » rend compte de la suspicion à laquelle s'ajoute une désignation[2]. De plus elle connote la défiance de la part de celui qui suspecte, ici l'agent de la répression. Par conséquent, une personne est soupçonnée lorsque pèse sur elle une suspicion. Elle est suspectée dès qu'elle est désignée sur la base de cette suspicion notamment par la prise à son encontre d'un acte de procédure. D'ailleurs, l'article préliminaire du Code de procédure pénale utilise dans son troisième paragraphe l'expression « *personne suspectée* ». La personne doit d'abord être soupçonnée par l'agent de la répression avant d'être suspectée. Le suspect est donc une personne soupçonnée et désignée comme telle. Il est une personne suspectée. La notion de suspect s'avère ainsi une notion générique qui recouvre tous les stades de la procédure jusqu'au jugement[3]. Il est bien le « *personnage central* » du procès pénal[4] puisque c'est sa responsabilité pénale qui, à terme, est au cœur du litige.

La mise en œuvre de la suspicion correspond à l'application de la technique de suspicion. Elle possède pour but de découvrir les personnes physiques ou morales à l'origine de cette situation illicite et de démontrer leur éventuelle participation, et le degré de celle-ci, à la commission d'une infraction. De ce fait, elle passe par la recherche des suspects et des preuves des actes accomplis par eux. Ces preuves permettent de nourrir le raisonnement. Elles fondent et renforcent la suspicion. Ainsi que le rappelle Madame Rassat : « *La preuve concerne l'ensemble du procès pénal. Depuis le soupçon de commission d'une infraction jusqu'à la décision finale, on ne fait, à tous les stades de la procédure, que discuter de problème de preuve qui ne se distingue que par le fait qu'on ne demande pas le même degré de vraisemblance ou de certitude à tous les éléments du procès* »[5].

L'exercice de la suspicion recouvre l'ensemble des décisions prises par les autorités répressives sur la base des éléments de

---

[1] *Larousse*, préc., p. 954 et 980.
[2] LITTRE (P.-E.), *Dictionnaire de la langue française*, t. 6, p. 6283.
[3] DEFFERRARD (F.), *Le suspect dans le procès pénal*, LGDJ 2005, p. 9.
[4] PRADEL (J.), *Procédure pénale*, préc., n° 4.
[5] RASSAT (M.-L.), *Traité de procédure pénale*, PUF, 2001, n° 193, p. 299.

preuves obtenues qui leur permettent de conduire leurs investigations. Sont ainsi concernées les décisions et actes relatifs à la personne même du suspect afin d'assurer sa représentation en justice, l'interroger sur les faits et parfois s'assurer de sa collaboration. Dès lors, la mise en œuvre de la suspicion passe par l'accomplissement d'actes d'enquête, de poursuite et d'instruction. Elle touche aussi l'ensemble des mesures de contrainte prises à l'encontre du suspect. La contrainte peut même être considérée, non pas seulement comme une conséquence de la mise en œuvre de la suspicion, mais comme une véritable modalité d'exercice de la suspicion tant elle demeure une constante dans les décisions fondées sur celle-ci. Par conséquent, la mise en œuvre de la suspicion porte atteinte à la liberté d'aller et venir du suspect, à sa sûreté, mais aussi à sa vie privée. La mise en œuvre de la suspicion relativise la liberté individuelle de celui qui en est l'objet. Afin d'éviter l'arbitraire, le principe de la légalité exige ainsi qu'elle soit encadrée par les règles précises de la procédure pénale posées par le législateur[1].

Les règles de procédure pénale vont donc définir les modalités de mise en œuvre de la suspicion. Elles trouvent à s'appliquer dès l'apparition de la suspicion. La suspicion va donc être le point départ de la procédure pénale tandis que celle-ci va définir ses modalités d'apparition puis de mise en œuvre. Les règles procédurales vont ainsi définir à partir de quel moment la suspicion est suffisante pour posséder un effet juridique procédural et comment ensuite elle va s'exercer. Elles vont poser les critères de définition des indices fondant la suspicion. Elles vont alors formaliser toujours plus précisément la suspicion par la définition de sa mise en œuvre pour aboutir au jugement du suspect. Cependant, il ne faut pas croire que cette mise en œuvre va se dérouler de manière linéaire. Elle va connaître des phases de stagnation, de régression, d'aggravation, en fonction des éléments de preuves recueillis et de l'avancement des investigations de l'aggravation ou de l'affaiblissement de la suspicion, de son déplacement vers d'autres personnes. Comme le disait le procureur général Besson il y a plus de quarante ans : « *Entre la suspicion d'origine, purement instinctive et sans relation visible avec les éléments de l'enquête, et la suspicion formelle en*

---

[1] BOULOC (B.), *Procédure pénale*, Dalloz, 21ème éd., 2008, n° 10, p. 8.

rapport avec les données de la procédure, il y a tout un champ de conjectures, jalonnées de pauses et même de régressions où les personnes incriminées pourront tour à tour prendre l'apparence du coupable ou de l'innocent, selon le développement des opérations »[1]. Le lien entre suspicion et procédure pénale est ainsi très étroit. La mise en œuvre de la suspicion est une aventure procédurale.

La procédure organise et régule la mise en œuvre de la suspicion afin que le procès pénal se déroule et que la réaction sociale s'accomplisse. D'une certaine manière, la suspicion constitue l'un des moteurs de la procédure. Sans suspicion, point de procédure pénale. La technique de suspicion est inhérente à la procédure pénale.

Par ailleurs, la recherche de la vérité est très souvent présentée comme l'autre moteur de la procédure. Comme le précisent Messieurs Merle et Vitu, « *Le souci de découvrir l'exacte vérité dans le procès répressif est poussé très loin* »[2] et explique la parfois longue phase de rassemblement des preuves qui permettent de rechercher la vérité[3]. Lorsque l'article 81 du Code de procédure pénale permet au juge d'instruction d'accomplir « *tous les actes d'information qu'il juge utiles à la manifestation de la vérité* », il place bien la vérité au centre de l'instruction. Cette phase de recherche des preuves prépare ainsi la discussion sur les faits qui aura lieu à l'audience de jugement. D'une certaine manière, la suspicion participe à cette recherche de la vérité justement parce qu'elle désigne celui qui a peut-être commis les faits et rapporte les éléments de preuve susceptibles d'expliquer comment il a agi. En tant que technique de raisonnement elle apporte un éclairage sur les faits et une explication logique. La mise en œuvre de la suspicion permet ainsi de constituer le dossier de procédure qui sera apprécié lors de la phase de jugement du procès pénal. Elle met les juridictions de jugement en mesure d'apprécier sur la base de ce dossier la responsabilité pénale des personnes soupçonnées. Ainsi que le résument Messieurs Guinchard et Buisson, « *cette appréciation de leur responsabilité s'opère en fonction des charges faisant présumer la participation de telle personne à la*

---

[1] BESSON (A.), Rapport sur le projet de Code de procédure pénale, *D.* 1955, n° 86 p. 27.

[2] MERLE (R.), VITU (A.), *Traité de droit criminel*, t. 2, *Procédure pénale*, Cujas, 15ème éd. 2001, n° 7, p. 21.

[3] LETURMY (F.), *La recherche de la vérité et le droit pénal*, th., Poitiers, 1995.

commission d'une infraction pénale, que le procureur de la République aura pu caractériser à l'encontre de telle personne au terme de l'enquête de police judiciaire ou de l'information »[1]. Par conséquent, si la discussion à l'audience de jugement se fonde sur le résultat produit par la suspicion, la mise en œuvre de celle-ci s'effectue durant la phase préparatoire du procès pénal, comprenant tant la phase policière d'enquête que l'instruction. Cette étude s'arrêtera donc aux portes de la salle d'audience après l'éventuel renvoi ou mise en accusation du suspect devant la juridiction de jugement. Ce renvoi est ainsi l'aboutissement ultime et paroxystique de la suspicion et l'audience la conséquence de sa mise en œuvre.

De ce fait, la mise en œuvre de la suspicion est réalisée par les autorités répressives. La police judiciaire d'abord, met en œuvre la suspicion puisqu'elle est selon l'article 14 du Code de procédure pénale en charge de la constatation des infractions, du rassemblement des preuves et de la recherche de leur auteur. Le ministère public ensuite, titulaire de l'action publique et de la direction de la police judiciaire, qui au terme de l'article 41 du Code de procédure pénale, « *doit procéder ou faire procéder à tous les actes nécessaires à la recherche et à la poursuite des infractions* ». Il doit ainsi prouver la culpabilité de celui qu'il pense être l'auteur de l'infraction et ainsi du suspect. Tant qu'elles existent, les juridictions d'instruction exercent bien sûr la suspicion puisqu'elles sont en charge de la conduite et du contrôle de l'instruction préparatoire laquelle doit rechercher la vérité selon l'article 81 du Code de procédure. Mais la mise en œuvre de la suspicion intéresse aussi le juge du siège. Il possède une fonction de régulation et de contrôle de l'exercice de la suspicion. Lorsqu'elle officie comme juridiction de recours des décisions rendues au premier degré d'instruction pour la mise en œuvre de la suspicion, la chambre de l'instruction se trouve dans cette position de contrôle. De même, la création du juge des libertés et de la détention répond à cette volonté de réguler les atteintes à la liberté individuelle du suspect, d'abord avec la détention provisoire pendant l'instruction, puis avec certains actes d'investigations pendant l'enquête de police.

---

[1] GUINCHARD (S.), BUISSON (J.), *Procédure pénale*, préc., n° 623, p. 459.

A l'inverse, bien qu'actrice à part entière du procès pénal, la victime ne met pas réellement en œuvre la suspicion. Certes, elle peut soupçonner une personne d'être l'auteur de l'infraction dont elle est victime et la dénoncer ou porter plainte contre elle. De même, elle peut porter plainte avec constitution de partie civile contre celui qu'elle soupçonne et cette action entraîne la mise en mouvement de l'action publique et l'ouverture d'une information judiciaire[1]. La suspicion privée de la victime peut ainsi être à l'origine de la procédure. Mais les actes de mise en œuvre de cette suspicion seront accomplis par les autorités policières ou judiciaires. La suspicion mise en œuvre pendant la procédure pénale reste bien une suspicion policière ou judiciaire, c'est-à-dire la suspicion des autorités répressives, non une suspicion privée mais une suspicion formalisée et institutionnalisée[2]. Dès lors, cette étude n'évoquera donc pas les prérogatives de la victime dans le procès pénal. En revanche, le déroulement de la mise en œuvre de la suspicion dépend de l'importance des prérogatives procédurales des acteurs policiers et judiciaires pendant le procès.

L'évolution de la procédure pénale est marquée par l'émergence de principes directeurs souvent de nature constitutionnelle ou conventionnelle. Puisqu'elle est organisée par les règles procédurales, la mise en œuvre de la suspicion doit de ce fait respecter ces principes directeurs. Précisément, ils constituent des règles fondatrices de la procédure utilisées parfois par le juge pour interpréter une règle technique spécifique ou pour directement créer une nouvelle règle technique et ainsi compléter le système procédural[3]. Comme l'énonce le premier paragraphe de l'article préliminaire du Code de procédure pénale introduit par l'article 1er de la loi du 15 juin 2000, « *la procédure pénale doit être équitable et contradictoire et respecter l'équilibre des droits des parties* ». Cet article possède un aspect emblématique justement souligné[4] et

---

[1] Art. 80 dernier alinéa C. pr. pén.

[2] A l'inverse, pendant le procès féodal entièrement accusatoire, le suspect était confronté à une suspicion privée, la *diffamatio*, mise en œuvre par un accusateur privé, CARBASSE (J.-M.), *Histoire du droit pénal et de la justice criminelle*, préc., n° 45, p. 86.

[3] CADIET (L.), Et les principes directeurs des autres procès ? Jalons pour une théorie des principes directeurs du procès, in *Mélanges Jacques Normand*, Litec, 2003, p. 71.

[4] HENRION (H.), L'article préliminaire du code de procédure pénale : vers une « théorie législative » du procès pénal ?, *Arch. pol. crim.* 2001, p. 13 et s., spéc., p. 17.

définit une véritable pédagogie procédurale que doivent respecter les acteurs du procès[1]. L'utilité de cet article a longtemps fait débat puisqu'il reprend des principes souvent d'une valeur supra-législative posés par les textes constitutionnels, internationaux et européens. Il a même été accusé de fournir au juge la possibilité d'écarter l'application de la loi en cas de violation d'un principe énoncé et instaurer un contrôle de constitutionnalité de fait[2]. La Cour de cassation en fait ainsi une application variable mais n'hésite plus à en affirmer la valeur voire presque à déclarer sa prééminence sur les règles de procédure pénale[3]. Le Conseil constitutionnel lui a toutefois octroyé une pleine normativité dans sa décision du 2 mars 2004[4]. Le Conseil énonce qu'il « *appartient à l'autorité judiciaire de veiller au respect de ces principes rappelés à l'article préliminaire du code de procédure pénale dans l'application des règles de procédure pénale spéciales instituées par la loi* ». Or, la notion de suspicion figure clairement au sein de cet énoncé des principes directeurs du procès pénal, même si elle n'apparaît pas en tant que telle comme principe directeur. Le paragraphe trois de l'article préliminaire énonce ainsi que « *Toute personne suspectée ou poursuivie est présumée innocente tant que sa culpabilité n'a pas été établie* ».

Et cette personne suspectée s'avère une « *personne menacée* »[5] par le procès. Au-dessus de sa tête se tient, prête à s'abattre, la sanction pénale telle une épée de Damoclès aiguisée par la suspicion. Les droits procéduraux édictés par le bloc de constitutionnalité et la Convention européenne des droits de l'homme, repris par l'article préliminaire du Code de procédure pénale, permettent alors de lui assurer une sorte de « *matelas de protection* » de ses inté-

---

1 LAZERGES (C.), De l'écriture à l'usage de l'article préliminaire du Code de procédure pénale, *Le champ pénal, Mélanges en l'honneur du professeur Reynald Ottenhof*, Dalloz, 2006, p. 71.

2 COMMARET (D.-N.), L'article préliminaire du code de procédure pénale, simple rappel des principes directeurs du procès pénal, disposition créatrice de droit ou moyen de contrôle de la légalité de la loi, in *Le droit pénal à l'aube du troisième millénaire. Mélanges offerts à Jean Pradel*, Cujas, 2006, p. 71.

3 Cass crim., 20 avr. 2005, pourvoi n° 04-82.427.

4 Cons. const., déc. n° 2004-492 DC du 2 mars 2004, cons. n° 6 ; *Rev. sc. crim.* 2004, p. 725 obs. LAZERGES (C.).

5 FRISON-ROCHE (M.-A.), Les droits de la défense en matière pénale, in CABRILLAC (R.), FRISON-ROCHE (M.-A.), REVET (T.), dir., *Liberté et droits fondamentaux*, Dalloz, 10ème éd., 2004, p. 413.

rêts[1]. A l'inverse, la Convention européenne des droits de l'homme et la jurisprudence de la Cour de Strasbourg ont véritablement un rôle d'« *éveilleurs de conscience juridique* » sur la nécessité de corriger les éventuelles dérives de procédure pénale française[2] dans le traitement procédural de la personne soupçonnée. C'est pourquoi, du fait de sa logique même et de cette inscription indirecte, la mise en œuvre de la suspicion est ainsi assujettie au respect de ces principes fondamentaux de la procédure pour que celle-ci et le procès qu'elle encadre demeurent équitables.

Organisée par les règles de procédure pénale, la mise en œuvre de la suspicion doit se fondre dans le procès pénal équitable. L'article 6 § 1 de la Convention de sauvegarde des droits de l'homme et des libertés fondamentales (CSDH) ainsi que l'article 14 § 1 du Pacte international relatif aux droits civils et politiques (PIDCP) énoncent au bénéfice du suspect le droit à un procès équitable. Ce droit constitue pour la Cour européenne des droits de l'homme un principe général d'ordre public[3]. Pour elle, il occupe une « *place éminente* »[4] dans tout Etat de droit car il « *compte parmi les principes de toute société démocratique au sens de la Convention* »[5]. Le procès équitable vise à préserver les intérêts des suspects et tend à la préservation de ses droits face à la suspicion. Mais il vise aussi à une bonne administration de la justice[6]. Ce droit au procès équitable a connu une nette évolution dans la jurisprudence de la Cour européenne des droits de l'homme[7]. Ainsi, les garanties de l'article 6 CSDH sont applicables dès la phase préparatoire d'un procès pénal qui ne se restreint pas à la seule phase décisoire[8]. Dans son arrêt *Imbrioscia c/ Suisse* du 24 novembre 1993, la Cour de Strasbourg énonce précisément que si « *l'article 6 a pour finalité principale au pénal, d'assurer un procès équitable devant un tribunal compé-*

---

1 COUVRAT (P.), Le rôle moteur du développement des droits de l'homme en procédure pénale, *D.* 2002, chron. n° 5.

2 MARGUENAUD (J.-P.), Les dérives de la procédure pénale française au regard des exigences européennes, *D.* 2000, chron., p. 249.

3 CEDH, 20 mars 2001, *Stroeck c / Belgique*, req. n°36449/97 et 36467/97, § 27.

4 CEDH, 2 sept. 1998, *Lauko c/ Slovaquie*; § 63, *Rec.* 1998-VI.

5 CEDH, 8 déc. 1983, *Pretto c/ Italie*, § 21, série A, n° 71.

6 CEDH, 21 févr. 2002, *Ziegler c/ Suisse*, § 39, req. n° 33499/96.

7 SOYER (J. -C.), DE SALVIA (M.), Article 6, in PETTITI (L-E.), DECAUX (E.), IMBERT (P.-H.), *La Convention européenne des droits de l'homme. Commentaire article par article*, Economica, 1995, p. 239.

8 CEDH, 24 nov. 1993, *Imbrioscia c/ Suisse*, série A, n° 27.

tent pour décider du bien-fondé de l'accusation, il n'en résulte pas qu'il se désintéresse des phases qui se déroulent avant la procédure de jugement ». En principe, la Cour réalise une appréciation globale de l'ensemble de la procédure[1]. Elle vérifie notamment si les irrégularités commises lors de la phase préparatoire ont pu être compensées lors de la phase décisoire[2]. Mais si ces irrégularités sont à ce point sérieuses qu'elles risquent de compromettre gravement le caractère équitable de la procédure[3], la Commission et la Cour ont jugé le caractère équitable du procès dès ce stade préparatoire[4]. La Cour de cassation a été amenée à adopter ce point de vue en matière d'instruction[5] mais aussi pour l'enquête de police. Dans un arrêt en date du 14 mai 2008, la Chambre criminelle énonce l'application du principe d'impartialité dès l'enquête de police sur le fondement de l'article 6 CSDH et de l'article préliminaire du Code de procédure pénale[6]. Or ce principe participe de l'essence même du procès équitable. De ce fait, la Chambre criminelle admet explicitement l'application du procès équitable dès la phase d'enquête. Le suspect peut ainsi revendiquer le respect de son droit substantiel à un procès équitable[7], lors de l'instruction[8] comme lors de l'enquête de police[9]. Le procès pénal équitable exige ainsi que toute la procédure demeure équitable.

Avec le procès équitable, la justice est conçue comme une équité procédurale, que va devoir respecter la mise en œuvre de la suspicion. Cette équité procédurale renvoie à la fonction supplétive de l'équité qui s'impose lorsque l'une des parties au procès risque d'en subir tout le poids du fait de sa faiblesse. L'équité intervient alors pour limiter voire corriger ce déséquilibre[10]. Or le suspect est bien la partie faible du procès face à la puissance de la suspicion et des prérogatives de ceux qui la mettent en œuvre. Le

---

[1] CEDH, 6 déc. 1998, *Barberà, Messegué et Jabardo* c/ *Espagne*, § 68, série A, n° 146.
[2] CEDH, 26 sept. 1996, *Miailhe c/ France*, § 43, *Rec.* 1996-IV.
[3] CEDH, 24 nov. 1993, *Imbrioscia c/ Suisse*, préc.
[4] Comm. EDH, 11 mai 1994, *Martini et Simioni c/ France*, *Bull. dr. h.*, n° 3, p. 118.
[5] Cass. crim., 6 déc. 1994, *Bull. crim.*, n° 394.
[6] Cass. crim., 14 mai 2008, pourvoi n° 08-80.483, *AJ pénal* 2008, p. 328, ob. ROUSSEL (G.).
[7] GUINCHARD (S.), Le procès équitable : un droit fondamental ?, *AJDA* 1998, n° spécial, p. 194.
[8] CEDH, 15 juill. 2002, *Demoulin c/ Belgique*, § 39, req. n° 37370/97.
[9] CEDH, 11 juill. 2000, *Dikme c/ Turquie*, § 108, *Rec.* 2000-VIII.
[10] ALBIGES (C.), *De l'équité en droit privé*, LGDJ 2000, n° 418, p. 276.

procès équitable correspond bien à l'introduction de l'équité dans le procès au profit du justiciable : le suspect.

Cette équité procédurale correspond par ailleurs à une démarche déontologique proche du *due process of law* auquel sont soumises les procédures de *Common law* qui, elles aussi, connaissent la suspicion[1]. Prise dans son sens étymologique, *equus*, l'équité exige l'équilibre[2]. Faustin Hélie l'avait pertinemment perçu, cet équilibre est celui entre les intérêts de la répression et ceux du suspect : « *Deux intérêts également puissants, également sacrés veulent être à la fois protégés : l'intérêt général de la société qui veut la juste et prompte répression des délits ; l'intérêt des accusés, qui est bien aussi un intérêt social et qui exige une complète garantie des droits de la cité et des droits de la défense* »[3].

Ainsi, cet équilibre vise, l'article préliminaire le rappelle bien, les prérogatives des parties durant la procédure mais aussi le procès pénal tout entier. D'ailleurs, le Conseil constitutionnel, dans ses décisions des 28 juillet 1989 et 2 février 1995, déclare que le respect des droits de la défense « *implique, notamment en matière pénale, l'existence d'une procédure juste et équitable garantissant l'équilibre des droits des parties* »[4]. Dès lors, pour s'avérer équitable, la mise en œuvre de la suspicion doit respecter l'équilibre des droits des parties qui assure, par extension, celui du procès. « *Le procès équitable, c'est le procès équilibré entre toutes les parties* »[5].

Les principes du contradictoire, d'égalité et d'impartialité[6], qui participent de l'essence même du procès équitable se doivent d'être assurés pendant toute la durée de vie de la suspicion. Le suspect doit ainsi bénéficier de l'ensemble de ces principes pendant la mise en œuvre de la suspicion. Paradoxalement, le suspect doit posséder une certaine maîtrise de la suspicion qui s'exerce à

---

[1] VROOM (C.), La liberté individuelle au stade de l'enquête de police en France et aux Etats-Unis, *Rev. sc. crim.* 1988, p. 487.

[2] GUINCHARD (S.), BUISSON (J.), *Procédure pénale*, préc., n° 475, p. 402.

[3] FAUSTIN HELIE, *Traité d'instruction criminelle*, 2ème éd. 1866, n° 1.

[4] Cons. const., déc. 89-260 DC, 28 juill. 1989, *Commission des opérations de bourses*, *RFDA* 198, p. 671, note GENEVOIX (B.).

[5] GUINCHARD (S.), BUISSON (J.), *Procédure pénale*, préc., n°475, p. 403.

[6] ASCENSI, (L.), *Du principe de la contradiction*, LGDJ, 2006 ; DANTI-JUAN (M.), *L'égalité en droit pénal*, th., Poitiers, 1984 ; JOSSERAND (S.), *L'impartialité du magistrat en procédure pénale*, LGDJ, 1998.

son encontre afin de se défendre contre elle. Il doit connaître la nature de la suspicion qui pèse sur lui et être en mesure de la discuter. Il doit posséder les moyens de sa défense et se voir assisté d'un défenseur. Il doit disposer des mêmes prérogatives que les autres parties selon le principe d'égalité des armes. Tous les suspects placés dans une même situation doivent être traités de manière identique. Les autorités en charge de la suspicion doivent faire preuve d'impartialité à leur égard. Enfin, la mise en œuvre de la suspicion doit respecter une certaine proportionnalité eu égard à la gravité de l'infraction. Elle doit aussi ne pas attenter aux droits fondamentaux du suspect et respecter sa dignité, son intégrité physique, sa liberté d'aller et venir, sa vie privée. L'équité procédurale encadre ainsi la mise en œuvre de la suspicion. Surtout, le suspect demeure protégé par un principe essentiel, la présomption d'innocence.

En, effet, le doute sur la probité d'un individu, le soupçon à son encontre, efface son innocence originelle qui se dilue dans la présomption d'innocence. Comme Monsieur Conte l'a pertinemment développé, « *l'innocence présumée n'est pas l'innocence* »[1]. Sa nature s'est transformée. Si l'on définit l'innocence comme l'absence de culpabilité, et l'innocent comme le non coupable[2], alors l'idée de culpabilité va entamer cet état originaire mais précaire. Il a ainsi été possible d'affirmer que « *la procédure pénale crée des temps : un temps de l'innocence puis un temps de la culpabilité* »[3]. La suspicion marque le passage de l'un à l'autre. Il est un temps intermédiaire, une transition progressive. L'innocence ne peut réapparaître que si à l'issue de ce temps intermédiaire, la culpabilité est insuffisamment établie. Sous l'effet de la suspicion, la procédure pénale crée une situation à trois branches entre innocent, suspect et coupable[4]. Le suspect demeure au cours de cette situation intermédiaire, cet injuste milieu, entre innocence et culpabilité. La mise en œuvre de la suspicion cesse donc dès la déclaration de l'une ou de l'autre.

---

[1] CONTE (P.), Pour en finir avec une présentation caricaturale de la présomption d'innocence, *Gaz. pal.* 1995, 1, doctr. p. 21.
[2] ANSIER (F.-J.), Le juge et l'innocence, *Gaz. pal.* 10 août 1995, doct., p. 1002.
[3] CHASSAING (J.-F.), Jalons pour une histoire de la présomption d'innocence, in *Juger les juges, Du Moyen Age au Conseil supérieur de la magistrature*, La Documentation française, 2000, p. 232 et s., spéc., p. 237.
[4] DETRAZ (S.), La prétendue présomption d'innocence, *Dr. pén.* 2004, chron. n° 3.

Les mesures prises pour son exercice ne peuvent donc qu'être provisoires puisque ne peut subsister indéfiniment cette situation intermédiaire d'incertitude et de doute. La mise en œuvre de la suspicion devra donc se terminer à un moment dans la procédure. En revanche, il ne faut pas penser cette situation comme un « *à mi-chemin* » statique, mais plutôt comme un lieu d'échange dynamique. Le suspect est placé dans une situation d'entre-deux dynamique puisque les deux pôles qui la bornent, innocence d'un côté, culpabilité de l'autre, s'interpénètrent et se nourrissent. La suspicion est ainsi au centre du jeu complexe d'interaction entre l'innocence et la culpabilité. Sa mise en œuvre est ainsi confrontée au respect de la présomption d'innocence du suspect.

Considérée comme « *référence actuellement obligée en procédure pénale* »[1], la présomption d'innocence se voit proclamée par l'article 9 de la Déclaration des droits de l'homme et du citoyen du 26 août 1789 et reconnue comme principe à valeur constitutionnelle[2]. Elle s'avère aussi déclamée par les instruments internationaux de protection des droits de l'homme : à l'article 11 alinéa 1 de la Déclaration universelle des droits de l'homme de 1948, à l'article 6 § 2 de la Convention européenne de sauvegarde des droits de l'homme et des libertés fondamentales, à l'article 14 § 2 du Pacte international relatif aux droits civils et politiques de 1966, à l'article 48 § 1 de la Charte des droits fondamentaux de l'Union Européenne. La Commission européenne des droits de l'homme en a proclamé assez tôt la valeur de droit fondamental[3]. Cette position fut reprise et renforcée par la Cour européenne des droits de l'homme qui rattache la présomption d'innocence au cadre plus général du procès équitable[4]. La présomption d'innocence s'applique ainsi à l'ensemble de la procédure[5]. Le respect de la présomption d'innocence participe bien de l'exigence d'un procès pénal équitable avec lequel elle est en interaction constante. Par conséquent, la mise en œuvre de la suspicion doit se concilier avec

---

[1] CHASSAING (J.- F.), Jalons pour une histoire de la présomption d'innocence, préc., p. 232.

[2] Cons. const., déc. 80-127 DC du 18-20 janv. 1981, *Sécurité et liberté*, § 33 et 37, *JCP* 1981, II, 19701, note FRANCK, (C.).

[3] Avis du 30 mars 1963, *Autriche c/ Italie*, Annuaire de la Commission, vol. 6, p. 783.

[4] CEDH, 25 mars 1983, *Minelli c/ Suisse*, § 30, série A, n° 62 ; 23 avr. 1988, *Bernard c/ France*, § 37, *Rec.* 1998-II ; *JCP* 1999, I, 105, obs. SUDRE (F.).

[5] ESSAID (M.-J.), *La présomption d'innocence*, Editions Laporte, Rabat, 1971, n° 141, p. 97.

la présomption d'innocence pour s'avérer équitable. Le traitement équitable de la personne dans le procès pénal passe d'abord par la considération de son innocence et par sa possibilité de la défendre.

C'est pourquoi, s'interroger sur les rapports entre la mise en œuvre de la suspicion et le procès pénal équitable revient à déterminer si l'exercice de la suspicion à l'encontre du suspect présumé innocent respecte ses droits procéduraux et l'équité procédurale. La conduite des investigations par les autorités répressives se réalise-t-elle de manière équilibrée ? Respectent-elles les intérêts du suspect et ses droits fondamentaux ? Les organes d'investigation et d'accusation n'influencent-t-ils pas trop le déroulement du procès par leur mise en œuvre de la suspicion ? A l'inverse, le juge du siège possède-t-il des prérogatives suffisantes pour contrôler et réguler cette mise en œuvre afin d'assurer l'équilibre de la procédure ? La désignation d'une personne comme un suspect est-elle effectuée de manière objective et neutre sur le seul fondement d'éléments probants de suspicion ? La succession de statuts dont il bénéficie ainsi que les prérogatives qui s'y rattachent, permettent-elles d'assurer un respect de ses droits de la défense. D'ailleurs, le suspect bénéficie-t-il toujours de la qualité de partie à la procédure et des moyens de critiquer la suspicion qui le vise ? Au bout du compte, il s'agit de déterminer en quoi l'exigence du procès équitable impose-t-elle de réorganiser la mise en œuvre de la suspicion.

Le suspect demeure un « *soldat encore inconnu du procès équitable* »[1]. Sur ce dernier point, il est déjà possible d'affirmer que le suspect se trouve dans une position de défendeur naturel à la suspicion. Dans sa classification terminologique, Monsieur Caullet définit ainsi le défendeur, au sens large, comme « *l'individu poursuivi en justice, mis en cause dans une information judiciaire, arrêté en flagrant délit, ou dénoncé à l'autorité judiciaire ou à tout agent ayant qualité pour saisir cette autorité comme, étant coupable présumé d'une infraction pénale* »[2]. Il visait bien le suspect. Toutefois, il est préférable dans un premier temps de comprendre cette notion comme une qualité au sens commun et non un statut juridique tant l'incertitude sur celui du suspect est

---

[1] DANET (J.), Préface de ROUSSEL (G.), Les *procès-verbaux d'interrogatoire. Rédaction et exploitation*, L'Harmattan, 2005, p. 10.

[2] CAULLET (M.), Terminologie criminelle et droit d'inculpation, *Rev. sc. crim.* 1954, p. 330 et s., spéc. p. 352.

grande. Dans une conception classique de la procédure, il ne devient normalement défendeur que lorsqu'une demande en justice est formée contre lui, qui se traduit en procédure pénale par la mise en mouvement de l'action publique et l'exercice de poursuite[1]. De plus, selon une lecture *a contrario* de l'article préliminaire, tant qu'il n'est pas une partie, tant que le procès *stricto sensu* n'est pas ouvert, la procédure peut s'avérer déséquilibrée à son encontre. Or, selon la logique conventionnelle, la procédure pénale doit être équitable dès son entame. Il conviendra alors de déterminer dans quelle mesure une conception équitable de la mise en œuvre de la suspicion doit permettre au suspect d'être considéré comme un véritable défendeur titulaire de moyen pour se défendre dès le début de l'exercice de la suspicion et pendant toute la procédure pénale.

L'équilibre de la procédure va ainsi dépendre des prérogatives des acteurs définies par le législateur. La célèbre loi Constans du 8 décembre 1897 introduisit ainsi les droits de la défense du suspect dans le cabinet du juge d'instruction en le faisant assister par un avocat qui disposait d'un accès au dossier de procédure et donc au contenu de la suspicion. Plus récemment la loi du 4 janvier 1993 et celle du 15 juin 2000 voulurent rééquilibrer la procédure par la définition d'un ensemble de droits en faveur du suspect comme l'abandon de la notion d'inculpation jugée trop défavorable, l'assistance d'un avocat en garde à vue, la possibilité de soulever certaines nullités ou demander des actes d'instruction, l'organisation du statut protecteur de témoin assisté, la création d'un juge chargé des libertés et de la détention en marge de l'exercice de la suspicion. La loi du 15 juin 2000 voulait ainsi renforcer la protection de la présomption d'innocence, le droit des parties, la place du juge du siège et assurer l'audience contradictoire comme centre de gravité du procès[2].

Cependant, cet équilibre est remis en cause par l'évolution législative postérieure, considérable par le nombre de modifications

---

[1] MERLE (R.), VITU (A.), *Traité de droit criminel*, t. 2, *Procédure pénale*, préc., n° 35, p. 53 qui évoquent le délinquant comme « *défendeur* » à l'action publique.

[2] LAZERGES (C.), Le renforcement de la protection de la présomption d'innocence et des droits des victimes : histoire d'une navette parlementaire, *Rev. sc. crim.*, 2001, p. 8.

procédurales[1]. La procédure pénale constitue l'une des branches du droit qui connaît le plus d'évolutions sous l'effet de modifications incessantes des règles de droit. À l'instar du droit pénal de fond, elle ne semble mue que par une réforme perpétuelle qui va s'accélérant depuis quelques années du fait d'une instabilité législative accrue qui la rend chaque fois plus complexe. Le système procédural est parfois sévèrement qualifié de « *patchwork normatif, expression d'une opportunité législative ignorante de la légistique* »[2]. Tant l'étude que l'application des règles procédurales sont rendues difficiles sous l'effet de ce mouvement incessant. En l'espace de quelques années, la procédure pénale a subi des évolutions telles que la mise en œuvre de la suspicion s'en voit durablement bouleversée.

Ces évolutions sont dues à la volonté de lutter contre l'insécurité et contre les formes les plus graves de criminalité. Le droit à la sécurité fonde une véritable politique criminelle de la sécurité et lutte contre la délinquance[3]. Elle va se traduire par un ensemble de dispositions pénales et procédurales qui vont faciliter la mise en œuvre de la suspicion, l'orienter et restreindre les prérogatives du suspect. Dans le même temps, le législateur entend rationaliser la lutte contre les formes graves de criminalité : le crime organisé et le terrorisme. La loi du 9 mars 2004 a ainsi ajouté un quinzième titre au quatrième livre du Code de procédure pénale intitulé : « *De la procédure applicable à la criminalité et à la délinquance organisées* ». Certaines infractions vont se voir ainsi soumises à un régime d'exception, à une « *procédure pénale bis* »[4]. La procédure pénale semble succomber à la tentation sécuritaire[5] et organise la mise en œuvre de la suspicion pour répondre aux objectifs législatifs. La procédure pénale semble obéir alors à une conception téléologique du procès axée sur l'efficacité maximale de la répres-

---

1 Plus d'une quinzaine de lois depuis 2002.

2 MAISTRE DU CHAMBON (P.), Observations hétérodoxes sur quelques évolutions de la procédure pénale, in *Le droit pénal à l'aube du troisième millénaire. Mélanges offerts à Jean Pradel*, préc. p. 395 et s., spéc., p. 409.

3 DANET (J.), Le droit pénal et la procédure pénale sous le paradigme de l'insécurité, *Arch. pol. crim.* 2003, p. 37.

4 LAZERGES (C.), La dérive de la procédure pénale, *Rev. sc. crim.* 2003, p. 644 et s. spéc. p. 649.

5 THOMAS (D.), L'évolution de la procédure pénale contemporaine : la tentation sécuritaire, *Le champ pénal. Mélanges en l'honneur du professeur Reynald Ottenhof*, préc., p. 53.

sion. L'efficacité est ainsi devenue un impératif de la politique criminelle[1]. De nouveaux instruments procéduraux apparaissent aux mains des enquêteurs et des magistrats pour exercer la suspicion. Cette suspicion s'intègre aussi dans la logique de gestionnaire d'une justice pénale qui cherche à traiter son toujours plus important contentieux. Le législateur adopte certaines procédures accélérées qui permettent au suspect d'échapper à un procès pour peu qu'il reconnaissance sa culpabilité. Le procès pénal se voit ainsi modifié en profondeur puisque la question de la culpabilité ne sera plus tranchée à l'audience de jugement mais pendant la phase préparatoire. La suspicion permet de répondre rapidement à la question de la culpabilité. Le passage de la suspicion à la culpabilité est beaucoup plus rapide. Dès lors, depuis 1995, l'équilibre entre d'un côté « *la prévention des atteintes à l'ordre public et la recherche des auteurs d'infractions* » et de l'autre « *l'exercice des libertés constitutionnellement garanties, au nombre desquelles figurent la liberté d'aller et venir et le respect de la vie privée* », selon la formule du Conseil constitutionnel[2], risque de vaciller au profit des premières.

Néanmoins, la désastreuse affaire Outreau, issue d'une mise en œuvre aveugle de la suspicion exempte de tout esprit critique par l'intégralité des acteurs de la chaîne pénale, policiers, parquet, juge d'instruction et aggravée par l'inefficiente régulation par les juges des libertés et de la détention ou la chambre de l'instruction, semble avoir marqué suffisamment les esprits pour apercevoir quelque espoir de retournement de la tendance. Des innocents injustement soupçonnés ont été considérés et traités en coupables car ils n'ont à aucun moment pu combattre efficacement la suspicion qui pesait sur eux. En outre, les quelques contrepouvoirs procéduraux se virent écartés, notamment les initiatives de la défense, ou rendu inefficaces même si paradoxalement ils ont fonctionné normalement. C'est l'exemple du contrôle de la procédure par la chambre de l'instruction qui a validé toute la procédure. Au-delà des responsabilités de chacun, les germes de cette tragédie judiciaire étaient semés dans le Code de procédure pénale. L'affaire Outreau

---

[1] JEAN (J.-P.), De l'efficacité en droit pénal, in *Le droit pénal à l'aube du troisième millénaire. Mélanges offerts à Jean Pradel*, préc., p. 135 et s., spéc., p. 136.

[2] Cons. const., déc. n° 2003-467 DC du 13 mars 2003, l*oi pour la sécurité intérieure*, *J. O.* 19 mars 2003 p. 4789.

a révélé le résultat auquel pouvait conduire la mise en œuvre de la suspicion si celle-ci ne s'inscrivait pas dans une procédure équilibrée. Heureusement, cette affaire a donné lieu à une salutaire réflexion du législateur par le biais d'une commission éponyme. Ses travaux conduisirent à des propositions intéressantes et dont certaines furent reprises rapidement par la loi du 5 mars 2007 tendant à renforcer l'équilibre de la procédure pénale. La notion d'équilibre demeure bien au cœur de l'étude de la mise en œuvre de la suspicion au sein d'une procédure pénale équitable. Mais cet équilibre va encore évoluer avec la suppression de l'instruction et de son juge ainsi que l'a préconisé le Comité Léger courant 2009[1]. Cette évolution prévisible et même souhaitable va profondément modifier l'équilibre de la procédure. La réforme qui sera réalisée sur la base des différentes propositions du Comité, va moduler la mise en œuvre de la suspicion entre les différents protagonistes de la procédure.

De ce fait, cette étude possède pour intérêt de permettre de comprendre les clés des transformations de la procédure pénale. Même si sa nature semble marquée par son fond inquisitoire hérité de l'Ancien Régime et du XIXème siècle, sa lente transformation sous les coups de boutoirs du procès équitable et de la lutte contre les délinquances révèle un visage nouveau à la procédure pénale, parfois brouillé, que n'aurait pas même reconnu le législateur du Code de procédure de 1958[2]. Si les grandes étapes du procès pénal demeurent, leurs articulations se modifient. Matière mouvante et complexe, la procédure pénale se transforme et avec elle son moteur, la suspicion. L'étude de la suspicion met ainsi en relief les évolutions des relations des acteurs de la procédure pénale. Elle révèle la prégnance de la police judiciaire et du ministère public pendant la mise en œuvre de la suspicion au détriment du juge du siège, lequel n'intervient que dans un second temps. Cette prééminence des organes d'enquête et d'accusation va grandement

---

[1] Comité de réflexion sur la justice pénale, *Rapport remis le 1er septembre 2009 à Monsieur le Président de la République et à Monsieur le Premier Ministre*. V. aussi, *Rapport d'étape sur la phase préparatoire du procès pénal*, mars 2009 et CONTE (P.), Les propositions du comité de réflexion sur la justice pénale, *Dr. pénal* 2009, étude n° 11.

[2] DI MARINO (G.), Du code de procédure pénale version 1958, au code de procédure pénale version 2000, *Rev. pénit. dr. pén.* 2000, p. 87.

influencer l'issue du procès pénal[1] voire sa nature même. A terme, la suspicion est un excellent moyen de découvrir si la procédure pénale française paraît conforme aux normes constitutionnelles ou conventionnelles et si la répression pénale répond aux exigences de l'Etat de droit. En résumer, il s'agit de savoir jusqu'à quel degré la suspicion reste compatible avec une société démocratique.

C'est pourquoi, la suspicion, de par sa nature répressive et sa lecture utilitariste, entraîne des tensions dans le déroulement de la procédure. Le suspect se retrouve dans une position passive, secondaire, aux mains des autorités de poursuite. De par sa nature la suspicion apparaît comme naturellement prédominante ce qui déséquilibre la procédure et relativise son caractère équitable (Première partie). Dans le même temps, l'équilibre de la procédure est fonction de la maîtrise de la suspicion par les acteurs du procès. Selon leurs prérogatives procédurales, ceux-ci maîtrisent plus ou moins l'exercice de la suspicion. L'équilibre de la procédure est ainsi fonction des possibilités d'inflexion de la suspicion. Selon quel acteur maîtrise la suspicion, la procédure est équilibrée ou non. La maîtrise de la suspicion est ainsi le facteur révélant le respect du procès équitable par la procédure pénale française. Or, il semblerait que ce soient surtout les autorités répressives qui dirigent et contrôlent la suspicion au détriment de l'équité procédurale. Pour rééquilibrer la procédure, la maîtrise doit être partagée avec le suspect. Les garanties du procès équitable exigent de rénover la phase préparatoire du procès pénal dans une optique plus contradictoire selon une approche déontologique de la procédure. La dialectique du procès[2] se fera jour par l'échange entre le suspect et l'accusation, entre le suspect et son juge, entre la suspicion et la défense (Seconde partie).

---

[1] DI MARINO (G.), La redistribution des rôles dans la phase préparatoire du procès pénal in *Le droit pénal à l'aube du troisième millénaire. Mélanges offerts à Jean Pradel*, Cujas, 2006, p. 317.
[2] SALAS (D.), *Du procès pénal*, préc., p. 53.

1ère PARTIE

LA SUSPICION, FACTEUR DE DESEQUILIBRE DE LA PROCEDURE

> « *C'est une vérité très certaine que, lorsqu'il n'est pas en notre pouvoir de discerner les plus vraies opinions, nous devons suivre les plus probables.* »
>
> Descartes[1].

La suspicion se révèle comme une technique juridique autonome de raisonnement dont la mise en œuvre permet d'effectuer une véritable démonstration dépassant le soupçon simple qui relève lui plus de l'intuition. Pour Fabrice Defferrard, la suspicion a pour objet de « *rapporter la preuve d'un soupçon réel et sérieux selon lequel il est vraisemblable qu'une action humaine illicite a eu lieu ou est sur le point de se commettre* »[2]. La mise en œuvre de la suspicion va renforcer le soupçon. Le simple soupçon est vite dépassé. Soupçonner, c'est avant tout raisonner à partir d'une idée de culpabilité et conclure sur la vraisemblance de celle-ci. L'exercice de la suspicion va rapprocher le suspect toujours plus près du coupable. La suspicion est ainsi une technique, une méthode de raisonnement. Le soupçon est le résultat de l'opération intellectuelle de celui qui soupçonne. Le suspect est celui sur qui porte ce soupçon et qui se voit désigné comme ayant vraisemblablement commis l'infraction. Par la mise en œuvre de la suspicion, le soupçon gagnera en intensité pour conclure à une forme de culpabilité présumée du suspect.

La mise en œuvre de la suspicion aboutit donc à la conclusion d'une probabilité de culpabilité. Celle-ci va se voir présumée ce qui constitue une première source de déséquilibre d'une procédure fondée *a priori* sur une innocence présumée (chapitre 1). En outre,

---

[1] DESCARTES (R.), *Discours de la méthode*, Troisième partie, 1637, GF-Flammarion, 1992, p. 47.

[2] DEFFERRARD (F.), Le crime et le soupçon. Réflexions sur la preuve dans la suspicion légitime d'infraction pénale, *D.* 2001, chron., p. 2692.

la suspicion étant une technique juridique spécifique, sa mise en œuvre est encadrée par les règles de procédure qui vont mettre en place un ensemble de paliers posant certaines exigences d'intensité et d'objectivité du soupçon. Se formalise une véritable accusation qui va prévaloir sur les arguments en faveur du suspect. Un deuxième déséquilibre se fait jour (chapitre 2).

Chapitre 1. La construction d'une culpabilité présumée

Technique juridique à part entière, la suspicion va se fonder sur un raisonnement syllogistique, propre à la science juridique[1]. La notion de suspect est ainsi unitaire car c'est la même logique qui s'applique à lui quelque soit le stade de la procédure. Plus précisément, la suspicion va recourir à la technique de la présomption. D'ailleurs les termes suspicion et présomption possèdent une étymologie qui renforce leur proximité. Le terme présomption provient du latin *praesumere*, « prendre d'avance », qui a donné *praesumptio*, « conjecture ». Or, comme dit précédemment, à l'origine du terme suspicion, le verbe latin *suspicere* signifie lui aussi conjecturer[2]. Cette présomption assimilée au départ à une conjecture n'est pas sans danger. En effet, selon le dictionnaire des Trésors de la langue française, elle renvoie au sens courant à « *une simple croyance fondée sur des indices fragiles* » voire « *une conviction élaborée sans preuve* ». La nécessité de préserver un caractère équitable au procès exige que toute suspicion ne soit pas admise afin que le règne du soupçon subjectif ne se substitue pas à l'exigence de la légalité. La légitimité de la procédure exige qu'elle se fonde sur des éléments objectifs. Pour produire légitimement des effets de droit et s'extraire du simple sentiment, la conjecture relative à la culpabilité contenue dans le soupçon, va devoir se développer dans une véritable démonstration juridique qui assoira un raisonnement objectif et logique.

La suspicion germant à partir de l'idée de culpabilité, son exercice va aboutir à la conclusion de la probable culpabilité du suspect. A terme, celle-ci va être présumée (section 1). Dès lors, la suspicion va s'exercer selon une logique unilatérale dirigée vers la

---

[1] PERELMAN (C.), *Logique juridique. Nouvelle rhétorique*, Dalloz, 2ème éd., 1999, n° 1, p. 1.
[2] V. BLOCH (O.), VVON WARTBURG (W.), *Dictionnaire étymologique de la langue française*, préc.

démonstration de la culpabilité probable du suspect. Cette logique relativise fortement la présomption d'innocence protectrice du suspect (section 2).

Section 1. Le recours au mécanisme de présomption

La présomption est une technique juridique couramment employée en droit à des fins probatoires[1]. Elle se voit d'ailleurs inscrite à l'article 1349 du Code civil au sein du droit commun de la preuve. À ce titre, elle se définit comme le rapport créé entre un fait certain (*factum probans*) et un autre demeurant inconnu (*factum probandum*)[2]. Elle s'avère un procédé de raisonnement qui, à partir de la constatation de faits, va permettre de retenir l'hypothèse la plus probable concernant d'autres faits non encore établis et les rendre vraisemblables. Dans le procès pénal, le demandeur à l'action publique, sur lequel repose la charge de prouver la culpabilité de par l'adage *actori incumbit probatio*, va donc user de la technique de présomption pour démontrer la vraisemblance de ce qu'il soutient. La culpabilité pouvant être difficilement constatée directement, elle va être indirectement démontrée. De ce fait, l'accusation se retrouve dans la position d'inférer la culpabilité par la constatation d'indices. Suspicion et présomption semblent alors se confondre, la première ne réalisant en définitive qu'une déclinaison de la seconde. En réalité, sa mise en œuvre de la suspicion emprunte le raisonnement par présomption (§ 1) afin de démontrer la probabilité de la culpabilité du suspect (§ 2).

§ 1. L'usage de la technique de présomption comme mode de raisonnement

Le recours à une présomption permet d'établir une probabilité raisonnable de l'existence du fait à prouver. Elle emprunte surtout à l'induction par laquelle une conclusion générale se voit tirée d'un ou plusieurs faits particuliers[3]. L'auteur de la présomption procède

---

[1] FORIERS (P.), *Présomptions et fictions*, in PERELMAN (C.), FORIERS (P.) dir., *Les présomptions et les fictions en droit*, Bruylant, 1974, p. 7 et s., spéc. n° 2, p. 8.

[2] DECOTTIGNIES (R.), *Les présomptions en droit privé*, LGDJ, 1950, n° 1, p. 9.

[3] DECOTTIGNIES (R.), *Les présomptions en droit privé*, préc. n° 2 p. 10.

d'abord à une analyse des faits. Il va devoir ensuite élaborer des hypothèses dont il ne retiendra que la plus vraisemblable afin de pouvoir lui appliquer la règle de droit[1]. Se dégage alors l'avantage pour l'accusation de raisonner par présomption afin d'établir la culpabilité de celui qu'elle soupçonne d'être l'auteur de l'infraction. La logique de la présomption se confondrait ainsi avec celle de la suspicion dans l'établissement du rapport entre les éléments connus, les indices, et le fait à prouver, la culpabilité. Pour autant, les deux notions se doivent d'être distinguées dans leur définition (A). Mais ces deux techniques demeurent très proches. Leur ressemblance s'explique par l'emploi d'une inférence portant sur la culpabilité du suspect à partir de la constatation de l'existence d'indices durant la mise en œuvre de la suspicion (B).

A. La distinction de principe entre suspicion et présomption

Suspicion et présomption s'avèrent deux techniques proches. Leurs natures respectives diffèrent toutefois. La présomption est un mode de révélation de la vérité afin d'asseoir la décision judiciaire. Cette technique stabilise donc le procès en ce qu'elle permet au juge de clore le litige (1). À l'inverse, l'utilisation dans le procès pénal de la suspicion entraîne un bouleversement dans la procédure par la désignation du suspect qu'elle opère et la probabilité de culpabilité qu'elle induit. Cet effet bascule ne peut par lui-même conclure le procès même s'il contribue à l'orienter (2).

1. La stabilisation du procès par la présomption

La présomption constitue une technique d'application du droit à des faits non encore connus par leur révélation indirecte (a). De ce fait, elle suit un objectif de sécurité juridique car permet d'asseoir la décision du juge par la réduction de son incertitude (b).

---

[1] MERLE (P.), *Les présomptions légales en droit pénal*, LGDJ, 1970, n° 3, p. 3.

a) Un procédé d'application du droit aux faits inconnus

La technique juridique de la présomption réduit l'incertitude concernant l'existence d'éléments non directement perçus ou constatés. L'application du droit aux faits se voit facilitée par ce déplacement de l'objet de la preuve. La présomption constitue donc une véritable technique d'application de la règle de droit[1]. Le juge pourra prendre une solution à partir d'éléments s'approchant au plus près de la vérité matérielle. La présomption s'avère ainsi une technique d'aide à la décision judiciaire car elle oblige le juge à adopter un raisonnement probatoire spécifique. Elle lui permet d'asseoir sa décision judiciaire et, ce faisant, d'affermir l'issue du procès. Ainsi, le droit permet-il l'utilisation de cette technique sous deux modes différents.

Tout d'abord, les présomptions légales modifient la charge de la preuve en déterminant la personne sur laquelle pèsera l'obligation de prouver. Elles sont édictées dans les matières où la preuve est difficile à rapporter. Les présomptions légales simples, dites aussi *juris tantum*, acceptent la preuve contraire[2]. Cependant, si le droit civil connaît des présomptions irréfragables contre lesquelles la preuve contraire ne peut être rapportée[3], le droit criminel n'en accepte aucune dans un but de préservation des droits de la défense et d'équilibre de la procédure [4]. Ensuite, les présomptions du fait de l'homme constituent la mise en œuvre principale du raisonnement probabiliste, cette fois-ci par le magistrat[5]. La présomption repose ici sur l'analyse des probabilités par le juge. Celui-ci interprète l'existence d'un indice pour en déduire l'existence d'un fait contesté ou inconnu. Avec les deux types de présomption, l'application de la règle de droit aux faits recherchés est ainsi rendue plus effective et sûre.

---

1 AUBERT (J.-L.), *Introduction au droit et thèmes fondamentaux du droit civil*, Armand Colin, 10ème éd., 2004, n° 73, p. 59.
2 PERELMAN (C.), *Logique juridique. Nouvelle rhétorique*, Dalloz, 2ème éd. 1999, n° 22, p. 32.
3 V. par ex. art. 1352 al. 2 C. civ.
4 Cons. const., déc. n° 99-411 DC, 16 juin 1999 ; *D.* 1999, jur., p. 589, note MAYAUD (Y.).
5 PERELMAN (C.), *Logique juridique*, préc., n° 22, p. 31.

b) Un objectif de sécurisation du droit

Les présomptions de l'homme réalisent donc véritablement un mode de preuve alors que les présomptions légales établissent des dispenses de preuves. Ces présomptions permettent de stabiliser des situations juridiques dans leur principe et dans leur durée[1]. Le juge les utilisera pour trancher un litige et se forger sa conviction. La sécurité juridique, et au-delà, la paix juridique, sont en partie assurées par la présomption qui se révèle alors mécanisme de légitimation du droit[2]. Le fait découvert doit être le plus vraisemblable par rapport aux circonstances de la cause. Si la présomption ne peut aboutir qu'à une approximation de la vérité[3], du moins celle-ci semble beaucoup plus plausible, et donc plus crédible. Le fait auparavant inconnu acquiert une force véridique. Elle réduit le champ de l'incertitude en optant pour l'hypothèse la plus logique, la plus vraisemblable. Cette dernière est retenue par le juge et acquiert non seulement force de chose jugée, mais aussi rang de vérité judiciaire. De ce point de vue, la présomption va stabiliser la situation des parties et, par voie de conséquence, la solution du procès. À l'inverse, la survenance et la mise en œuvre de la suspicion font basculer les situations et les statuts.

2. L'effet bascule de la suspicion

Au contraire de la présomption, source de stabilité, la suspicion va déstabiliser les situations juridiques après que la commission de l'infraction ait déstabilisé l'ordre social par la violation de la norme pénale et la création d'un trouble à l'ordre public. La suspicion permet de désigner telle ou telle personne comme suspecte. Elle constitue un véritable basculement de la situation juridique de l'individu[4]. Mais cette situation n'est pas appelée à durer. Puisque la procédure doit déboucher sur une solution, la suspicion ne peut demeurer illimitée dans le temps (a). De plus, à l'inverse de la présomption, la suspicion se fonde sur une appréhension de la normalité des situations et des événements qui les font basculer (b).

---

[1] DEFFERRARD (F.), *La suspicion légitime*, préc., n° 112, p. 86.
[2] LAGARDE (X.), *Réflexion critique sur le droit de la preuve*, LGDJ 1994, n° 227, p. 364.
[3] DECOTTIGNIES (R.), *Les présomptions en droit privé*, préc., n° 2 p. 11 .
[4] VALETTE (V.), *La personne mise en cause en matière pénale*, n° 535 p. 371.

a) Le caractère provisoire de la suspicion

La suspicion naît du constat de l'existence d'une situation illicite qui va se révéler et par la suite constituer peut-être une infraction. L'exercice de la suspicion va avoir des effets de droit défavorables pour l'individu par la désignation comme suspect et la coercition à son égard. Comme elle ne peut perdurer en tant que telle, elle doit évoluer dans un sens ou dans un autre. Soit elle n'est pas suffisamment développée et l'individu redevient innocent, soit sa mise en œuvre entraîne un affermissement et la situation du suspect est amenée à évoluer jusqu'au renvoi ou une alternative aux poursuites. La suspicion s'avère ainsi toujours dynamique. Le sort des suspects n'est pas réglé définitivement. Toutes les décisions prises sur le fondement de la suspicion s'avèrent provisoires par nature, « *causées par l'attente* », car elles organisent une période d'attente jusqu'à une décision définitive en donnant un cadre juridique adapté à la situation du justiciable suspect[1]. C'est l'exemple des décisions de placement en garde à vue et de mise en examen qui octroient des droits à la personne mais l'assujettissent à une contrainte certaine. Selon l'avancée des investigations, une personne devient suspecte, est soumise à la contrainte, et se voit par la suite totalement disculpée par une décision de non-lieu par exemple. Le suspect primaire ne sera pas le suspect définitif. Mais l'inverse est aussi vrai. De ce fait, la mise en œuvre de la suspicion entraîne une certaine instabilité des situations des personnes[2].

b) L'appréciation divergente de la normalité

La présomption se fonde le plus souvent sur le cours normal des choses. Elle se crée à partir de ce qui est le plus courant en application de l'adage « *Praesumptio sumitur de eo quod plerumque fit* ». Selon cette logique, il est possible de démontrer l'existence de tel fait inconnu à partir de celle d'un fait connu précis, parce que l'expérience enseigne que la réalité de l'un entraîne celle de l'autre. Cette logique s'était déjà vue analysée par le philosophe David

---

1 BONIS-GARÇON (E.), *Les décisions provisoires en matière pénale*, PUAM, 2002, n° 407.
2 DEFFERRARD (F.), *La suspicion légitime*, préc., n° 116, p. 89.

Hume[1] et même par Aristote[2]. C'est à partir de la constatation de situations déjà acquises que la présomption infère la situation à venir[3]. La présomption permet donc d'arrimer une situation à une réalité considérée comme normale en postulant un comportement conforme au cours normal de ce qui est déjà reconnu par le droit.

Selon une logique inverse mais proche, la suspicion suppose une conduite non conforme à la norme pénale. Par conséquent, alors que la présomption permet de conclure le procès en désignant une solution acceptable, respectueuse de la norme de droit, la suspicion le déclenche en désignant la transgression inacceptable de cette norme de droit. Il serait alors possible de conclure que la suspicion agisse à l'inverse de la présomption et que si leurs natures sont proches, leurs fonctions et leurs résultats diffèrent. L'une traduirait l'équilibre par le droit, l'autre le déséquilibre, source d'effets de droit. Toutefois, une telle distinction se doit d'être relativisée.

Tout d'abord, la suspicion se fonde aussi sur l'appréciation de la normalité d'un comportement illicite par rapport à sa logique délinquante. La normalité correspond ici à une logique. A l'instar de la présomption, la suspicion se fonde parfois sur des constatations issues de l'expérience. Par le jeu de l'expérience, et aussi parfois de l'analogie, l'agent va soupçonner un individu en se référant à des situations que lui, ou d'autres, ont déjà rencontrées. C'est de cette manière que naît souvent le soupçon chez le policier. Certaines études sociologiques ont ainsi démontré que la délinquance est un objet en partie construit socialement par les institutions répressives à partir des données de l'expérience et de stéréotypes (au sens large) qui se voient objectivés par les acteurs et s'intègrent dans l'organisation de leur travail. Au fil de sa carrière, le policier s'est constitué des schémas types. Dès qu'il va être confronté à un événement qui se rapprochera de l'un de ces schémas, il va en induire la possible commission d'une infraction[4].

---

[1] HUME (D.), *Enquête sur l'entendement humain*, Section IV, *Doutes sceptiques sur les opérations de l'entendement,* Londres, 1748, GF- Flammarion, 1983, p. 87 et p. 96.

[2] ARISTOTE, *Organon V*, *Les topiques*, I, 1, 100 b 20, Librairie philosophique, J. Vrin, 1997.

[3] Par exemple, c'est parce que, le plus souvent, le mari est le père des enfants que l'article 311 du code civil pose une présomption de paternité.

[4] LEVY (R.), *Du suspect au coupable. Le travail de police judiciaire*, Editions Médecine et Hygiène-Méridiens Klincksieck, coll. Déviance et société, 1987, p. 18.

La difficulté de cette logique est qu'elle risque parfois de ne pas reposer sur des indices ou un raisonnement mais sur des préjugés. L'expérience peut fonder un soupçon mais nécessitera des éléments objectifs supplémentaires pour fonder une suspicion juridiquement acceptable.

De plus, la suspicion contribue à l'application de la norme pénale à partir de sa violation. Par la désignation de la personne qui doit être jugée, elle concourt ainsi à la solution du procès pénal : l'identification de l'auteur d'une infraction. Mais, elle ne donne pas la solution complète du procès. De ce fait, la suspicion n'est pas l'antonyme de la présomption mais elle n'en est pas non un synonyme ou une variante. La suspicion est une notion proche. Elle constitue une technique spécifique du droit qui utilise le mode de raisonnement de la présomption[1].

B. L'emploi d'un raisonnement par inférence inductive

La présomption repose sur un raisonnement selon lequel le fait inconnu est inféré de l'existence du fait connu. Dès lors, elle s'effectue suivant un mode de raisonnement par inférence. Elle conclut sur l'existence d'un fait, d'une vérité à partir de l'existence d'un autre fait, d'une autre vérité. Plus précisément, l'inférence utilisée est une induction, celle-ci étant une forme de celle-là, l'autre forme étant la déduction. La présomption se déroule sur un mode inductif. A partir de l'observation d'un cas précis, le raisonnement conclut à une généralité. En matière pénale, la culpabilité de l'auteur s'avère bien le fait inconnu que l'accusation doit prouver à partir d'un fait connu, la constatation d'une infraction. La suspicion développée se retrouve ainsi dans le schéma type de la présomption de fait. La logique de l'inférence se voit reprise pour établir la certitude du soupçon et la probabilité de la culpabilité du suspect. La mise en œuvre de la suspicion répond ainsi à un raisonnement par inférence inductive. Cette logique assure la fiabilité d'une démonstration unilatérale fondée sur le soupçon (1). Au terme du raisonnement, est induite la participation du suspect à la commission de l'infraction (2).

---

[1] DEFFERRARD (F.), *La suspicion légitime*, préc., n° 122, p. 93.

1. L'exercice de la suspicion comme induction à sens unique

Les autorités répressives doivent démontrer la participation du suspect à la commission de l'acte illicite. Si la technique de la présomption n'ouvre qu'un champ de probabilité[1], non à une certitude absolue[2], elle permet d'aboutir toutefois à une « *certitude raisonnée* » concernant cette participation à l'infraction. Le raisonnement par inférence « emprunté » par la suspicion à la présomption va ainsi reprendre les caractéristiques de celle-ci, à savoir sa double nature probabiliste (a) et inductive (b).

a) Une logique probabiliste

La suspicion se base sur une observation des faits par un agent à partir desquels il va raisonner. Globalement, du constat de certains éléments de faits, les indices, va se voir inférée la commission de l'infraction par le suspect. La démonstration du soupçon se fonde donc sur un raisonnement s'appuyant sur ces indices. D'ailleurs, Gorphe considère que le champ des indices est le même que celui des présomptions de faits. Pour lui, les indices servent juste à fonder un raisonnement puisque leur valeur probante est en soi nulle[3]. Ils ne valent que par leur interprétation par rapport au fait dont est présumée la commission[4]. On peut ainsi dénommer indices de suspicion les éléments factuels objectifs qui permettent de créer et renforcer une suspicion. Dans sa thèse, Monsieur Buisson distingue d'ailleurs les indices apparents qui fonctionnent comme « *instrument de perception* » et les « *indices probatoires* » qui « *servent à établir la culpabilité* »[5]. Les premiers possèdent pour objet l'infraction et sont constatés par l'intermédiaire d'une personne, tandis que les seconds sont recherchés en fonction du lien entre la personne et les faits constatés. D'une certaine manière, les premiers créent la suspicion, les seconds la renforcent et permettent d'établir la probabilité de la culpabilité. Mais, dans les deux cas, les indices permettent la mise en œuvre de la suspicion.

---

[1] AUBERT (J.-L.), *Introduction au droit et thèmes fondamentaux du droit civil*, préc., n° 73, p. 59.
[2] PERELMAN (C.), *Logique juridique*, préc., n° 88, p. 164.
[3] GORPHE (F.), La valeur probante des indices, *Rev. sc. crim.* 1937, p. 418 et s., spéc., p. 419 et p. 424.
[4] RASSAT (M.-L.), *Traité de procédure pénale*, préc., n° 263, p. 417.
[5] BUISSON (J.), *L'acte de police*, th. Lyon III, 1998, p. 547 et 548.

En cela, il est possible de les dénommer de manière générique *indices de suspicion*, qui ne peuvent être dénommés indices de culpabilité car il ne démontre pas de manière définitive la culpabilité.

Cependant, la notion de soupçon ne doit pas être rejetée en bloc. Si le soupçon synonyme de sentiment doit être écarté et ne jamais produire d'effets de droit, seul le soupçon produit de la suspicion, conclusion d'un raisonnement rigoureux, doit être retenu. En ce sens, le soupçon ne peut donc qu'être qualifié.

Mais la seule constatation d'éléments probatoires ne suffit pas à créer la suspicion. Un raisonnement doit en plus les ordonner afin de révéler les probabilités qu'ils portent en eux. L'action de soupçonner devient ainsi une action volontaire. La suspicion utilise donc l'inférence de la présomption. Les indices permettent d'inférer la participation probable du suspect à l'infraction. L'inférence inductive est réalisée à partir de l'ensemble des faits, cas d'une induction complète, qui pourra difficilement être remise en cause, ou d'une partie seulement des faits, cas de l'induction amplifiante, plus fragile car moins rigoureusement vérifiée. La suspicion se fonde ainsi sur des faits pour aboutir à la commission d'un acte et ensuite à un homme, le suspect. Le lieutenant-colonel Paul Ravier et le commissaire divisionnaire Jean Montreuil, tous deux professeurs dans les écoles de formation des officiers de gendarmerie et des commissaires de police, ont ainsi bien explicité la logique de l'enquête de police judiciaire : « *à partir de l'étude de l'acte, petit à petit, l'élément "homme" prend forme. Arrivé à un certain stade de précision, (qui varie aussi selon le degré des connaissances acquises dans l'enquête), l'homme "naît" de la démarche intellectuelle de l'enquêteur qui peut donner un nom à l'homme. Ce dernier est "situé", identifié comme suspect* »[1].

La mise en œuvre de la suspicion possède ainsi pour but d'obtenir une solution générale portant sur la certitude du soupçon pesant sur le suspect et la probabilité de sa participation aux faits. La logique est celle de la probabilité. À l'instar de la présomption, la suspicion s'avère probabiliste[2]. La certitude du soupçon se distingue donc de la certitude de la culpabilité, laquelle n'interviendra qu'avec la déclaration de culpabilité par le juge et la condamnation

---

[1] RAVIER (P.), MONTREUIL (J.), *L'enquête de police judiciaire*, Paris Lavauzelle, 1979, p. 35..
[2] DECOTTIGNIES (R.), *Les présomptions en droit privé*, préc., n° 7 p. 22 .

définitive de l'auteur. Mais le soupçon contient par nature l'idée de culpabilité.

b) Une logique inductive

La suspicion participe d'un raisonnement de type dialectique qui relève du syllogisme juridique classique[1]. En posant comme prémisse un *plerumque fit*, une réalité issue de l'expérience, donc considérée comme vraisemblable, et en relevant des indices au niveau de la mineure, l'induction va conduire à la conclusion de l'existence d'un soupçon contenant une probabilité de culpabilité. Le raisonnement part de l'existence de faits précis, les indices pour aboutir à une situation plus large, l'infraction. Aristote considérait ainsi comme dialectique « *le syllogisme qui conclut de prémisses probables* »[2]. A l'instar de la dialectique des présomptions[3], il existe une dialectique de la suspicion. Le Code de procédure pénale, mais aussi le Code des douanes, font ainsi souvent référence à cette logique de l'inférence par présomption lorsqu'ils exigent des indices « *faisant présumer* » ou « *laissant présumer* »[4]. De surcroît, l'exercice de la suspicion se déroule par l'emploi de ce que la logique mathématique dénomme « *raisonnement par récurrence* », c'est-à-dire la démonstration par laquelle la vérité des propriétés d'au moins deux termes d'une série est étendue à l'ensemble d'une série de termes homogènes[5]. En l'espèce, la probabilité de la commission de l'infraction contenue dans au moins deux éléments de preuve se voit étendue à l'ensemble des éléments réunis contre le suspect. De ce fait, le droit exige le plus souvent la réunion d'une pluralité d'indices pour désigner le suspect. C'est le cas aux articles 80-1, 105 et 113-8 du Code de procédure pénale en matière de mise en examen, c'était encore en partie le cas aux articles 63, 77 et 154 en matière de garde à vue.

Pour autant, l'induction s'inscrit dans le cadre de la démonstration de la participation du suspect à l'infraction. Elle relève ainsi

---

1 PERELMAN (C.), *Logique juridique*, préc., n° 1, p. 1.

2 ARISTOTE, *Organon V, Les topiques*, I, 1, 100 a, 30, préc.

3 FORIERS (P.), *Présomptions et fictions*, préc. p. 8.

4 Art. 60 *bis* C. douanes ; art. 63, 77, 78-2 et 154 C. pr. pén.

5 BOUVIER (A.), GEORGES (M.), LE LIONNAIS (F.), *Dictionnaire de mathématiques*, PUF, Quadrige, 2001, p. 719.

de la volonté des organes d'enquête et de poursuite qui vont être les premiers vecteurs de la suspicion. Le raisonnement propre à la suspicion s'effectue dans un sens accusateur. La logique stricte de la suspicion n'intègre pas les faits qui pourraient bénéficier au suspect. En outre, la suspicion se fondant sur une dialectique qui repose sur une probabilité, il est possible d'affirmer qu'elle vise à la persuasion au sens aristotélicien, c'est-à-dire à faire « *sortir le vrai et le vraisemblable de ce que chaque sujet comporte de persuasif* »[1]. La suspicion permet ainsi la manifestation de la vérité mais en employant une démonstration favorable à l'accusation. Elle ne peut se réaliser à la fois à charge et à décharge dans une même opération de logique car les prémisses ne s'avèrent pas les mêmes. Le mythe d'une instruction préparatoire impartiale ne tient pas. Au final, la suspicion constitue une forme de syllogisme réalisé par les organes du procès pénal qui permet d'induire la participation du suspect à l'infraction.

2. La désignation du suspect à partir de faits matériels

La suspicion constitue une technique spécifique de raisonnement juridique particulièrement bien adaptée à l'exercice de la répression pénale. Si le but d'un raisonnement est d'établir une thèse conforme au droit, l'objectif de la suspicion s'avère bien de démontrer la participation d'un individu à la commission d'une infraction. Elle opère un syllogisme ascendant, qui, partant de l'incertitude du soupçon, va aboutir à la probabilité de cette commission. De ce fait, si elle aboutit à la désignation d'une personne suspecte, la technique juridique de la suspicion, de par sa généralité, va parfois se fonder d'abord sur des situations (a) ou des objets (b) avant de s'exercer dans un second temps à l'encontre de la personne à l'origine de la situation ou possesseur des objets. S'applique ici la distinction entre indices permettant l'exercice de la suspicion et indices issus de l'exercice de la suspicion.

a) La suspicion portant sur les situations

Le raisonnement peut porter sur une situation qui va paraître suspecte. L'article 74 du Code de procédure pénale organise ainsi

---

[1] ARISTOTE, *Rhétorique*, 1356-a, Gallimard, 1991.

l'enquête de mort suspecte. Celle-ci possède comme point de départ un fait connu, la découverte d'un cadavre, et devra déterminer un fait inconnu, la cause de la mort de l'individu. Voici donc une application directe à la technique de présomption. La procédure doit déterminer les circonstances d'une mort sur laquelle pèse une suspicion. Elle devra ensuite céder sa place à une enquête classique en cas d'infraction[1]. L'origine criminelle du décès reste hypothétique, elle demeure une probabilité. Lorsqu'elle est certaine, l'article 74 ne s'applique pas et doit être ouverte soit une enquête de flagrance, soit une enquête préliminaire, soit une instruction. De ce fait, l'appellation « *enquête de mort suspecte* » devient impropre car ce n'est pas la mort qui prête à suspicion puisqu'elle est certaine et constatée, mais sa cause[2]. Il faudrait donc parler d'une *enquête pour cause suspecte de mort ou blessures.*

La suspicion portant sur la mort naît lorsque celle-ci ne paraît pas naturelle, mais est tout de même susceptible de relever d'un crime ou d'un délit. Elle va se fonder sur l'examen du corps et des vêtements, sur les circonstances et le lieu de découverte, sur les renseignements recueillis sur le mort. Elle s'appuie juste sur l'incertitude relative aux causes de la mort à partir de laquelle est induite une hypothèse non encore vérifiée puisque le législateur précise que la mort peut très bien ne pas être violente. L'apparente normalité de la mort ne doit donc pas éteindre la suspicion. D'ailleurs, en faisant référence à une cause inconnue *ou* suspecte, l'article 74 entretient une distinction qui n'a pas lieu d'être entre présomption, la cause inconnue, et suspicion, la cause suspecte, puisque le raisonnement est identique. À ce titre, cet article ne devrait viser que la cause suspecte étant donné que la suspicion possède par nature une part irréductible d'inconnu. La cause suspecte englobe la cause inconnue. Ce n'est malheureusement pas l'orientation rédactionnelle du législateur qui, en étendant le champ d'application de cette enquête aux blessures suspectes a préféré conserver la formulation classique[3] alors même que c'est bien la technique de suspicion qui s'applique en l'espèce.

---

[1] MATSOPOULOU (H.), *Les enquêtes de police*, LGDJ, 1996, n° 132, p. 113.
[2] GUERY (C.), La mort suspecte n'est plus ce qu'elle était, *JCP* 2008, I, 187.
[3] Art. 74 al. 5 C. pr. pén.

De même, la suspicion peut s'intéresser aux circonstances d'une disparition d'un mineur, d'un majeur protégé ou d'un majeur selon les articles 26 de la loi du 21 janvier 1995 et 74-1 du Code de procédure pénale. Le caractère vulnérable d'un mineur ou d'un majeur protégé permet donc de s'intéresser aux circonstances de sa disparition. Ici, la disparition, fait connu, s'avère en elle-même suspecte. En revanche, en ce qui concerne les majeurs, la disparition doit présenter « *un caractère inquiétant ou suspect eu égard aux circonstances, à l'âge de l'intéressé ou à son état de santé* »[1]. Le mécanisme de suspicion s'applique lorsque les circonstances de la disparition permettent d'induire son probable caractère délictueux, mais là encore, la rédaction s'avère redondante par la référence au caractère inquiétant de la disparition pourtant compris dans la suspicion. Cette dernière se retrouve aussi dans le domaine du droit financier.

b) La suspicion portant sur des objets

Le passage à la monnaie unique européenne a amené le législateur à accroître le système de répression du faux monnayage des billets de banques et pièces de monnaies libellés en Euros. Pour ce faire, il a utilisé explicitement le mécanisme de la suspicion, ce qui est remarquable. Ainsi, l'article 56 alinéas 8 et 9 du Code de procédure pénale organise la saisie des « *types de billets ou pièces suspectés faux* » et leur transmission d'un exemplaire de chaque type auprès d'un centre d'analyse national qui va permettre de vérifier la qualité de monnaie contrefaite. Un soupçon existe sur la qualité de la monnaie. Des éléments permettent à l'enquêteur de présumer qu'il se trouve en présence de fausse monnaie (qualité du papier, absences des hologrammes et des filaments de sécurité, etc.). Il a l'obligation de saisir et transmettre alors la monnaie suspecte auprès d'un organisme spécialisé qui va l'analyser[2]. Cette analyse va permettre d'acquérir la certitude du caractère contrefait de la monnaie et renforcer la suspicion.

Toute suspicion visant un objet va être élargie à son possesseur ou son propriétaire. Ainsi, la possession d'objet suspect constitue

---

[1] Art. 26 al. 6 L. 21 janv. 1995.

[2] Art. 56 al. 8 C. pr. pén.

un cas d'ouverture de l'enquête de flagrance posé par l'article 53 du Code de procédure pénale. Plus généralement, cet article permet de fonder la suspicion d'infraction flagrante sur l'existence d'objets qui sont alors des indices permettant l'exercice de la suspicion. Ces derniers peuvent très bien caractériser l'infraction flagrante sans passer par l'intermédiaire d'une personne. Mais une fois cette suspicion apparue, son exercice va s'orienter vers un individu. De même, un véhicule va pouvoir apparaître suspect si sa plaque d'immatriculation ne semble pas valable ou s'il possède des traces de choc. Un animal sera suspecté d'avoir blessé une autre personne. Dans les deux cas, la suspicion va porter ensuite sur le propriétaire. De même, en cas de « *motifs raisonnables de soupçonner* » qu'un trafic de stupéfiants se commet à bord d'un navire en haute mer, les commandants des bâtiments et des aéronefs de l'État pourront contrôler et même contraindre le navire. Le caractère suspect de ce dernier va entraîner une suspicion sur l'équipage[1].

L'exercice de la suspicion passe donc par l'induction de la participation du suspect à la commission de l'infraction. A terme, il permet le passage de la simple possibilité de la culpabilité du suspect au fait de tenir cette culpabilité pour vraisemblable.

§ 2. La création d'une culpabilité vraisemblable

Le raisonnement par inférence inductive opéré lors de la mise en œuvre de la suspicion aboutit à la conclusion de la probabilité de la participation du suspect dans la création de la situation illicite constatée, c'est-à-dire qu'il l'a probablement commise en tant qu'auteur ou complice. Puisqu'il devient probable que le suspect ait commis l'infraction, l'agent qui soupçonne peut induire légitimement la vraisemblance de la culpabilité du suspect. Cette conclusion s'avère le produit de son raisonnement logique et des probabilités obtenues. Cesare Beccaria parlait d'une certitude morale fondée sur une probabilité de faits[2]. La présomption construit la vraisemblance par la probabilité. Elle possède bien ici un rôle

---

[1] Art. 13 L. n° 94-589 du 15 juillet 1994 introduit par l'art. 12 L. n° 96-359 du 29 avril 1996 *J. O.* 30 avr. 1996, p. 6558..

[2] BECCARIA (C.), *Traité des délits et des peines*, § XIV, 1764, GF-Flammarion 1991, p. 91

constructif[1]. Le philosophe David Hume avait d'ailleurs tiré l'apparition de la croyance du constat d'une probabilité et de l'addition de points de vue concordants sur un même fait[2]. Cette logique se retrouve dans la constatation de la pluralité d'indices de commission de l'infraction et la conclusion sur le rôle du suspect dans celle-ci.

De ce fait, l'exercice de la suspicion reproduit cette construction. Au fil de la phase préparatoire, le Code de procédure pénale pose un ensemble de paliers de vraisemblance[3] qui requièrent donc un contrôle des indices de suspicion et un renforcement de ceux-ci. La mise en œuvre de la suspicion aboutit à un degré suffisant de vraisemblance (A). À partir de là, elle va permettre progressivement de conforter l'idée selon laquelle le suspect est l'auteur vraisemblable de l'infraction. En démontrant le lien existant entre l'infraction et le suspect, l'exercice de la suspicion pose la problématique fondatrice de la culpabilité (B).

A. L'existence d'une vraisemblance suffisante

L'exercice de la suspicion et sa logique inductive rendent vraisemblable la participation du suspect dans la commission de l'infraction. Il serait alors possible d'assimiler la suspicion d'une croyance légitime[4]. Mais, à la différence de cette dernière, l'auteur de la suspicion ne se trouve pas dispensé de vérifier les éléments qui la fondent. La vraisemblance née de la suspicion se pose autant comme conséquence de la suspicion que comme exigence du droit afin que celle-ci produise des effets juridiques sur la situation du suspect et la manifestation de la vérité. Cette vraisemblance supplée aux insuffisances du réel constaté. Elle possède une dimension non négligeable dans la mise en œuvre de la suspicion. Dès lors, l'analyse de la place de la vraisemblance passe par celle de l'importance du jeu de l'apparence dans la création de la suspi-

---

1 GENY (F.), *Science et technique en droit privé positif, Nouvelle contribution à la critique de la méthode juridique*, t. 3, *Elaboration technique du droit positif*, Sirey, 1921, n° 238, p. 347.

2 HUME (D.), *Essai sur l'entendement humain*, préc., p. 123.

3 GUERY (C.), Les paliers de la vraisemblance pendant l'instruction préparatoire, *JCP* 1998, I, 140.

4 SOURIOUX (J.-L.), La croyance légitime, *JCP* 1982, I, 3058.

cion (1). Elle passe aussi par celle du doute comme mode de raisonnement encadrant l'exercice de celle-ci (2).

1. Le jeu de l'apparence dans la création de la suspicion

L'apparence apporte une composante objective à la suspicion légale (a). Dès lors, la participation du suspect à l'infraction devient vraisemblable (b).

a) L'objectivation de la suspicion par l'apparence

L'individu à l'encontre duquel existent des indices de participation à la commission de l'infraction apparaît comme suspect. La suspicion est ainsi marquée par l'apparence. En l'occurrence, il s'agit non d'une apparence classiquement étudiée comme une croyance erronée, puisque la croyance de la commission de l'infraction par le suspect se fonde sur un raisonnement logique, mais d'une apparence qualifiée de vraisemblable par Monsieur Conte dans sa thèse[1]. Celui qui soupçonne ne commet aucune erreur car il produit un raisonnement inductif fondé sur des constatations objectives. L'apparence naît alors de la ressemblance suffisante entre l'apparition d'indices aux yeux de l'enquêteur et la réalité envisagée, la participation à l'infraction[2]. Les indices s'avèrent ainsi des signes apparents qui indiquent la probabilité par l'utilisation d'une présomption reposant sur l'apparence[3]. Dans sa thèse, Monsieur Buisson insiste d'ailleurs sur l'importance de l'indice défini comme « *l'élément de fait apparent dont la consistance est suffisante pour établir la présomption de l'existence d'un trouble à l'ordre public* ». Mais la suspicion n'endosse pas les habits de l'apparence vraisemblable afin d'être prise en compte par le droit. Au contraire, l'apparence s'avère une composante de la suspicion qui garantit la légalité de sa mise en œuvre par la nécessité de l'objectivité.

L'apparence suppose l'extériorisation objective de l'actualité de l'infraction. Les indices doivent laisser penser que le suspect a participé à sa commission. C'est notamment le cas en matière de

---

[1] CONTE (P.), Un aspect de l'apparence vraisemblable au stade policier de la procédure pénale (aperçus sur la notion d'apparence en procédure pénale), *Rev. sc. crim.*, 1985, p. 471.

[2] CONTE (P.), *L'apparence en matière pénale*, th. dactyl., Grenoble, 1984, n° 6, p. 473.

[3] BUISSON (J.), *L'acte de police*, th. préc., p. 548.

contrôle d'identité, d'arrestation du suspect, d'enquête de flagrance. Dans ce dernier cas, la jurisprudence exige précisément la réunion « *d'indices apparents d'un comportement délictueux révélant l'existence d'infractions* »[1]. Même si elle ne concourt pas directement à sa personnalisation, l'apparence permet d'objectiver la suspicion et rend possible un contrôle postérieur. Ainsi, par nature la dénonciation anonyme, pourtant facteur de suspicion car elle désigne un suspect, ne peut réaliser l'apparence à cause de son caractère peu vérifiable[2]. La connaissance par l'enquêteur de l'infraction par le biais de la dénonciation ne semble pas strictement correspondre à l'apparence. Néanmoins, l'apparence ne concourt pas directement à la personnalisation de la suspicion. Seul l'exercice de celle-ci permet d'identifier le suspect. Exiger systématiquement de l'apparence cette identification reviendrait à se méprendre sur sa véritable nature et à la confondre avec la suspicion. En revanche, l'identification est parfois requise. Une perquisition n'est possible que chez les personnes qui « *paraissent avoir participé* » à l'infraction[3]. Toutefois, le fait apparent peut ne pas démontrer l'implication du suspect mais juste sa probabilité. Dès lors, l'on pourra se demander si la substitution des raisons plausibles aux indices ne semble pas réduire l'exigence d'apparence et donc les garanties du suspect pendant la mise en œuvre policière de la suspicion[4]. Ce recul de l'apparence vient déséquilibrer la procédure puisque cette notion est conçue comme un mécanisme d'équilibre de la procédure[5].

Le jeu de l'apparence possède une fonction de légitimation[6] de la mise en œuvre de la suspicion. En effet, face à la survenance d'un trouble à l'ordre public, le policier, sur lequel repose une obligation de réactivité, dispose de peu de temps pour prendre une décision. En outre, l'apparence légitime le recours à la suspicion et par là même à la contrainte. Les actes accomplis en

---

1 Cass. crim., 4 janv. 1982, *Bull. crim.* n° 2 ; 9 janv. 2002, *Bull. crim.*, n° 2 ; *Rev. sc. crim.*, 2002, p. 313, obs. BUISSON (J.).

2 Cass. crim., 2 févr. 1988, *D.* 1988, somm. comm. 358.

3 Art. 56 C. pr. pén.

4 Art. 63-1 et. 78-2 C. pr. pén.

5 CONTE (P.), Un aspect de l'apparence vraisemblable au stade policier de la procédure pénale, préc., p. 470.

6 DECOCQ (A.), BUISSON (J.), MONTREUIL (J.), *Droit de la police*, préc. n° 566, p. 311,

fonction de l'apparence se voient justifiés même si le caractère illicite de la situation se révèle fausse *a posteriori*[1]. Ainsi, le contrôle d'identité reste valable même si aucune infraction n'est ensuite constatée par les policiers ou si elle diffère de celle qu'ils avaient cru percevoir[2]. L'apparence permet au droit de donner une certaine souplesse à la réaction sociale. Mais elle ne peut servir de cause d'exonération générale de nullité. Ainsi, la disposition de l'article 706-104 du Code de procédure pénale qui entendait exonérer de toute nullité les actes d'enquête dès lors que paraissait caractérisée la circonstance aggravante de bande organisée, faisait une application fallacieuse de la théorie de l'apparence qui s'est vue à juste titre censurée[3]. Il n'empêche, l'apparence joue un rôle important dans l'exercice de la suspicion car elle est source de vraisemblance.

b) De l'apparence à la vraisemblance

Pour que joue l'apparence, les éléments de fait doivent être objectivement appréhendés comme étant de nature à permettre l'induction. La suspicion ne se fonde donc sur l'apparence qu'à partir du moment où elle s'appuie sur des éléments objectifs qui excluent le soupçon en tant que sentiment. En d'autres termes, ce n'est pas l'apparence qui est vraisemblable mais bien la réalité infractionnelle[4]. Toutefois, la vraisemblance ne consiste pas en une présomption de fait à partir d'une apparence. Seule la suspicion, mécanisme fonctionnant comme présomption de fait fondée sur une apparence, aboutit à la vraisemblance de la participation du suspect à l'infraction. La vraisemblance, apparence de la vérité s'avère ainsi le produit de l'exercice de la suspicion. L'enquêteur qui constate une réalité qui lui apparaît comme vraisemblable va pouvoir agir. Toute personne placée dans les mêmes circonstances aurait soupçonné et agi de manière similaire.

De ce fait, le Code de procédure pénale exige-t-il fréquemment la constatation d'« *indices rendant vraisemblable* » la participation du suspect à l'infraction. C'est ainsi le cas, aux articles 80-1 en matière

---

[1] CONTE (P.), *L'apparence en matière pénale*, th. préc., n° 464, p. 573.
[2] Art. 78-2 al. 2 et 4 C. pr. pén.
[3] Cons. cont. déc. 2004-492 DC du 2 mars 2004.
[4] BUISSON (J.), *L'acte de police*, th. préc., p. 545.

de mise en examen, 113-2 alinéa 2 pour conférer le statut de témoin assisté, 122 alinéa 3 pour décerner un mandat de comparution. Depuis la loi du 9 mars 2004, l'article 154-2 évoque même des « *indices graves et concordants rendant vraisemblable la culpabilité* » en matière de garde à vue demandée par une commission rogatoire. L'utilisation du participe présent « *rendant* » renvoie clairement à l'induction tandis que le terme « *vraisemblable* » s'applique à la culpabilité du suspect. Le mode de raisonnement par induction est exigé par la référence à sa conséquence, la vraisemblance. Il est toutefois critiquable que cette exigence ne soit formulée qu'au stade de l'instruction alors même qu'elle existe déjà pendant l'enquête de police. Préciser cette nécessaire vraisemblance à ce stade de la procédure renforcerait l'objectivité de la suspicion policière. Les policiers seraient incités à faire très attention aux indices qu'ils relèvent et au raisonnement qu'ils tiennent.

Par le jeu conjoint de l'apparence et d'un raisonnement probabiliste, la mise en œuvre de la suspicion aboutit ainsi à la conclusion de la participation vraisemblable du suspect à l'infraction. Le suspect est bien la personne sur qui pèse « *la vraisemblance d'une participation à une infraction pénale* »[1]. Cette vraisemblance est le produit de la suspicion. Mais, la suspicion ne peut que conduire à cette vraisemblance du fait de son caractère probabiliste et de l'irréductibilité du doute en son sein.

2. L'intégration du doute dans le raisonnement

L'exercice de la suspicion aboutit à la réduction de l'incertitude et non à l'affirmation d'une certitude. Le caractère dialectique du raisonnement construit sur des probabilités ne peut conduire à des conclusions certaines. Le doute tient ainsi une place importante au sein de la suspicion, non dénuée d'ambiguïté. En effet, la suspicion ne se fonde pas sur n'importe quel doute. Si elle rejette le doute qui paralyse le raisonnement probabiliste (a), elle intègre celui qui le favorise (b).

---

[1] GUERY (C.), L'avenir du suspect, *AJ pénal* 2005, p. 232.

a) L'insuffisance du doute obstacle

De prime abord, la notion de doute renvoie autant à l'incertitude qu'au soupçon. Nous avons vu précédemment que le soupçon pouvait naître d'un doute sur la probité d'une personne. Il procède d'un sentiment défavorable et devient synonyme de défiance. Une déclaration de soupçon se justifie ainsi parfois par l'identité douteuse du donneur d'ordre ou du bénéficiaire d'une opération financière[1]. Le doute peut alors être à l'origine du soupçon mais son caractère subjectif ne suffira pas à fonder une suspicion pénale s'il n'est pas corroboré par d'autres éléments objectifs. Le doute/soupçon s'avère insuffisant à la mise en œuvre de la suspicion. Insuffisant, le doute/incertitude l'est aussi. Du moins le doute qui rejette toute certitude absolue n'est pas non plus utilisable. Le doute insurmontable du sceptique, celui de Pyrrhon, qui, au nom de la relativité absolue de toute chose et de l'impossibilité définitive d'atteindre une vérité certaine, refuse d'agir et d'émettre une opinion ou jugement en suspendant son assentiment[2]. Ce doute-ci paralyse l'action. Son caractère absolu le rend impraticable en droit puisque le juriste, et surtout le juge doivent prendre une décision, sauf à commettre un déni de justice. Ce type de doute obstacle au raisonnement est ainsi absent de la suspicion qui ne se fonde que sur un doute productif.

Au terme de la mise en œuvre de la suspicion, il peut arriver que la preuve de la culpabilité ne soit pas suffisante pour emporter la conviction du juge. Le doute persiste. Celui-ci correspond alors au résultat de la pensée au terme du raisonnement juridique. Le doute sur la culpabilité demeure présent et même l'emporte. C'est dans cette optique de doute résultat du raisonnement juridique que doit s'analyser l'adage *In dubio pro reo*. Ce doute favorable apparaît clairement dans le serment des jurés d'assises de l'article 304 du Code de procédure pénale depuis la loi du 15 juin 2000[3]. Ce doute favorable doit toutefois répondre à une certaine rationalité. Ainsi, le doute peut-il fonder l'existence d'une minorité de faveur

---

[1] Art. L. 562-2 al. 2, 1 ° C. mon. fin.
[2] NAGOUAS-GUERIN (M.-C.), *Le doute en matière pénale*, Dalloz, 2002, n° 3, p. 3.
[3] Art. 40 de la loi n° 2000-516 du 15 juin 2000.

au profit de l'accusé en cour d'assises[1]. Mais, il faut que les juridictions correctionnelles motivent précisément toute relaxe fondée sur le doute, surtout lorsqu'elles constatent l'existence de preuves de culpabilité qu'elles considèrent pourtant insuffisantes[2].

La rationalité du doute se révèle aussi directement au sein de la règle anglo-saxonne de condamnation *Beyong a reasonable doubt.* Elle fut formulée aux XVIIème et XVIIIème siècles par la jurisprudence anglaise afin d'informer les jurés de leurs obligations[3]. Selon ce principe, la culpabilité doit être prouvée « *au-delà de tout doute raisonnable* », « *hors de tout doute raisonnable* »[4]. En deçà, l'acquittement doit être prononcé. De ce fait, le doute raisonnable s'intègre dans une démarche rationnelle de logique fondée sur un calcul de probabilités. Il exige en effet un fort degré de probabilité en faveur de la culpabilité. La probabilité de culpabilité doit être supérieure à celle de la non culpabilité. Dès lors, on pourrait considérer ce doute comme utile à l'exercice de la suspicion. Or, ce doute résultat d'un raisonnement permet alors de guider la solution finale du procès, non d'exercer la suspicion. Il se rattache au doute incertitude, obstacle à la culpabilité. Si le doute est inhérent à la suspicion, l'adage *In dubio pro reo* ne s'applique pas à sa mise en œuvre.

b) L'intégration du doute comme méthode

Au contraire du doute obstacle, le doute intégré dans la suspicion est celui qui permet la recherche de la vérité[5]. Ainsi, le doute méthodique, cartésien, érige-t-il le doute en tant que système de découverte de la vérité en rejetant toute chose empreinte de dou-

---

[1] Art. 359 et 362 C. pr. pén. V. GUINCHARD (S.), BUISSON (J.), *Procédure pénale*, préc., n° 489, p. 409.

[2] En témoigne la cassation pour insuffisance de motifs de la relaxe fondée sur « *un très léger doute* » malgré « *les charges très lourdes de culpabilité* », Cass. crim., 3 févr. 1992, *Bull. crim.*, n° 47.

[3] DELMAS-MARTY (M.), *Procédures pénales d'Europe*, PUF, 1992, p. 421.

[4] NAGOUAS-GUERIN (M.-C.), *Le doute en matière pénale*, préc., n° 7 p. 12.

[5] BREDIN (J. -D.), *Le doute et l'intime conviction*, Droits, 1996, n° 23, *La preuve*, p. 21.

te[1]. La découverte de la vérité passe ainsi *a contrario* par celle du doute mais s'efface lorsque celle-ci est appréhendée[2]. Comme le souligne Monsieur Terré, « *Passage obligé dans une recherche de la vérité, ce doute radical, rationnel et volontaire, n'en est pas moins provisoire. C'est pourquoi il satisfait aux exigences du droit* »[3]. L'incertitude première inhérente au doute permet la découverte de la vérité qui s'avère ainsi vérité probable. Or, la vérité judiciaire issue du procès pénal ne peut être qu'une vérité dialectique qui ne peut prétendre à une vocation d'absolu. La dialectique de la vérité s'approcherait ainsi de la dialectique de la suspicion[4]. Le doute permet la recherche de la vérité lorsqu'il est conçu comme un mode de raisonnement fondé sur la probabilité[5]. Le doute devient alors une méthode de raisonnement qui intègre la suspicion[6].

C'est pourquoi, le doute judiciaire pénal est celui qui s'inscrit dans une « *logique du probable* »[7]. Parce qu'il s'avère un mode de raisonnement dialectique fondé sur des prémisses probables, il se retrouve au cœur de la présomption de fait posée par la suspicion. Le doute ne prend pas la forme de la suspicion, il en fait partie. La suspicion peut ainsi être considérée comme le « *degré supérieur du doute* »[8] car elle constitue une méthode de rationalisation du doute.

La mise en œuvre de la suspicion s'avère bien le produit d'un mode spécifique de raisonnement inductif influencé par l'apparence et guidé par le doute qui conclut à une vraisemblance. D'une certaine manière, ce constat rejoint en partie la pensée de Kant vis-à-vis de la notion de probabilité dont il tire à la fois la vraisemblance et la croyance. Le philosophe accordait toutefois

---

[1] C'est ainsi que Descartes lui-même résume sa pensée : « *...parce qu'alors je désirais vaquer seulement à la recherche de la vérité, je pensai qu'il fallait que je fisse tout le contraire, et que je rejetasse, comme absolument faux, tout ce en quoi je pourrais imaginer le moindre doute, afin de voir s'il ne resterait point, après cela, quelque chose en ma créance, qui fût entièrement indubitable* », DESCARTES (R.), *Discours de la méthode*, Quatrième partie, 1637, GF-Flammarion, 1992, p. 53.

[2] V. CARBONNIER (J.), *Sociologie juridique*, PUF, 1978, p. 174 : « *le jugement est un doute qui décide ; le procès, l'institution d'une mise en doute avec une décision au bout* ».

[3] TERRE (F.), *Synthèse*, *in* TERRE (F.), dir., *Le doute et le droit*, préc., p. 4.

[4] V. DELMAS-MARTY (M.), *La preuve pénale*, Droits, 1996, n° 23, *La preuve*, p. 31.

[5] DEFFERRARD (F.), *La suspicion légitime*, préc., n° 134, p. 99. Dans le même sens, NAGOUAS-GUERIN (M.-C.), *Le doute en matière pénale*, préc., n° 19, p. 18.

[6] FLAESCH (C.), *Le doute du policier*, in TERRE (F.), dir., *Le doute et le droit*, préc. p. 31 et spéc., p. 33.

[7] NAGOUAS-GUERIN (M. -C.), *Le doute en matière pénale*, préc., n° 7, p. 8.

[8] NAGOUAS-GUERIN (M.-C.), *Le doute en matière pénale*, préc., n° 106, p. 71.

moins de valeur à la vraisemblance qu'à la probabilité. La première se fonde sur un assentiment, un jugement subjectif selon lequel une chose est considérée comme vraie, tandis que la seconde se base sur une raison objective. D'ailleurs, la croyance était pour lui issue de raisons suffisantes d'un point de vue subjectif mais insuffisantes d'un point de vue objectif[1]. Au contraire, la suspicion dépasse la croyance car elle repose sur une objectivité certaine issue des probabilités révélées. La suspicion répond donc à une logique probabiliste. L'exercice de la suspicion conduit à l'induction d'une participation probable puis vraisemblable du suspect à la commission de l'infraction. La question de sa culpabilité commence à se poser sérieusement.

B. Les prémices de la culpabilité

La culpabilité d'un individu ne peut se voir reconnue que si l'infraction lui est imputable. La notion d'imputabilité apparaît ainsi comme centrale en droit pénal, demeure difficile à appréhender et à bien distinguer des notions de culpabilité et de responsabilité[2]. Etymologiquement, imputer vient du latin *imputare* qui signifie « *porter au compte, mettre sur un compte* ». Imputer une infraction revient ainsi à la mettre au compte d'une personne, à lui attribuer. Un lien se dessine entre un individu et une infraction. De ce fait, la conclusion de la probabilité d'une commission de l'infraction par le suspect permet d'établir l'existence des liens entre lui et la situation illicite, donc de lui imputer l'infraction. La suspicion devient alors le préalable nécessaire à l'imputabilité (1). La probabilité de l'imputation de l'infraction au suspect renforce l'appréciation de la culpabilité vraisemblable de celui-ci (2).

1. La genèse de l'imputabilité

Suspicion et imputabilité raccrochent le suspect à l'infraction. Le risque existe de confondre ces deux concepts (a) alors qu'en réalité, l'un prépare l'autre (b).

---

[1] KANT (E.), *Logique*, Librairie philosophique J. Vrin, Paris, IX, p.66 et s.

[2] OTTENHOF (R.), Imputabilité, culpabilité et responsabilité en droit pénal, *Arch. pol. crim.* 2000, p. 71.

a) La notion complexe d'imputabilité

Le concept d'imputabilité s'avère relativement malaisé à circonscrire. La doctrine considère ainsi l'imputabilité à partir de l'existence d'une relation matérielle et psychologique entre l'infraction et l'auteur. Certains auteurs ont voulu bien différencier ces deux volets de la notion. Ils distinguent l'imputabilité matérielle, ou objective de l'imputabilité morale ou subjective[1]. D'un point de vue matériel, l'imputabilité serait ainsi constituée par le lien de causalité qui unit l'infraction au comportement de l'auteur. Dès lors, mettre un fait sur le compte d'une personne, c'est d'affirmer qu'elle en est la cause efficiente. L'imputabilité matérielle s'apparenterait ainsi à l'imputation de l'acte à la personne qui en est à l'origine[2]. Pour éviter de confondre cette imputabilité matérielle avec l'imputabilité morale, certains auteurs la dénomment alors imputation[3].

Si l'imputabilité possède une dimension matérielle, assez simple à définir, elle possède aussi une dimension morale, plus complexe à déterminer car elle renvoie alors à la liberté, à la volonté et au discernement de l'individu. L'imputabilité morale dépasse le seul lien de causalité entre l'auteur et l'acte. Elle détermine un lien de compréhension. Elle devient alors « *la possibilité de mettre une certaine attitude intellectuelle répréhensible au compte de celui qui l'a adoptée de manière totalement consciente et libre* »[4]. L'imputabilité morale constitue alors pour certaine la « *substance éthique* »[5] de l'infraction. Devient essentielle la référence à la volonté, caractéristique essentielle de l'homme. D'un point de vue moral, l'imputabilité se raccroche alors dans certains cas à la structure mentale du sujet[6] et à sa psychologie prise au sens le plus pur[1].

---

[1] LEVASSEUR (G.), L'imputabilité en droit pénal, *Rev. sc. crim.*, 1983, p. 1 et s., spéc., p. 7.

[2] BOUZAT (P.), PINATEL (J.), *Traité de droit pénal et de criminologie*, t. 1, Dalloz, 2ème éd. 1970, n° 233.

[3] CONTE (P.), MAISTRE DU CHAMBON (P.), *Droit pénal général*, Armand Colin 7ème éd. 2004, n° 351, p. 201.

[4] SAINT-GERAND (V.), *La culpabilité dans la théorie de la responsabilité pénale*, th. Lyon III, n° 102, p. 103.

[5] DANA (A.-C.), *Essai sur la notion d'infraction pénale*, LGDJ, 1982, n° 209, p. 254.

[6] Ce qui a conduit les théoriciens de la défense sociale d'implicitement remplacer le concept d'imputabilité par celui de capacité pénale, LAZERGES (C.), Le concept d'imputabilité dans les doctrines de défense sociale, *Rev. sc. crim.* 1983, p. 315 et s., spéc. p. 325.

L'imputabilité se réfère à la liberté morale de l'agent[2] et s'identifie alors avec la capacité de comprendre et de vouloir[3]. En somme, la question de l'imputabilité pose celle du libre arbitre[4]. Comme l'explique pertinemment Madame Saas, l'auteur d'un acte engage sa responsabilité parce qu'il est doté d'une liberté qui lui permet de vouloir ses actes et d'une conscience qui lui permet de distinguer la valeur morale de cet acte[5]. Ainsi que le précisent Messieurs Conte et Maistre du Chambon : « *l'individu est imputable lorsqu'au moment où il agit, il a la faculté de comprendre la portée de ses actes – aptitude à distinguer le bien du mal - et la liberté de vouloir* »[6]. L'imputabilité résulte alors du discernement et de la volonté[7]. Ainsi que l'avait énoncé la Chambre criminelle dans le célèbre arrêt *Laboube*, « *toute infraction, même non intentionnelle, suppose en effet que son auteur ait agi avec intelligence et volonté* »[8]. Elle assimila ici intelligence et discernement. L'imputabilité morale se rattache donc à la personnalité de l'auteur de l'infraction au moment de sa commission. En ce sens, elle devient une condition subjective de la responsabilité pénale.

Par conséquent, l'imputabilité explique que toute entrave au libre arbitre constitue une cause de non-imputabilité et donc d'irresponsabilité[9], soit parce que l'auteur ne possède pas de discernement, comme le malade mental ou l'enfant en très bas âge (*infans*), soit parce que sa volonté a été abolie par contrainte. Les causes de non-imputabilité, causes subjectives d'irresponsabilité, ne font pas disparaître l'infraction mais la responsabilité car si elles ne font pas disparaître l'imputabilité matérielle (imputation), elle

---

1 SAINT-GERAND (V.), *La culpabilité dans la théorie de la responsabilité pénale*, th. Lyon III, 2000, n° 106, p. 107.

2 LEAUTE (J.), Le rôle de la faute antérieure dans le fondement de la responsabilité pénale, *D.* 1981, chron., p. 295.

3 JOURDAIN (P.), Retour sur l'imputabilité, in *Les droits et le Droit, Mélanges dédiés à Bernard Bouloc*, Dalloz, 2007, p. 511 et s.

4 CONTE (P.), MAISTRE DU CHAMBON (P.), *Droit pénal général*, préc., n° 352, p. 201.

5 SAAS (C.), *L'ajournement du prononcé de la peine. Césure et recomposition du procès pénal*, Dalloz, 2004, n° 163, p. 164.

6 CONTE (P.), MAISTRE DU CHAMBON (P.), *Droit pénal général*, préc., n° 352, p. 201.

7 BONFILS (P.), Le discernement en droit pénal, in *Mélanges offerts à Raymond Gassin, préc.*, p. 97 et s., spéc., p. 103.

8 Cass. crim., 13 déc. 1956, *D.* 1957, p. 349, note PATIN (M.).

9 Contrainte (art. 122-2 C. pén), abolition ou l'altération du discernement (art. 122-1 C. pén.), erreur (art. 122-3 C. pén.), minorité (art. 122-8 C. pén.).

annihile toute imputabilité morale[1]. Mais, l'imputation permet encore de poursuivre les complices de la personne non imputable moralement puisque le fait reste punissable même si son auteur ne peut être puni.

A partir de là, certains auteurs rattachent l'imputabilité morale à l'élément moral de l'infraction. Ils l'intègrent aux éléments constitutifs[2]. De ce fait, elle doit être appréciée au moment de la commission des faits. Au contraire, d'autres auteurs font sortir l'imputabilité de l'infraction pour y voir une condition de la responsabilité pénale. Pour eux, l'imputabilité devient « *l'aptitude à mériter la sanction* »[3]. Dès lors, l'imputabilité peut très bien être étudiée après la question de la responsabilité en la détachant des éléments constitutifs de l'infraction.

A partir de cette deuxième conception, Messieurs Merle et Vitu et les théoriciens de la Défense sociale nouvelle ont avancé une autre conception plus criminologique de l'imputabilité. Elle serait alors la « *capacité pénale* » entendue comme aptitude à tirer bénéfice de la sanction[4]. Mais cette dernière position, possède une limite car elle permet de juger et condamner des personnes au libre arbitre absent, à partir du moment où une sanction leur paraît profitable. Elle rend possible le jugement des fous et des *infans*. Sous cet angle, la question de l'imputabilité se pose après celle de la culpabilité et de la responsabilité, au moment du choix de la sanction.

Or, le juge doit d'abord répondre aux questions de la culpabilité puis de la responsabilité et donc avant tout résoudre le problème de l'imputabilité. Si le libre arbitre est totalement anéanti parce que le discernement ou la volonté n'existe pas, la question de la culpabilité devient inutile. Comme le note Monsieur Giudi-

---

[1] Ce qui permet à Monsieur Mayaud d'affirmer que les malades mentaux se situent entre non-imputabilité et imputation. MAYAUD (Y.), Les malades mentaux entre non-imputabilité et imputation, *AJ pénal* 2004, p. 303 et s.

[2] CONTE (P.), MAISTRE DU CHAMBON (P.), *Droit pénal général*, préc., n° 351, p. 201.

[3] MERLE (R.), VITU (A.), *Traité de droit criminel*, t. 1, *Problèmes généraux de la science criminelle. Droit pénal général*, Cujas, 7ème éd., 1997, n° 616, p. 773.

[4] LAZERGES (C.), Le concept d'imputabilité dans les doctrines de défense sociale, préc., p. 325.

celli « *sans imputabilité morale, il ne peut y avoir culpabilité en général et d'intention en particulier* »[1].

Par conséquent, puisque la suspicion permet d'établir l'existence d'un lien entre une personne et l'infraction, elle semble porter en elle les germes de l'imputabilité.

b) La suspicion comme antécédent de l'imputabilité

La suspicion s'apparenterait à la dimension matérielle de l'imputabilité, c'est-à-dire à l'imputation. Dans sa thèse, Madame Laurent a ainsi pu parler d'une « *imputabilité-suspicion* » qui serait une imputabilité d'un fait pouvant s'avérer constituer une infraction et le mettre à la charge d'une personne qui va devenir alors un suspect. Mais, étrangement, pour cet auteur cette imputabilité précéderait l'imputation matérielle de l'infraction et permettrait de renforcer la suspicion pendant la phase préparatoire[2]. Pour autant, une telle assimilation ne semble tout à fait satisfaisante. D'abord, s'il faut assimiler suspicion et imputabilité, il faudrait alors parler d'une suspicion-imputabilité matérielle, ou d'une suspicion-imputation. Mais là encore cela ne serait pas assez précis.

Tout d'abord, la suspicion ne se confond pas avec l'imputation. L'imputation n'est possible que si est identifiée la personne à laquelle l'acte peut être attribué. Or cette identification est le fruit de la suspicion. La possibilité d'imputer n'est ouverte qu'à la vue des résultats de la suspicion. Les indices d'imputabilité sont en réalité des indices de suspicion. La suspicion intervient en amont de l'imputabilité matérielle. Elle peut même survenir alors même qu'aucun suspect n'est identifié ou identifiable. La suspicion permet donc l'imputation car rattacher l'infraction à un individu, nécessite d'abord à l'identifier par la collecte des preuves de la commission des éléments constitutifs de l'infraction par lui. Certes, l'imputation est parfois concomitante de la suspicion lorsque le suspect est identifié au moment de la commission de l'infraction. On pense ici au cas de l'infraction flagrante. En re-

---

[1] GIUDICELLI (A.), Incertitudes sur les frontières de l'intention, in DANTI-JUAN (M.), dir., *Dix ans après la réforme de 1994, . Quels repères dans le code pénal ?*, Travaux de l'institut de sciences criminelles de Poitiers n° 224, Cujas, 2005, p. 25 et s., spéc., p. 31.

[2] LAURENT (N.), *Le suspect en matière pénale*, th. préc., n° 77, p. 74.

vanche, cela ne veut pas dire qu'ici les deux concepts se confondent.

Ensuite, la suspicion ne se résume pas à une seule dimension exclusivement matérielle. Elle ne se réduit pas au seul établissement du lien entre une infraction et une personne identifiée. Elle ne se réduit pas à la seule imputation. Sa mise en œuvre prend aussi en compte la dimension subjective des faits, la liberté et la volonté du suspect. Elle contient un enjeu d'imputabilité morale.

En réalité, la mise en œuvre de la suspicion permet de révéler l'imputabilité matérielle, l'imputation, puis l'imputabilité morale. La suspicion précède l'imputabilité. L'exercice de la suspicion se révèle comme préalable de l'imputabilité matérielle car il permet d'identifier le suspect et de réunir des éléments de rattachement à l'infraction pour qu'ensuite la question de l'imputabilité morale puisse se poser à partir des éléments de preuves relatifs au libre arbitre du suspect au moment des faits. Dès lors, la suspicion peut très bien s'appliquer à un individu auquel une infraction ne serait pas intellectuellement imputable, qu'il s'agisse de la personne souffrant de troubles psychiques ayant aboli son discernement, de l'enfant non discernant (*infans*), et même de la personne morale. Elle pourra être suspectée et des mesures prises au nom de la suspicion. Mais en même temps sa mise en œuvre permet au juge de décider au nom de l'imputabilité morale de l'acte reproché au suspect. La suspicion devient la condition préalable de l'imputation et de l'imputabilité matérielle.

C'est parce que l'exercice de la suspicion conduit à la conclusion de la commission vraisemblable de l'infraction par le suspect que celle-ci va lui devenir imputable. Mais, il est certain que la suspicion va s'intéresser tant à la dimension matérielle qu'intellectuelle de l'acte, commençant ainsi à défricher le terrain de la faute et donc de la culpabilité. Ainsi, chronologiquement, la suspicion rend possible l'imputabilité, qui s'ajoutant à la culpabilité, va fonder la responsabilité pénale. Toutefois, l'exercice de la suspicion permet d'engager le débat sur l'imputabilité mais il ne conduit pas à la résolution de ce débat. Il n'en est pas exactement de même de la question de la culpabilité.

2. La désignation d'un pré-coupable

La culpabilité est une notion complexe[1], définie autour de celle de faute. Elle renvoie à la « *participation fautive* » à l'infraction de la part de son auteur[2]. Or, c'est la suspicion qui permet d'appréhender cette participation. Elle entame la logique de la culpabilité (a) et transforme le suspect en coupable présumé (b).

a) L'amorce de la culpabilité

La culpabilité s'est vue définie par référence à la notion de faute. Celle-ci renverrait à l' « *attitude mentale reprochable au délinquant : le dol* »[3]. Le dol correspond ainsi à l'intention de l'auteur. Du latin *in tendere*, tendre vers, exprime la direction de la volonté vers un but. En droit pénal, Ortolan définissait ainsi cette intention comme « *le fait d'avoir dirigé, d'avoir tendu son inaction vers la production du résultat préjudiciable constitutif du délit* »[4]. Garraud affirmait lui aussi que l'intention « *en matière pénale, c'est la direction de la volonté vers l'action ou l'omission incriminée* »[5]. Garçon ajoutait à cette volonté, « *la conscience chez le coupable la volonté d'enfreindre les prohibitions légales* »[6]. Le dol ou intention se définit donc comme la tension de la volonté vers la réalisation de l'élément matériel de l'infraction et l'obtention du résultat incriminé par la loi pénale[7].

Cette culpabilité entretient ainsi des rapports de proximité avec l'imputabilité morale surtout lorsque cette dernière est définie comme éléments constitutifs de la faute. Dans cette conception, l'imputabilité précède la culpabilité puisqu'elle en est la condition *sine qua non*. En effet, bien qu'ayant matériellement posé les éléments constitutifs d'une infraction, une personne ne peut voir sa responsabilité engagée que si elle a eu la faculté de comprendre et

---

1 V. HOAREAU-DODINAU (J.), TEXIER (P.), *La culpabilité*, PULIM, 2001 ; SARTHOU-LAJUS (N.), *La culpabilité*, Armand Colin, 2002.
2 MERLE (R), VITU (A.), *Traité de droit criminel*, t. 1., préc., n° 523, p. 660.
3 MERLE (R.), *La pénitence et la peine*, Cujas, 1985, p. 31.
4 ORTOLAN (L.-J.), *Eléments de droit pénal*, H. Plon, 2ème éd., 1859, n° 377.
5 GARRAUD (R.), *Traité théorique et pratique du droit pénal français*, t. I., Paris, Larose, 2ème éd., 1898, n° 277.
6 GARÇON (E.), *Code pénal annoté*, Sirey, 1901, art. I, n° 77.
7 GIUDICELLI (A.), Incertitudes sur les frontières de l'intention, préc., p. 30.

de discerner le bien ou le mal fondé de son acte[1]. L'imputabilité précède donc la culpabilité[2]. Par conséquent, puisque la suspicion prépare l'imputabilité, elle prépare aussi la culpabilité.

Toutefois, la culpabilité tend de plus en plus à se matérialiser. La jurisprudence adopte une perception matérielle de la culpabilité puisqu'elle induit quasi automatiquement l'élément moral de l'infraction de la commission matérielle des faits[3]. Selon cette conception matérialiste de l'infraction, la démonstration d'un lien matériel entre l'infraction et l'auteur permet d'induire sa culpabilité. La faute n'est plus que « *l'ombre portée des actes matériels* »[4]. D'une certaine manière, la culpabilité n'est plus issue de l'imputabilité morale mais de l'imputabilité matérielle, de l'imputation. Cette évolution facilite l'exercice de la suspicion. L'induction de la commission vraisemblable de l'infraction par le suspect s'appuie sur la détermination des liens entre ce dernier et les faits illicites, ainsi que sur la caractérisation des éléments constitutifs de l'infraction. L'exercice de la suspicion s'appuie sur des indices pour éclairer d'abord les faits matériels. Dans cette logique, le résultat de la mise en œuvre de la suspicion s'avère bien la conclusion de la probable culpabilité de la personne qui s'est vue suspectée.

Mais l'exercice de la suspicion ne doit pas s'envisager du seul point de vue matériel. La suspicion s'intéresse aussi de manière subjective à l'intention du suspect. Elle n'exclut pas le raisonnement sur la faute de l'agent. Bien au contraire, la constatation par les enquêteurs d'indices révélant la conscience d'agir chez un individu et sa volonté de commettre un acte illicite permet la mise en œuvre d'une suspicion à son encontre. Or, la volonté s'avère un élément de la culpabilité[5]. D'ailleurs, c'est bien cette volonté qui va permettre, à élément matériel égal, de qualifier différemment les faits. Par ailleurs, la tension de cette volonté vers l'obtention d'un résultat va rendre possible la caractérisation soit d'une infraction

---

[1] SAAS (C.), *L'ajournement du prononcé de la peine*, préc., n° 165, p. 170.
[2] MAYAUD (Y.), Les malades mentaux entre non-imputabilité et imputation, préc., p. 305.
[3] V. par ex. Cass. crim., 11 mai 1995, *Bull. crim.*, n° 172 ; 23 janv. 1997, *Bull. crim.*, n° 32.
[4] SAAS (C.), *L'ajournement du prononcé de la peine*, préc., n° 158, p. 161.
[5] MAYAUD (Y.), La volonté à la lumière du nouveau Code pénal, *in Mélanges en l'honneur du Professeur J. Larguier*, Presses universitaires de Grenoble, 1993, p. 203.

intentionnelle, soit d'une infraction non intentionnelle. En somme, les enquêteurs et les magistrats chargés de l'exercice de la suspicion vont apprécier l'état d'esprit du suspect au moment de la commission des faits. Il s'agit de vérifier l'état de sa détermination à commettre les faits. Cette vérification entame d'un point de vue moral, la réflexion sur la culpabilité. En outre, conformément à la logique de la suspicion en matière pénale, l'appréciation de cette volonté va se réaliser à partir des indices recueillis. L'exercice de la suspicion permet donc une appréciation objective de la faute.

La mise en œuvre de la suspicion amorce bien la réflexion relative à la culpabilité mais elle ne lui donne pas une réponse définitive. Lors de la phase décisoire du procès pénal, l'accusation essayera de convaincre le juge en faisant naître une certitude sur la culpabilité. Lorsque la suspicion aura acquis un degré de certitude suffisant, le juge pourra se considérer en mesure de prononcer la culpabilité en s'appuyant sur les preuves rapportées et discutées devant lui. La mise en œuvre de la suspicion devient alors un mode de prédétermination de la conviction du juge. La suspicion constitue le terreau à partir duquel la culpabilité sera reconnue. Il est ainsi possible de bien distinguer suspicion, culpabilité et imputabilité. La suspicion amorce la réflexion sur la culpabilité qui elle-même précède celle sur l'imputabilité.

En définitive, l'exercice de la suspicion ne se confond pas entièrement avec l'appréciation de la culpabilité. Il ne clôt pas le débat sur la culpabilité mais l'amorce et l'oriente par le biais du raisonnement par présomption. En cela, il est possible d'affirmer que la mise en œuvre de la suspicion permet de présumer la culpabilité, c'est-à-dire strictement d'entamer un raisonnement par induction portant sur la culpabilité qui conduit à en considérer la probabilité.

b) Le suspect, coupable présumé

Il est possible de considérer que la suspicion, par l'utilisation du mécanisme de présomption, n'aboutit pas seulement à la preuve d'un soupçon réel et sérieux, mais surtout à l'induction de la culpabilité probable du suspect. Le suspect s'avère de manière générique un coupable présumé d'une infraction. Nous utilisons à dessein l'expression de « *coupable présumé* » par référence au mode de raisonnement par présomption pendant la mise en œuvre de la suspicion[1]. Certes, ce raisonnement s'avère une inférence inductive. Mais au contraire de l'induction classique, il n'aboutit pas à une vérité absolue. Par son renvoi explicite à la présomption plus qu'à l'induction, l'épithète « *présumé* » permet de préciser que l'inférence inductive n'aboutit pas à une certitude mais à une vraisemblance.

Cette notion de coupable présumé apparaît proche de celle d'auteur présumé qui n'est pas inconnue de la matière pénale. Ainsi, l'article L. 3354-1 du Code de la santé publique permet la vérification de la présence d'alcool « *sur la personne de l'auteur présumé* » d'une infraction ou d'un accident de la circulation « *lorsqu'il semble que le crime, le délit ou l'accident a été commis ou causé sous l'empire d'un état alcoolique* ». Il s'agit bien ici d'une hypothèse de mise en œuvre de la suspicion par la référence à l'apparence (« *il semble* »). Cette hypothèse pose la question de l'utilité de l'expression « *auteur présumé* », qui sous-entend l'existence d'un suspect. Toutefois, il est vrai que l'intensité du soupçon n'est pas ici précisée. Le suspect désigné par un simple soupçon peut donc être concerné. Suivant cette logique, la doctrine a déjà eu l'occasion de parler d' « *auteur présumé* » pour désigner la personne soupçonnée d'une infraction flagrante[2]. Il en est de même pour la jurisprudence[3]. Certains auteurs rattachent parfois cette dénomination à celle plus large de présumé coupable[4]. Un arrêt solitaire en fait de même[5]. Pourtant, ces deux notions ne sont pas assimilables.

De plus, il semblerait que, en dehors des hypothèses de la flagrance, l'expression « *auteur présumé* » soit utilisée par la jurisprudence, mais aussi par certains textes, pour désigner de manière générique le suspect. Ainsi, en matière de détention provisoire, les chambres de l'instruction utilisent l'expression pour désigner la personne mise en examen placée en détention, sans que la Chambre criminelle ne trouve à redire[6]. Dans d'autres arrêts

---

[1] V. VALETTE (V.), *La personne mise en cause en matière pénale*, n° 281, p. 181 qui parle de « *coupable potentiel* ».

[2] GUINCHARD (S.), BUISSON (J.), *Procédure pénale*, préc., n° 684, p. 480.

[3] Cass. crim., 13 avr. 2005, *Bull. crim.*, n° 131 ; 28 mars 2006, pourvoi n° 05-81.706.

[4] PARRA (C.), MONTREUIL (J.), *Traité de procédure pénale policière*, Quillet 1975, p. 222.

[5] Cass. crim., 3 mai 1993, *Bull. crim.* n° 161 qui évoque un « *présumé auteur* ».

[6] Cass. crim., 6 févr. 2002, pourvoi n° 01-87.948 ; 4 janv. 2006, pourvoi n° 05-86.403.

les juges du fond comme du droit désignent le suspect comme auteur présumé[1]. La Cour de cassation semble d'ailleurs considérer de manière générique que « *l'auteur d'une infraction révélée par l'enquête ne pouvant être qu'un auteur présumé à l'égard duquel la présomption d'innocence s'applique tant que sa culpabilité n'est pas établie* »[2]. Il semblerait donc que le suspect soit un auteur présumé. D'ailleurs certains textes pénaux semblent l'évoquer comme tel. Il en est ainsi de l'article L. 215-11 du Code de la consommation qui évoque l'auteur présumé d'une fraude ou d'une falsification. En droit international, de nombreuses conventions évoquent l'auteur présumé d'une infraction[3]. En outre, l'article 1. 2 de la Convention sur la prévention et la répression des infractions contre les personnes jouissant d'une protection internationale, y compris les agents diplomatiques, du 14 décembre 1973 définit l'auteur présumé comme « *toute personne contre qui il y a des éléments de preuve suffisants pour établir de prime abord qu'elle a commis une ou plusieurs des infractions [...] ou qu'elle y a participé* ».

Toutefois, cette expression « *auteur présumé* » n'apparaît pas si pertinente. Elle semble plus renvoyer à une conception exclusivement matérielle de la condition de suspect. L'auteur présumé serait l'individu soupçonné d'avoir accompli les actes matériels de l'infraction. Il est juste le suspect matériel. De plus, prise au pied de la lettre, cette expression ne semble désigner que celui qui a

---

[1] V. Cass. crim., 16 mars 1965, *Bull. crim.* n° 79 ; 21 oct. 1998, *Bull. crim.* n° 274 ; 2 sept. 2005, pourvoi n° 05-81.390 ; 28 sept. 2005, pourvoi n° 05-84590.

[2] Cass. crim., 8 juin 1999, *Bull. crim.* n° 124 ;V. aussi, 3 janv. 2006, pourvoi n° 05-85.974.

[3] Art. 16 et 17 du Deuxième Protocole relatif à la Convention de La Haye de 1954 pour la protection des biens culturels en cas de conflit armé du 26 mars 1999 ; art. 5,1 de la Convention contre la torture et autres peines ou traitements cruels, inhumains ou dégradants du 10 décembre 1984 ; art. 14, 15, 16, 18 de la Convention du Conseil de l'Europe pour la prévention du terrorisme du 16 mai 2005 ; art. 4, 6, 7, 11 de Convention pour la répression de la capture illicite d'aéronefs, signée à La Haye le 16 décembre 1970 ; art. 3, 4, 5, 6, 7, 11 de la Convention sur la prévention et la répression des infractions contre les personnes jouissant d'une protection internationale, y compris les agents diplomatiques du 14 décembre 1973 ; art. 4 du Protocole facultatif à la Convention relative aux droits de l'enfant, concernant la vente d'enfants, la prostitution des enfants et la pornographie mettant en scène des enfants ; art. 5, 6, 7, 8, 9, 13 4 de la Convention internationale contre la prise d'otages, faite à New-York le 17 décembre 1979 ; art. 3, 9, 10, 17, 19 de la Convention internationale pour la répression du financement du terrorisme du 10 janvier 2000 ; art. 8, 9, 10 14 de la Convention sur la protection physique des matières nucléaires du 26 octobre 1979 ; art. 11, 12, 15, 16, 22 de la Convention des Nations-Unies contre la criminalité transnationale organisée du 12 décembre 2000.

accompli l'acte principal punissable et pas le complice. A moins de devoir préciser à chaque fois que la personne est auteur/coauteur ou complice présumé, le terme suspect semble plus adapté car plus large. Enfin, il est aussi possible que, dans la méfiance et la prudence dont font preuve tant les auteurs que les juges à l'encontre du terme même de « suspect », il est assez plausible de considérer que les textes et les juridictions utilisent l'expression « *auteur présumé* » comme une commodité de langage utilisée en lieu et place du terme « *suspect* » beaucoup plus péjorativement connoté pour désigner la personne soupçonnée d'une infraction. L'expression « *auteur présumé* » jouerait ici un rôle d'euphémisme.

Néanmoins, il est nécessaire de reconnaître que l'auteur présumé est bien une forme matérielle de suspect. Mais ainsi que démontré, la suspicion porte aussi bien sur la matérialité de l'acte que sur la volonté du suspect. La notion d'auteur présumé, si elle n'est pas inexacte en soi, ne peut donc être totalement assimilée à celle de suspect[1] puisque ce dernier est un homme culpabilisé. Dans tous les cas, au terme de l'exercice de la suspicion, l'auteur présumé sera considéré comme un coupable présumé.

Personne désignée par la suspicion au terme de sa mise en œuvre, le coupable présumé s'avère ainsi le stade ultime du statut de suspect. L'intensité de la suspicion rend alors tout à fait concevable que le coupable présumé se déclare lui-même coupable. D'où la création des procédures de composition pénale et surtout de reconnaissance préalable de culpabilité[2].

À terme, la suspicion aboutit à la désignation du suspect comme coupable présumé. En considérant l'effet anticipatoire du raisonnement par présomption, il est même possible d'affirmer, non sans précaution, qu'elle permet considérer le suspect comme un *pré-coupable*[3]. Ce mécanisme de suspicion contribue donc à l'organisation de la répression des auteurs d'infraction pénale. La suspicion s'avère ainsi nécessaire à l'efficacité du procès pénal. La procédure pénale lui laisse à ce titre une place non négligeable.

---

[1] LAURENT (N.), *La notion de suspect en matière pénale*, préc., n° 248, p. 214.

[2] Art Art. 41-2 et 495-7 et s. C. pr. pén.

[3] V. PANSIER (F. -J.), Le juge et l'innocence, préc., à propos du prévenu et l'accusé.

Section 2. Le caractère unilatéral de la suspicion

La suspicion est une constante du procès pénal. Elle en traverse l'histoire et les évolutions. Sa mise en œuvre en partage la nature inquisitoire notamment dans son aspect non contradictoire (§ 1). Dès lors, même si la procédure est plus marquée par la volonté de protéger le suspect en le considérant comme présumé innocent, la logique de la suspicion relativise fortement les effets de la présomption d'innocence (§ 2).

§ 1. L'essence inquisitoire de la suspicion

La mise en œuvre de la suspicion s'intègre dans la construction mixte du procès pénal scindé entre une phase préparatoire à dominante inquisitoire et une phase de jugement accusatoire. Ce schéma type introduit par le Code d'instruction criminelle s'est vu marqué par des « *effets de convergences* »[1] entre les deux étapes du procès et les apports du procès équitable. Les deux logiques sont devenues interactives par l'existence d'un jeu croisé d'anticipation et de validation[2]. L'exercice de la suspicion intervient durant la première phase du procès. La suspicion est ainsi imprégnée du modèle inquisitoire de la phase préparatoire du procès pénal français. Elle devient une véritable enquête préparatoire (A). Ceci explique peut-être que la reconnaissance du suspect se révèle assez récente (B).

A. Les origines de la mise en œuvre inquisitoriale de la suspicion

Malgré les évolutions contemporaines de la procédure pénale, la suspicion reste imprégnée d'une culture inquisitoire. Sont recherchées l'efficacité de la répression et la manifestation de la vérité par une mise en œuvre unilatérale d'une suspicion dans le secret de l'enquête et l'exercice de la contrainte (1). Si la contradiction tente de plus en plus de percer la cuirasse de l'enquête

---

[1] SALAS (D.), *Du procès pénal*, préc., p. 154.
[2] DANET (J.), *Défendre. Pour une défense pénale critique*, Dalloz, 2ème éd. 2004, p. 36.

policière ou judiciaire, elle se heurte à la résistance structurelle de la suspicion au débat (2).

1. La mise en œuvre unilatérale de la suspicion

La nature de la suspicion reste marquée par la procédure inquisitoire définie et codifiée sous l'Ancien Régime (a). Le droit ultérieur a cependant nuancé non dans sa nature mais dans son champ d'application (b)

a) Le schéma d'Ancien Régime

Les différentes Ordonnances royales des XVIème et XVIIème siècles généralisèrent la procédure inquisitoire en imposant un droit rationnel et codifié. La procédure connaît alors trois modes d'engagement de l'action publique : la plainte de la victime ou du ministère public, la dénonciation par un particulier et la saisine d'office du juge. Cette saisine marquait la confusion des fonctions de poursuites et d'instruction[1]. Le juge devint ainsi le premier vecteur de la suspicion. Pour pallier à cette prééminence, les hypothèses d'ouverture furent donc limitées aux cas de flagrant délit et délit notoire, lorsque l'identité du suspect était certaine.

La procédure était organisée autour de l'élaboration du dossier de procédure par le juge devenu enquêteur. Le premier acte judiciaire qui formalisait nommément et directement la suspicion était le décret. Il constituait un véritable acte d'inculpation en fonction de degré de suspicion et faisait du suspect un accusé. Celui-ci était interrogé par le juge après avoir prêté serment mais sans l'assistance d'un conseil. L'accusé était en position de s'accuser lui-même ou de parjurer. Le dossier de procédure était ensuite transmis au ministère public et à la partie civile puis au juge rapporteur. L'affaire se voyait jugée. Apparaît ainsi l'influence considérable de la suspicion contenue dans le dossier de procédure. Mais le juge instructeur, Lieutenant criminel de baillage, pouvait décider de recourir à la voie extraordinaire. Au départ prévue exclusivement pour les crimes, elle visait à vérifier les preuves déjà établies à la

---

[1] PLESSIX-BUISSET (C.), *Le criminel devant ses juges en Bretagne aux 16e et 17e siècles*, Maloine, 1988, p. 178.

charge de l'accusé[1]. Le juge procédait au récolement, c'est-à-dire à la réitération par le témoin de sa déposition, puis aux confrontations. Le ministère public et la partie civile rendaient par écrit leurs conclusions. Puis, le dossier était transmis au rapporteur, souvent précédemment juge instructeur. Une audience rapide avait lieu puis la décision était rendue avec une motivation sommaire renvoyant le plus souvent aux pièces du dossier.

Le procès pénal se restreignait ainsi à la seule mise en œuvre de la suspicion, transformée par le juge en déclaration de culpabilité de l'accusé réduit à l'état d'objet totalement passif. L'évolution du droit modifia les effets de cette logique mais pas sa nature.

b) Les nuances postérieures

L'évolution ultérieure de la procédure ne fit que nuancer les excès inquisitoires de l'Ancien Régime. Avec la loi des 16-29 septembre 1791, les fonctions de poursuite et d'instruction furent en grande partie fusionnées. L'instruction préparatoire, toujours écrite et redevenant secrète, était assurée par le juge de paix[2]. Puis la procédure passait entre les mains du directeur de jury d'accusation qui poursuivait l'instruction et rédigeait l'acte d'accusation. Le Code brumaire an IV poursuivit cette évolution en octroyant davantage de pouvoirs à ce dernier. La loi du 7 pluviôse an IX s'inscrivit dans ce mouvement similaire de reconstruction du système inquisitoire[3]. Le directeur de jury devint seul véritable magistrat instructeur, les juges de paix étant relégués au rang d'auxiliaires du parquet[4]. Celui-ci conduisait une instruction toujours écrite mais encore plus secrète car les témoins étaient entendus séparément et hors la présence du prévenu qui ne connaissait pas les charges. Enfin, le jury d'accusation ne statuait que sur pièces écrites. Avec le Code d'instruction criminelle, la mise en œuvre intégrale de la suspicion retourna fonctionnellement dans le giron du juge d'instruction devenu officier de police judiciaire (OPJ) sous surveillance du procureur général. Elle

---

[1] PLESSIX-BUISSET (C.), *Le criminel devant ses juges en Bretagne aux 16e et 17e siècles*, préc., p. 449.
[2] LAINGUI (A.), La phase préparatoire du procès pénal (historique), RID pén. 1987, p. 43 et s., spéc., p. 65.
[3] SALAS (D.), *Du procès pénal*, préc., p. 245.
[4] LAINGUI (A.), La phase préparatoire du procès pénal (historique), préc., p. 70.

s'effectuait donc sur un mode toujours inquisitoire. La logique de l'instruction demeure aujourd'hui celle de 1808.

Par nature, la procédure inquisitoire est entièrement tournée vers la recherche d'une vérité à partir de l'hypothèse de la culpabilité du suspect et non à partir de celle de son innocence. Selon Faustin Hélie, cette procédure se fonde « *sur la présomption de culpabilité de l'accusé ; elle en l'affirme pas, elle la suppose et c'est en s'appuyant sur cette hypothèse qu'elle cherche par la méthode analytique, à rassembler tous les indices, toutes les probabilités qui peuvent la changer en certitude* »[1]. La mise en œuvre de la suspicion traduit bien ce caractère répressif et cette orientation vers la recherche quasi exclusive des preuves. Elle se résume au final à une constitution unilatérale du dossier d'instruction par le magistrat instructeur selon un mécanisme de police judiciaire. Il est un enquêteur. Or, l'importance de ce dossier est immense. La procédure favorise l'anticipation de la culpabilité par une suspicion qui construit bien cette « *préculpabilité inhérente à toute procédure inquisitoire* »[2]. Comme le précise Faustin Hélie, la procédure inquisitoire ne distingue pas l'accusé du coupable[3]. En revanche, le contenu de la suspicion évolue.

2. Le passage d'une suspicion mathématique à une suspicion dialectique

Dans sa forme codifiée par l'Ordonnance de 1670, la procédure inquisitoire permet une mise en œuvre très efficace de la suspicion. Les preuves de la culpabilité sont puisées dans le dossier d'instruction et réunies selon l'arithmétique savante du système de preuve légale. La suspicion d'Ancien Régime se fonde en effet sur une théorisation des indices et des preuves. La culpabilité relève plus d'une addition de preuves que d'une démonstration. La mise en œuvre de la suspicion est mathématique et non dialectique. La culpabilité ne se construit pas, elle se calcule dans un système de gradation continue des indices. Ainsi, les indices peuvent être légers (éloignés), graves (prochains), mani-

---

[1] Cité par ASTAING (A.), *Droits et garanties de l'accusé dans le procès criminel d'Ancien Régime XVIe- XVIIIe siècles. Audace et pusillanimité de la doctrine pénale française.* PUAM, 1999, p. 368.
[2] CHASSAING (J. -F.), *Jalons pour une histoire de la présomption d'innocence*, in *Juger les juges, Du Moyen Age au Conseil supérieur de la magistrature*, La Documentation française, 2000, p. 238.
[3] FAUSTIN HELIE, *Traité de l'instruction criminelle*, t. 1, préc., n° 91, p. 668.

festes (indubitables)[1]. Se voit donc mise en place une croissance dans la suspicion par la certitude progressive de la culpabilité. À l'audience, ces indices vont devoir former des preuves imparfaites, semi-pleines ou manifestes. Les premières font suite aux indices légers. La relaxe peut être acquise et la peine ne peut être que mineure. Les preuves semi-pleines se fondent sur des indices graves, par exemple un témoignage. Elles autorisent la soumission de l'accusé à la question préparatoire (*indices ad torturam*). En revanche, elles ne permettent pas au juge de prononcer une condamnation capitale de l'accusé mais seulement une peine « *extraordinaire* » de moindre importance. Enfin, les preuves pleines ou manifestes suffisent à convaincre le juge de la culpabilité de l'accusé. Elles peuvent se constituer d'un écrit non contesté, de deux témoignages non reprochables et concordants, et surtout d'un aveu. Ce dernier, *probatio probissima*, lie le juge et se voit donc recherché de manière quasi compulsive. De surcroît, lorsque l'accusé n'avouait pas sous la torture, il n'était pas reconnu pour autant innocent puisque les indices qui avaient servi au prononcé de la question préalable permettaient d'infliger une peine inférieure à la peine légale. La torture ne purgeait donc pas la suspicion, à l'inverse du système féodal où la résistance du corps permettait la disculpation.

Dès lors, apparaissait l'illogisme[2], ou plutôt la logique absurde d'une procédure fondée sur une mise en œuvre de la suspicion à caractère punitif. Normalement, dans un système de production de la vérité dualiste dont les seules alternatives sont l'innocence et la culpabilité, l'accusé est coupable ou innocent. En l'espèce, avec le système des preuves légales, celui contre lequel n'existent que des demi-preuves de culpabilité reste punissable. Le suspect est un demi-coupable[3] condamné sur des demi-certitudes. L'existence même de la suspicion permet la sanction puisque la probabilité suffit à la condamnation.

A travers cette vision transversale de la phase préparatoire, il est possible de remarquer que la suspicion répond à une démarche

---

[1] LAINGUI (A.), LEBIGNE (A.), *Histoire du droit pénal*, t. 2, *La procédure criminelle*, préc., p. 112 et s.

[2] CARBASSE (J.-M.), *Histoire du droit pénal et de la justice criminelle*, préc.

[3] FOUCAULT (M.), *Surveiller et Punir*, 1975, Gallimard, 2002, p. 53.

unilatérale de recherche de la vérité et de la culpabilité du suspect. Même si au fil du temps la procédure inquisitoire s'est hybridée sous l'apport d'éléments d'accusatoire tels la place de la défense, le suspect reste passif sauf lorsqu'il doit s'expliquer sur les faits. L'abandon du système de légalité de la preuve et le passage à celui de l'intime conviction mirent fin à cette arithmétique. Le système entra dans une véritable dialectique de la suspicion telle que décrite précédemment. Cependant, celle-ci échappe toujours au suspect et relève quasi exclusivement d'une logique unilatérale développée par les organes d'enquête. L'individu cible de la suspicion semble presque assimilé à un objet de la procédure plus qu'à un sujet. D'ailleurs, son existence même en tant que suspect a longtemps été occultée.

B. La difficile reconnaissance du suspect

La suspicion n'est pas un mécanisme récent du procès pénal. Mais, paradoxalement, si son sujet le suspect n'est évidemment pas un inconnu dans le procès, sa dénomination en tant que suspect n'a acquis qu'une récente et indirecte reconnaissance (2), faisant suite à une relative absence dans les textes mêmes de procédure (1).

1. La quasi-inexistence du suspect dans le Code de procédure pénale

Le Code de procédure n'utilise jamais le mot suspect pour désigner la personne vis-à-vis de laquelle pèse la suspicion. Cela ne veut pas dire pour autant qu'elle est exclue des règles processuelles (a). Cependant, la terminologie procédurale n'use que parcimonieusement du champ lexical de la suspicion[1] que ce soit dans le Code, dans la jurisprudence, dans la doctrine (b).

a) Le long silence des textes

Pendant longtemps, la seule référence textuelle directe au suspect apparaissait à l'article 126 du décret du 20 mai 1903 portant règlement sur l'organisation et le service de la gendarmerie. Ce

[1] V. art. 662 C. pr. pén. (suspicion légitime) et 74 C. pr. pén. (mort suspecte).

dernier énonçait que « *l'inculpé est l'individu soupçonné d'une contravention, d'un délit ou d'un crime* ». Cette rédaction n'était pas satisfaisante car elle faisait dépendre l'inculpation du soupçon de l'enquêteur sans en préciser l'intensité et la nature. Or l'inculpation possède des effets juridiques précis puisque l'inculpé devient partie à la procédure et dispose de l'assistance d'un conseil. Cette définition imprécise fut modifiée par le décret du 20 août 1958. L'article 111 définit l'inculpé, le prévenu et l'accusé en usant des définitions classiques du droit français. Surtout, il précisait *in fine* que *« les autres personnes qui sont impliquées dans une affaire pénale…sont mentionnées dans les procès-verbaux de gendarmerie comme personnes* "soupçonnées" *ou* "paraissant avoir participé à l'infraction" *ou* "contre lesquelles existent des indices graves et concordants de nature à motiver leur inculpation" ». Est donnée ici une définition en négatif du suspect. Toute personne qui n'est ni accusée, ni prévenue, ni inculpée, mais impliquée peut être dénommée personne soupçonnée. Ainsi, la qualité de suspect se situe en deçà de celle d'inculpé. Et pourtant, l'imprécision du texte se révèle en ce qu'il désigne comme suspect autant des individus « *paraissant avoir participé à l'infraction* » que ceux contre lesquels « *existent des indices de nature à motiver une inculpation* » alors même qu'ils ne sont pas inculpés. De plus, comme démontré précédemment, la notion d'implication s'avère trop imprécise pour désigner le suspect. En outre, si le texte fait bien référence à l'apparence et à l'inférence, il les assimile. L'article 111 ne fait qu'effleurer la notion de suspect.

Quant au Code de procédure pénale, seuls les articles 43, 52, 53 alinéa 1, 70, 706-42 et depuis peu 695-9-3 évoquent la « *personne soupçonnée* »[1]. Pour autant, seul l'article 53 alinéa 1 semble approfondir la définition de cette notion. En matière d'infraction réputée flagrante, la personne est soupçonnée parce qu'elle est « *poursuivie par la clameur publique* », ou est « *trouvée en possession d'objet* » ou encore « *présente des traces ou indices* ». Le raisonnement se met en place sur la base d'éléments objectifs. Existe une présomption selon laquelle l'individu serait l'auteur. La suspicion existe

---

1 Ces articles portent respectivement sur la compétence territoriale du procureur de la République et du juge d'instruction, l'infraction flagrante, la délivrance par le parquet d'un mandat d'amener, la compétence territoriale du procureur de la République lorsque la personne soupçonnée est une personne morale, le gel des biens du suspect.

bien mais demeure implicite et restreinte. Pendant longtemps, le Code n'a pas évoqué directement le suspect[1].

b) La prudence des acteurs

De son côté, la jurisprudence ne faisait pas et ne fait toujours pas fréquemment référence au suspect. Ainsi en matière civile, elle a pu parler de « *personnes suspectes* » car réputées appartenir à « *une bande de délinquants* »[2]. Dans des affaires pénales, la chambre criminelle[3] évoque parfois un « *comportement suspect* »[4], une « *personne suspecte* »[5], des « *suspects* »[6], « *l'implication d'un suspect* »[7], un « *capitaine soupçonné* »[8]. Enfin, la commission de révision a aussi pu évoquer des « *personnes considérées comme suspectes* »[9]. Cependant, ces dénominations n'ont jamais été utilisées de manière régulière et spécifique pour désigner la personne soupçonnée d'une infraction.

Jusqu'à ces dernières années, la doctrine aussi se faisait discrète vis-à-vis du suspect. Le mot apparaissait parfois dans un manuel ou d'un article[10]. Seul René Lévy avait réalisé un travail complet

---

[1] V. SCHWARTZ (L.), *Petit manuel de garde à vue et de mise en examen*, Arléa, 2002, p. 33.

[2] Cass. civ. 3ème, 27 avr. 1994, pourvoi, n° 91-15.023.

[3] Les juridictions du fond et les pourvois emploient plus les expressions appartenant au champ lexical de la suspicion. Mais ces tentatives ne sont pas consacrées par le juge du droit. V. par ex. Cass. crim. 25 oct. 2005, *Bull. crim.*, n° 264 (pour la chambre de l'instruction, « *la dangerosité du mis en examen justifient de laisser un suspect en détention provisoire* ») ; 26 nov. 2006, *Bull. crim.*, n° 202, sur « *l'épouse du suspect* ».

[4] Cass. crim., 20 déc. 1995, pourvoi n° 95-81.250 ; 14 sept. 2004, pourvoi n° 04-83.793.

[5] Cass. crim., 16 déc. 1997, *JCP* 1998 IV, n° 1943 ; 3 avr. 2007, pourvoi n° 07-80.807.

[6] Cass. crim., 27 janv. 1987, pourvoi n° 86-93.278.

[7] Cass. crim. 9 août 2006, *Bull. crim.* n° 202.

[8] Cass. crim., 13 déc. 2006, *Bull. crim.*, n° 314.

[9] Arrêt du 16 déc. 2002, pourvoi n° 01-99.154.

[10] V. PARRA (C.), MONTREUIL (J.), *Traité de procédure pénale policière*, préc., p. 196 sur l'enquête de flagrance et p. 440 sur l'interrogatoire du suspect ; MATSOPOULOU (H.), *Les enquêtes de police*, préc., n° 725 sur les personnes soupçonnées ; PRADEL (J.), *Procédure pénale,* préc., n° 533, p. 500 sur la situation du suspect avec la garde à vue. V. aussi. DE TISSOT (O.), *Le temps des suspects. L'honnête homme face à la police et à la justice*, Balland, 1979 ; LARGUIER (J.), LARGUIER (A. -M.), La protection des droits de l'homme dans le procès pénal dans le sens de la protection des droits des personnes suspectes ou poursuivies depuis l'enquête jusqu'à la fin du procès, préc. ; REMPLON (L.), La rétention du « suspect », *JCP* 1978, I, 2916 ; PRADEL (J.), Les droits de la personne suspecte ou poursuivie depuis la loi n° 93-1013 du 24 août 1993 modifiant celle du 4 janvier précédent. Un législateur se muant en Pénélope ou se faisant perfectionniste ?, *D.* 1993, chron., p. 299 ; La personne suspecte ou poursuivie après la loi du 15 juin 2000. Evolution ou Révolution ?, préc. Plus récemment, DEFERRARD (F.), Le doute, le suspect et l'innocence, note sous Cass. crim. 3

sur le suspect, mais non exclusivement juridique, en mettant bien l'accent sur le fait qu'il est un futur coupable[1]. Depuis quelques années seulement, l'étude juridique de la notion de suspect se développe par l'intermédiaire de travaux doctrinaux de qualité[2]. Apparaissent par là même quelques réflexions sur son absence de statut précis[3].

Dès lors, la définition même du suspect soulève le débat mais se voit rattachée le plus souvent à la problématique de l'enquête de police[4]. Ainsi, législateur, jurisprudence et doctrine font montre d'une prudence certaine vis-à-vis du terme suspect probablement trop connoté historiquement et moralement. Et pourtant, dans le langage courant des enquêteurs[5], l'individu auquel est attribuée une infraction se voit souvent qualifié de suspect jusqu'à ce qu'il soit reconnu définitivement coupable. Comme le regrettait Louis Remplon, les rédacteurs du Code de procédure pénale ont « *ignoré le suspect et ce dédain, générateur d'un désert juridique, suscite bien des embûches* »[6]. Cette absence de visibilité du suspect dans la procédure ne fut rompue que récemment.

2. La reconnaissance textuelle du suspect depuis la loi du 15 juin 2000

Il fallut la loi n° 2000-516 du 15 juin 2000 renforçant la présomption d'innocence et les droits des victimes pour que la suspicion soit reconnue et le suspect enfin nommé. En effet, son article 1er introduit un article préliminaire au Code de procédure pénale qui dispose en son troisième paragraphe : « *Toute personne suspectée ou poursuivie est présumée innocente tant que sa culpabilité n'a pas*

---

avr. 2001, *D.* 2001, comm. p. 2227 ; FOURMENT (F.), *Procédure pénale*, Paradigme, 9ème éd. 2008, n° 198, p. 95 et n°445, p. 225 sur le statut du suspect pendant l'instruction.

1 LEVY (R.), *Du suspect au coupable*, préc.

2 Coup sur coup, DEFFERRARD (F.), *La suspicion légitime*, préc., n° 275 ; *Le suspect dans le procès pénal* préc. ; LAURENT (N.), *Le suspect en matière pénale*, th. préc. ; VALETTE (V.), *La personne mise en cause en matière pénale*, préc.

3 THOMAS (D.), Le suspect en quête de statut procédural, in *Mélanges Cabrillac*, Litec 1999, p. 823. V. aussi GUERY (C.), Mandats et suspects, *AJ pénal* 2004, p. 356 ; L'avenir du suspect, préc.

4 GIUDICELLI (A.), La garde à vue après la loi n° 2004-204 du 9 mars 2004, *AJ pénal*, 2004, p. 261 ; GUERY (C.), *L'avenir du suspect*, préc.

5 « *Dans une enquête menée de façon classique, la démarche policière aboutit au suspect* », FLAESCH (C.), *Le doute du policier*, préc., p. 35.

6 REMPLON (L.), La rétention du « suspect », préc.

été établie ». Ainsi, à travers la personne suspectée, le suspect se voit reconnu. Mais cette reconnaissance s'avère ambiguë par la référence à la personne poursuivie (a), alors que les poursuites participent de la mise en œuvre de la suspicion (b).

a) La difficile distinction entre personne suspectée et personne poursuivie

La rédaction de l'article préliminaire évoque la « *personne suspectée ou poursuivie* ». La première est séparée de la seconde par un « *ou* ». La conjonction de coordination « *ou* » possède deux fonctions. Soit elle indique une équivalence qui inclue les deux termes qui y sont accolées, elle joue alors le même rôle que la conjonction « *et* », soit elle indique une alternative entre les deux termes qui alors s'excluent l'un l'autre. Dans l'article préliminaire, il est difficile de déterminer si le « *ou* » relève de l'équivalence ou de l'alternative, s'il est inclusif ou exclusif et donc si personne suspectée et personne poursuivie relèvent de catégories juridiques distinctes ou non. Une lecture exclusive de la conjonction « *ou* » limiterait ainsi la qualité de suspect à la phase précédant les poursuites. Le mot suspect serait ainsi « *un terme générique désignant une personne soupçonnée d'avoir participé à la commission d'une infraction et qui n'est pas encore poursuivie*»[1]. La personne témoin assisté, mise en examen, prévenue ou accusée ne serait plus considérée comme suspecte au sens strict, car bénéficiant d'un statut alors même qu'une suspicion plus aggravée pèse à son égard.

À l'inverse, demeureraient suspectes les personnes bénéficiant d'une procédure alternative aux poursuites qui pourtant doivent reconnaître leur culpabilité pour bénéficier de cette voie. De même, la personne engagée dans une procédure de comparution sur reconnaissance préalable de culpabilité, ne serait plus suspecte car poursuivie. Apparaît bien ici l'artificialité de la distinction entre personne suspectée et poursuivie qui ne reflète pas précisément la réalité de la mise en œuvre de la suspicion qui intègre la phase de poursuite.

---

[1] RAYNAUD (G.), VINCENT (J.), GUINCHARD (S.), MONTAGNIER (G.), *Lexique des termes juridiques*, préc., p. 510.

b) Les poursuites, actes de suspicion

L'exercice des poursuites constitue une étape de mise en œuvre de la suspicion. Il se fonde bien sur une suspicion qu'il va traduire d'un point de vue procédural. Le suspect s'avère alors la personne « *qui peut-être poursuivie ou qui l'est d'ores et déjà* »[1]. Le « *ou* » de l'article préliminaire semble ainsi inclusif[2]. Par conséquent, le législateur aurait pu se contenter de mentionner la seule personne suspectée à l'article préliminaire. Cela aurait permis d'une part d'officialiser directement la qualité de suspect et, d'autre part, de ne pas créer d'ambiguïté sur sa définition. Le changement de terminologie ne doit pas laisser croire à une disparition de la suspicion et du suspect après l'engagement des poursuites. En outre, en ce qu'il évoque la personne suspectée, il permet de considérer que le législateur a voulu insister sur le fait que même la phase antérieure aux poursuites est protégée par la présomption d'innocence suivant en cela la fonction pédagogique de l'article préliminaire.

Dès lors, l'article préliminaire marque le début de la reconnaissance générale de l'existence du suspect et de celle de la suspicion. Cette reconnaissance de la suspicion en droit français s'est accélérée par la suite par la diffusion de l'expression « *une ou plusieurs raisons plausibles de soupçonner* » dans l'ensemble du Code[3] et des lois annexes de procédure pénale [4]. Celle-ci fut introduite par la loi du 4 mars 2002 modifiant la rédaction de l'article 63-1 sur le placement en garde à vue, en reprenant en partie la rédaction de l'article 5 § 1 c CSDH[5]. Néanmoins, le Code préfère encore utiliser diver-

---

[1] LAURENT (N.), *Le suspect en matière pénale*, th. préc. n° 15, p. 18.

[2] *Contra*, HENRION (H.), L'article préliminaire du code de procédure pénale : vers une « théorie législative » du procès pénal ?, *Arch. pol. crim.* 2001, p. 13 et s., spéc., p. 34.

[3] Art. 55-1, 62 , 70, 63, 77-4, 78-2, 122, 153 al. 1, 154 al. 1, 706-57 al. 1, 706-80 al. 1 ; art. 706-91 al. 2, 3°, 706-114 C. pr. pén.

[4] Art. L. 224-1 al. 4 et L. 235-2 al. 1 et 2 C. route ; art. 4 Ord. du 2 févr. 1945 ; art. 67 *bis* C. Douanes ; art. L. 152-4 II C. mon. fin.

[5] « *Toute personne a droit à la liberté et à la sûreté. Nul ne peut être privé de sa liberté, sauf dans les cas suivants et selon les voies légales : (…) c) s'il a été arrêté et détenu en vue d'être conduit devant l'autorité judiciaire compétente,* lorsqu'il y a des raisons plausibles de soupçonner *qu'il a commis une infraction…* ».

ses périphrases[1] pour désigner le suspect. Mis à part l'article préliminaire, seul l'article 796-81 évoque la « *personne suspectée* ».

La place de la suspicion est reconnue dans la procédure. Il est presque paradoxal que la notion de suspect ait connu un développement moindre que celle de suspicion, pourtant implicite. Néanmoins, il est à espérer que la diffusion de celle-ci aura à terme une influence sur la reconnaissance de celui-là. Une sensible prise de conscience législative se fait sentir sous l'effet d'un livre vert de la Commission européenne sur les droits des suspects[2]. Il est toutefois dommage que le Comité Léger choisisse de ne pas nommer la personne soupçonnée autrement même lorsqu'il entend la faire bénéficer d'un régime renforcé alors qu'il utilise l'expression « *mise en cause* » dans son rapport[3]. Certes, il constate que nommer le mis en cause aboutit souvent dans l'opinion à une pré-condamnation. Mais ne pas appeler en droit le suspect par son nom ne le fera pas échapper à la conscience du fait que la suspicion relativise l'innocence présumée.

§ 2. La relativité de l'innocence dans le procès

Le troisième paragraphe de l'article préliminaire met directement la suspicion en relation avec la présomption d'innocence. D'ailleurs, cette dernière ne s'applique qu'au suspect par définition puisqu'elle ne bénéficie pas à l'innocent et évidemment jamais au coupable. Dans le premier cas, la présomption n'a pas à s'appliquer puisque la personne n'est pas suspecte, dans l'autre,

---

[1] « *Personnes qui paraissent avoir participé au crime* » (art. 54 al. 3 ; 111 al. 5 D. 20 mai 1903 qui utilise le participe présent « *paraissant* ») ; « *personne à l'encontre de laquelle il existe une ou plusieurs raisons plausibles de soupçonner* » (art. préc.) ; « *personnes à l'encontre desquelles les éléments recueillis sont de nature à motiver l'exercice de poursuites* » (art. 63 al. 3 ; 77), « *personne à l'encontre de laquelle existent des indices faisant présumer* » (art. 75-2) ; « *personnes à l'encontre desquelles il existe des indices graves ou concordants rendant vraisemblable qu'elles aient pu participer, comme auteur ou comme complice, à la commission des infractions dont le juge d'instruction est saisi* » (art. 80-1 al. 1er ; 122 al. 3 ; 706-54 al. 2 et 706-55) ; « *personnes à l'encontre desquelles il existe des indices graves et concordants d'avoir participé aux faits dont le juge d'instruction est saisi* » (art. 105) ; « *personne contre laquelle il existe des indices rendant vraisemblable qu'elle ait pu participer, comme auteur ou complice, à la commission des infractions dont le juge d'instruction est saisi* » (art. 113-2).

[2] *Livre vert de la commission sur les garanties procédurales accordées aux suspects et aux personnes mises en cause dans des procédures pénales dans l'Union européenne*, 19 févr. 2003, COM (2003) 75 final.

[3] Comité de réflexion sur la justice pénale, *Rapport*, préc., proposition n° 4.

elle n'a plus à s'appliquer puisque la personne est coupable[1]. La présomption d'innocence n'agit donc ni en amont, ni aval du procès pénal mais juste le temps de la suspicion. Toutefois, cette garantie du respect de l'innocence présumée fait face à l'idée d'une culpabilité probable et à la construction d'une culpabilité présumée. Dès lors, si cette présomption s'avère indispensable à la protection du suspect jusqu'à une décision définitive (A), l'exercice de la suspicion en révèle la portée restreinte (B).

A. La nécessité d'une protection du suspect par le principe général d'innocence

Le suspect bénéficie d'une certaine protection contre les excès d'une recherche effrénée des preuves de sa culpabilité et les conclusions hâtives vis-à-vis de celle-ci, tant de la part des acteurs du procès que des tiers. La principale et automatique garantie dont il bénéficie s'avère la présomption d'innocence. Liée à l'Etat de droit, celle-ci possède un double aspect fonctionnel car elle agit comme règle de jugement et règle du procès[2]. Dans le premier cas, elle relève du postulat moral en interdisant de considérer le suspect comme un coupable. Elle n'est donc pas une présomption classique (1). Dans le second, elle accorde un avantage technique au suspect en le déchargeant de la charge de la preuve (2.)

1. L'emploi d'une présomption *ante judiciaire*

Le principe de présomption de l'innocence se pose comme véritable mécanisme de protection des intérêts de la personne en la préservant contre les abus de pouvoir. Elle s'applique spécifiquement à la matière pénale dans un but de protection contre les excès de la répression (a) mais, elle n'en demeure pas moins relativement autonome par rapport à la pénalité dans un but de garantie maximale (b).

---

1 CONTE (P.), Pour en finir avec une présentation caricaturale de la présomption d'innocence, préc.

2 MARINELLI (V.), *Structure et fonction de la présomption d'innocence*, in *La présomption d'innocence en droit comparé*, Colloque organisé par le Centre français de droit comparé à la Cour de cassation (Paris, le 16 janvier 1998), Société de législation comparée, 1998, p. 47 et s., spéc., p. 48.

a) Une présomption spécifique à la matière pénale

Cette présomption légale, *juris tantum*, qui désigne la partie qui devra réaliser la preuve et succomber en cas d'échec. Avant toute chose, elle est un mode de raisonnement légal qui fait primer l'innocence sur la culpabilité. L'individu doit être considéré comme innocent tant qu'aucune déclaration définitive de culpabilité n'a été prononcée. Ainsi pour Monsieur Henrion, le noyau dur objectif de la présomption d'innocence est bien le fait que celle-ci fixe la probabilité de l'innocence du suspect jusqu'au moment de la déclaration de sa culpabilité[1]. D'ailleurs en droit espagnol, l'article 24-2 de la loi constitutionnelle matérialise un « *droit pour toute personne de recevoir la considération et le traitement dus à une personne qui n'a pas commis de faits délictueux* »[2]. Le Tribunal constitutionnel pose ainsi une dispense totale de preuve au profit du suspect ce qui implique en conséquence que la charge de la preuve appartient exclusivement à l'accusation. La présomption d'innocence réalise un « *acte de foi en l'individu* »[3] qui repose sur la surestimation de l'hypothèse de son innocence face à celle de sa culpabilité. Elle énonce un devoir être exprimant une valeur juridique. Dès lors, elle n'est pas une présomption ordinaire. Elle est conçue comme un mécanisme de sécurité juridique qui va permettre la mise en œuvre de la procédure. Elle demeure l'instrument indispensable de la fonction judiciaire et de l'obligation de juger le suspect.

Prise sous cet aspect, elle se révèle véritablement comme principe général du droit procédural[4], d'où son inscription comme principe directeur du procès. Comme dit en introduction, la Cour européenne des droits de l'homme la considère comme un droit fondamental[5] Son importance aurait tout de même justifié qu'elle figure dès le premier paragraphe de l'article préliminaire. Elle

---

[1] HENRION (H.), *La nature juridique de la présomption d'innocence*, th. Montpellier 1, 2004, n° 246, p. 392.

[2] BÜCK (V.), *L'influence des cours constitutionnelles sur la politique pénale. Etude comparée France-Espagne*, LGDJ, 2002, p. 188. Le Tribunal constitutionnel espagnol considère ainsi la présomption d'innocence comme une présomption simple. STC 31/1981 du 27 juill. 1981 ; STC 13/1982 du 1er avr. 1982 ; STC 107/1983 du 29 nov. 1983 ; STC 173/1985 du 16 déc. 1985.

[3] ESSAID (M.-J.), *La présomption d'innocence*, préc., n° 130, p. 89.

[4] MERLE (R.), VITU (A.), *Traité de droit criminel*, t. 2 préc. n° 143, p. 183.

[5] CEDH, 10 févr. 1995, *Allenet de Ribemont c/. France*, préc., § 30.

s'avère ainsi un principe guide de l'ensemble des procédures pénales des États démocratiques. Le droit allemand est même allé plus loin. Après avoir reconnu la présomption d'innocence comme principe général de droit, il la considère désormais comme un droit fondamental qui lie tous les pouvoirs publics[1].

Par conséquent, la présomption d'innocence réalise une véritable *présomption ante judiciaire*[2]. L'innocence est tenue par le droit comme vraie *a priori*, jusqu'à ce que son contraire soit démontré. La présomption d'innocence s'avère ainsi un préjugé obstacle au préjugement du suspect d'où sa violation lorsqu'une « *décision judiciaire le concernant reflète le sentiment qu'il est coupable* »[3]. Ainsi, l'utilisation du terme « *condamné* » porte atteinte à la présomption d'innocence tant que la condamnation n'est pas définitive[4]. De plus, la finalité du principe s'avère collective. Il s'applique à tous les suspects comme le dénote l'emploi de l'expression « *toute personne* » par l'article préliminaire. La spécificité de la présomption la rend alors autonome.

b) Une présomption autonome

En ne s'appliquant pas comme une présomption classique, c'est-à-dire en écartant la culpabilité pourtant solution dictée par la logique, la présomption d'innocence acquiert sa véritable portée. Elle gagne alors en autonomie[5]. Ce caractère autonome lui permet de s'hybrider à la fois comme règle de procédure et comme source de droit subjectif. La présomption d'innocence s'avère ainsi d'application plurielle. Elle possède un profil *intra processuel* vis-à-vis des acteurs du procès et un profil *extra processuel* vis-à-vis des tiers[6]. Prise dans ce dernier sens, elle exige la protection de la réputation du suspect en ce qu'elle lui confère un droit subjectif au respect de sa présomption d'innocence[7]. Elle va s'imposer alors à

---

[1] Décision du Tribunal constitutionnel de Karlsruhe du 24 février 1998 citée par BÜCK (V.), *L'influence des cours constitutionnelles sur la politique pénale. Etude comparée France-Espagne*, préc., p. 190.
[2] ESSAID (M.-J.), *La présomption d'innocence*, préc., n° 129, p. 88.
[3] CEDH, 25 mars 1983, *Minelli c/ Suisse*, série A, n° 62, § 37.
[4] Cass. crim., 25 sept. 2002, pourvoi n° 01-88.111.
[5] LOMBOIS (C.), La présomption d'innocence, *Pouvoirs* 1990, p. 81 et s., spéc. p. 94.
[6] MARINELLI (V.), *Structure et fonction de la présomption d'innocence*, préc., p. 52.
[7] AUVRET (P.), Le droit au respect de la présomption d'innocence, *JCP* 1994, I, 3802.

toutes les autorités publiques et privées. La présomption d'innocence est donc plus qu'une simple garantie en matière pénale. C'est d'ailleurs cette conception autonomiste qu'adopte la Cour de Strasbourg[1]. De ce fait, l'article 9-1 du Code civil pose le droit du suspect au respect de sa présomption d'innocence. Il peut sur cette base demander réparation des atteintes à sa présomption d'innocence. Pourtant, ce principe de présomption d'innocence ne fait pas qu'influer sur la divulgation de la suspicion. Il agit surtout sur son exercice dans un sens favorable au suspect.

2. Un postulat favorable au suspect face à l'exercice de la suspicion

La présomption d'innocence relèverait d'un postulat bénéficiant au suspect. Mais elle s'est vue d'abord dégagée et se voit encore présentée comme règle de preuve obligeant l'accusation à établir la culpabilité du suspect selon l'adage *actori incumbit probatio*[2]. La partie poursuivante doit rechercher les preuves de la participation du suspect à la commission de l'infraction et démontrer la constitution de ses éléments constitutifs.

Durant la phase préparatoire, il faut que soit établi si la suspicion est suffisamment importante pour justifier des mesures de contrainte et d'enquête, et à terme, un renvoi devant la juridiction de jugement. Comme l'a clairement exprimé Faustin Hélie, « *le juge d'instruction et la chambre d'accusation n'ont pas à rechercher si le prévenu est coupable mais seulement s'il est probable qu'il le soit* »[3]. Pour lui, « *L'accusé sur lequel pesait tout à l'heure la présomption de culpabilité se trouve protégé par une présomption d'innocence. C'est à l'accusation à faire la preuve, et la défense peut la débattre* »[4].

L'accusation doit ainsi démontrer que la suspicion est suffisante pour fonder la culpabilité et emporter l'intime conviction du

---

1 MASSISAS (F.), Le champ pénal européen selon la cour européenne des droits de l'homme : interprétation autonome et applicabilité des articles 6 et 7 de la Convention européenne des droits de l'homme, *Le champ pénal. Mélanges en l'honneur du professeur Reynald Ottenhof*, préc., p. 100 et s., spéc. p. 102.

2 GUILHERMONT (E.), *La présomption d'innocence dans le discours doctrinal*, th., Perpignan, 2006, n° 80, p. 93.

3 FAUSTIN HELIE, *Traité de l'instruction criminelle*, préc., n° 2074, p. 108.

4 FAUSTIN HELIE, *Traité de l'instruction criminelle*, préc., n° 1560.

juge. Il doit dépasser le doute qui profite à l'innocent présumé selon l'adage *in dubio pro reo*. Cet aspect du doute apparaît plus comme une composante de la présomption d'innocence à distinguer du doute source de suspicion. En d'autres termes, l'innocence présumée suppose une mise en doute des preuves de culpabilité. Elle se rapproche ainsi de la règle anglo-saxonne « *beyond a reasonable doubt* »[1].

La présomption d'innocence distribue la charge probatoire à l'avantage d'un suspect dispensé de la démonstration de son innocence. Cette situation d'attente lui est évidemment favorable, tout échec de l'accusation faisant éclater pleinement son innocence. En plus, comme dit précédemment, il pourra agir contre ceux qui le présenteront comme coupable. La présomption d'innocence fixe donc le sens et la limite de la suspicion. Elle la met en doute. Elle possède donc un véritable caractère défensif au profit du suspect. La présomption d'innocence possède ainsi une signification politique. Elle atténue l'inégalité entre la puissance publique et le suspect. Mais l'exercice de la suspicion va tout de même grandement agir sur l'effectivité de cette garantie.

B. Une protection fictive

L'innocence se voit mise à mal par la suspicion. Dès lors, si la protection du suspect par la présomption d'innocence permet de sauvegarder encore l'idée de son innocence, elle se voit tout de même relayée au rang de fiction par la vraisemblance de culpabilité démontrée par la mise en œuvre de la suspicion pendant le temps du procès (1). Par conséquent, il paraît clair que le déroulement du procès pénal met en lumière le lien de connexité entre suspicion et présomption d'innocence (2).

1. La relativité de l'innocence par l'existence même du procès

Le poids du soupçon attaque la fonction de la présomption d'innocence comme règle de jugement imposant de ne pas qualifier une personne de coupable. La suspicion relativise l'innocence

---

[1] ZAPPALA (E.), Présomption d'innocence entre « *intime conviction* » et *beyond a reasonable doubt* », in *Mélanges offerts à Raymond Gassin*, préc., p. 345.

et sa mise en œuvre, la présomption, qui doit la garantir. Paradoxalement, le présumé innocent est un coupable présumé. Non seulement l'information sur l'existence du soupçon n'est pas attentatoire au respect de la présomption d'innocence, mais surtout, la suspicion se renforce tout au long d'une procédure pénale (a), qui parfois, va jusqu'à admettre de véritables négations de la présomption d'innocence (b).

a) Le renforcement constant de la suspicion au fil de la procédure

La mise en œuvre de la suspicion, se réalise *crescendo* en fonction de l'intensité des éléments de suspicion. Les simples soupçons font place « *aux raisons plausibles de soupçonner* » (contrôle d'identité, garde à vue notamment), puis aux « *indices graves et/ou concordants rendant vraisemblable* » (témoin assisté/mis en examen) et enfin aux charges (prévenu, accusé). La mise en œuvre de la suspicion construit progressivement une culpabilité présumée qui s'approche d'une relative certitude. Si la gradation des statuts de suspect a pour objectif de renforcer la présomption d'innocence[1], les différents stades de la suspicion auxquels correspondent ces statuts filtrent l'un après l'autre la présomption d'innocence. La suspicion s'inscrit bien dans une procédure inquisitoire qui parie sur la culpabilité.

Par conséquent, la présomption d'innocence n'est pas un principe absolu car sa mise en œuvre de la suspicion la relativise. Dans sa décision du 29 août 2002, le Conseil constitutionnel affirme lui-même que « *le principe de présomption d'innocence, proclamé par l'article 9 de la Déclaration des droits de l'homme ne fait pas obstacle à ce que l'autorité judiciaire soumette à des mesures restrictives ou privatives de liberté, avant toute déclaration de culpabilité, une personne à l'encontre de laquelle existent des indices suffisants quant à sa participation à la commission d'un délit ou d'un crime ; que c'est toutefois à la condition que ces mesures soient prononcées selon une procédure respectueuse des droits de la défense et apparaissent nécessaires à la manifestation de la vérité, au maintien de ladite personne à la*

---

[1] LAZERGES (C.), *La présomption d'innocence*, in CABRILLAC (R.), FRISON-ROCHE (M.-A.), REVET (T.), dir., *Libertés et droits fondamentaux*, préc., p. 479 et s., spéc., n° 631, p. 486.

disposition de la justice, à sa protection, à la protection des tiers ou à la sauvegarde de l'ordre public »[1].

Dans le même sens, la Cour européenne des droits de l'homme entérine le constat du Tribunal constitutionnel de Karlsruhe, à propos d'une décision de condamnation frappée d'appel, lorsqu'il déclare que « *s'il est vrai que les décisions incriminées impliquent un pronostic quant au résultat auquel aurait probablement abouti la poursuite de la procédure, pareille évaluation implique cependant un constat non de culpabilité, mais seulement la persistance d'un état de suspicion, et ne porte donc pas atteinte à la présomption d'innocence* »[2]. La Cour de cassation semble elle aussi retenir que toute décision dans laquelle la juridiction ne fait que se prononcer sur l'intensité de la suspicion ne porte pas atteinte à la présomption d'innocence. Ainsi en fut-il dans l'arrêt du 4 janvier 1990[3]. La Cour considère que la chambre d'accusation ayant énoncé que des « *indices sérieux de culpabilité sont en l'état réunis* » ne s'est pas prononcée sur la culpabilité de l'inculpé mais a seulement relevé les charges existant contre lui. Le fait de relever des indices de culpabilité n'attente pas à la présomption d'innocence. Pourtant, la décision de renvoi constitue déjà un préjugement. A propos des charges Pierre Chambon énonçait d'ailleurs qu'il « *doit s'agir d'éléments suffisamment graves pour entraîner une présomption considérable de culpabilité* »[4]. De ce fait, le déroulement de la suspicion relativise considérablement l'intensité de la présomption d'innocence qui elle-même réalise un degré moindre dans l'innocence. Elle n'est pas un principe sacré et intangible.

L'« *aphorisme original* » de l'innocence[5] pose question quanà son utilité. La mise en œuvre de la suspicion, surtout lorsqu'elle se traduit par une mise en examen, ou un placement en détention provisoire, évoque une réelle présomption de culpabilité qui régirait la procédure[6]. Ainsi que le remarquait Bentham, à propos de l'homme accusé : « *une accusation est déjà une présomption qu'il peut être*

---

[1] Cons. const., déc. du 29 août 2002, n° 2002-461 DC, cons. n° 66.

[2] CEDH, 25 août 1987, *Nölkenbockhoff c/ Allemagne*, *Rev. sc. crim.*, 1988, p. 136.

[3] Cass. crim., 4 janv. 1990, *Bull. crim.*, n° 5.

[4] CHAMBON (P.), *Le juge d'instruction. Théorie et pratique de la procédure*, Dalloz, 4ème éd. 1997, n° 697.

[5] TONGLET (A.), *La présomption d'innocence et les présomptions en droit pénal*, th., Paris XIII, 1999, n° 4, p. 3.

[6] ESSAID (M.-J.), *La présomption d'innocence*, préc., n° 87 p. 63.

coupable, et dire qu'il est encore présumé c'est dire qu'il n'y a point de raison de le priver de sa liberté »[1]. La suspicion déstabilise l'innocence. Parfois même, elle l'écarte.

b) L'admission de présomptions de culpabilité

L'exercice de la suspicion se voit parfois facilité par l'admission de véritables présomptions de culpabilité de droit ou de fait[2]. Comme l'affirme le Conseil constitutionnel, « *en principe, le législateur ne saurait instituer de présomption de culpabilité en matière répressive* »[3]. Pourtant, quelques présomptions spéciales de culpabilité sont admises dès lors qu'elles ne s'avèrent pas irréfragables. La charge de la preuve est renversée et repose sur les épaules du suspect qui doit démontrer son innocence. Le Conseil rajoute que les droits de la défense doivent demeurer assurés et que « *les faits induisent raisonnablement la vraisemblance de l'imputabilité* »[4]. Un tel raisonnement fait une référence directe à la logique de mise en œuvre de la suspicion. La présomption de culpabilité ne joue qu'à partir du moment où la suspicion s'exerce déjà et que les contours de la culpabilité présumée se dessinent. Les jurisprudences européenne[5] et nationale[6] s'accordent avec cette position du juge constitutionnel. Les présomptions de culpabilité, négations véritables de celle d'innocence, s'intègrent donc parfaitement dans la construction de la culpabilité présumée.

Ces présomptions tiennent pour établie la culpabilité de l'agent en présumant constitué soit l'élément matériel, soit l'élément moral de l'infraction. Par exemple, selon l'article 225-6 du Code pénal, la matérialité de l'infraction de proxénétisme est tenue pour avérée lorsque le suspect ne peut justifier de ses ressources alors qu'il vit avec une personne se livrant à une activité de prostitution. Le même mécanisme existe en matière de stupéfiants et de recel d'après les articles 222-39-1 et 321-6 du Code

---

[1] BENTHAM (J.), *Traité des preuves judiciaires*, par DUMONT (E.), t. 1, 2ème éd. 1830, p. 396.
[2] BUISSON (J.), Les présomptions de culpabilité, *Procédures,* 1999, chron., n° 15.
[3] Cons. const., déc. n° 99-411 DC du 16 juin 1999, *J.O.* 19 juin 1999.
[4] Cons. const., déc. n° 99-411 DC, préc.
[5] CEDH, 7 oct. 1988, *Salabiaku c/ France, Rev. sc. crim.* 1989, p. 167 obs. PETTITI (L.-E.).
[6] Cass. crim., 6 nov. 1991, *Bull. crim.*, n° 397; *D.* 1991, somm., p. 204, obs. COUVRAT (P.), MASSE (M.).

pénal. Une marchandise saisie sans titre de circulation est présumée avoir été introduite frauduleusement en France selon l'article 418 du Code des douanes. De même, selon les articles L 121-2 et L. 121-3 du Code de la route, est présumé responsable des infractions en matière de stationnement ou d'excès de vitesse le titulaire de la carte grise d'un véhicule. L'intention peut elle aussi se voir présumée. C'est l'exemple de l'intérêt à la fraude en droit douanier selon l'article. 399 du Code des douanes, de la présomption de mauvaise foi en cas de reproduction d'une imputation jugée diffamatoire d'après l'article 35 *bis* de la loi du 29 juillet 1881.

De surcroît, ces dernières années, le législateur s'est mis à démultiplier ces mécanismes de renversement de la charge de la preuve qui pose *de facto* une présomption de culpabilité. La pénalisation du « *recel-profit présumé* » en est l'exemple topique[1]. En 2001, est introduit l'article 450-2-1 du Code pénal punissant la personne qui ne peut se justifier de son train de vie alors qu'elle est en relation habituelle avec des personnes condamnées pour association de malfaiteurs. Des infractions similaires sont par la suite créées visant celui qui fréquente les auteurs de traite des êtres humains (article 225-48), de terrorisme (article 421-2-3) et d'exploitation de la mendicité (artilce 225-12-5). La loi du 23 janvier 2006 est venue généraliser cette technique d'incrimination du « *recel-profit présumé* ». Son article 24 abroge les articles 222-39-1, 225-4-8, 312-7-1 et 450-2-1 et leur substitue un nouvel article 321-6 du Code pénal qui réprime de manière générique de trois ans d'emprisonnement toute personne qui ne peut justifier de ses ressources correspondant à son train de vie ou ne peut justifier de l'origine d'un bien détenu alors qu'elle est en relations habituelles avec une ou plusieurs personnes qui se livrent à la commission de crimes ou de délits punis d'au moins cinq ans d'emprisonnement ou avec les victimes de ces infractions. Or les infractions punies de cinq ans représentent la grande majorité des infractions. Cet article s'accompagne d'un article 321-6-1 qui prévoit certaines possibilités d'aggravation de peine selon la nature de l'infraction d'origine, telle l'association de malfaiteurs, le trafic de stupéfiants ou la traite

---

[1] DANET (J.), *Justice pénale, le tournant*, Gallimard, 2006, p. 34.

des êtres humains. L'article 321-6 pose donc une présomption générale de culpabilité.

En outre, la jurisprudence a admis l'existence de présomptions de culpabilité de fait afin de contourner les problèmes de preuves qui se posent pour certaines infractions. Ainsi, l'infraction de recel fut démontrée à partie d'un faisceau d'indices tels le prix payé par rapport au prix du marché, la profession du prévenu, la connaissance de l'origine du bien[1]. Il en est de même en matière de diffamation, infraction pour laquelle une jurisprudence constante considère que les imputations diffamatoires sont réputées *de droit* faites avec l'intention de nuire[2]. En matière de contrefaçon, la présomption de mauvaise foi du prévenu constitue elle aussi une constante jurisprudentielle[3]. Enfin, le chef d'entreprise est présumé responsable des infractions à la réglementation relative à l'hygiène et à la sécurité relevées dans son entreprise[4].

La doctrine justifie l'existence de ces présomptions spéciales de culpabilité par l'expérience des conclusions qu'elles mettent en place[5], par les intérêts supérieurs de la société lorsque la preuve des infractions est quasi impossible[6], ou encore par « *la masse des infractions en cause et par leur faible enjeu* », notamment en matière de circulation routière[7]. En tous les cas, elle considère l'atteinte à la présomption d'innocence comme relative. De ce fait, les difficultés probatoires liées à la complexité de certaines infractions et la faible gravité des autres servent de justification à la relégation au second plan de la présomption d'innocence. Cette multiplication des présomptions de culpabilité touche une bonne partie de la justice pénale, notamment son principal contentieux en terme de volume, les infractions à la circulation routière.

Cependant, il est difficile d'admettre que les présomptions de culpabilité ne peuvent se voir à la fois justifiées par la faible de

---

[1] Cass. crim., 12 déc. 1989, *Dr. pén.* 1990, p. 185.
[2] Cass. crim. 24 juin 1920, *DP* 1920, 1, p. 48 ; 9 déc. 1997, *Dr. pén.* 1998, chron., n°. 48, obs. VERON (M.).
[3] Cass. crim. 4 mai 1961, *Bull. crim.* n° 236 ; 3 sept. 2002, *Bull. crim.* n° 155.
[4] Art. L. 1441-1 C. trav. (ancien art. L. 263-2).
[5] MERLE (R.), VITU (A.), *Traité de droit criminel*, t. 2, *Procédure pénale*, préc., n° 150, p. 189.
[6] GUINCHARD (S.), BUISSON (J.), *Procédure pénale*, préc., n° 504, p. 396.
[7] COUVRAT (P.), MASSE (M.), note sous Cass. crim., 6 nov. 1991, préc.

gravité et à l'inverse par l'excès de gravité des comportements visés. Entre les infractions du Code de la route et le terrorisme, l'unité conceptuelle des présomptions de culpabilité, et par là même celle de la présomption d'innocence, vacille entre faiblesse et excès, entre le trop peu et le trop. La présomption d'innocence ne s'appliquerait plus qu'aux infractions de gravité moyenne et au contentieux de droit commun. La multiplication de ces mécanismes soustrait un pan entier de la pénalité à la charge classique de la preuve. Dès lors, pour certains auteurs, il eut été possible de limiter les présomptions de culpabilité à la seule criminalité complexe[1]. Mais cette restriction du domaine de la preuve inversée ferait encore plus sortir du droit commun le traitement de cette délinquance. Enfin, lorsqu'elles portent sur l'élément moral de l'infraction, ces présomptions faussent l'appréciation réelle de la culpabilité de l'auteur en reléguant son intention au second plan la matérialité de l'acte infractionnel. Cette amplification de la matérialité de l'acte dénature ainsi la définition de l'intention coupable.

La tendance à la multiplication des présomptions de culpabilité, tant par son ampleur que par sa nature, déséquilibre donc le système probatoire puisqu'une preuve négative se voit de plus en plus exigée du suspect. On voit ainsi que les avancées de la suspicion entraînent des reculs de la présomption d'innocence. Force est de constater que ces deux notions sont indéfectiblement liées.

2. La gémellité de la suspicion et de la présomption d'innocence

La présomption d'innocence n'est pas utile sans suspicion. La première agit comme contrepoids lorsque la seconde s'exerce. « *C'est parce qu'elle est soupçonnée, poursuivie ou accusé que la personne est présumée innocente* »[2]. L'article préliminaire du Code de procédure pénale met en lumière cette concomitance d'apparition et d'exercice entre les deux notions. Une certaine gémellité apparaît entre elles au fil de la procédure autour de la question de l'affirmation de la culpabilité d'autant plus que toutes deux se construisent autour du même paradigme de probabilité. La pré-

---

[1] DECAMPS (J.), *La présomption d'innocence : entre vérité et culpabilité*, th., Pau, 1998, p. 124.
[2] COSTE (F.-L.), Statut de la parole et présomption d'innocence, *AJ pénal* 2004, p. 402.

somption d'innocence compense la suspicion (a) qui en révèle la véritable nature (b).

a) Une réciprocité autour de la culpabilité

Suspicion et présomption d'innocence possèdent toutes deux le même rattachement au procès pénal et à la notion de culpabilité. Elles sont limitées temporellement au temps du procès et possèdent la même nature intermédiaire et provisoire[1]. Cependant, la première va dans le sens de la déclaration de culpabilité tandis que la seconde en est un frein. Elles sont ainsi de fausses jumelles. Leur origine est commune mais leur fonction inverse quoiqu'elles désignent toutes deux le « *défendeur nécessaire* » du procès[2] : le suspect, présumé innocent mais coupable présumé.

Dès lors, la présomption d'innocence réalise à la fois un mode de protection et un mode de désignation du suspect. Elle est le corollaire la suspicion[3] qui assure l'équité de la procédure. De ce fait, la suspicion s'avère à la fois une notion conforme, dans sa définition, et une notion contraire, dans son exercice, à la présomption d'innocence[4]. Celle-ci est son antinomie nécessaire, son indispensable contraire. Le développement de l'une est inversement proportionnel à la relativité de l'autre. Ainsi que l'analyse le juriste allemand Sax, la suspicion et la présomption d'innocence sont dans un état de tension permanente qui dessinent deux pôles opposés dans un rapport opératoire de réciprocité[5]. Plus la mise en œuvre de la suspicion renforce les soupçons contre le suspect, et donc la croyance de sa culpabilité, plus la présomption d'innocence se voit relativisée et devient une fiction. L'exercice de la suspicion conduit bien à l'affirmation d'une préculpabilité. Cependant, les garanties offertes à la personne de plus en plus

---

[1] BALLANDIER (P.), *Pour une défense de la présomption d'innocence*, th., Aix-Marseille III, 1996, p. 4.

[2] Expression de CADIET (L.), Contradictoire, in ALLARD (D.), RIALS (S.), dir., *Dictionnaire de culture juridique*, PUF, Lamy, 2003, p. 271. et s., spéc. p. 273.

[3] VALETTE (V.), *La personne mise en cause en matière pénale*, préc., n° 281, p. 181.

[4] V. LAURENT (N.), *Le suspect en matière pénale*, th. préc. et l'articulation de son plan.

[5] SAX (W.), Grundsätze der Strafrechtspflege, in BETTERMANN (K.-A.), NIPPERDEY (H.-C.), SCHEUNER (U.), *Die Grundrechte*, 3. Band, 2. Halbband, Berlin 1959, p. 987, cité par HENRION (H.), *La nature juridique de la présomption d'innocence*, th. préc., n° 385, p. 620.

suspecte et de moins en moins présumée innocente ne diminuent pas du fait du caractère normatif de la présomption d'innocence[1].

Certains ont pu en conclure qu'il faudrait mieux édicter une véritable présomption générale de culpabilité pour accorder la réalité juridique avec le déroulement du procès[2]. La conséquence de ce changement serait alors un renversement total de la charge de la preuve. La suspicion deviendrait ainsi généralisée, puisque sa seule survenance tiendrait lieu de preuve de la culpabilité, à charge pour le suspect de démontrer son innocence. D'ailleurs, la suspicion existerait-elle encore avec une présomption générale de culpabilité ? L'exercice de la suspicion construit par la présomption une vraisemblance de culpabilité. Cette dernière n'est pas présumée *ab initio*. Elle est l'aboutissement du raisonnement, non son point de départ. Si, dès l'entame de la procédure, la culpabilité devait être présumée, alors la suspicion n'aurait plus d'utilité. Elle n'aurait plus de sens. Le soupçon vaudrait culpabilité et non plus idée de culpabilité. L'équité procédurale sombrerait alors définitivement. La procédure pénale possèderait alors un caractère totalitaire.

Néanmoins, pourrait être affirmée une véritable présomption de non-culpabilité[3] comme l'a fait le droit italien[4]. Elle seule semblerait à même de ne pas se faire « *grignoter* » par l'exercice de la suspicion. Le suspect ne serait pas considéré comme innocent mais comme non-coupable. Néanmoins, cette formulation distinguerait la matière pénale de la matière civile et du droit subjectif au respect de la présomption d'innocence. La restriction de son champ entamerait son autonomie. De plus, avec l'exercice de la suspicion, le présumé non-coupable se verrait vite qualifié de « *non encore coupable* » ce qui annihilerait les effets de la règle. En conséquence, rien ne semble pouvoir remplacer la portée au moins symbolique de la présomption d'innocence.

---

[1] HENRION (H.), La nature juridique de la présomption d'innocence, préc., n° 391, p. 628.

[2] JEANDIDIER (W.), La présomption d'innocence ou le poids des mots, *Rev. sc. crim.* 1991, p. 49.

[3] Proposition de DETRAZ (S.), La prétendue présomption d'innocence, préc.

[4] Article 27 § 3 de la Constitution italienne du 22 décembre 1947. LABREGERE (P.), *La présomption de non culpabilité en droit italien*, in *La présomption d'innocence en droit comparé*, préc., p. 43.

De plus, la mise en œuvre de la suspicion, si elle relativise la portée de la présomption d'innocence, ne la contredit pas puisque la suspicion ne pose pas une certitude de culpabilité. La suspicion constitue la condition préalable, nécessaire à l'apparition de la présomption d'innocence et non pas sa négation. Ainsi, l'exercice de la suspicion peut très bien s'effectuer en même temps que celui de la présomption d'innocence. Suspicion et présomption d'innocence sont compatibles. Rien ne légitime donc de faire prévaloir l'une sur l'autre, voire de supprimer la seconde au profit de la première. D'ailleurs, tant la jurisprudence européenne de manière implicite, que la jurisprudence nationale de manière explicite ont admis cette compatibilité. La Cour de Strasbourg distingue ainsi les décisions décrivant un état de suspicion et celles reflétant un sentiment de la culpabilité[1]. La Chambre criminelle fait de même de manière indirecte. Elle considère que les motifs d'une ordonnance de renvoi ne préjugent pas de la culpabilité lorsqu'ils reprennent les charges existantes puisque ces motifs sont dépourvus de l'autorité de la chose jugée, l'article 485 du Code de procédure pénale ne leur étant pas applicable[2]. Selon cette logique, leur caractère provisoire fait qu'ils n'anticipent pas sur la culpabilité. Cette position est tout à fait pertinente du point de vue d'une culpabilité définitivement affirmée. Mais elle n'empêche pas l'affirmation d'une culpabilité présumée. Si la nuance est de taille d'un point de vue juridique, elle peut tout de même apparaître relever d'une casuistique artificielle. L'exercice de la suspicion n'est pas une anticipation totale mais partielle de la culpabilité. S'il ne nie pas la présomption d'innocence, le caractère anticipatoire de l'induction réalisée n'en relativise pas moins sa portée.

La mise en œuvre de la suspicion révèle donc non seulement l'utilité de la garantie d'innocence mais aussi sa véritable définition.

---

[1] CEDH, 28 nov. 2002, *Marziano c/Italie*, req. 00045313/99, § 31; 3 mars 2003, *Yasar, Kemal et Gôkcelli c/Turquie*, req 00027215/95 et 00036194/97, § 47.

[2] V. en matière criminelle, Cass. crim., 23 janv. 2002, *Juris-Data*, n° 013182 ; 4 avr. 2002, pourvoi n° 02-80. 328. V. En matière correctionnelle, Cass. crim., 18 sept. 1997, *Juris-Data* n° 003. 744 ; 2 mars 1999, pourvoi n° 98-80. 344.

b) La révélation du principe de la présomption d'innocence

Malgré sa relativité, le fait de considérer le suspect comme innocent devient peut-être plus important que de le traiter comme non coupable. Seule la présomption d'innocence permet au présumé innocent de combattre la culpabilité présumée qui se construit contre lui. Elle confère le pouvoir de contester la suspicion sans attendre que l'accusation défaille et force les acteurs du procès à conserver à l'esprit la probabilité de l'innocence face à celle de la culpabilité. L'importance de la présomption d'innocence provient donc de ce qu'elle restreint la tentation absolutiste de la suspicion. Seule une *présomption suprajudiciaire d'innocence*, dominant tout le procès et exigeant un exercice équitable de la suspicion, permet encore de ne pas anticiper définitivement sur la déclaration finale de culpabilité. Le suspect doit être vu à la fois comme un coupable probable et un innocent probable.

Dès lors, la présomption d'innocence n'est pas virtuelle. Elle peut se révéler être une véritable fiction[1], une qualification des faits par le législateur qui consiste à supposer une situation différente de la réalité matérielle pour en déduire des effets de droit. La fiction se définit en rupture[2] avec la vérité[3]. L'innocence serait ainsi supposée *ab initio* pour protéger les droits du suspect face à la mise en œuvre de la suspicion[4]. L'idée de fiction permet bien d'indiquer le décalage entre le fondement de la règle et sa réalité. Cette fiction constituerait alors une illusion qui devrait permettre de sauvegarder les apparences et par là même, le système juridique. La fiction mène ainsi au juste pour défendre un intérêt supérieur[5]. Cette « *légitimation du faux* »[6] permettrait la protection du suspect et de l'équité procédurale. Se retrouverait là la fonction dogmatique classique de la fiction[7]. La légitimité de la présomption d'innocence proviendrait alors de ce qu'elle demeure la

---

[1] KOERING-JOULIN (R.), La présomption d'innocence, un droit fondamental ?, préc., p. 24.

[2] DABIN (J.), *La technique de l'élaboration du droit positif, spécialement du droit privé*, Sirey, 1935, p. 276.

[3] GENY (F.), *Science et technique en droit privé positif…*, préc., p. 369 ; FORIERS (P.), *Présomptions et fictions*, préc., p. 15.

[4] WROBLEWSKI (J.), *Structure et fonctions des présomptions juridiques*, préc., p. 55.

[5] HARDOUIN-LE GOFF (C.), Les fictions légales en droit pénal, *Dr. pénal* 2009, Etude n°1.

[6] FORIERS (P.), *Présomptions et fictions*, préc., p. 7.

[7] GENY (F.), *Science et technique en droit privé positif…*, préc., n° 242, p. 376.

principale garantie pour le suspect de se voir soumis à un procès équitable. Elle s'éloignerait alors de la définition de fiction juridique vue comme s'opposant à la réalité juridique[1]. Si l'innocence est considérée comme un absolu, la mise en œuvre du concept dans le procès pénal par sa présomption heurte non seulement la réalité juridique mais, en plus, la réalité matérielle, de par le jeu de la suspicion.

Par conséquent, la présomption d'innocence semblerait relever plus de la fiction-règle[2] car elle révèle autant un jugement de valeur qu'un choix de politique juridique en faveur du suspect. Mais cette explication n'apparaît pas suffisante. Tandis que la présomption d'innocence demeure posée en droit français et même rappelé avec force par la loi du 15 juin 2000 et l'article préliminaire du Code de procédure pénale, la politique pénale actuelle n'apparaît pas, ainsi que cette étude l'abordera, en faveur du suspect. L'affirmation de la présomption d'innocence n'empêche pas la prédominance de la suspicion et la construction d'une culpabilité présumée par sa mise en œuvre. Il ne faudrait donc pas penser en terme de faveur mais de protection. La présomption d'innocence exprime une volonté de garantir la position du suspect face à l'Etat et plus précisément face à l'exercice de la suspicion par ses organes. Elle rappelle la probabilité de l'innocence face à la probabilité de la culpabilité et la nécessité de défendre le suspect face à l'exercice de la suspicion. Autant la suspicion relève d'une accusation, autant la présomption d'innocence répond à une logique défensive.

C'est pourquoi, il semblerait que l'approche la plus précise de la présomption d'innocence soit celle de Monsieur Henrion selon lequel la nature de la présomption d'innocence s'avère celle d'un principe juridique. Dans cette conception, la présomption d'innocence constitue un principe orientant le procès pénal suivant une culture du doute. Elle est bien *suprajudiciaire* et quasiment *supralégale*. L'affirmation de la présomption d'innocence revient ainsi à institutionnaliser l'incertitude de manière à empêcher toute

---

[1] PERELMAN (C.), *Présomptions et fictions en droit, essai de synthèse*, préc., p. 343.

[2] DABIN (J.), préc., *La technique de l'élaboration du droit positif, spécialement du droit privé*, Sirey 1935, p. 325.

affirmation anticipée de culpabilité. Le principe sert alors de support à un droit subjectif défensif de respect de la présomption d'innocence[1].

Ainsi, présomption d'innocence et suspicion s'avèrent deux concepts entretenant des rapports de réciprocité. Plus précisément, l'existence de la présomption d'innocence constitue la nécessaire contrepartie à la mise en œuvre de la suspicion afin de garantir le caractère équitable de la procédure et du procès. Elle permet notamment d'exiger une limite dans l'exercice des mesures de contraintes et une motivation des décisions ordonnant celles-ci qui ne réalise pas de déclaration de culpabilité. La notion de suspicion permet ainsi de mieux définir la présomption d'innocence même de manière presque paradoxale, de mieux la faire respecter.

Conclusion du Chapitre

La suspicion se fonde sur des indices, entendus ici au sens large pour prendre en compte les raisons plausibles, dont l'intensité, la gravité, la concordance ou la vraisemblance sont précisées par le législateur en fonction du stade de la procédure. Ces différents échelons posés par le Code guident le raisonnement de celui qui soupçonne, qu'il soit en charge des investigations ou des poursuites. L'évolution de la suspicion relève d'une progressivité de son intensité. La nature et l'évolution de la procédure pénale favorisent le développement et l'organisation de la suspicion selon une logique de gradation. Pour paraphraser Gény, le probable se transforme en certitude[2].

Certes, la culpabilité sera reconnue et déclarée définitivement à l'audience. Mais elle aura déjà été particulièrement présumée par les acteurs de la procédure au fil de son déroulement alors que dans le même temps, l'intensité de la présomption d'innocence reste la même. Cette hypertrophie de la suspicion déséquilibre la procédure pénale. Il s'avère donc possible de dénommer culpabilité présumée le résultat de la mise en œuvre de la suspicion de par

---

[1] HENRION (H.), *La nature juridique de la présomption d'innocence*, préc., n° 414, p. 664.
[2] GENY (F.), *Science et technique en droit privé positif…*, préc., n° 230, p. 266.

le mode de raisonnement juridique utilisé par l'agent qui soupçonne, à savoir la présomption. À l'inverse, on ne peut parler de présomption de culpabilité car, dans cette dernière hypothèse, la culpabilité s'avère une prémisse du syllogisme juridique et non sa conclusion. Cette culpabilité présumée relève d'un calcul de probabilités inséré dans le cadre formel de la procédure.

Chapitre 2. La formalisation progressive d'une accusation

La suspicion ne peut s'exercer que si des indices de suspicion sont au préalable constatés. Ainsi le Code de procédure pénale va poser tout au long de la procédure des exigences indiciaires. Ces indices deviennent alors des éléments accusateurs à l'encontre du suspect. Classiquement, le terme « *accusation* » désigne en droit français l'état des charges pesant contre l'individu renvoyé devant une cour d'assise par ordonnance du juge d'instruction. Le suspect comparaissant devant la cour d'assise est un accusé. Mais la notion d'accusation a acquis une signification plus large sous l'apport du droit européen. L'article 6 § 1 de la Convention de sauvegarde dispose que le droit à un procès équitable s'applique en cas d' « *accusation en matière pénale* ». Notion autonome de la Convention européenne des droits de l'homme, elle se voit appréhendée suivant une approche matérielle et concrète[1] en fonction des circonstances de chaque affaire et les particularités du droit national[2]. La Cour se trouve tenue de « *regarder au-delà des apparences et d'analyser les réalités de la procédure en litige* »[3]. L'accusation en matière pénale est définie comme « *la notification officielle, émanant de l'autorité compétente, du reproche d'avoir accompli une infraction pénale* »[4]. Mais la jurisprudence européenne va plus loin en admettant que l'accusation puisse exister sous une forme autre qu'une notification officielle dès l'instant que la mesure risque d'avoir « *des répercussions importantes sur la situation du suspect* »[5]. Dès lors, elle considère l'existence d'une accusation lors de l'ouverture d'une enquête préliminaire, lors d'un interrogatoire par la police révélant

---

[1] QUILLERE-MAJZOUB (F.), *La défense du droit à un procès équitable*, Bruylant, 1999, p. 29.

[2] TAGARAS (H.), La notion d'accusation et les droits de l'accusé, in *Le procès pénal équitable et la protection juridictionnelle du citoyen, Actes du Colloque organisé à Bordeaux les 29 et 30 septembre 2000 par l'Institut des droits de l'homme des avocats européens et l'institut des droits de l'homme du Barreau de Bordeaux*, Bruylant, 2001, p. 43 et s., spéc., p. 55.

[3] CEDH, 27 févr., 1980, *Deweer c/ Belgique*, série A, n° 35, § 44.

[4] CEDH 19 déc. 1989, *Kamasinski c/ Autriche*, série A, n° 168.

[5] CEDH, 10 déc. 1982, *Foti* c/ *Italie*, série A, n° 56 § 52..

l'existence d'une enquête contre la personne, lors d'une arrestation, lors d'une garde à vue dans le cadre d'une instruction préparatoire et même lors de l'assignation à comparaître d'un témoin[1].

Cette extension du concept d'accusation en matière pénale permet de révéler les liens entre celui-ci et la suspicion. Comme le remarque Madame Quilleré-Majzoub : « *l'accusation ne fait pas de doute à partir du moment où l'autorité compétente exprime sans équivoque qu'elle tient l'individu pour l'auteur du fait reprochable* »[2]. Il semblerait que cette conception soit reprise en droit interne par l'article préliminaire du Code de procédure pénale lorsqu'il dispose qu' « *il doit être définitivement statuer sur l'accusation dont cette personne fait l'objet dans un délai raisonnable* ». Or, la personne visée est bien la personne suspectée ou poursuivie de ce même paragraphe. La mise en œuvre de la suspicion révèle l'accusation, critère d'application du procès équitable en matière pénale. L'exercice de la suspicion est bien soumis à ce droit fondamental.

Dès lors, puisque la suspicion se fonde et se formalise sur des indices, sa mise en œuvre va elle-même formaliser l'accusation en matière pénale contre le suspect. Cette formalisation tend à s'assouplir lorsque la suspicion est exercée au cours de l'enquête de police (section 1). En revanche, elle est beaucoup plus rigoureuse pendant l'instruction préparatoire (section 2).

Section 1. La plasticité des indices de suspicion policière

La police judiciaire a pour but la constatation des infractions, le rassemblement des preuves de leur commission et la recherche de leurs auteurs selon l'article 14 du Code de procédure pénale. Toute opération de police judiciaire met donc en oeuvre la suspicion. L'exigence de la réunion d'indices de suspicion se rencontre

---

[1] Respectivement, CEDH, 27 juin 1968, *Wemhoff*, série A, n° 7 ;6 juin 2000, *Magge et Averill c. Royaume–Uni*, *JCP* 2001, I, 291, n° 28, obs. SUDRE (F.) ; 30 mars 1989, *Lamy c/* France, série A, n° 151 ; 31 mars 1998, *Reinhart et Slimane Kaïd c/ France*, *Procédures*, 1998, comm. n° 177, obs. BUISSON (J.) ; 20 octobre 1997, *Serves c/ France*, *JCP* 1998, I, 107, n° 20, obs. SUDRE (F.).

[2] QUILLERE-MAJZOUB (F.), *La défense du droit à un procès équitable*, Bruylant 1999, p. 30.

à chaque fois que la coercition peut se voir mise en œuvre par la police. Pourtant, si cette exigence demeure en matière de flagrance (§ 1), l'injonction se fait moins forte dans les autres hypothèses de contrainte du suspect (§ 2).

§ 1. Le constat nécessaire d'un indice apparent de la flagrance

L'enquête de flagrance constitue une réponse immédiate et vigoureuse à l'infraction dont la commission est actuelle ou proche. Dans un souci de proportion, elle se voit limitée aux seuls crimes et délits. La flagrance est une situation de fait qui se caractérise par son immédiateté et nécessité une intervention urgente pour mettre de fin à la situation, en limiter les effets et sauvegarder les preuves de son existence. Elle permet de qualifier une infraction et l'ouverture de l'enquête. Alors que l'article 53 du Code de procédure pénale ne fait référence à la suspicion qu'à propos de l'infraction réputée flagrante, le droit positif adopte une conception restrictive de la suspicion qui soumet l'ensemble des cas de flagrance à l'exigence d'un indice apparent. En cas de flagrance, la suspicion fonde sur une définition stricte et transversale de la notion d'indice (A). Mais sa mise en œuvre demeure souple (B).

A. La « transversalité » de l'indice apparent au sein de la flagrance

L'expression « *indice apparent* » n'apparaît pas dans la lettre de l'article 53 alinéa 1 du Code de procédure. Cette exigence résulte de la jurisprudence constante de la Cour de cassation (1). L'ensemble des cas de flagrance se voit donc soumis à la constatation de ces indices objectifs de suspicion (2).

1. La création jurisprudentielle de l'indice apparent

La définition jurisprudentielle de la notion d'indice apparent est tirée de la logique interne de l'infraction flagrante (a). La jurisprudence a dès lors défini le contenu de cette notion de manière assez souple (b).

a) Une définition logique

En principe, la flagrance suppose la commission actuelle d'une infraction. *Stricto sensu*, l'infraction flagrante ne peut qu'être celle qui se commet actuellement. Le critère posé par la loi n'est que temporel. Cette définition ne correspond toutefois qu'au premier des cas posé par l'article 53 du Code de procédure pénale[1]. L'actualité s'avère un élément de définition de l'infraction flagrante. Du latin *flagare* qui signifie brûler, elle exige une intervention avant de se consumer entièrement[2]. La seule perception de l'actualité de l'infraction devrait logiquement être l'unique condition de sa flagrance sans prendre en compte sa publicité ou sa clandestinité[3]. Le policier peut intervenir à partir du moment où il perçoit la commission de l'infraction à l'aide de l'un de ses sens. La simple perception vaudrait donc constatation. Suivant la même logique, dès qu'il possède le soupçon que l'infraction se consomme, il peut intervenir. Le soupçon vaudrait donc aussi constatation. Le problème s'avère qu'une telle conception large de la flagrance conférerait une liberté d'intervention exorbitante au policier qui pourra ensuite exercer une coercition importante vis-à-vis de celui qu'il aura personnellement, voire arbitrairement, défini comme suspect.

Or, l'adjectif flagrant renvoie directement à un fait que personne ne peut ignorer, que personne ne peut pas ne pas voir. Il porte en lui une dimension intrinsèque de publicité. L'infraction flagrante est celle qui saute aux yeux, qui apparaît au grand jour. Elle est une infraction apparente. L'intervention des forces de l'ordre doit ainsi se fonder sur une apparition qui constitue « *l'élément brut* » de l'apparence[4]. De ce fait, seul un indice, « *signe apparent qui indique avec probabilité* » selon le dictionnaire Littré, permet la révélation de l'infraction flagrante. Le policier ou le gendarme ne peut agir que s'il constate un indice révélant objectivement la commission actuelle de l'infraction. C'est pourquoi, la jurisprudence constante de la Cour de cassation considère que

---

[1] MAYER (D.), Plaidoyer pour une redéfinition du flagrant délit, *D.* 1980, chron., p. 99, n° 1.
[2] MATSOPOULOU (H.), *Les enquêtes de police*, préc., n° 106, p. 92.
[3] BECHERAOUI (D.), La notion de flagrance en droit français, libanais et égyptien, *Rev. sc. crim.* 1997, p. 73 et s., spéc., p. 77.
[4] CONTE (P.), *L'apparence en matière pénale*, th. préc., n° 550, p. 676.

l'infraction flagrante est celle qui se révèle au préalable par un ou plusieurs indices apparents[1]. D'une certaine manière, la position jurisprudentielle ajoute un élément de publicité à l'infraction flagrante en plus du critère temporel[2]. Elle le dégage de la signification intrinsèque de la flagrance.

À vrai dire, l'existence de l'indice apparent révèle plus l'actualité de l'infraction que sa réalité. *A posteriori*, l'apparition peut très bien ne pas correspondre à une réalité. Comme nous l'avons déjà dit, le jeu de l'apparence rend vraisemblable l'existence de l'infraction et légitime l'action du policier qui n'a eu que peu de temps pour prendre sa décision. L'état de flagrance s'apprécie ainsi au moment de l'intervention de l'officier de police[3]. Il peut correspondre à un ensemble de situations.

b) Contenu de l'indice apparent

Si la jurisprudence exige des indices apparents, elle se montre parfois relativement souple dans leur appréciation. Elle accepte l'indice unique pourvu qu'il soit apparent alors même que l'article 53 emploie le terme indices au pluriel, mais sans l'épithète apparent, pour le second cas d'infraction flagrante. Surtout, elle admet l'indice-attitude comme indice apparent. Le comportement de la personne peut ainsi s'avérer suspect. La Cour de cassation use ainsi d'une formule désormais classique en évoquant « *l'indice apparent* » ou « *les indices apparents d'un comportement délictueux* ». Ce sont les circonstances qui permettent d'objectiver ce comportement et lui permettent de constituer un indice apparent.

Une déclaration d'un témoin[4], de la victime[5], voire d'un coauteur[6] permet aussi de constituer un indice apparent à partir du moment où la personne est identifiée. Si cette identification permet à première vue « *l'objectivisation* », il semblerait toutefois que la

---

1 Cass. crim., 22 janv. 1953, *Isnard*, *JCP* 1953, II, 7456, rapp. BROUCHOT (J.) ; 4 janv. 1982, *Bull. crim.* n° 2 ; 1er oct. 2003, *D.* 2004, comm. SANCHEZ (M.) ; 5 janv. 2005, *Dr. pén.* 2005, comm. n° 48, obs. MARON (A.).

2 MERLE (R.), VITU (A.), *Traité de droit criminel*, t. II, *Procédure pénale*, n° 309, p. 374.

3 Cass. crim., 11 mars 1992, *Bull. crim.* n° 110.

4 Cass. crim., 1er oct. 2003, *D.* 2004, jur., p. 1845, note SANCHEZ (M.).

5 Cass. crim., 17 oct. 1995, *Bull. crim.* n° 309, *Dr. pén.* 1996, comm.. n° 48, obs. MARON (A.).

6 Cass. crim., 23 mars 1992, *Bull. crim.* n° 84 pour une dénonciation d'un coauteur identifié.

connaissance de l'infraction par les enquêteurs soit confondue ici avec son apparence. La déclaration anonyme, fut-elle précise et circonstanciée, de par l'incertitude de son origine, est unanimement rejetée car elle ne permet pas le contrôle de l'autorité judiciaire[1]. L'apparence est encadrée. Si d'autres éléments permettent de vérifier la véracité des faits dénoncés, la flagrance est constituée[2]. La dénonciation anonyme est donc bien un indice mais elle n'est pas suffisamment apparente. Mais il ne suffit pas que l'identité du suspect et son comportement correspondent au contenu de la dénonciation anonyme pour que soit caractérisé un indice apparent ce qui est tout à fait logique à moins de vouloir vider de son sens l'interdiction de la dénonciation anonyme[3]. De même, l'indice apparent peut exister en dehors de la personne même du suspect. L'indice de comportement agit comme révélateur de l'infraction[4].

Sous l'impulsion de la jurisprudence, les différents cas de flagrance, infraction flagrante comme réputée flagrante, sont astreints à la constatation d'un indice apparent. Le soupçon simple ne suffit pas[5]. La définition de la flagrance s'est ainsi recentrée autour de l'exigence d'indice afin de permettre l'exercice de la suspicion. De ce fait tous les types de flagrance se voient soumis à leur vérification.

2. La soumission des différents cas de flagrance à l'indice apparent

L'exigence jurisprudentielle s'étend à l'ensemble des cas de flagrance. L'infraction flagrante (a) comme celle réputée flagrante (b) sont soumises à la constatation de ces éléments spécifiques de suspicion.

---

[1] Cass. crim., 2 févr., 1988, *Bull. crim.* n° 52, somm. p. 358.

[2] Cass. crim., 23 oct. 1991, *Bull. crim.* n° 371 pour une dénonciation anonyme confortée par des vérifications auprès de la préfecture faisant apparaître des indices permettant de présumer une infraction à la légalisation sur les étrangers.

[3] V. Cass. crim., 11 juill. 2007, pourvoi n° 07-83. 427.

[4] Cass. crim., 11 mai 1993, *Dr. pén.* 1993, chron. n° 34, obs. LESCLOUS (V.), MARSAT (C.).

[5] Cass. crim., 23 mars 1992, *Bull. crim.* n° 123.

a) L'infraction flagrante

L'infraction flagrante est d'abord celle qui se commet actuellement. Elle est perçue par l'un des sens de l'officier de police. Mais, comme il vient d'être dit, cette flagrance n'est pas uniquement sensorielle, elle est aussi raisonnée. La perception sensorielle n'est admise que si elle est suffisante pour entamer le raisonnement par présomption[1]. Il suffit que l'indice s'extériorise et parvienne à la connaissance de l'agent qui va pouvoir alors soupçonner la commission vraisemblable d'une infraction.

Ensuite, l'infraction qui vient de se commettre. La différence avec le premier cas provient d'une temporalité distincte. Il existe un délai entre la commission de l'infraction et sa découverte par le policier ou le gendarme. Ce délai doit être relativement bref, de l'ordre de quelques heures. Sous l'empire du Code d'instruction criminelle, la jurisprudence avait indiqué que cette infraction devait avoir été commise au plus tôt la veille du jour où elle est constatée par les forces de l'ordre[2]. Le « *délai de flagrance* » perdurant toute la journée de commission et la journée du lendemain, il n'est donc pas nécessaire que l'infraction se commette immédiatement[3]. Mais l'appréciation de ce délai pose tout de même une certaine difficulté. En effet, le Code de procédure pénale a resserré l'exigence de temporalité du troisième cas de flagrance en posant qu'il est constaté dans un temps très voisin de l'action. Dès lors, cette restriction réduit le délai de constatation de l'infraction qui vient de se commettre. Cependant, d'une part, la jurisprudence ne semble pas avoir réduit ce délai[4], d'autre part, le législateur a refusé explicitement de restreindre à 24 heures[5]. Il semblerait que le critère de l'apparence prédomine le critère temporel.

---

[1] Pour une odeur de cannabis, v. Cass. crim. 4 nov. 1999, *Bull. crim.* n° 247 ; pour la vue d'une arme dans le sac d'un blessé, Cass. crim. 5 janv. 2005, *Rev. sc. crim.* 2005, p. 373 obs. BUISSON (J.).

[2] Cass. crim., 19 juin 1913, *Bull. crim.* n° 300.

[3] LANGLOIS (A.), L'enquête de flagrant délit : son point de départ et sa durée, *JCP* 1961, I, 1611.

[4] *Cf.*, Cass. crim., 5 oct. 1976, *Bull. crim.* n° 278, pour une perquisition la matinée suivant un vol ; 26 févr. 1991, *Bull. crim.* n° 96 pour un délai de vingt-huit heures.

[5] MATSOPOULOU (H.), *Les enquêtes de police*, préc., n° 112, p. 97.

b) L'infraction réputée flagrante

Les deux cas suivants de flagrance doivent se voir détectés « *dans un temps très voisin de l'action* ». Si la temporalité est plus longue que pour l'infraction qui vient de se commettre, par l'emploi d'une formule plus large, l'exigence d'indices se voit explicitement énoncée par l'article 53. L'infraction réputée flagrante mais dont le régime suit l'infraction flagrante, renvoie d'une part à la personne soupçonnée poursuivie par la clameur publique et d'autre part à la personne soupçonnée trouvée en possession d'objet ou présentant des traces ou indices laissant penser qu'elle a participé à l'infraction.

Ainsi, la poursuite par la clameur publique est créatrice de suspicion. Cette accusation est formulée par la victime elle-même, ou les témoins de l'infraction que se manifestent vivement et précisément en désignant le suspect par le verbe et les cris. Voici le cas typique du « *Au voleur ! Arrêtez-le !* », cité communément. L'adjectif « *poursuivie* » fait référence à la fuite du suspect désigné. La personne qui prend la fuite alors qu'elle est désignée par la foule peut donc être soupçonnée. Cette clameur possède une publicité certaine. Elle présente parfois une pluralité de sources (cas de plusieurs témoins) et une relative objectivité qui la renforcent. Elle se distingue de la rumeur, plus imprécise et incertaine, qui renvoie au simple soupçon[1]. Pourtant, en définitive, la clameur publique n'est rien d'autre qu'un indice apparent. Elle est rendue publique par le cri et par les témoins présents qui le portent. L'agent de police entend le cri, perçoit l'individu désigné. Ses sens lui permettent d'inférer la participation de la personne désignée à une infraction. Si le cri de « A*u voleur !* » donne une indication sur l'infraction commise, le simple « *Arrêtez-le !* » ne le fait pas. Le policier pourra tout de même agir, l'indice portant alors sur la situation illicite.

Il est ainsi possible de se demander si le fait de préciser que la clameur publique est une cause de flagrance est encore nécessaire. L'exigence d'indice apparent couvre cette hypothèse. De surcroît, sa suppression permettrait de faire cesser la controverse portant

---

[1] MERLE (R.), VITU (A.), *Traité de droit criminel*, t. 2, *Procédure pénale*, n° 311, p. 376.

sur la clameur résurgente qui apparaît quelques jours après la commission de l'infraction, lorsque la victime ou les témoins reconnaissent un individu qu'ils désignent comme suspect. Si la victime a déjà déposé plainte, la question de l'indice ne se pose pas puisque la plainte prévaut.

L'autre cas d'infraction réputée flagrante est la découverte d'objets, traces, ou indices. Si ces derniers ont déjà été définis, les deux premières notions peuvent appeler certaines précisions. Les objets renvoient évidemment aux biens meubles corporels trouvés sur les lieux ou non de l'infraction, sur le suspect à proximité. Mais ces objets peuvent très bien fonder à eux-seuls dans un premier temps la suspicion d'infraction flagrante sans passer par l'intermédiaire d'une personne qui ne sera soupçonné que dans un deuxième temps pendant l'exercice de la suspicion. Il ne faut pas confondre les indices permettant l'exercice de la suspicion et les indices issus de l'exercice de la suspicion. Les objets de l'article 53 doivent être distingués des biens susceptibles d'être saisis pendant une perquisition puisque cette mesure ne peut être exercée qu'après la constatation de la flagrance. Les traces sont elles les empreintes, les tâches, les marques laissées par une chose dans un lieu ou sur la personne du suspect, ses vêtements, son véhicule. Là encore, les notions d'objets et de traces font double emploi avec celle d'indice. Les objets et traces sont des indices matériels. Ils doivent ainsi être apparents. Cette apparition peut se réaliser par le toucher, sans besoin de fouiller la personne. De même, elle peut résulter du comportement de la personne vis-à-vis de ces objets. La relation entre l'objet et le possesseur devient ici la source de la suspicion.

La rédaction de l'article 53 est ainsi redondante. Elle pourrait se restreindre à mentionner la constatation d'indices comme motifs de suspicion d'autant plus que la mise en œuvre de sa logique semble relativement facilitée dès lors que l'apparence est vérifiée, ces indices ne devant que laisser penser.

B. La souplesse de la suspicion

L'exigence d'un indice apparent permet la mise en place aisée d'un raisonnement par présomption, peut-être trop, du fait d'une rédaction maladroite de l'article 53 du Code de procédure pénale (1) qu'il faudrait modifier (2).

1. Une rédaction maladroite

La rédaction de l'article 53 est incomplète. En matière d'infraction réputée flagrante elle est obscure, voire contradictoire. À la lecture de l'article, il est possible de se demander si la personne est soupçonnée parce qu'elle est poursuivie par la clameur publique ou présente des traces ou si, à l'inverse, elle est déjà soupçonnée et la suspicion qui s'exerce entraîne la clameur publique ou la découverte d'objet. Le risque est grand de confondre les éléments à l'origine de la suspicion et ceux découverts pendant l'enquête qui la met en œuvre. L'expression « *personne soupçonnée* » n'est pas employée à bon escient. En principe, la suspicion doit se fonder sur un indice apparent. Dans le cas de l'infraction réputée flagrante, l'indice apparent se retrouve à travers la clameur publique, les objets, traces et autres indices. La personne est soupçonnée *parce qu'elle* est poursuivie par la clameur publique ou du fait de l'existence des objets, traces ou indices. La suspicion ne préexiste pas à la flagrance. L'indice apparent sert à créer une suspicion qui peut très bien ne pas passer par l'intermédiaire d'une personne mais qui, en s'exerçant, va se poser sur la personne du suspect.

De plus, le second cas d'infraction flagrante est le seul pour lequel l'article 53 exige que les indices laissent penser que la personne a participé au délit. Littéralement, la création de la présomption n'est demandée que pour ce type précis de flagrance. En réalité, si la technique de suspicion apparaît plus explicitement dans la deuxième partie de l'alinéa 1er de l'article 53, la flagrance se voit régie par une même suspicion. Les indices ne posent donc pas une présomption d'imputabilité. Ils créent une suspicion qui va dessiner les premiers éléments de l'imputabilité De surcroît, l'expression « *indices laissant penser* » est malvenue. Certes, elle permet de bien marquer la présomption. Les indices (fait connu) doivent laisser penser la participation (fait inconnu). Pour autant, l'emploi des deux verbes laisser et penser révèle une insuffisante rigueur dans le raisonnement demandé. En effet, le verbe laisser signifie ici abandonner quelque chose, à quelqu'un[1]. L'appréciation des indices de la participation à l'infraction est dans un premier temps abandonnée à l'enquêteur. Quant au verbe penser, il est beaucoup moins exigeant en terme de logique que le verbe présumer. Au moins, il oblige le policier à avoir une opinion qui lui permette d'agir, au plus, à se former une conviction, et entre les deux tout un ensemble de degrés de raisonnement. Le verbe penser est ainsi trop large, presque trop flou. Le verbe présumer aurait imposé à l'enquêteur d'adopter un raisonnement logique spécifique fondé sur l'inférence.

L'article 53 en devient même paradoxal lorsqu'il est comparé à l'ancienne rédaction de l'article 78-2 alinéa 1er du Code de procédure pénale, qui exigeait jusqu'en 2003 des indices faisant présumer en matière de contrôle d'identité. Le régime de la flagrance laissait une plus grande marge d'appréciation aux forces de l'ordre que les contrôles d'identité alors que la contrainte y est plus importante. L'article 53 n'adopte pas un point de vue objectif[2]. Il devrait donc être modifié pour l'exiger strictement.

2. Une rédaction à modifier

L'article 53 fait une utilisation redondante des références à la suspicion. Le législateur devrait en modifier la rédaction. Il pourrait soit supprimer l'expression « *personne soupçonnée* », ce qui ne changerait pas le régime de la flagrance, soit l'utiliser à meilleur escient. Un premier alinéa généraliste pourrait ainsi définir les modalités de la suspicion en matière de flagrance, sur la base d'un indice apparent et d'une présomption obligatoire. Cette rédaction devrait utiliser au minimum l'expression « *indices apparents faisant présumer* ». Elle pourrait toutefois s'avérer redondante puisque les indices apparents posent par définition une présomption. Mais la précision n'est pas inutile. Au mieux, l'article 53 alinéa 1er devrait formuler l'exigence d'un « *indice apparent faisant soupçonner* », ce qui permettrait de bien marquer le jeu de l'apparence dans la suspicion et d'officialiser cette technique. La pluralité d'indices serait supprimée pour ne pas trop entraver les constatations. Mais

---

[1] Dictionnaire Larousse, 2003, p. 581.

[2] LANGLOIS (A.), L'enquête de flagrant délit : son point de départ et sa durée, préc.

l'apparence devrait être précisément motivée par les enquêteurs et strictement contrôlée par l'autorité judiciaire. Dans un second alinéa, l'article 53 définirait ensuite les différents cas d'infraction flagrante (art. 53 al. 2, 1°) ou réputée flagrante (art. 53 al. 2, 2°) en excluant toute référence à la clameur publique, aux objets ou aux traces. Il ne s'agit donc pas de faire éclater le droit de l'enquête de flagrance au nom d'une certaine forme d'efficacité mais de le recentrer sur une gestion respectueuse de la nécessité d'un contrôle efficace de celle-ci par l'autorité judiciaire.

La rédaction vacillante de l'article 53 et la complaisance de la jurisprudence au profit de la flagrance permettent de conclure qu'en matière de flagrance, l'indice de suspicion est un indice accusateur. Un seuil de vraisemblance suffisante est atteint. L'indice apparent participe de la formalisation d'une accusation sévère du fait de son objectivité qui permet l'usage de la coercition. Cette objectivité semble s'atténuer dans les autres dimensions de l'enquête de police.

§ 2. L'aplanissement du seuil d'indices

En matière de flagrance, le Code de procédure pénale impose de vérifier l'existence d'indices pour pouvoir soupçonner une personne. Il n'en semble plus de même en matière de contrôle d'identité et de garde à vue. La phase policière assiste à un nivellement par le bas de l'appréciation des éléments de faits permettant de soupçonner un individu. L'exigence d'indices perdure mais s'affaiblit (A). Surtout, éclot une forte tendance à la subjectivité par l'adoption du critère des raisons plausibles de soupçonner comme critère de suspicion policière (B).

A. La décadence de l'exigence d'indices

L'exigence d'indices objectifs de suspicion semble assez récente tant en matière de contrôle d'identité que de garde à vue. Dans les deux cas, elle est aujourd'hui décadente. En effet, alors que la jurisprudence veille au respect d'une définition objective des suspects, le législateur joue sur les ambiguïtés de certains contrôles d'identité et multiplie les hypothèses de recherche d'identité sans indices (1). De plus, il supprime l'exigence d'objectivité des indices permettant un placement en garde à vue (2).

1. Les indices de suspicion aux fins de contrôle d'identité

Les contrôles d'identité sont des actes par lesquels les agents des forces de police ordonnent à un citoyen de décliner son identité par tous moyens, notamment par la production de documents la justifiant[1]. Le Code d'instruction criminelle, puis le Code de procédure pénale n'acceptèrent que des contrôles dans un cadre répressif de police judiciaire en se contentant d'un critère de nécessité[2]. Puis, la jurisprudence accepta avec le célèbre arrêt *Friedel* l'exercice des contrôles préventifs de police administrative « *si des circonstances particulières l'exigent* » tout en interdisant de « *retenir, fût-ce provisoirement, des personnes qui n'ont commis aucune infraction ou qui ne sont pas soupçonnées d'en avoir commis* »[3]. Par la suite, le régime des contrôles d'identité se vit souvent modifié. Il se caractérise par un exercice commun de la suspicion évidemment sur la base d'indices (a), même si se multiplient les hypothèses de contrôles sans indices (b).

a) La suspicion, fondement naturel des contrôles d'identité

Parmi les cas de contrôle d'identité énoncés par l'article 78-2 du Code de procédure pénale, une moitié se rattache à la police judiciaire et l'autre à la police administrative[4]. Les premiers visent la répression des infractions pénales, les seconds la prévention des troubles à l'ordre public. Cette distinction se relativise sous la mise en œuvre d'une suspicion tant en matière répressive (1°) que préventive (2°).

---

[1] DECOCQ (A.), MONTREUIL (J.), BUISSON (J.), *Le droit de la police*, préc. n° 943.
[2] Art. 8 L. 27 nov. 1943 en matière d'enquête préliminaire, ancien art. 61, al. 2 et 3 C. pr. pén. issu de l'Ord. 2 févr. 1961 en matière de flagrance.
[3] Cass. crim., 5 janv. 1973, *Friedel*, *D.*, 1973, p. 541, note ROUJOU DE BOUBEE (G.).
[4] PICARD (E.), Distinction de la police administrative et de la police judiciaire, *JCP* 1994, I, 3761.

1°) L'exigence d'un indice de suspicion en matière de contrôle de police judiciaire

Dans sa rédaction issue de la loi n° 83-466 du 10 juin 1983, l'article 78-2 alinéa 1er autorise les officiers et agents de police judiciaire à procéder à des contrôles d'identité sur « *toute personne à l'égard de laquelle existe* un indice faisant présumer *qu'elle a commis ou tenté de commettre une infraction ou qu'elle se prépare à commettre un crime ou un délit ou encore qu'elle est susceptible de fournir des renseignements utiles à l'enquête en cas de crime ou de délit* ». Le contrôle de police judiciaire vise ainsi la recherche et la découverte des auteurs d'infraction dans une logique répressive.

Jusqu'à la loi du 18 mars 2003, la rédaction de l'article 78-2 alinéa 1er utilisait très explicitement le mécanisme de suspicion par l'inférence de la commission de l'infraction sur la base de la constatation d'un fait. Tout d'abord, il exige la constatation d'un indice par le policier. À ce stade de la procédure qui précède l'enquête et les poursuites, l'exigence d'indice demeurait relativement souple. Puisque la rédaction était au singulier, un indice unique suffisait à déclencher une suspicion qu'il était possible de qualifier de simple[1]. Par définition, l'indice devait être objectif pour exclure tout préjugé. Cet indice devait « *faire présumer* ». L'emploi du verbe faire dénotait une certaine automaticité, presque une obligation et renforçait l'appréciation *in abstracto* de l'indice. Il établissait une causalité avec l'infinitif présumer qui le suit. L'indice devait créer une présomption de fait à l'encontre de la personne. Le raisonnement est bien celui nécessaire à la suspicion. Le policier ne pouvait que présumer la probabilité de commission d'une infraction par l'individu à l'instar de toute autre personne à sa place. Le jeu de l'apparence permet d'objectiver le contrôle[2] et le justifie, même s'il ne révèle aucune infraction ou une autre que celle initialement soupçonnée[3]. La rédaction de l'article 78-2 limitait la marge d'appréciation du policier lorsqu'il constatait l'indice. Elle formalisait ainsi une accusation objective et solide.

---

[1] BUISSON (J.), Contrôles et vérifications d'identité, *J. -Cl. proc. pén.*, art. 78-1 à 78-5, fasc. 10, n° 46, p. 13.

[2] Cass. crim., 13 janv. 1986, *Bull. crim.* n° 19.

[3] D'où l'absence de nullité lorsque le contrôle révèle d'autres infractions que celles recherchées, art. 78 al. 2 et 4 C. pr. pén.

Les indices de suspicion ont laissé la place à l'exigence d'« *une ou plusieurs raisons plausibles de soupçonner* » introduites à l'article 78-2 alinéa 1er par la loi du 18 mars 2003 dont la subjectivité semble très dommageable. Cette modification se réalise alors que la jurisprudence était déjà assez souple dans son contrôle de la nature de l'indice fondant le contrôle. L'indice-attitude fut et demeure retenu alors même que ce critère reste empreint de subjectivité car l'attitude relève de la personne même du suspect.

Le critère de la suspicion en matière de contrôle d'identité est ainsi, depuis longtemps, le *comportement* de la personne. Le fait de dissimuler un sac à la vue des policiers a été déclaré suffisant[1]. Il en fut de même pour le fait de se lever et de partir dans une direction opposée à celle des policiers[2], pour le fait de déambuler le regard voilé dans un état d'ivresse manifeste susceptible de provenir de l'utilisation de stupéfiants[3], d'avoir un comportement de dealer attendant son client par des allées et venues autour de boîtes à lettres en regardant avec agitation autour d'elles dans une zone de vente de stupéfiants[4], de regarder avec insistance les sacs à main des personnes croisées[5], de rôder la nuit autour de voitures garées sur un parking[6], de se dissimuler à la vue d'un véhicule de police[7]. Le fait de correspondre à la description donnée par un appel anonyme et de se trouver à l'endroit indiqué par celui-ci est aussi concluant[8]. La Cour de cassation va encore plus loin dans sa jurisprudence extensive en admettant la légalité du contrôle sur une personne déjà connue pour avoir commis des infractions, les policiers pouvant alors « *présumer que cette personne commettait une infraction* »[9]. En somme, la condamnation passée peut servir de fondement à la suspicion actuelle. En revanche, sont insuffisants le fait de marquer un temps d'hésitation à la vue des policiers[10], la

---

1 Cass. crim., 1er févr., 1994, *Bull. crim.* n° 44 ; *Dr. pén.* 1994, comm. 93, obs. MARON (A.).
2 Aix-en-Provence, 20 juin 1996, *Dr. pén.* 1997, comm. n° 14, obs. MARON (A.).
3 Cass. crim., 7 avr. 1993, *Gaz. pal.*, 1993, 1, p. 447.
4 Grenoble, 12 mars 1997, *Dr. pén.* 1998, comm. n° 12, obs. MARON (A.).
5 Lyon, 19 avr. 1994, *JCP* 1995, II, 22414, note BLANC (G.).
6 Cass. crim., 13 janv. 1986, *Bull. crim.* n° 19.
7 Cass. civ. 1ère, 17 janv. 2006, *Dr. pén.* 2006, chron. n° 44, obs. MARON (A.).
8 Versailles, 12 nov. 1996, *Dr. pén.* 1998, comm. n° 26, obs. MARON (A.).
9 Cass. crim., 17 mai 1995, *Bull. crim.* n° 177.
10 Paris, 12 déc., 1991, *D.*, 1991, note MAYER (D.).

dissimulation derrière un panneau publicitaire[1], l'immobilisation d'un véhicule sans précaution[2], le fait de dévisager les passants[3], le fait de refuser de se faire conduire à l'hôpital malgré une blessure[4], le fait de faire demi-tour à la vue des policiers[5] et même le fait de poser de pied sur une banquette de train (!)[6].

Semble bien poreuse la frontière entre le ressenti subjectif des policiers, soupçon non admissible et l'indice-attitude caractérisé par comportement objectivement suspect eu égard aux circonstances. La frontière entre un comportement qui paraît suspect à l'agent et le comportement suspect car infractionnel est floue. Cette porosité sera renforcée par l'exigence de raisons plausibles sachant qu'une seule raison suffira à procéder à un contrôle! L'indice-attitude ne devrait constituer un motif suffisant de contrôle que si et seulement si les circonstances permettent de considérer *in abstracto* le comportement du suspect comme probant. Toutefois, chaque contrôle doit être expressément motivé en fonction des circonstances. Les policiers devront ainsi décrire précisément les circonstances du contrôle, les éléments constatés et le raisonnement tenu pour induire la participation de la personne à une infraction[7]. Avec les raisons plausibles, la qualité de la motivation risque de faiblir d'autant que les cas de contrôles permettent certaines largesses.

Selon l'article 78-2 alinéa 1er, les policiers ne peuvent demander de décliner son identité qu'à une personne qui leur paraît suspecte d'avoir commis ou tenter de commettre une infraction. L'acte soupçonné doit être répréhensible, c'est-à-dire constituer une infraction ou une tentative d'infraction. En revanche, en ce qui concerne la possibilité de contrôle prévue en cas de préparation d'un crime ou d'un délit, la doctrine estime à juste titre qu'elle ne relève pas précisément du domaine de la recherche judiciaire

---

1 T. corr. Nanterre, 12 sept. 1990, *Dr. pén.* 1992, comm. n° 50.
2 Aix-en-Provence, 8 nov. 1990, *Dr. pén.* 1992, comm. n° 50.
3 Paris, 26 mai 1989, *Juris-Data* n° 023678.
4 Cass. civ. 1ère, 25 oct. 2005, *Dr. pén.* 2006, chron. n° 44, obs. MARON (A.).
5 Cass. civ. 1ère, 10 mai 2006, *AJ pénal* 2006, p. 409, obs. GACON (H.).
6 Cass. civ. 1ère, 14 févr. 2006, *AJ pénal* 2006, p. 174, obs. GACON (H.).
7 La jurisprudence refuse les clauses de styles. Elle prohibe la seule référence aux différents cas de l'article 78-2 alinéa 1er. Cass. crim., 4 oct. 1984, *Bull. crim.* n° 287 ; 13 janv. 1986, *Bull. crim.* n° 19.

puisque les actes préparatoires ne sont pas punissables[1]. Néanmoins, la tendance à l'incrimination des actes préparatoires par la création de nouvelles infractions permet de pallier cet inconvénient[2]. Le contrôle d'identité portant sur des actes préparatoires étend la suspicion de police judiciaire aux limites de la police administrative. La distinction avec une atteinte à l'ordre public paraît précaire, tout acte préparatoire d'une infraction créant par nature un risque d'atteinte à l'ordre public. Ce cas de contrôle relève alors de faux motifs de police judiciaire[3]. La procédure répressive est exercée en l'espèce dans un but de prévention liée à la police administrative. La jurisprudence a pu de ce fait valider le contrôle d'une personne faisant un scandale sur la voie publique, fait non délictueux mais susceptible d'entraîner une infraction[4]. Néanmoins, il est vrai que ce type de contrôle répond à la définition de la police judiciaire qui a pour but de rechercher et constater l'infraction déjà commise ou qui va l'être. Ce critère finaliste raccrocherait ainsi le contrôle réalisé dans le but de constater une infraction à la police judiciaire[5]. Il n'empêche, ce critère fait débuter la suspicion à un moment où aucun acte répréhensible pénalement n'a encore été posé. Or, si aucun élément d'infraction n'est constitué, le droit pénal ne devrait pas en principe s'appliquer. Le critère finaliste s'oppose à un critère légaliste.

La recherche d'identité est enfin prévue lorsque le policier peut soupçonner que la personne est recherchée par une autorité judiciaire. Ce type de contrôle relève de la mission traditionnelle de la police judiciaire d'assistance des autorités judiciaires dans l'exécution des décisions de justice. Si le contrôle ne semble pas se fonder explicitement sur une suspicion il paraît néanmoins difficile pour un policier ou un gendarme d'inférer que la personne fait l'objet d'un mandat d'arrêt ou de recherche sauf à déjà posséder son signalement disponible sur le fichier des personnes recherchées[6], c'est-à-dire déjà soupçonnées. La suspicion intervient donc en filigrane. Elle motive l'ordre de recherche émis contre la per-

---

[1] MATSOPOULOU (H.), *Les enquêtes de police*, préc., n° 446, p. 381.
[2] Tels l'association de malfaiteurs et le mandat criminel (art. 450-1 et 225-1-1 C. pén.).
[3] BUISSON (J.), Contrôles et vérifications d'identité, préc., n° 59, p. 15.
[4] Paris, 11 oct. 1991, *Dr. pén.* 1993, comm. n° 24, obs. MARON (A.).
[5] VALETTE (V.), *La personne mise en cause en matière pénale*, préc., n°188, p. 123.
[6] V. Cass. crim. 2 févr. 2005, *Bull. crim.* n° 866 ; *AJ pénal* 2005, p. 162, note ROUSSEL (G.).

sonne par l'autorité judiciaire et par conséquent le contrôle. Pour Madame Valette, ce cas de contrôle permet deux mises en cause distinctes, c'est-à-dire la survenance de deux suspicions et deux désignations, d'abord par l'avis de recherche, puis par le contrôle en lui-même[1]. En l'occurrence, il n'y a qu'une seule suspicion et une seule désignation, le contrôle du policier ne réalisant qu'une mise en œuvre de la suspicion préexistante pour confirmer la désignation de la personne sur la base de son raisonnement. Pour autant, dans un souci d'une meilleure distinction, ce cas précis de contrôle de police judiciaire devrait ainsi être bien distingué des autres.

Le contrôle d'identité de police judiciaire prévu par l'article 78-2 alinéa 1er relève ainsi d'une utilisation concrète de la suspicion[2]. Elle s'avère plus indirecte mais réelle en matière de contrôles de police administrative.

2°) L'exigence d'éléments de suspicion en matière de contrôles préventifs

Pendant longtemps, seul l'article 165 du décret du 20 mai 1903 relatif à la gendarmerie autorisait la recherche d'identité alors que la pratique policière en faisait un usage fréquent en dehors de toute action de police judiciaire. L'arrêt *Friedel* du 5 janvier 1973 ayant révélé l'ambiguïté d'un tel contrôle, la loi du 2 février 1981 le légalisa pour prévenir tout trouble à l'ordre public. En principe, ces contrôles ne relèvent pas de l'exercice de la répression mais de la police administrative qui entend prévenir la commission d'un trouble à l'ordre public. La suspicion devrait s'en trouver absente. Et pourtant, la mise en œuvre du contrôle connote l'utilisation de la suspicion. Cette ambiguïté apparaît dès l'arrêt fondateur *Friedel*. La cour d'appel de Paris admet la légalité de la procédure en soulevant les risques de trouble à l'ordre public. La Cour de cassation ne suit pas cette position mais valide la vérification d'identité du fait du caractère suspect de la pièce d'identité. Elle requalifie donc la mesure en une opération de police judiciaire alors qu'il s'agissait à l'origine d'une opération de police administrative. La Cour opère

---

[1] VALETTE (V.), *La personne mise en cause en matière pénale*, préc., n°188, p. 149.
[2] DEFFERRARD (F.), *La suspicion légitime*, préc., n° 327, p. 224.

de ce fait une substitution de motifs[1]. L'exercice de la suspicion permet au répressif de se substituer au préventif.

Aux termes de l'article 78-2 alinéa 3 du Code de procédure pénale, « *l'identité de toute personne,* quel que soit son comportement, *peut être contrôlée, selon les modalités prévues au premier alinéa,* pour prévenir une atteinte à l'ordre public, *notamment à la sécurité des personnes et des biens* ». En principe, le contrôle d'identité administratif est un contrôle indéterminé qui peut viser toute personne[2] et non un individu considéré comme suspect. Il ne se fonde donc que sur un critère de menace de trouble à l'ordre public. Si les contrôles ne peuvent être ni généralisés, ni systématiques[3], ils doivent surtout être motivés[4]. Cette exigence de motivation va permettre un contrôle des critères et faire ressortir l'exercice de la suspicion par les contrôleurs. Le législateur s'est ainsi évertué à définir plus ou moins strictement cette motivation car de celle-ci va dépendre le champ du contrôle. La loi du 2 février 1981 était assez souple car elle rendait possible le contrôle d'identité « *pour prévenir une atteinte à l'ordre public notamment à la sécurité des personnes et des biens* ». La loi du 10 juin 1983 était revenue sur cette rédaction réputée trop large. Elle n'autorise les contrôles que dans des lieux déterminés. Là où la sécurité des personnes et des biens se trouvent directement menacés. Il fallait donc motiver le contrôle par une *menace effective* pour l'ordre public à l'endroit et au moment de l'intervention de la police[5]. La jurisprudence se montrait de ce fait très ferme appliquant restrictivement cette double condition à la fois temporelle, l'urgence, et spatiale, un lieu déterminé[6]. Un risque pesait alors sur la pérennité des contrôles préventifs seulement possibles en cas de menace imminente à l'ordre public.

Devant cette restriction, la loi du 3 septembre 1986 est revenue à la rédaction de 1981. Mais la Cour de cassation maintint sa posi-

---

[1] MATSOPOULOU (H.), *Les enquêtes de police*, préc., n° 432, p. 370.

[2] BUISSON (J.), *Contrôles et vérifications d'identité*, préc., n° 90, p. 20.

[3] Prohibés par le Conseil constitutionnel qui considère cette pratique « *incompatible avec le respect de la liberté individuelle* », Cons. const., déc. n° 93-323 DC du 5 août 1993, *J.O.* 7 août 1993, cons. n° 8.

[4] Art. 78 al. 2 C. pr. pén.

[5] MERLE (R.), VITU (A.), *Traité de droit criminel*, t. II, *Procédure pénale*, préc., n° 284, p. 346.

[6] Cass. crim., 4 oct. 1984, *Kandé*, *Bull. crim.* n° 28 ; *JCP* 1985, II, 20 391, note BUISSON (J.).

tion restrictive dans son arrêt *Bassilika*[1]. Elle approuve l'annulation par une cour d'appel d'un contrôle d'identité de plusieurs personnes parlant une langue étrangère à proximité d'une gare « *lieu propice à des vols à la roulotte* ». Pour la Haute juridiction, la prévention de l'atteinte à l'ordre public doit être « *directement rattachable au comportement de la personne dont l'identité est contrôlée* ». Cette causalité entre le comportement du suspect et l'atteinte à l'ordre public rapprochait les contrôles préventifs des contrôles répressifs. Cependant, il n'est pas possible d'affirmer que la Cour avait choisi un critère subjectif opposé au critère objectif du législateur[2]. Non seulement ce dernier n'avait pas choisi de critère précis. Mais en plus, la nécessité d'une causalité entre l'attitude et l'atteinte à l'ordre public rendait plus objectif le comportement.

Dès lors, le législateur précisa en 1993 qu'il « *n'est donc pas nécessaire qu'un lien soit établi entre le comportement de la personne contrôlée et la menace prévisible* »[3]. Il ajouta à l'article 78-2 alinéa 3 la précision « *quel que soit son comportement* ». Cette loi marque un retour au seul critère du risque de trouble à l'ordre public. Mais une réserve d'interprétation du Conseil constitutionnel[4] oblige les autorités à motiver la recherche d'identité par l'existence de « *circonstances particulières établissant le risque d'atteinte à l'ordre public* ». Les juridictions peuvent donc exercer un contrôle strict[5]. Les policiers doivent ainsi motiver le contrôle[6] et sont astreints à une obligation de précision du risque en fonction des circonstances. Un état latent de délinquance ne suffit pas à caractériser le risque sans élément nouveau[7]. Au-delà des circonstances, la nécessité de constater un comportement de l'individu contrôlé semble perdurer puisque la menace d'atteinte à l'ordre public ne pourra provenir que des agissements de ce dernier. C'est d'ailleurs ce que reconnaît

---

[1] Cass. crim., 10 nov. 1992, *Bull. crim.* n° 370 ; *D.* 1993, note MAYER (D.) ; *Dr. pén.* 1993, comm. n° 23, obs. MARON (A.) ; *Rev. sc. crim.*, 1993, p. 569, obs. BRAUNSCHWEIG (A.).

[2] MERLE (R.), VITU (A.), *Traité de droit criminel*, t. 2, *Procédure pénale*, préc., n° 284, p. 346.

[3] Projet de loi AN, n° 211, 19 mai 1993, cité par BUISSON (J.), Contrôles et vérifications d'identité, préc., n° 91, p. 21.

[4] Cons. const., déc. n° 93-323 DC du 5 août 1993, préc. cons. n° 9 : « *Il appartient aux autorités administratives et judiciaires de veiller au respect intégral de l'ensemble des conditions de forme et de fond posées par le législateur* ».

[5] V. par ex., Cass. crim., 12 mai 1999, *Dr. pén.* 1999, comm. n° 134, obs. MARON (A.).

[6] Cass. crim., 12 mai 1999, *Bull. crim.* n° 95, *Dr. pén.* 1999, comm. n° 134, obs. MARON (A.).

[7] Cass. civ. 2ème, 4 mars 1999, *Bull. civ. II*, n° 39.

le Conseil constitutionnel lorsqu'il énonce: « *il revient à l'autorité judiciaire gardienne de la liberté individuelle de contrôler en particulier les conditions relatives à la légalité, à la réalité et à la pertinence des raisons ayant motivé les opérations de contrôle et de vérification d'identité ; qu'à cette fin, il lui appartient d'apprécier, s'il y a lieu, le comportement des personnes concernées* »[1].

La jurisprudence applique donc le critère du comportement comme fondement d'un contrôle préventif[2]. Elle va même plus loin en détachant le comportement de l'individu contrôlé et l'atteinte à l'ordre public. Le premier peut très bien être d'une nature autre que les précédentes atteintes[3]. Dès lors, la suspicion est belle et bien présente dans les contrôles préventifs puisque doit être constatée une situation illicite, la menace à l'ordre public, ainsi que des éléments de faits en lien de causalité avec celle-ci. De plus, la jurisprudence dégage une condition de « *prévention objective* »[4] lui permettant d'assurer une relative objectivité de la suspicion.

Contrôles de police judiciaire et de police administrative se fondent ainsi sur des éléments propres à la personne contrôlée qui créent un lien logique avec la situation illicite[5]. Ces éléments ne sont parfois pas exigés par le législateur.

b) Le défaut d'indices de suspicion pour certains types de contrôle d'identité

Certains contrôles d'identité semblent se fonder de manière plus ou moins lointaine sur une suspicion. Si le régime des contrôles de titre des étrangers reste encore ambigu sur ce point (1°), celui des contrôles requis et frontaliers s'avère plus explicite (2°).

1°) L'ambiguïté du contrôle d'extranéité

Le contrôle d'extranéité, c'est-à-dire de recherche de l'identité d'une personne étrangère, s'inscrit dans une part de la police administrative liée à l'immigration et au contrôle des flux de

---

[1] Déc. n° 93-323 DC du 5 août 1993, préc. cons. n° 9.
[2] Cass. crim. 23 mai 1995, *Bull. crim.* n° 187, *JCP* 1997, I, 3998, chron., MARON (A.).
[3] Cass. civ. 2ème, 26 avr. 2001, *Bull. civ. II*, n° 79.
[4] COLOMB (C.), Nullité des contrôles d'identité, *AJ pénal*, 2005, p. 139 et s., spéc., p. 140.
[5] PICARD (E.), Les contrôles d'identité au regard des droits fondamentaux, préc., p. 967.

population à travers les frontières. Le contrôle d'extranéité est un contrôle de titre de séjour. Son ambiguïté provient du fait qu'en principe il ne se rattache pas à la suspicion mais qu'en réalité, il permet de découvrir les infractions à la législation sur les étrangers. De plus, la jurisprudence utilise comme critère du contrôle des indices objectifs. Fondé à l'origine sur les articles 1er du décret du 18 mars 1946 et 2 du décret du 30 juin 1946, son régime se rapprochait de celui des contrôles d'identité administratif. En distinguant les critères de l'extranéité de ceux des contrôles d'identité classiques la jurisprudence de la Cour de cassation a permis l'autonomie de ce type de contrôle[1]. Le législateur n'a pas pris tout de suite la mesure de cette distinction. La loi du 3 septembre 1986 ajouta un nouvel aliéna à l'article 78-2 du Code de procédure pénale prévoyant explicitement que « *la personne de nationalité étrangère dont l'identité est contrôlée en application des dispositions du présent article doit être en mesure de présenter les pièces ou documents sous le couvert desquels elle est autorisée à séjourner en France* ». Cette loi rattachait ainsi le contrôle d'extranéité au régime du contrôle préventif. Mais par la suite, si la loi du 24 août 1993 légalisa la mesure en ajoutant un deuxième alinéa à l'article 8 de l'Ordonnance du 2 novembre 1945[2], elle retira ce type de contrôle du Code de procédure pénale en supprimant l'alinéa de l'article 78-2 créé en 1986. Un lien demeure encore puisque cette même loi précise que les documents présentés par l'étranger sont les mêmes que ceux qu'il présente à l'occasion d'un contrôle de police judiciaire ou de police administrative. Mais l'unique fondement du contrôle de titre s'avère l'article 8 alinéa 2 de l'Ordonnance du 2 novembre 1945, désormais article L 611-1 du Code de l'entrée et du séjour des étrangers, qui précise bien qu'il s'effectue « *en dehors de tout contrôle d'identité* ».

La difficulté provient de l'individualisation de la personne de l'étranger sans sombrer dans une procédure au faciès. La jurisprudence a ainsi dû dégager un critère rationnel[3] permettant d'inférer qu'une personne est étrangère. La chambre criminelle dans un

---

[1] Cass. crim. 25 avr. 1985, *Bogdan* (1ère esp.) et *Vuckovic* (2ème esp.), *JCP* 1985, II, 20465, concl. DOTENWILLE (H.) ; *D.* 1985, p. 329, note JEANDIDIER (W.).

[2] MATSOPOULOU (H.), *Les enquêtes de police*, préc., n° 462, p. 392.

[3] JEANDIDIER (W.), note sous Cass. crim., 25 avr. 1985, préc..

arrêt *Vuckovic* a ainsi posé comme condition du contrôle administratif d'identité d'un étranger la constatation « *d'éléments objectifs déduits des circonstances extérieures à la personne même de l'intéressé... de nature à faire apparaître celui-ci comme étranger* »[1]. La Haute juridiction exige la constatation d'éléments objectifs circonstanciés[2] et la création d'une apparence d'extranéité. Elle n'utilise pas l'expression « *indices objectifs* » qui appartient au champ lexical de la suspicion et renvoie à la commission d'une infraction. Dans sa décision du 13 août 1993, le Conseil constitutionnel a tenu à rappeler dans une réserve d'interprétation cette exigence de « *critère objectif* »[3]. Le raisonnement est proche de celui de la suspicion mais il s'en distingue par le fait qu'il ne contient pas l'idée de culpabilité et n'aboutit pas à l'inférence de la participation de la personne à une infraction et donc à une culpabilité présumée. Seul le caractère vraisemblablement étranger de la personne est inféré. La Cour de cassation sépare ainsi le régime des contrôles d'extranéité de celui des contrôles répressifs et préventifs[4].

Pour Monsieur Picard, cette situation particulière s'explique par le fait que l'exigence d'indices de commission d'une infraction aurait été impossible à remplir. Elle aurait rendu difficiles les contrôles d'extranéité. L'exigence d'une atteinte à l'ordre public se serait elle avérée inutile car le trouble à l'ordre public ne peut se manifester du seul caractère étranger d'une personne. Pour cet auteur, les éléments objectifs exigés par la jurisprudence ne servent qu'à éviter les contrôles vexatoires aux sombres relents raciaux[5]. Cependant, le problème s'avère alors que les officiers de police judiciaire vont faire appel à des critères subjectifs pour faire le tri entre les personnes étrangères à contrôler afin de déterminer celles en situation irrégulière. En effet, la fonction avérée du contrôle est bel et bien la découverte des personnes en séjour

---

[1] Cass. crim. 25 avr. 1985, préc.; THOMAS (D.), Les contrôles d'identités préventifs depuis les arrêts de la chambre criminelle des 4 octobre 1984 et 25 avril 1985 : la nécessité d'une réforme, *D.* 1985 chron., p. 181.

[2] Le dialogue en langue étrangère, la morphologie et la couleur de peau ne constituent pas des éléments d'extranéité, Cass. crim., 10 nov. 1992, *Bassilika*, *D.* 1993, p. 36, note MAYER (D.).

[3] Cons. const., déc. n° 93-325 DC du 13 août 1993, *RFD cons.* 1993, p. 583, chron. FAVOREU (L.).

[4] MATSOPOULOU (H.), *Les enquêtes de police*, préc., n° 460, p. 392.

[5] PICARD (E.), Les contrôles d'identité au regard des droits fondamentaux, préc., p. 990.

irrégulier et donc des infractions à la législation des étrangers[1]. Le but du contrôle d'extranéité n'est pas tant de savoir si la personne contrôlée est bien étrangère mais si elle commet une infraction[2]. Le contrôle met bien en œuvre une suspicion. Il se voit d'ailleurs exercé par les mêmes personnels de police que les autres contrôles d'identité. L'exigence d'éléments d'extranéité formalise indirectement l'accusation.

Dès lors, le contrôle de titre de séjour devrait se fonder sur une suspicion de commission d'une infraction à la législation sur les étrangers. Or, lorsque la jurisprudence n'exige que des indices d'extranéité, elle permet ainsi de contrôler toute personne étrangère. Le risque s'avère alors de considérer tout étranger comme suspect parce qu'il est étranger et non parce qu'existe contre lui une suspicion de commission d'infraction. Cette position n'est donc pas satisfaisante. Seuls des indices d'une suspicion classique ne devraient autoriser le contrôle des personnes en situation irrégulière. *De facto*, l'intérêt du contrôle d'extranéité tombe de lui-même. Sa suppression n'empêcherait pas la répression de l'immigration clandestine par le biais du contrôle d'identité judiciaire. D'autres recherches d'identité ne se fondent pas sur des indices de suspicion.

2°) L'exclusion totale des indices de suspicion

L'article 78-2 alinéa 2 prévoit la possibilité pour le procureur de la République de requérir pendant un temps déterminé et sur un lieu donné l'exécution de contrôles d'identité aux fins de recherche et de poursuite de certaines infractions. Cette finalité inscrit ce type de contrôle dans un cadre de police judiciaire. Par son introduction par la loi du 10 août 1993, le législateur a voulu que soient effectuées des opérations « *coup-de-poing* »[3] afin de lutter contre une délinquance qui aura été au préalable localisée par les services de police. Ces opérations sont soumises à l'initiative et au

---

[1] MAYER (D.), Prévention et répression en matière de contrôles d'identité : une distinction trompeuse, *D.* 1993, cron., p. 272.

[2] Pour des contrôles préventifs d'identité décelant l'irrégularité du séjour en France d'un étranger, *cf.* Cass. civ. 2ème, 7 juin 2001, pourvoi n° 00-50.031, *D.* 2002, jur. p. 992, note PICARD (E.) ; Cass. crim. 4 nov. 2004, pourvoi n° 03-50.080.

[3] DAVAL (C.), La loi du 10 août 1993 relative aux contrôles et vérifications d'identité, *Petites affiches*, 15 octobre 1993, n° 124, p. 7.

contrôle du procureur de la République qui doit motiver ses réquisitions. Il doit ainsi préciser les infractions pour lesquelles il entend que soient effectués des contrôles et les raisons qui l'amènent à choisir cette mesure. La gravité et la répétition des infractions constatées dans un lieu donné par les forces de l'ordre pourront entraîner ce choix[1]. Le magistrat doit spécifier les lieux et la période de temps pendant laquelle les recherches d'identité seront réalisées de manière systématique et discrétionnaire. Un second type de contrôle requis est apparu récemment à l'article 78-2-2[2]. À la différence de celui de l'article 78-2, ce contrôle ne s'applique qu'à certaines infractions graves limitativement énumérées par le texte[3]. Il peut surtout déboucher sur la fouille du véhicule des personnes dont l'identité est contrôlée. Pour le reste, la procédure est identique à celle de l'article 78-2 alinéa 2.

Les contrôles requis visent toute personne se trouvant sur les lieux des contrôles pendant la période prévue. Ils sont ainsi indéterminés. Les articles 78-2 alinéa 2 et 78-2-2 n'exigent pas que soit constaté un indice de suspicion à l'encontre des contrôlés. La Cour de cassation l'a clairement énoncé : « *L'article 78-2-2 du Code de procédure pénale n'exige pas que pour prendre ses réquisitions aux fins de contrôle d'identité, le procureur de la République démontre l'existence d'indices de commission, ou de risque de commission des infractions visées par cet article ou un risque d'atteinte à l'ordre public* »[4]. Le même raisonnement peut être tenu pour l'article 78-2 alinéa 2. Selon une approche stricte du texte, la suspicion est absente de cette procédure car elle n'est pas individualisée, au contraire des autres cas de l'article 78 alinéa 1. En réalité, elle est présente puisque, à travers les motivations de ses réquisitions, le magistrat devra faire état de sa suspicion personnelle de la commission d'infraction sur la base des rapports des services de police. Comme l'énonce le rapporteur du projet de loi de 1993 : « *Les autorités compétentes savent que des infractions sont commi-*

---

[1] BUISSON (J.), Contrôles et vérifications d'identité, préc., n° 74, p. 18.
[2] Introduit par la loi du 15 novembre 2001 sur la sécurité quotidienne et pérennisé par la loi du 18 mars 2003.
[3] Infractions en matière de terrorisme (art. 421-1 à 421-5 C. pén.) ; d'armes et d'explosifs (art. 3 L. 19 juin 1871 ; art. 20, 31, 32 D. 18 avr . 1939), de vol aggravé (art. 311-3 à 311-11 C. pén.), de recel (art. 321-1 et 321-2 C. pén.), de trafic de stupéfiants (art. 222-34 à 222-38 C. pén.).
[4] Cass. civ. 2ème, 19 févr. 2004, *Bull. civ. II*, n° 70 ; *AJ pénal* 2004, p. 160 note PITOUN (A.).

ses régulièrement mais sans en avoir identifié précisément les auteurs»[1]. Le mécanisme de suspicion réapparaît ainsi indirectement. Sans individualisation du suspect. En revanche, si ces contrôles révèlent d'autres infractions que celles pour lesquelles ils ont été décidés, la procédure demeure valide selon le dernier alinéa de l'article 78-2-2. Les contrôles requis exercent une suspicion diffuse.

Leur problème provient du fait que l'exigence d'objectivité des indices de suspicion ne s'applique pas. L'accusation n'est pas formalisée précisément alors qu'elle s'applique à des personnes contre lesquelles pèse un reproche. Certes, le contrôle de l'autorité judiciaire s'effectue *a priori* puisqu'elle est à l'origine de l'opération. Cependant, il est permis de douter de la réalité de celui-ci étant donné que la décision du magistrat du parquet se fondera sur les constatations préalables des autorités policières qui seront chargées ensuite d'exécuter la mesure. L'exigence d'indices préalables serait ainsi souhaitable. D'une part, elle raccrocherait les contrôles requis au régime classique de la procédure judiciaire. D'autre part, elle ne ferait pas obstacle à l'automaticité des contrôles sur les personnes auprès desquelles ils sont constatés. Surtout, elle permettrait au procureur de prendre sa décision sur une base objective garantissant que les opérations ne seront pas détournées à d'autres fins que celle de la recherche des infractions ciblées.

A défaut, le contrôle requis se rapproche du contrôle administratif préventif de par sa possible systématicité et son apparente indétermination[2]. Il alimente les risques de confusion entre contrôle de police judiciaire et contrôle de police administrative[3]. Il en est de même en matière de contrôle frontalier.

En application de la Convention d'application des accords de Schengen du 14 juin 1985 signée le 19 juin 1990 et supprimant les contrôles aux frontières terrestres des États contractants de l'Union Européenne, l'article 78-2 alinéa 4 du Code de procédure pénale précise les possibilités de contrôle d'identité dans les lieux ouverts au trafic international de voyageurs et à l'intérieur d'une

---

[1] LIMOUZY (J.), *Rapport, Ass. Nat.* 1992-1993, n° 259, p. 17.

[2] BUISSON (J.), Des contrôles d'identité requis aux fouilles requises, *Procédures*, 2002, chron., n° 3.

[3] PICARD (E.), Les contrôles d'identité au regard des droits fondamentaux, préc., p. 984.

bande de vingt kilomètres en deçà de la frontière. La loi du 26 novembre 2003 est venue élargir ce dispositif aux autoroutes entre la frontière et le premier péage situé au-delà de la bande des vingt kilomètres. Celle du 23 janvier 2006 l'étend aux trains internationaux pendant le trajet compris entre la frontière et le premier arrêt au-delà des vingt kilomètres de la frontière, voire entre cet arrêt et un autre situé dans la limite des cinquante kilomètres suivants lorsque le train dessert plusieurs gares[1].

En apparence, les contrôles frontaliers sont de simples contrôles d'identité de nature administrative puisqu'ils peuvent viser « *toute personne* ». En réalité, il s'agit de véritables contrôles d'extranéité conçus pour pallier l'ouverture des frontières qui possèdent pour objectif de « *vérifier le respect des obligations de détention, de port et de présentation des titres et documents prévus par la loi* »[2]. Le but est donc de découvrir les infractions au titre de séjour. Cette ambivalence acceptée par le législateur dans un but d'efficacité[3] transforme ces contrôles en de véritables procédures *sui generis* de recherche d'identité. Puisque l'article 78-2 alinéa 4 ne le précise pas, ces contrôles s'affranchissent des exigences de révélation d'indice de commission d'infraction, d'atteinte à l'ordre public ou d'extranéité.

La seule présence de la personne sur les lieux du contrôle permet la recherche de son identité. C'est du moins la lecture effectuée par la Circulaire du 11 décembre 1995 selon laquelle la référence aux modalités du premier alinéa de l'article 78-2 ne renvoie qu'aux conditions de forme et non aux conditions de fond, soit à l'exigence d'indices de suspicion. Elle pose comme seul critère d'application le fait que les personnes soient liées à un flux transfrontalier. En dehors de ce cas, le contrôle s'effectue sans condition particulière[4]. La Cour de cassation confirme cette position en censurant l'ordonnance d'un premier président de cour d'appel qui avait annulé un contrôle au motif que le procès-verbal

---

1 Art. 78 al. 8 C. pr. pén.

2 Art. 78-2 al. 4 C. pr. pén.

3 BUISSON (J.), Contrôles et vérifications d'identité, préc., n° 139.

4 Circulaire du 11 décembre 1995 relative aux contrôles d'identité définis à l'article 78-2, quatrième alinéa, du code de procédure pénale et contrôles de titre définis à l'article 67 *quater* du code des douanes, *J.O.* 9 févr. 1996, p. 2112, *JCP* 1996, III, 67840, § 1. 2. 2 et 2.

ne faisait état d'aucune circonstance particulière établissant le risque d'atteinte à l'ordre public. Pour la Cour, le haut magistrat a « *ajouté à la loi une condition qu'elle ne comporte pas* »[1]. Dès lors, dès qu'une personne se trouve dans une gare ferroviaire désignée ouverte au trafic international, elle peut être contrôlée quelles que soient les circonstances.

Le contrôle frontalier va donc être mis en œuvre comme un contrôle préventif. Puisque aucun motif n'est exigé, tous sont possibles. Paradoxalement, la Circulaire du 11 décembre 1995 demande aux agents de relever avant tout contrôle un signe extérieur d'extranéité pour se conformer aux exigences de la jurisprudence[2]. Dans la zone frontalière concernée, le contrôle va ainsi être à la fois aléatoire, généralisé et insoumis à une suspicion objective. Les restrictions apparentes apportées par le Conseil constitutionnel s'avèrent insuffisantes à limiter les possibilités de contrôle[3]. En effet, alors que le Conseil semble prohiber tout contrôle systématique et astreindre les contrôles frontaliers au régime des contrôles préventifs, sa définition des régions frontalières comme des zones qui « *présentent des risques particuliers d'infractions et d'atteintes à l'ordre public liées à la circulation internationale des personnes* » légitime et motive les contrôles *a priori*. Si par nature, ces zones connaissent une menace permanente, alors les contrôles peuvent intervenir à tout moment. Le Conseil constitutionnel fournit donc un blanc-seing aux agents contrôleurs. De surcroît, l'article 78-2 alinéa 4 précise *in fine* que toute infraction découverte pendant les recherches autres que celle afférant à la détention d'un titre, ne vicie pas la procédure. Toutefois, la Chambre criminelle veille au respect de la finalité des contrôles. Ainsi si les enquêteurs entendaient réaliser un contrôle de police judiciaire dans l'enceinte d'un port, aéroport ou gare ouverts au trafic international de voyageurs, ils ne peuvent s'affranchir de l'exigence d'un indice en appliquant l'article 78-2 alinéa 4[4]. Encore faut-il que les policiers s'inscrivent dès le départ dans une opération de police judiciaire.

---

[1] Cass. civ. 2ème, 23 mai 2001, *D.* 2002, jur., p. 992, note CORNUT (E.).
[2] Circ. 11 déc. 1995, préc., point n° 2.
[3] Déc. n° 93-323 DC du 5 août 1993, préc.
[4] Cass. crim., 3 mai 2007, pourvoi n° 07-81.331 ; *AJ pénal* 2007, p. 329, obs. GIRAULT (C.).

Les garanties de contrôle par l'autorité judiciaire s'avèrent donc insuffisantes pour protéger efficacement les personnes contrôlées. Les zones frontalières apparaissent comme des lieux où une suspicion généralisée et subjective peut être librement exercée et non une suspicion objectivement définie qui peut, comme les contrôles d'extranéité, déboucher sur celle d'avoir commis une infraction à la législation des étrangers.

En conséquence, l'exigence d'éléments permettant la mise en place d'un raisonnement par inférence dans la plupart de régimes des contrôles d'identités fait apparaître un emploi transversal de la technique de la suspicion aussi bien en matière administrative que judiciaire[1]. *La suspicion demeure ainsi une technique essentiellement répressive qui peut avoir des utilisations préventives ponctuelles.* L'usage de cette technique en matière de contrôle préventif révèle leur véritable fonction : la découverte des infractions[2]. Le critère finaliste se voit relativisé. La distinction entre les contrôles d'identité réside ainsi seulement dans la formalisation et le degré de suspicion. Il est possible de dénommer « *suspect primaire* », au premier degré, la personne soumise à un contrôle de l'article 78-2 alinéa 1er. La suspicion exigée par le droit à son encontre est d'une faible intensité, elle en est à son stade premier. Les autres cas de contrôles font appel à une suspicion permettant de désigner « *délinquants potentiels* »[3], suspects au second degré. Même si elle renforce l'inférence de sa culpabilité, l'exigence d'objectivité de la suspicion constitue ainsi une garantie pour le suspect. Elle explique le caractère intenable du régime des contrôles requis, des contrôles de titres et des contrôles frontaliers. Dès lors, une évolution des régimes des contrôles s'impose. Tous les contrôles d'identité devraient se fonder sur des « *indices faisant soupçonner* » soit un trouble à l'ordre public pour les contrôles préventifs, soit la commission d'une infraction pour les contrôles répressifs. Cette clarification unifierait leur régime dans un sens de protection des justiciables et de contrôle plus aisé par l'autorité judiciaire, sans pour autant entamer leur efficacité. Pourtant, l'évolution de la

---

[1] DEFFERRARD (F.), *La suspicion légitime*, préc., n° 272, p. 183.
[2] MAYER (D.), Prévention et répression en matière de contrôles d'identité : une distinction trompeuse, préc.
[3] MAYER (D.), Prévention et répression en matière de contrôles d'identité : une distinction trompeuse, préc.

suspicion ne va pas dans ce sens mais dans celui du recul de l'objectivité par les raisons plausibles. Il en est de même en matière de garde à vue.

2. L'ancienne exigence d'indices en matière de garde à vue

La garde à vue est une mesure policière[1] décidée par un officier de police judiciaire consistant à priver de sa liberté une personne pour les besoins de l'enquête[2]. Le double souci de protection du suspect et de respect du droit conventionnel[3], entraîna une généralisation du critère de l'indice (a). Mais cette exigence s'est vue supprimée en 2002 pour les majeurs (b) et affaiblie pour les mineurs (c).

a) L'uniformisation du régime de suspicion par l'exigence générale d'indices

L'article 15 de la loi n° 2-93 du 4 janvier 1993 posa comme critère de garde à vue de la personne pendant l'enquête préliminaire la constatation d'« *indices faisant présumer qu'elle a commis, ou tenter de commettre une infraction* ». Cependant, cette exigence ne s'appliquait pas à l'enquête de flagrance. L'article 63 alinéa 2 se voyait toutefois modifié pour empêcher la retenue des personnes plus de vingt-quatre heures lorsque les éléments recueillis n'étaient pas « *de nature à motiver les poursuites* ». Ne pouvaient être gardées à vue plus de vingt-quatre heures que les personnes qui allaient être poursuivies. Enfin, n'était prévue aucune restriction dans le cadre d'une commission rogatoire[4].

Devant les critiques soulevées par les autres dispositions de la loi du 4 janvier 1993, une loi de correction intervint le 24 août 1993[5]. Cette loi ne toucha pas aux articles 77 et 63 alinéa 1er. Mais

---

[1] LEROY (J.), Garde à vue, *J. -Cl., proc. pén.*, app. art. 53 à 73, fasc. 20, n° 5.
[2] MERLE (R.), VITU (A.), *Traité de droit criminel*, t. 2, *Procédure pénale*, préc., n° 298, p. 360.
[3] KOERING-JOULIN (R.), La Chambre Criminelle et les droits reconnus par la Convention Européenne des Droits de l'Homme à l' « accusé » avant-jugement in *Mélanges Levasseur*, préc. p. 205 et s., spéc., p. 219.
[4] LECLERC (H.), Réforme de la procédure pénale (Loi du 4 janvier 1993), *Gaz. pal.*, 1993, 1, p. 129.
[5] LE GUNEHEC (F.), La loi du 24 août 1993 : un rééquilibrage de la procédure pénale, *JCP* 1993, I, 3720, n° 40.

l'alinéa 2 de l'article 63 fut modifié pour concerner « *les personnes à l'encontre desquelles il n'existe aucun indice faisant présumer qu'elles ont commis ou tenté de commettre une infraction ne peuvent être retenues que le temps nécessaire à leur déposition* ». *A contrario*, celles contre lesquelles de tels indices existaient pouvaient être gardées à vue. Restait à aligner sur ce régime la garde à vue sur commission rogatoire. Ce fut chose faite avec l'article 19 de la loi n° 94-89 du 1er février 1994 qui ajouta un dernier alinéa à l'article 154 du Code de procédure pénale renvoyant à l'article 63 alinéa 2.

Mais demeuraient certaines hypothèses de garde de personnes non suspectes. L'article 63 alinéa 1 permettait ainsi la retenue jusqu'à vingt-quatre heures des personnes susceptibles de fournir un renseignement ou de celles présentes sur les lieux d'une infraction flagrante. Seul l'article 77 posait une interdiction de principe de garde à vue des non suspects.

La loi du 15 juin 200 voulut supprimer totalement la garde à vue du témoin. Un amendement parlementaire généralisa l'exigence des « *indices faisant présumer* » que la personne a commis ou tenté de commettre une infraction[1]. La référence aux articles 61 et 62 par le premier alinéa de l'article 63 est supprimée. L'article 154 fait précisément référence à ces indices que l'officier de police judiciaire doit constater. Le témoin, défini comme personne contre laquelle n'existent pas de tels indices, ne peut plus être retenu que le temps nécessaire à sa déposition selon les articles 62, 78 et 153. L'emploi du verbe faire crée un lien de causalité fort avec les indices. La suspicion en garde à vue exigée par le législateur du 15 juin 2000 est ainsi une suspicion fortement objective. Sa mise en œuvre répond ainsi aux exigences de l'article 5 § 1 c de la CSDH[2].

Afin de préciser l'exigence d'indices, la circulaire du 4 décembre 2000 vint même énoncer que la loi ne posait pas une quelconque exigence de gravité des indices[3]. Cette position se justifiait pleinement. Exiger des indices graves aurait entraîné une

---

[1] LAZERGES (C.), *Rapport Ass. Nat.*, 1999-2000, n° 1468, p. 21.
[2] RENUCCI (J.-F.), Les nouvelles dispositions sur l'enquête et la CEDH, in *Le procès équitable et la protection juridictionnelle du citoyen, préc.* Bruylant, 2001, p. 211 et s., spéc., p. 212.
[3] CRIM-00-13/F1 – 04.1200, du Circ. 4 déc. 2000, p. 6.

confusion avec les indices de suspicion judiciaire. De plus, cette circulaire prit quelques exemples d'indices suffisants à la garde à vue : indices matériels, mise en cause d'un tiers, déclarations de l'intéressé contredisant les constatations des enquêteurs, comportement anormal de la personne sur le lieu des faits. La jurisprudence considérait bien ces indices comme suffisants pour un placement en garde à vue[1].

En 2000, l'exigence d'indices de suspicion devint donc le droit commun de la suspicion policière. La suspicion devait être *avérée*. Elle reposait sur des indices déterminés et spécifiques. La personne gardée à vue était objectivement accusée. Mais une hypothèse bien particulière a pu poser problème au législateur : la garde à vue des mineurs.

b) L'intensité en décalé de la suspicion à l'encontre des mineurs

Avant 1993, la garde à vue des mineurs était régie par le droit commun. La loi du 4 janvier 1993 entendit alors moduler cette mesure selon des critères d'âge, de suspicion et de gravité de l'infraction reprochée. Elle prohiba la garde à vue des mineurs de treize ans. Une tentative de la réintroduire échoua avec la censure du Conseil constitutionnel[2]. Demeurait toutefois problématique la situation du mineur arrêté dans le cadre de l'enquête de flagrance. La loi du 1er février 1994 créa ainsi une possibilité exceptionnelle de rétention des mineurs de dix à treize ans, sorte de garde à vue limitée alors à dix heures. Le critère posé par l'article 4 I de l'Ordonnance du 2 février 1945 était l'existence d' « *indices graves et concordants laissant présumer* » qu'ils avaient commis ou tenté de commettre un crime ou un délit puni d'au moins cinq ans d'emprisonnement. Même si les indices ne devaient que « *laisser présumer* » et non « *faire présumer* », le législateur posait deux conditions cumulatives de gravité et de concordance qui hissaient la suspicion au-delà de celle prévue pour les majeurs. Cette suspicion était même d'une intensité plus forte que celle requise pour la mise

---

[1] Cass. crim., 28 avril 2004, *Bull. crim.* n° 102.

[2] Cons. const., déc. n° 93-326 DC du 11 août 1993, cons. n° 12 ; *RFD const.* 1993, p. 853, obs. RENOUX (T.).

en examen qui, selon la loi du 24 août 1993, était possible en cas d' «*indices laissant présumer*». L'échelle de mise en œuvre de la suspicion pour les mineurs était ainsi décalée vers le haut par rapport à celle des majeurs. Tout en conservant ce décalage, elle se vit mieux coordonnée à celle des majeurs lorsque la loi du 15 juin 2000 augmenta le degré de suspicion pour la mise en examen aux « *indices graves ou concordants rendant vraisemblable* ».

Cependant, la loi du 9 septembre 2002 vint fragiliser cet édifice. Son article 16 modifia la rédaction de l'article 4 I et remplaça l'expression « *indices graves et concordants* » par celle d' « *indices graves ou concordants* » de manière à laisser une plus grande latitude aux OPJ pour la retenue du mineur de 10 à 13 ans[1]. Désormais, la garde à vue du mineur de treize ans répond donc à une suspicion à peine inférieure à celle exigée pour mettre en examen un adulte depuis la loi du 15 juin 2000 mais son assouplissement récent risque de l'en éloigner et d'effacer les spécificités d'un droit pénal des mineurs toujours plus proche de celui des majeurs. Pour éviter de la confondre avec la mise en examen ou la garde à vue des majeurs tout en affirmant le principe d'objectivité et de gravité de la suspicion, la garde à vue des mineurs devrait ainsi se fonder sur des « *indices graves et concordants faisant soupçonner* ». Il n'empêche, 2002 fut l'année d'affaiblissement de la suspicion pour les mineurs et les majeurs.

B. L'apparition et la généralisation des raisons plausibles de soupçonner

L'adoption de la loi du 15 juin 2000 fut suivie d'un long débat sur l'efficacité de la procédure pénale après la suppression de la garde à vue du témoin et le degré de protection des suspects durant cette mesure de contrainte. Elle aboutit à l'introduction par la loi n° 2002-307 du 4 mars 2002[2] de l'expression « *une ou plusieurs raisons plausibles de soupçonner* » en lieu et place des « *indices faisant présumer* » comme définition générique de la suspicion pendant

---

[1] GIACOPELLI (M.), Les dispositions procédurales de la Loi n° 2002-1138 du 9 septembre 2002 applicables aux mineurs et majeurs délinquants. Continuité ou rupture ?, *JCP* 2003, I, 139 ;

[2] PRADEL (J.), La loi n° 2002-307 du 4 mars 2002 : un placebo pour guérir certains maux de la réforme du 15 juin 2000 sur la présomption d'innocence, préc.

l'enquête de police (1). Si l'objectif recherché par le législateur était de préciser les motifs de garde à vue, il réussit surtout à introduire une part importante de subjectivité et d'imprécision. L'accusation est plus facile mais moins formaliste (2).

1. Les raisons plausibles comme dénominateur commun de la suspicion

Le débat postérieur à l'adoption de la loi du 15 juin 2000 se cristallisa sur le plan de l'enquête de police sur les conditions de placement en garde à vue jugées trop imprécises. L'expression « *une ou plusieurs raisons plausibles de soupçonner* » fut ainsi introduite en réaction aux difficultés posées par l'exigence d'indices de suspicion pour le placement en garde à vue (a). La généralisation postérieure de l'expressio augure par la suite d'un effacement des critères de distinction entre les différents degrés de suspicion pendant l'enquête de police (b).

a) L'opposition aux indices en matière de garde à vue

Après la séparation du témoin et du suspect par la loi du 15 juin 2000, le rapport parlementaire du député Julien Dray sur l'évaluation de cette loi pour la phase de l'enquête judiciaire reprit les critiques des officiers de police judiciaire qui ne savaient « *plus clairement dans quelles situations, ils étaient autorisés à placer des personnes en garde à vue* »[1]. La chancellerie précisa dans une circulaire du 10 janvier 2002 ce qu'il fallait entendre comme indice Elle assimila d'abord la notion d'indice à celle de raisons plausibles de soupçonner. Elle précisa ensuite ce qu'il fallait entendre par raisons plausibles. Mais elle ne donna pas de définition, juste une succession d'exemples reprenant en partie ceux de la circulaire du 4 décembre 2000 (indices matériels, mise en cause par la victime, un coauteur, un complice ou un témoin, déclarations en contradiction avec les constatations) ou des exemples issus de la jurisprudence (comportement anormal, fuite). De surcroît, la cir-

---

[1] DRAY (J.), *Evaluation de l'application et des conséquences sur le déroulement des procédures diligentées par les services de police et de gendarmerie des dispositions de la loi du 15 juin 2000 renforçant la présomption d'innocence et les droits des victimes*, La Documentation française, Rapports publics, 2001, p. 7.

culaire énonce que « *la notion d'indices laissant présumer la culpabilité de la personne est par nature une notion qui évolue dans le temps, et qui ne doit pas être appréciée de la même façon au tout début de l'enquête et après que les enquêteurs ont pu procéder à un certain nombre de vérifications* »[1]. Le lecteur aura relevé la référence directe à la construction de la culpabilité présumée. Mais il aura aussi relevé que l'interprétation de la circulaire fait littéralement imploser la notion d'indice. Elle la rend aléatoire au gré des circonstances et des affaires. Le texte confond ici l'évidente évolution de la suspicion pendant la procédure par l'apparition de nouveaux indices et l'impossible évolution d'un indice en lui-même. Les indices en eux-mêmes, éléments de fait, ne changent pas en eux-mêmes. Seule leur appréciation évolue parce qu'ils se voient éclairés par d'autres éléments. De ce fait, il est possible d'affirmer que la circulaire du 10 janvier 2002 a réalisé une importante confusion entre les indices faisant présumer et les indices graves et/ou concordants. La loi du 4 mars 2002 substitue l'expression « *une ou plusieurs raisons plausibles de soupçonner* » à celle d'« *indices faisant présumer* » en matière de garde à vue. L'évolution législative postérieure marque le succès de l'expression nouvelle. La portée de cette définition du suspect s'agrandit au fur et à mesure que l'expression irradie les textes de procédure. Désormais, les principaux actes de l'enquête de police se voient soumis à la constatation d' « *une ou plusieurs raisons plausibles de soupçonner* »[2]. Elles sont devenues le dénominateur commun de la suspicion au stade policier de la procédure ce qui n'est pas sans poser problème.

---

1 Circ. CRIM-02-01/E8 du 10 janv. 2002, p. 4 et s.

2 Art. 55-1 sur les prélèvements externes ; art. 62 sur la durée d'audition des témoins en garde à vue ; art. 70 sur les mandats de recherche ; art. 63 sur la garde à vue pendant l'enquête de flagrance; art. 77 sur la garde à vue en enquête préliminaire ; art. 77-4 sur les mandats de recherche pendant l'enquête préliminaire ; art. 78-2 sur les contrôles d'identité ; art. 78-2-3 sur les visites de véhicules ; art. 122 sur les mandats de recherche délivrés par le juge d'instruction ; art. 153 al. 1 pour l'audition des témoins sur commission rogatoire ; art. 154 al. 1 sur la garde à vue en exécution d'une commission rogatoire ; art. 706-57 al. 1 sur la déclaration d'adresse des témoins ; art. 706-80 al. 1 sur la surveillance ; art. 706-91 al. 2 3° sur les perquisitions en matière de criminalité organisée ; art. 706-114 sur la suspicion à l'encontre d'un tuteur ou curateur. Les lois pénales annexes sont aussi touchées, v. art. L 235-2 al. 1 et 2 et 224-1 al. 4 C. route ; art. 4 Ord. n° 45-174 du 2 février 1945 relative à l'enfance délinquante, sur la prolongation de garde à vue des mineurs ; art. 67 *bis* C. douanes sur la surveillance en matière douanière ; art. L. 152-4 II C. mon. fin. sur les obligations déclaratives en matière d'importation de capitaux ; art. L. 3421-5 C. san. pub. sur le dépistage de l'usage de stupéfiant.

b) L'effacement progressif des degrés de suspicion policière

En irradiant la procédure pénale policière de la seule constatation d' *« une ou plusieurs raisons plausibles de soupçonner »*, le législateur fait fi des différents degrés de suspicion auparavant institués pour distinguer contrôle d'identité, flagrance et garde à vue. Désormais, ces différents actes de police judiciaire ne se distinguent plus par leur degré de suspicion, mais uniquement par leur cadre d'emploi. Le législateur se justifie pourtant : « *Une telle harmonisation est logique. Il serait difficile d'expliquer aux officiers de police judiciaire qu'ils peuvent placer une personne en garde à vue s'ils ont une ou plusieurs raisons plausibles de soupçonner qu'elle a commis une infraction, mais que pour contrôler l'identité d'une personne il faut qu'existe un indice faisant présumer qu'il a commis une infraction ou se prépare à en commettre une* »[1]. Cet argument permet ainsi de généraliser l'exigence d'« *une ou plusieurs raisons plausibles de soupçonner* ». Le prétexte d'une fallacieuse cohérence justifie ainsi le nivellement par le bas des degrés de suspicion. Comment légitimer qu'à suspicion égale une personne soit gardée à vue ou soumise à un contrôle d'identité ? Cette uniformisation du degré de suspicion pendant la phase policière de la procédure rend évanescente la distinction entre cadres procéduraux. L'inférence de la culpabilité se voit facilitée et généralisée. La mise en œuvre de la suspicion s'avère tellement souple qu'elle devient difficilement contrôlable. Le caractère équitable de la procédure fondée sur la précision de la suspicion et le contrôle de sa mise en œuvre est en jeu.

2. L'imprécision des raisons plausibles

La difficulté majeure posée par l'expression « *une ou plusieurs raisons plausibles de soupçonner* » demeure son interprétation. Si le verbe soupçonner ne pose évidemment aucun problème puisqu'il officialise la technique de suspicion comme mode de raisonnement des enquêteurs, la notion de « *raisons plausibles* » s'avère plus problématique. Si le droit conventionnel et le droit comparé semblent adopter une interprétation objective de cette notion (a), il n'en va pas aussi facilement du droit français (b).

---

[1] COURTOIS (J.-P.), *Rapport Sénat*, 2002-2003, n° 36, p. 40.

a) L'objectivité de la jurisprudence européenne et du droit comparé

La Cour de Strasbourg possède une appréciation objective des « *raisons plausibles de soupçonner* » de l'article 5 § 1 c (1°). Certains droits étrangers connaissent eux aussi une suspicion raisonnable et objective (2°).

1°) L'objectivité européenne

La Cour européenne des droits de l'homme fait une lecture relativement objective de la notion de « *raisons plausibles de soupçonner* ». D'abord, elle estime que le texte de l'article 5 § 1 c « *ne présuppose pas que la police ait rassemblé des preuves suffisantes pour porter des accusations, soit au moment de l'arrestation, soit pendant la garde à vue* ». Ainsi elle admet la détention réalisée par la police pour compléter ses investigations « *en conformant ou dissipant les soupçons concrets* »[1]. Cette position n'exige donc pas une suspicion entièrement aboutie pour garder à vue une personne. En effet, pour la Cour, « *les faits donnant naissance à des soupçons ne doivent pas être du même niveau que ceux nécessaires pour justifier une condamnation ou même porter une accusation ce qui intervient dans une phase suivante de la procédure pénale* »[2]. En somme, il n'est pas nécessaire que des poursuites soient déjà ouvertes contre le suspect. Les « *raisons plausibles de soupçonner* ». Les raisons plausibles de soupçonner s'intègrent ainsi dans la progressivité de la suspicion pendant la procédure.

Surtout, leur définition précise est donnée par l'arrêt *Fox, Campbell et Hartley c/ Royaume-Uni* du 30 août 1990. La Cour de Strasbourg énonce que « *l'existence de soupçons plausibles présuppose celle des faits ou renseignements propres à persuader un observateur objectif que l'individu en cause peut avoir accompli l'infraction* [...] *ce qui peut passer pour plausible dépend... de l'ensemble des circonstances* ». Il ne suffit pas que les soupçons soient seulement « *authentiques et sincères* »[3]. Dans l'arrêt *John Murray c/ Royaume-Uni* du 28 octobre 1994[4], la Cour accepta alors la détention fondée sur des « soupçons de bonne foi

---

[1] CEDH, 29 nov. 1988, *Brogan et autres c/ Royaume-Uni*, série A, n° 145 § 53.
[2] CEDH, 28 oct. 1994, *Murray c/ Royaume-Uni*, série A, n° 300-A, § 55.
[3] CEDH, 30 août 1990, *Fox, Campbell et Hartley* c/ *Royaume-uni*, série A, n° 182 § 31 et 32.
[4] CEDH, 28 oct. 1994, *Murray c/ Royaume-Uni*, préc., § 50.

et plausibles » selon la loi parce qu'il existait « *suffisamment de faits ou informations propres à fournir des raisons plausibles* ». Il faut donc que les États fournissent à la Cour de Strasbourg « *au moins certains faits ou renseignements propres à la convaincre qu'il existait des motifs plausibles de soupçonner la personne arrêtée d'avoir commis l'infraction alléguée* »[1]. La condamnation antérieure des intéressés pour des faits similaires ou leur audition sur actes précis dans lesquels les enquêteurs estiment qu'ils ont trempé « *n'autorisent pas à conclure à l'existence de soupçons plausibles* »[2].

La Cour insiste ensuite sur le fait que la plausibilité des soupçons sur lesquels doit se fonder l'arrestation constitue « *un élément essentiel de la protection offerte par l'article 5 § 1 c contre les privations de libertés arbitraires* ». Par conséquent, les nécessités de lutte contre le terrorisme, ne pouvaient justifier une extension de la notion de plausibilité telle qu'elle porterait atteinte à la garantie offerte par l'article 5[3]. Dans l'arrêt *John Murray c/ Royaume-Uni*, la Cour rappelle d'ailleurs son exigence d' « *authenticité et de sincérité des soupçons* » qu'elle considère comme un « *élément indispensable de leur plausibilité* »[4].

De ce fait, la Cour est demeurée très attentive au contexte de l'affaire et à l'origine des éléments de faits fondant les raisons plausibles[5] pour moduler son « *niveau de justification factuelle requis* »[6]. Ainsi, elle demeure très exigeante lorsque la suspicion provient du témoignage de repentis. Dans un premier arrêt *Contrada c/ Italie* du 24 août 1998, la suspicion contre Monsieur Contrada provenait des déclarations de quatre repentis, renforcées par celles de quatre autres collaborateurs de justice et recoupées avec les circonstances des échecs opérations de police contre l'organisation mafieuse. Bien qu'elle admette la légitimité de la suspicion, la Courne fait que concéder, à l'instar de la Commission européenne des droits de l'homme, « *qu'en l'espèce les déclarations des repentis pouvaient faire raisonnablement croire à l'existence de raisons plausibles de soupçonner le*

---

[1] CEDH, 30 août 1990, *Fox, Campbell et Hartley c/ Royaume-Uni*, préc., § 34.
[2] CEDH, 30 août 1990, *Fox, Campbell et Hartley c/ Royaume-uni*, préc., § 35.
[3] CEDH, 30 août 1990, *Fox, Campbell et Hartley c/ Royaume-uni*, préc., § 32.
[4] CEDH, 28 oct. 1994, *Murray c/ Royaume-Uni*, préc., § 61.
[5] CHARRIER (J.-L.), *Code commenté de la Convention européenne des droit de l'homme*, Litec, 2000, art. 5, p. 60.
[6] MASSIAS (F.), note sous CEDH, 6 avr. 2000, *Rev. sc. crim.* 2000, p. 667 et s., spéc., p. 678.

requérant, justifiant ainsi sa mise en détention »[1]. A l'inverse, dans un deuxième arrêt *Labita c/ Italie*, le contenu des allégations du repenti selon lesquelles le requérant serait le trésorier d'une organisation mafieuse était mentionné dans la procédure sans allusion à leur gravité et à leur vraisemblance. La Cour européenne souligne alors l'absence d'éléments objectifs corroborant les déclarations du repenti, source indirecte de suspicion[2].

En outre, la Cour vérifie la persistance de la plausibilité des raisons[3]. Dans son arrêt *Debboub alias Husseini Ali c/ France* du 9 novembre 1999, elle déclare ainsi que « *La persistance de raisons plausibles de soupçonner la personne arrêtée d'avoir commis une infraction est une condition* sine qua non *de la régularité du maintien en détention, mais au bout d'un certain temps elle ne suffit plus ; la Cour doit alors établir si les autres motifs adoptés par les autorités judiciaires continuent à légitimer la privation de liberté. Quand ils se révèlent "pertinents" et "suffisants"* »[4]. Cette position permet à certains observateurs de conclure que le critère essentiel s'avère l'existence d'un soupçon suffisamment fort au moment de l'exécution de la privation de liberté[5].

L'interprétation objective des raisons est probablement due à la rédaction du texte en anglais qui utilise l'expression « *reasonable suspicion* » que l'on pourrait traduire par « *suspicion raisonnable* ». Cette traduction serait d'ailleurs beaucoup plus précise que l'utilisation des termes raisons ou soupçon beaucoup plus ambigus en français. Quoiqu'il en soit, la nécessaire plausibilité permet ainsi de renvoyer au raisonnement propre à la technique de suspicion. Ainsi, comme dans l'arrêt *Fox, Campbell et Hartley*, la Cour peut tout à fait évoquer autant des raisons que des soupçons plausibles sans que cette différence terminologique n'entrave en rien son appréciation objective de la suspicion. Le soupçon n'est pour la Cour de Strasbourg un indice que s'il est plausible. Elle exige le recours à la « *raison délibérante* » de l'officier de police judiciaire. La

---

1 CEDH, 24 août 1998, *Contrada c/ Italie*, § 64, *Rec.* 1998-V.

2 CEDH, 6 avr. 2000, *Labita c/ Italie*, § 155, préc.

3 CEDH, *De Jong, Baljet, et Van Den brink c/ Pays-bas*, 22, mai 1985, série A, n° 77, § 44.

4 CEDH, 9 nov. 1999, *Debboub alias Husseini Ali c/ France*, § 39 ; *JCP* 2000, I, 203, n°5, obs. SUDRE (F.).

5 MURDOCH (J.), *L'article 5 de la Convention européenne des Droits de l'Homme. Protection de la liberté et de la sûreté de la personne*, Strasbourg, Éditions du Conseil de l'Europe, Dossiers sur les droits de l'homme n° 12 (révisé), 2003, p. 52.

suspicion est bien « *le résultat d'une évaluation et d'une justification par la raison au regard des exigences du droit* »[1].

D'ailleurs, l'article 5 § 1 c pose un autre critère de suspicion pour arrêter un suspect. Il suffit qu'existent des « *motifs raisonnables de croire* » à la nécessité d'empêcher l'intéressé de commettre l'infraction ou de s'enfuir après l'accomplissement de celle-ci. Là encore, la traduction française n'est pas parfaite puisque le texte anglais utilise l'expression « *when it is reasonably considered necessary to prevent*». Par définition, les motifs s'opposent aux sentiments et à l'intuition. Ils doivent là encore être d'un raisonnement logique exigé tant dans le texte français que par le texte anglais. Dans son arrêt *Guzzardi c/ Italie*, La Cour européenne des droits de l'homme exige que ces motifs soient précis et interprétés de façon restrictive[2].

Il semblerait ainsi que l'article 5 § 1 c pose une double définition de la suspicion par deux expressions : les raisons plausibles de soupçonner et les motifs raisonnables de croire. Si les deux expressions ne s'avèrent pas équivalentes, dans les deux cas, le raisonnement objectif prime pour fonder la suspicion. En droit conventionnel, la suspicion doit ainsi demeurer objective et vérifiable. Il en est de même dans certains droits étrangers.

2°) L'objectivité en droit comparé

Le droit procédural de certains pays étrangers et de la Cour pénale internationale possède une approche similaire à celle de la Cour de Strasbourg et utilise des critères équivalents. Par exemple, le droit belge soumet la mise en œuvre de la suspicion à la constatation de « *motifs raisonnables* ». Parmi les quatre cas de contrôles d'identité prévus par l'article 34 du Code d'instruction criminelle figure la possibilité de contrôle « *lorsqu'il existe des motifs raisonnables de croire en fonction du comportement, d'indices matériels ou de circonstance de temps et de lieu, qu'une personne est recherchée, a tenté de commettre une infraction ou se prépare à la commettre, pourrait troubler l'ordre public ou l'a troublé* ». De même, selon l'art. 29 alinéa 1er de la Loi de fonction-

---

1 RAZAFINDRANALY (J.-R.-V.), La garde à vue. Entre paradoxes téléologiques et aléas sémantiques, *Les Cahiers de la sécurité intérieure*, n° 51, 2003, p. 78.

2. CEDH, 6 nov. 1980, *Guzzardi c/ Italie*, série A, n° 39, § 102.

nement de la police, la fouille de véhicule n'est possible qu'en cas de « *motifs raisonnables de croire, en raison du comportement du conducteur ou des passagers, d'indices matériels ou de circonstances de lieu et de temps, qu'ils ont servi, servent ou pourraient servir à commettre une infraction* ». Des données objectives doivent corroborer l'évaluation de l'enquêteur. L'exigence d'objectivité de la suspicion en droit belge est ici flagrante[1].

Le droit canadien admet lui l'arrestation d'un individu à l'égard duquel les autorités policières possèdent des « *motifs raisonnables* » de croire qu'il a commis ou est sur le point de commettre un acte criminel ou qu'il est recherché par mandat de justice. La Cour suprême du Canada est venue délimiter la notion en décidant que la croyance du policier, bien que subjective, doit également être justifiable d'un point de vue objectif. L'existence d'indice est un préalable. Il faut une preuve directe impliquant le suspect[2].

Enfin, la procédure de la Cour pénale internationale exige aussi, pour que la chambre préliminaire délivre un mandat d'arrêt contre un suspect, qu'il y ait « *des motifs raisonnables de croire que cette personne a commis un crime relevant de la compétence de la Cour* ». Le procureur devra alors fournir dans sa requête auprès de la chambre, « *un résumé des éléments de preuve qui donnent des motifs raisonnables de croire que la personne a commis ce crime* »[3].

L'exigence d'objectivité de la suspicion et sa logique probabiliste apparaît très forte en droit américain. En effet, le IVème amendement de la Constitution de 1776 pose l'exigence d'une « *cause probable* » avant tout arrestation ou délivrance d'un mandat d'arrêt. Pour la Cour Suprême des États-Unis, « *Il y a cause probable là où les faits et les circonstances personnellement connus (du policier) ou ceux dont il a été informé de manière raisonnablement crédible sont intrinsèquement suffisants pour permettre à un homme normalement prudent de penser qu'une infraction a été commise ou est en train de se commettre* »[4]. La Cour exige donc une suspicion fondée sur une probabilité raisonnable (*fair*

---

1 DE VALKENEER (C.), *Manuel de l'enquête pénale*, Larcier 2003, n° 80, p. 70 et n° 211, p. 184.
2 Arrêt R *c/ Marois*, RJPQ, 86-299 (C. S. P.). V. BELIVEAU (P.), Le statut du juge canadien et son rôle dans l'évolution du droit : une situation sans équivalence en droit français, in *Mélanges offerts à Raymond Gassin*, préc., p. 43 et s., spéc., p. 75.
3 Art. 58, 1. a) et 58, 2. d) du statut de la CPI.
4 *Brinegar*, 338 U. S. 89 (1949).

probability). Les faits particuliers doivent être tels qu'un homme raisonnable croirait que cette cause existe (*reasonable person test*)[1]. Pour Monsieur Cédras, « *La bonne foi ou le simple soupçon du policier sont insuffisants : ils doivent être corroborés par des indices matériels ou par des raisonnements articulés et contrôlables* »[2]. Toutefois, la Cour suprême a octroyé aux policiers le pouvoir d'immobiliser momentanément le suspect (*Stop*) pour procéder à la palpation extérieure de ses vêtements afin de découvrir une arme en posant quelques questions (*Frisk*)[3]. Le *Stop* n'exige pas la cause probable mais une raison précise tel le signalement d'un véhicule[4]. Mais le *Frisk* nécessite lui que le policier puisse raisonnablement craindre pour sa sécurité[5].

Dans ces différents cas, la suspicion policière doit être raisonnable, fondée plus sur un raisonnement que sur des raisons. Le droit français devient lui plus ambigu.

b) La question de la subjectivité en droit français

Le nouveau critère de suspicion fondée sur des raisons plausibles pose question en droit français à cause de la subjectivité contenue dans la notion de raison (1°). Une modification terminologique s'impose une fois encore (2°).

1°) Les risques d'une suspicion subjective

La première chose que le lecteur un peu attentif remarque avec l'expression « *une ou plusieurs raisons plausibles* » est qu'elle diffère de la lettre de l'article 5 § 1 c CSDH qui fait référence à « *des raisons plausibles* ». Certes dans la version anglaise, l'expression « *reasonable suspicion* » est invariable mais le texte en français exige une pluralité de raisons. D'ailleurs, comme vu précédemment, la Cour de Strasbourg impose cette pluralité pour garantir l'objectivité et la plausibilité de la suspicion. La loi du 15 juin 2000 posait bien cette

---

1 VROOM (C.), La liberté individuelle au stade de l'enquête de police en France et aux Etats-Unis, préc., p. 497.

2 CEDRAS (J.), *La justice pénale aux Etats-Unis*, Economica, 2ème éd., 2005, n° 337 p. 158.

3 CEDRAS (J.), *La justice pénale aux Etats-Unis*, préc. n° 349, p. 163

4 *Luckett v. Indiana*, 259 In. 174, 284, N.E. éd 738, 1972.

5 *Terry v. Ohio*, 392 U.S. 1 (1968), cité par VROOM (C.), La liberté individuelle au stade de l'enquête de police en France et aux Etats-Unis, préc.

posait bien cette pluralité avec ces « *indices faisant présumer* ». En droit français désormais, une seule raison suffit à « *rendre admissible* »[1] la participation du suspect à l'infraction. Le droit français contrevient ainsi au critère européen de plausibilité car une raison ne peut se rendre elle-même plausible. En outre, le droit français est redondant et incohérent. Si une raison suffit à fonder la suspicion, il n'est pas nécessaire de préciser que plusieurs le sont aussi.

Le remplacement de la notion d'indice, connue et définie, par celle de raison, beaucoup plus ambiguë, s'avère dangereux. En français, la raison est subjective[2]. Elle renvoie à la pensée personnelle de l'individu par nature empreinte de sa subjectivité. A l'inverse, l'indice renvoie aux faits extérieurs à la personne. Il est vérifiable. Le législateur réalise ainsi une « *subjectivisation des critères* »[3] de la suspicion policière ou du moins crée un fort risque de subjectivisme[4] dans la définition d'un suspect par les enquêteurs.

En effet, depuis la loi du 4 mars 2002, les policiers jouissent d'une plus grande marge d'appréciation manœuvre. Ils peuvent intervenir en fonction d'une définition plus personnelle de la suspicion et de l'anormalité. Certaines études de l'activité policière et de ses interactions avec les suspects lors d'un contrôle d'identité ou une interpellation ont ainsi démontré que le policier considère souvent comme suspecte une personne qui n'agit pas normalement, selon des critères élaborés par lui seul au fil de son expérience[5]. Le soupçon du policier se fonde ainsi parfois sur l'apparence d'anormalité du comportement d'un individu en fonction des circonstances. Cette logique prend ses distances avec l'exercice équitable car objectif de la suspicion. Avec les raisons plausibles, le risque est grand de renforcer la propension à fonder le soupçon sur la personne même du suspect plus que sur ses actes circonstances.

Il est plus facile de devenir suspect. Pourtant, à trop en simplifier l'exercice, le législateur court le risque de voir se réduire

---

[1] GIUDICELLI (A.), La garde à vue après la loi n° 2004-204 du 9 mars 2004, préc.
[2] NAGOUAS-GUERIN (M. –C.), *Le doute en matière pénale*, préc., n° 124, p. 80.
[3] DANET (J.), Le droit pénal et la procédure pénale sous le paradigme de l'insécurité, préc., p. 37 ; LAZERGES (C.), La dérive de la procédure pénale, préc., p. 647.
[4] GIUDICELLI (A.), La garde à vue après la loi n° 2004-204 du 9 mars 2004, préc., p. 261
[5] LEVY (R.), *Du suspect au coupable*, préc., p. 18 et s.

l'apport d'une suspicion rendue plus instable et moins fiable. L'efficacité de sa mise en œuvre pourrait ainsi pâtir de sa trop grande malléabilité. Une subjectivité outrancière peut vicier fondamentalement la vérité. La volonté d'efficacité paraît ainsi paradoxalement contre-productive de par l'imprécision qu'elle engendre.

2°) Pour une rédaction plus précise

Selon certains auteurs[1], le changement de terminologie, plus psychologique que juridique n'aura probablement pas de conséquence en pratique. Il est vrai que la jurisprudence postérieure à la loi du 4 mars 2002 semble s'inscrire dans le droit fil de celle édictée sous le régime des « *indices laissant présumer* ». Ainsi, ont été reconnus comme constituant des raisons plausibles de soupçonner, la mise en cause par une source connue des enquêteurs[2], le fait de tenir des propos outrageants en présence de gardiens de la paix[3], la saisie de matériels divers à l'issue de surveillances et perquisitions[4], la dénonciation de la victime et une expertise médico-légale de celle-ci[5], les déclarations des plaignants et témoins[6], le fait pour les occupants d'un véhicule accompagnant un camion de livraison, de stationner sur le parking d'une société d'entrepôt surveillée par la police suite à un renseignement anonyme annonçant qu'il allait lui être livré du matériel volé, et après avoir stationné, de s'approcher du conducteur du camion, de discuter avec lui puis de quitter les lieux[7]. A l'inverse, le seul demi-tour à la vue des policiers n'a pas été qualifié de raisons plausibles de soupçonner[8]. Il semble que la Cour de cassation ait substitué automatiquement les raisons plausibles aux indices faisant présumer sans s'interroger outre mesure sur leur nature.

---

1 GUINCHARD (S.), BUISSON (J.), *Procédure pénale*, préc., n° 704, p. 456. v. aussi les observations de M. Buisson, Procédures, 2002, comm. n° 125.

2 Cass . crim., 9 juill. 2003, pourvoi n° 02-85.899.

3 Cass. crim., 4 janv. 2005, pourvoi n° 04-84.876 ; *D.* 2005, jur., p. 761, obs LENNON (J.-L.).

4 Cass. crim., 15 sept. 2004, pourvoi n° 04-84.012.

5 Cass. crim., 7 févr. 2001, pourvoi n° 00-87.684.

6 Cass. crim., 16 déc. 2003, pourvoi n° 03-81.872.

7 Cass. crim., 14 sept. 2004, pourvoi n° 04-83.793.

8 Cass. civ. 1ère , 10 mai 2006, préc.

Si pour le moment le changement de suspicion n'a pas été perçu par la Chambre criminelle, la généralisation des raisons plausibles de soupçonner annonce la déliquescence de l'exigence d'indices pendant la mise en œuvre policière de la suspicion. L'accusation en matière pénale commence à se formaliser sur des éléments qui pourront être parfois évanescents. Cette évolution va ainsi cantonner les indices à la seule instruction préparatoire[1]. Toutefois, il demeure nécessaire de pouvoir contrôler l'appréciation des faits par les enquêteurs à l'origine de leur suspicion et de la formalisation de l'accusation en matière pénale. La commission Outreau a ainsi proposé que les enquêteurs motivent dans leurs procès-verbaux les raisons plausibles[2]. Cette proposition va dans le bon sens car elle permettra un meilleur contrôle de la suspicion policière et sa circonscription aux seuls vrais suspects[3]. Néanmoins, en plus de cette motivation, il convient tout de même de poser des critères de suspicion objectifs. Comme dit précédemment, la flagrance devrait se fonder sur un « *indice apparent faisant soupçonner* », les contrôles d'identités sur des « *indices faisant soupçonner* » un trouble à l'ordre public ou la commission d'une infraction, la garde à vue sur des « *indices faisant raisonnablement soupçonner* » ou des « *indices graves et concordant faisant soupçonner* » si le suspect est mineur. Cette expression reprendrait ainsi l'exigence conventionnelle d'une suspicion raisonnable. Il est dommage que le Comité Léger ne dise mot sur une nouvelle exigence d'indices objectifs de suspicion lors de la garde à vue.

L'objectivité de la suspicion par le recours aux indices doit ainsi demeurer pendant l'enquête de police pour assurer une formalisation de l'accusation à la fois plus légitime et plus solide afin de garantir l'équité procédurale. L'objectivité sert la suspicion policière. Ajoutée à une autre exigence d'exhaustivité, elle s'applique pendant l'instruction préparatoire lorsque la suspicion est celle des magistrats.

---

[1] CHAMBON (P.), GUERY (C.), *Droit et pratique de l'instruction préparatoire*, préc. n° 191.11 p. 515.

[2] VALLINI (A.), HOUILLON (P.), *Rapport*, préc. p. 309.

[3] V. cependant, SCHWENDENER (M.), Quelle place pour la garde à vue dans la procédure pénale ?, *AJ pénal 2006*, p. 344 et s., spéc., p. 345.

Section 2. Une suspicion judiciaire caractérisée

A la fin de l'enquête de police, la suspicion est entre les mains du procureur de la République qui va décider sur sa base de la suite de la procédure et exercer ou non l'action publique selon l'article 40-1 du Code de procédure pénale. Déjà à l'issue de la garde à vue, sont déférées devant lui les suspects lorsque « *les éléments recueillis sont de nature à motiver l'exercice de poursuites* »[1]. La suspicion franchit ainsi un palier. Néanmoins, ne sont pas précisées les modalités du passage de la suspicion policière à la suspicion judiciaire du ministère public. Le magistrat doit juste vérifier que la suspicion est suffisamment intense pour justifier un renvoi du suspect devant une juridiction de jugement. Ainsi, l'article 395 du Code de procédure pénale exige qu'il vérifie que la suspicion se fonde sur des *charges* suffisantes pour procéder à la comparution immédiate devant le tribunal correctionnel. Mais le procureur peut aussi estimer que la suspicion n'est pas suffisamment étayée. Il pourra certes demander aux policiers de continuer leur enquête, il pourra surtout, et en matière criminelle il devra ouvrir une instruction préparatoire[2]. L'ouverture d'une information marque bien le passage d'une suspicion policière à une suspicion judiciaire qui devra déterminer l'existence ou non de charges justifiant le renvoi du suspect devant le tribunal de police ou correctionnel ou sa mise en accusation devant une cour d'assises. Pendant l'instruction préparatoire, la judiciarisation de la suspicion va exiger un degré supplémentaire de précision et d'intensité des indices pour pouvoir s'exercer à l'encontre des personnes soupçonnées. Un palier dans le préjugement est franchi (§ 1). Il va s'aggraver avec le placement en détention provisoire, lequel exige aussi un renforcement de la suspicion (§ 2).

§ 1. Un palier supplémentaire de préjugement

La suspicion judiciaire se décline en fonction de l'intensité des indices qui la fondent (A). La gravité et la concordance sont devenues le caractère principal de la suspicion judiciaire. L'accusation du suspect se formalise autour de ce double critère (B).

---

[1] Art. 63 al. 3 et 77 al. 3 C. pr. pén.
[2] Art. 79 C. pr. pén.

A. La déclinaison de la suspicion judiciaire

Au contraire de sa plus grande souplesse pendant l'enquête de police, la suspicion mise en œuvre pendant l'instruction préparatoire, fait preuve d'un fort degré de définition. La formalisation de l'accusation n'en est que plus précise. Ceci est particulièrement vrai pour la suspicion nécessaire à la mise en examen (1) mais un peu moins pour celle nécessaire à l'octroi du statut de témoin assisté (2).

1. L'affinement progressif de la suspicion touchant le mis en examen

L'évolution du régime de l'inculpation et son remplacement par la mise en examen ont permis de préciser les exigences relatives aux indices de suspicion requis pour cette mesure (a). La suspicion nécessaire à la mise en examen répond désormais à un système de double seuil d'indices (b).

a) Evolution du degré de suspicion

La définition du critère de suspicion judiciaire s'est faite progressivement. Initialement, l'article 80 du Code de procédure pénale permettait au juge d'instruction d'inculper « *toute personne ayant pris part, comme auteur ou complice, aux faits qui lui sont déférés* »[1]. L'article 105 du Code de procédure pénale prohibait l'inculpation tardive d'un individu contre lequel existaient des « *indices sérieux de culpabilité* ». L'ordonnance du 13 février 1960 restreignit les conditions d'inculpation. L'article 105 disposa alors que l'existence d'« *indices graves et concordants de culpabilité* » exigeait l'inculpation avant tout interrogatoire[2]. Cette rédaction de l'article 105 désignait l'inculpé, mais comme un coupable très présumé. Toutefois, elle n'était pas dénuée d'une certaine logique. Néanmoins, il aurait été plus acceptable juridiquement que les indices retenus fussent des indices *portant sur* la culpabilité mais non encore *de* culpabilité afin de préserver le caractère probabiliste de la culpabilité présumée.

---

[1] MERLE (R.), L'inculpation, in *Mélanges Hugueney*, Sirey, 1964, p. 111 et s., spéc., n° 3, p. 113.

[2] VOUIN (R.), L'application du Code de procédure pénale et le malheur des temps, *Rev. sc. crim.* 1962, p. 65, spéc., p. 69.

Par la suite, les lois de 1993 remplacèrent l'inculpation par la mise en examen, expression jugée moins stigmatisante. Ce changement de terminologie dénote d'une certaine litote procédurale. Ces lois précisèrent surtout les critères de suspicion. La loi du 4 janvier 1993 substitua à l'ancienne formule l'expression « *indices graves et concordants faisant présumer qu'elle a participé aux faits* » qui reprend beaucoup plus précisément la technique de suspicion et distingue bien ce degré de suspicion de la garde à vue par l'exigence de gravité et de concordance. Cependant, la loi du 24 août 1993 modifia de nouveau la rédaction des articles 80-1 et 105 du Code de procédure pénale. Le premier n'exige plus que des « *indices laissant présumer* » et le second interdisant d'entendre comme témoin toute personne contre laquelle existent des « *indices graves et concordants* »[1]. Cette modification fut malheureuse car elle établissait une distinction injustifiée dans la mise en œuvre de la suspicion. Elle rabaissait même le degré de suspicion de l'article 80-1 à un degré inférieur à celui exigé pour la garde à vue. La définition de la suspicion au stade judiciaire implose en août 1993. Seul l'article 105 la préserve.

La loi du 15 juin 2000 est venue remettre à plat la définition de la mise en examen. Afin de préserver une certaine marge de manœuvre au juge d'instruction, elle fixa le seuil à partir duquel la mise en examen est juste possible à la réunion d'indices « *graves ou concordants* »[2]. Gravité et concordance constituent ainsi le double critère principal de la suspicion judiciaire pendant l'instruction préparatoire. La distinction entre suspicion policière et suspicion judiciaire est désormais établie.

La définition des indices graves et concordants s'avère beaucoup plus conforme à la nature de la suspicion judiciaire. Non seulement, cette dernière se fonde sur des indices d'une intensité certaine, mais en plus, ces éléments doivent rendre vraisemblable la participation de la personne à la commission de l'infraction. La formulation de l'article 80-1 devient ici particulièrement intéressante. En effet, elle ne fait pas référence directement à la

---

[1] PRADEL (J.), Les droits de la personne suspecte ou poursuivie depuis la loi n° 93-1013 du 24 août 1993 modifiant celle du 4 janvier précédent, préc.
[2] JOLIBOIS (C.), *Rapport Sénat*, 1999-2000, n° 412.

technique de la présomption et donc indirectement à la suspicion comme peut le réaliser l'expression « *indices faisant présumer* ». Au contraire, elle renvoie de manière assez subtile à l'effet principal de la suspicion : la création d'une vraisemblance. Le participe présent « *rendant* » pose une obligation de création de la vraisemblance. Les indices doivent rendre vraisemblable. Ils ne peuvent se contenter de pouvoir le faire. Il est indéniable en l'espèce que la mise en œuvre de la suspicion repose sur une forte présomption. Celle-ci dicte ainsi à la mise en examen. L'emprunt à la technique de présomption par la suspicion est ici évident.

De plus, la prudence du législateur s'exprime avec la modification de la fin de phrase du premier alinéa. Alors qu'auparavant les indices devaient démontrer que la personne « *a participé* » à l'infraction, ils doivent désormais démontrer que les personnes « *aient pu participer* » à la commission de l'infraction. L'emploi du passé du subjonctif exprime la prudence du législateur que doit intégrer à son tour le magistrat. Les indices ne font pas naître une certitude mais juste une probabilité. Les indices sont des « *indices de participation* »[1] et non de culpabilité. Il semblerait toutefois que cette dénomination soit employée de manière assez neutre par les juridictions[2]. Cette utilisation serait due, selon Messieurs Guinchard et Buisson, à la force de l'habitude ou à une certaine culture judiciaire. Néanmoins, elle reste assez révélatrice de la conviction judiciaire à ce stade de la procédure[3]. En réalité, les « *indices graves ou concordants* » sont des indices de culpabilité présumée, des indices de suspicion.

b) Le double seuil des indices graves et/ou concordants

La loi du 15 juin 2000 inaugure un « *double système de seuil* » de mise en examen[4]. Elle demeure facultative en cas d'indices graves *ou* concordants, seuil minimal de suspicion. Elle devient obligatoi-

---

[1] DUMONT (J.), Juge d'instruction, Juridiction d'instruction du premier degré, Dispositions générales, *J. -Cl. proc. pén.*, art. 79 à 84, fasc. 20, n° 122.
[2] Cass. crim., 22 août 2001, pourvoi n° 01-84.114 ; 4 févr. 2003, pourvoi n° 00-82.087 ; 8 juin 2004, pourvoi n° 04-81.721 ; 6 oct. 2004, pourvoi n° 03-83.467.
[3] GUINCHARD (S.), BUISSON (J.), *Procédure pénale*, préc., n° 1751, p. 852.
[4] PRADEL (J.), La personne suspecte ou poursuivie après la loi du 15 juin 2000. Evolution ou Révolution ?, préc.

re selon l'article 80-1 si les indices se révèlent « *graves et concordants* ». Ce seuil maximal est posé à peine nullité par l'article 105 du Code de procédure pénale. Cette hausse du degré d'intensité de la suspicion possède à l'origine pour objectif de rendre exceptionnelle la mise en examen. Il n'en est rien tant le seuil des « *indices graves ou concordants* » est souvent considéré comme suffisant car ils constituent le « *plancher* » de la mise en examen[1]. C'est par eux que se formalise l'accusation au stade judiciaire. Ces indices ne doivent pas seulement rendre vraisemblable la participation de la personne à la commission de l'infraction. Ils doivent aussi justifier la mise en examen. Certes, la différence paraît minime, mais elle possède des conséquences assez importantes. Le juge devra motiver en quoi la mise en examen est rendue nécessaire alors que les indices ne sont pas encore « *graves et concordants* », notamment la nécessité de mesure de contrainte sur le suspect. Or cette contrainte marquera un degré supérieur de suspicion. Le législateur tente d'établir une distinction entre suspicion et contrainte par le biais du statut de témoin assisté.

2. Les spécificités de la suspicion touchant le témoin assisté

La loi du 15 juin 2000 voulut protéger la personne non suffisamment soupçonnée pour être mise en examen. La suspicion qui touche le témoin assisté possède plusieurs origines. La suspicion provenant d'une partie (a) et la suspicion fondée sur des indices (b).

a) La suspicion d'une partie

Selon l'article 113-2 du Code de procédure pénale une personne peut être placée sous le statut de témoin assisté si elle est visée par une plainte ou mise en cause par la victime ou même un témoin. Le témoin assisté est alors celui qui est l'objet d'une suspicion privée. Surtout, le témoin assisté est aussi celui qui est soupçonné par le parquet dans son réquisitoire selon l'article 113-1. L'autre seuil de suspicion suffisant pour octroyer le statut de témoin assisté s'avère ainsi la mise en cause par le réquisitoire du

---

[1] GUERY (C.), La mise en examen par le juge d'instruction après l'entrée en vigueur de la loi du 15 juin 2000, *JCP* 2001, I, 359.

procureur de la République. Au contraire de la personne soupçonnée par la victime, celle soupçonnée par le parquet doit être placée sous le statut de témoin assisté sauf si elle est mise en examen. La suspicion du parquet possède des effets plus importants que celle de toute autre partie. En principe, le procureur de la République va se fonder sur les indices de suspicion résultant de l'enquête. Leur reprise dans le réquisitoire élaboré par un magistrat de l'ordre judiciaire leur fait passer un échelon procédural[1]. Le réquisitoire possède les mêmes effets que l'existence d'indices de suspicion constatés par le juge d'instruction. Mais, en l'absence de précision du texte, ce réquisitoire peut ne se fonder que sur les simples soupçons du procureur. Dans un but de cohérence, le Code devrait poser une exigence d'indice pour le parquet en plus de celle posée pour le juge.

b) L'existence d'indices de suspicion

Le témoin assisté est surtout soupçonné par le juge qui possède contre lui des indices de suspicion. Selon l'article 113-2 alinéa 2 du Code de procédure pénale, toute personne « *contre laquelle existent des indices rendant vraisemblable qu'elle ait pu participer, comme auteur ou complice, à la commission des infractions dont le juge d'instruction est saisi peut être entendue comme témoin assisté* ». Il est évident que ces indices sont de véritables indices de suspicion plus intenses désormais que ceux requis pendant l'enquête de police. Ils ne doivent pas faire seulement soupçonner ou présumer mais « *rendre vraisemblable* ». La vraisemblance n'est donc pas ici une simple conséquence de la suspicion mais une condition de mise en œuvre de celle-ci puisqu'elle est expressément exigée[2]. Un palier a été franchi. Ces indices constituent le seuil minimal de la suspicion contre le témoin assisté. Or ce seuil est relativement proche, voire plus élevé que celui de la mise en examen entre 1993 et 2000. Le témoin assisté est donc aussi suspect aux yeux du magistrat instructeur

---

[1] V. BOULOC (B.), Le témoin, le témoin assisté, le mis en examen, *Rev. pénit. dr. pén.*, 2003, p. 649 et s., spéc. p. 653.
[2] VALETTE (V.), *La personne mise en cause en matière pénale*, n° 252, p. 162.

que l'était le mis en examen avant 2000. Comme il a été affirmé « *le poids du soupçon... pèse désormais aussi sur le témoin assisté* »[1].

De plus, selon l'article 80-1 du Code de procédure pénale, le témoin assisté peut être la personne contre laquelle existent des « *indices graves ou concordants* ». Ces indices deviennent ainsi le seuil maximum de la procédure de témoin assisté, sachant qu'ils constituent le seuil minimal de mise en examen. Or, le juge d'instruction ne peut procéder à une mise en examen que s'il ne peut pas recourir à la procédure de témoin assisté. A suspicion égale, statuts différents. De ce point de vue, l'intensité des indices de suspicion n'est pas forcément le critère de distinction entre témoin assisté et mis en examen sauf s'ils sont « *graves et concordants* ». Par conséquent, le statut du suspect dépendra alors moins de la suspicion que de l'appréciation du juge d'instruction. D'ailleurs, avec la nouvelle rédaction de l'article 113-8 du Code de procédure pénale par la loi du 9 mars 2004, lorsque le magistrat instructeur estime qu'au cours de la procédure sont apparus des « *indices graves ou concordants* » justifiant la mise en examen du témoin assisté, il procède à cette mise en examen. Sous l'empire de la loi du 15 juin 2000, ce passage d'un statut à l'autre était subordonné mais à la seule apparition des indices graves ou concordants. Le magistrat instructeur pourra de lui-même considérer qu'il existe des indices graves ou concordants justifiant la mise en examen pour s'éviter de passer par la procédure de témoin assisté[2]. Il pourra être tenté de prononcer directement cette mise en examen pour pouvoir placer le suspect sous contrôle judiciaire ou détention provisoire[3]. La Circulaire du 4 décembre 2000 encourage ce réflexe lorsqu'elle énonce que devrait bénéficier du statut de témoin assisté la personne qui ne sera pas placée sous contrôle judiciaire ou en détention provisoire[4]. Il n'empêche, si le magistrat estime que le témoin assisté doit être mis en examen pour être contraint, c'est qu'il le soupçonne fortement et dispose d'indices au moins graves

---

[1] LECLERC (H.), La loi du 15 juin 2000 renforçant la présomption d'innocence et les droits des victimes, préc.

[2] GUERY (C.), ROLLAND (R.-P.), Les houles inutiles. Propos sur le nouveau statut de témoin assisté, *Gaz. pal.* 2000, 2, doct. p. 1735.

[3] GIUDICELLI (A.), Le témoin assisté et la personne mise en examen : vers un nouvel équilibre ?, préc., p. 49.

[4] Circulaire CRIM 00-16 F1 du 20 décembre 2000, n° 1. 1. 1. 3.

ou concordants. Dans tous les cas le témoin assisté devient un « *quasi mis en examen* »[1], un « *mis en examen virtuel* »[2]. La mise en examen s'avère bien le droit commun de la suspicion judiciaire.

La loi du 15 juin 2000 met en place une véritable échelle de l'intensité de la suspicion pesant contre le suspect pendant l'instruction préparatoire[3]. Le témoin assité est bien le « *suspect en mineur* » et le mis en examen le « *suspect en majeur* » pendant l'instruction[4]. La suspicion judiciaire est à plusieurs vitesses. L'accusation se formalise par paliers de gravité et de concordance.

B. La gravité et la concordance des indices au cœur de la suspicion judiciaire

La hausse du degré de suspicion judiciaire repose sur le double critère de la gravité et de la concordance des indices qui la fondent. Mais ce critère demeure une question difficile du fait de l'absence de précision législative sur le contenu des indices graves et concordants. Il n'y a pas de différence de nature mais de degré entre ces indices de suspicion et ceux de la phase policière. Le législateur laisse donc aux magistrats le soin d'apprécier souverainement leur existence. Dès lors, la concordance et la gravité des indices relèvent en principe de l'appréciation souveraine des juridictions (1), qui vont alors exiger des indices démonstratifs et concourants (2).

1. La définition jurisprudentielle des indices graves et concordants

La Cour de cassation considère toujours qu'aucune prescription légale ou conventionnelle n'exige que soient explicités par écrit les faits qui motivent la mise en examen[5]. Mais elle s'autorise parfois un contrôle indirect lorsque, ne se satisfaisant pas des énonciations de l'arrêt attaqué, elle se réfère aux éléments de la

---

[1] LECLERC (H.), La loi du 15 juin 2000 renforçant la présomption d'innocence et les droits des victimes, *Gaz. Pal.*, 29/30 sept. 2000, p. 2.
[2] BOULOC (B.), cité par PRADEL (J.), La procédure pénale française au début du XXIe siècle, *Rev. pénit. dr. pén.* 2003, p. 341 et s., spéc., p. 354.
[3] VALETTE (V.), *La personne mise en cause en matière pénale*, n° 253, p. 163.
[4] FOURMENT (F.), *Procédure pénale*, préc., 2008, n° 486, p. 247 et n° 448, p. 226.
[5] Cass. crim., 5 déc. 2001, pourvoi n° 00-86.490.

procédure[1]. D'ailleurs, les pourvois en cassation ne manquent pas de soulever l'inexistence d'indices graves ou concordants. Cependant, l'étude de la jurisprudence démontre que c'est plutôt l'inverse qui se passe. Critiquant une mise en examen tardive et la poursuite d'un interrogatoire, notamment en exécution d'une commission rogatoire au titre de l'article 154 du Code de procédure pénale, les requérants entendent faire reconnaître par la Cour de cassation l'existence d'indices graves et concordants interdisant la poursuite de l'audition sans mise en examen préalable comme l'exige l'article 105 du Code de procédure pénale. Dès lors, la Haute juridiction doit statuer sur l'existence ou non d'indices graves et concordants[2]. Du fait de la rédaction de l'article 105, la position de la Cour s'avère alors logiquement restrictive bien que les indices soient et graves et concordants (a). Mais, parfois, elle l'est trop (b).

a) Une jurisprudence exhaustive et restrictive

L'étude d'une jurisprudence plus souvent fondée sur l'article 105 permet de déterminer ce que les juridictions d'instruction des premier et second degrés entendent par indices graves et concordants. Il convient alors de distinguer les éléments qui ne sont pas qualifiés d'indices graves et concordants de ceux qui le sont. Plusieurs observations s'imposent. Les soupçons ne suffisent pas (1°), les indices doivent être précis et solides (2°), il n'est pas nécessaire qu'ils se fondent sur des aveux (3°).

1°) Insuffisance des soupçons

Première observation, de simples soupçons s'avèrent insuffisants pour constituer des indices graves ou concordants[3]. Il en est ainsi même si certains éléments ultérieurs sont apportés par l'enquête de police dès lors que ces derniers présentent encore un caractère incertain[4]. Toute manifestation d'opinion, assimilable à l'expression de soupçons ne caractérise pas l'existence d'indices

---

[1] Cass. crim., 17 oct. 1962, *Bull. crim.* n° 276.
[2] Cass. crim. 28 avr. 2004, *Bull. crim.*, n° 102 et 103, *D.* 2005, pan., p. 688, obs. PRADEL (J.).
[3] La poursuite de l'audition de la personne comme témoin est possible. Cass. Crim., 11 juin 2002, *Juris-data* n° 2002-015082.
[4] Cass. crim., 2 mai 1988, pourvoi n° 85-93.497 ; 13 nov. 1991, pourvoi n° 91-80.720.

graves et concordants[1]. Il semblerait en outre que la jurisprudence ait intégré la distinction entre les raisons plausibles de soupçonner et les indices graves et concordants, les seconds étant porteurs d'une suspicion plus intense que les premières. Lorsqu'il existe des raisons plausibles de soupçonner un individu, les éléments de suspicion ne sont pas suffisamment indices graves et concordants[2]. Il en est de même pour les indices faisant présumer[3]. La jurisprudence applique l'échelle de suspicion. Toutefois, dans un arrêt du 4 mai 1999, la Chambre criminelle accepte le raisonnement d'une Cour d'appel qui a pu parler de « *soupçons plausibles* » de l'article 5 § 1 c de la Convention européenne des droits de l'homme pour les distinguer des indices graves et concordants de l'article 105[4]. Il semblerait que la juridiction ait appliqué littéralement l'article 5 § 1 c. Cependant, l'expression « *soupçons plausibles* » ne correspond littéralement ni à la rédaction en français du texte européen ni à celle en anglais. Le flottement lexical de l'expression employée, reprise maladroite de la Convention, l'expression « *suspicion raisonnable* » aurait été plus juste, traduit la difficulté pour les juges d'exprimer l'existence réelle d'une suspicion assez nette pesant sur le suspect.

2°) Précision, objectivité, solidité

Deuxième observation, les critères de détermination des indices graves et concordants s'avéreraient être la précision, l'objectivité et la solidité. En somme, ces qualités s'intègrent dans le caractère concordant. La concordance devient ainsi primordiale. Les indices doivent pouvoir être vérifiés, demeurer fiables ainsi que solides. Ainsi, la principale source d'indice demeure la preuve orale, témoignage ou accusation. Elle est très souvent qualifiée d'indices graves. Tant que celle-ci n'est pas objective, précise et vérifiée, elle n'est jamais considérée comme constitutive d'indices graves et concordants[5]. Dès lors qu'un ou plusieurs éléments sup-

---

[1] Cass. crim., 2 mai 1968, *Bull. crim.*, n° 136 ; 15 sept. 2004, pourvoi n° 04-84.012.

[2] Cass. crim., 28 avril 2004, *Bull. crim.*, n° 102.

[3] Cass. crim. 28 avril 2004, *Bull. crim.*, n° 103 ; *Rev. sc. crim.* 2005, p. 384, obs. BUISSON (J.).

[4] Cass. crim., 4 mai 1999, pourvoi n° 98-87.610.

[5] V. Cass. crim., 30 mai 1996, *Bull. crim.*, n° 226 pour les déclarations de tiers sujettes à caution ; 6 févr. 2002, *Bull. crim.* n° 26 pour des accusations par d'autres supects; 4 févr. 2003, pourvoi n° 00-8.2087 pour des déclarations de témoins à l'objectivité contestable.

plémentaires permettent de consolider et de préciser la déclaration, les juridictions considèrent alors l'existence des indices graves et concordants[1]. Il en est ainsi lorsqu'aux déclarations s'ajoutent des indices matériels saisis par les enquêteurs[2]. Il en est de même en matière d'aveu.

3°) Relativité de l'aveu

Troisième observation, à l'inverse de sa réputation de reine des preuves, l'aveu se voit soumise à la même règle de concordance et de relativité. Les aveux simples se voient le plus souvent qualifiés d'indices graves[3]. Ils ne sont qualifiés d'indices graves et concordants que s'ils sont circonstanciés[4] ou corroborés par des éléments matériels[5] ou testimoniaux[6]. Mais il ne faudrait pas en conclure que les indices graves et concordants ne recouvrent qu'une addition d'éléments. La concordance entre ces derniers s'avère primordiale. De ce fait, la jurisprudence admet l'existence de vérifications poussées des aveux avant de considérer qu'ils constituent des indices graves et concordants[7]. Dans le cas inverse des dénégations, elle considère logiquement que celles-ci ne constituent pas d'indices graves et concordants[8]. Dès lors, si les indices sont graves mais qu'ils nécessitent des investigations supplémentaires afin de vérifier leur concordance, l'article 105 n'est pas méconnu[9].

---

[1] En ce sens *a contrario*, Cass. crim., 18 déc. 1963, *Bull. crim.*, n° 367, arrêt selon lequel « *des indices graves peuvent résulter de la déclaration d'un témoin mais ils ne peuvent être considérés comme concordants en l'absence d'autres témoignages ou d'éléments sérieux les corroborants* ». Dans le même sens, Cass. crim., 25 mai 2005, pourvoi n° 05-80.887, les accusations des parties civiles s'ajoutent aux auditions faites par la police.

[2] Cass. crim., 25 juin 2003, pourvoi n° 02-86.723 ; 7 avr. 2004, pourvoi n° 03-84.396.

[3] Cass. crim., 21 juin 1962, *Bull. crim.* n° 230 ; 14 mars 2001, pourvoi n° 00-88.209 ; 4 févr. 2003, pourvoi n° 03-82.087

[4] Cass. crim., 13 févr. 1975, *Bull. crim.*, n°227 ; 17 oct. 2001, pourvoi n° 01-85.043.

[5] V. Cass. crim., 27 nov. 1997, pourvoi n° 97-84.814, pour des déclarations du suspect d'un hold-up corroborées par la saisie à son domicile d'une pince coupe-boulons, pouvant servir à la découpe des barreaux de l'agence bancaire, dont il admet par la suite la possession.

[6] V. Cass. crim., 13 févr. 1975, *JCP* 1977, II, 18727, 1ère esp., note MAYER-JACK (A.) pour des aveux confirmés par des témoins.

[7] V. Cass. crim., 16 juin 1981, *JCP* 1982, II, 19838, obs. CHAMBON (P.) ; *Rev. sc. crim.* 1983, p. 97, obs. ROBERT (J.-M.) ; 24 févr. 1987, *Bull. crim.* n° 93.

[8] Cass. crim., 4 janv. 1977, *Bull. crim.* n° 5 ; 25 juin 2003, pourvoi n° 02-86.723.

[9] Cass. crim., 9 juin 1998, *Bull. crim.* n° 187.

b) Une jurisprudence ambivalente

La jurisprudence semble tout de même faire montre d'une certaine exigence qui tourne parfois à la rigidité lorsqu'elle n'admet pas la gravité et la concordance des indices alors même qu'est réunie une pluralité d'indices de natures distinctes se recoupant les uns les autres. On pourrait presque soupçonner certaines juridictions d'instruction de ne chercher qu'à sauver la procédure et ne pas ruiner le travail d'enquête même en cas de faute procédurale[1]. Une jurisprudence constante autorise les enquêteurs ou le juge d'instruction à procéder à des vérifications complémentaires avant toute mise en examen. La Cour de cassation use alors d'une formule type : « *le magistrat instructeur a la faculté de ne mettre en examen une personne qu'après s'être éclairé, notamment en faisant procéder à son audition en qualité de témoin, sur sa participation aux agissements incriminés* »[2].

Ainsi, dans une affaire de trafic de stupéfiants, le suspect est mis en cause par des interceptions téléphoniques. Sur cette base, le juge d'instruction saisi de l'affaire édicte une commission rogatoire permettant d'interpeller l'individu et de perquisitionner à son domicile. Plusieurs kilogrammes de cocaïne sont découverts et saisis ainsi que de la caféine, une forte somme d'argent en espèces, des références téléphoniques, des téléphones mobiles et des puces électroniques. Pour la Cour d'appel, la découverte de la drogue constituait un indice grave. Mais les autres indices recueillis étaient seulement concordants. N'existaient donc pas des indices graves et concordants. Pour le pourvoi en cassation, « *un indice grave ajouté à des indices concordants figurant au dossier de la procédure, constituent par leur combinaison, des "indices graves et concordants"* ». La Cour de cassation, dans un arrêt du 2 mars 2004[3], ne se prononce pas sur cette argumentation. Pour rejeter le pourvoi, elle se contente de souligner que la cour d'appel a bien retenu que le suspect n'a pas fait

---

[1] V. par exemple les arrêts suivants dans lesquels le seuil de gravité et de concordance semble bien atteint mais non reconnu par les juges : Cass. crim., 11 janv. 2001, pouvoi n° 00-83145 ; 6 oct. 2004, pourvoi n° 03-83.467.

[2] Cass. crim. 13 mars 1995, *Bull. crim.* n° 100 ; 1er déc. 1998, *Dr. pén.* 1999, comm. n° 46, obs. MARON (A.) ; 6 févr. 2002, *Bull. crim.* n° 26 ; 25 mai 2005, pourvoi n° 05-80.887.

[3] Cass. crim., 2 mars 2004, pourvoi n° 03-87.667.

de déclaration sur le fond de l'affaire et que ses dénégations ne pouvaient lui avoir fait grief.

L'application d'une position traditionnelle en matière de dénégation permet ainsi à la Chambre criminelle de se prononcer sur un élément pourtant fondamental afin de préserver une certaine souplesse dans l'appréciation des indices. Elle n'adopte pas la logique mathématique, quantitative, du pourvoi selon laquelle un indice grave ajouté à des indices concordants réalise des indices graves et concordants, la conjonction de coordination « *et* » exprimant pour le requérant une addition. Dès lors, prédomine la logique qualitative développée par la cour d'appel. Cependant, même en adoptant cette dernière, il est tout de même surprenant que les juges du fonds n'aient pas considéré l'existence d'indices graves et concordants. Ici, la découverte de la cocaïne et son renfort par les autres indices (interception téléphonique, argent, téléphones mobiles, puces électroniques, caféine) constituaient bien des indices graves et concordants de la participation du suspect au trafic de stupéfiants. Il n'était pas nécessaire de distinguer un indice grave et des indices concordants. La Cour d'appel a réalisé une interprétation beaucoup trop restrictive de l'article 105 du Code de procédure pénale. Elle considère que les éléments probatoires doivent, à eux seuls, réaliser des indices graves et concordants. S'ils demeurent soit graves soit concordants, ils ne sont pas susceptibles d'empêcher la poursuite de l'audition. À l'inverse, pour le pourvoi, tout indice qui corrobore un indice grave permet de considérer que les enquêteurs disposent d'indices graves et concordants. En réalité, cette logique, qui apparaît à première vue quantitative, possède une dimension qualitative dans la mesure où les indices doivent interagir entre eux, se consolider et permettre la tenue du raisonnement fondant la suspicion. De ce fait, la séparation effectuée par les juridictions de fond entre les indices graves et les indices concordants apparaît assez fragile et fallacieuse.

Autre exemple marquant, durant l'affaire Outreau, les enquêteurs de police utilisaient souvent une pluralité d'éléments recueillis par le juge d'instruction que celui-ci leur communiquait de manière informelle. Ces éléments constitutifs d'indices graves et concordants servaient à orienter les interrogatoires. La commission parlementaire en charge de tirer les conclusions de l'affaire a ainsi pu logiquement se poser la question d'un non respect de l'article 105[1].

À l'inverse, certaines décisions admettent l'existence d'indices graves et concordants de manière assez rapide, souvent à cause des circonstances qui révèlent la concordance ou de la qualité de celui qui les révèle. Il en est ainsi des énonciations d'un jugement étranger[2] ou de la lettre d'un juge d'instruction étranger exposant l'existence de charges suffisantes pour impliquer le suspect[3], de la mise en cause du suspect par les membres de sa famille sans d'autres éléments objectifs[4] et de la reconnaissance du suspect par un témoin[5].

La jurisprudence relative aux indices graves et concordants va probablement s'étoffer du fait de la faculté ouverte tous les six mois ou dix jours après chaque expertise, audition ou interrogatoire pour le mis en examen de critiquer son statut s'il estime que les conditions de sa mise en examen, notamment la qualité des indices, ne sont plus réunies et demander alors l'octroi du statut de témoin assisté. Cette prérogative est introduite par la loi du 5 mars 2007 à l'article 80-1-1 du Code de procédure pénale. Si le juge d'instruction répond négativement à cette demande, il devra rendre une « *ordonnance motivée en faisant état des indices graves et concordants justifiants sa décision* »[6]. Le mis en examen pouvant interjeter appel de cette ordonnance, le contentieux de l'intensité de la suspicion se verra porté devant la chambre de l'instruction et la Chambre criminelle[7]. Sauf si elle renvoie au pouvoir souverain d'appréciation des juges du fond, la Haute juridiction pourra alors préciser la définition des indices graves et concordants. Elle insistera alors sûrement sur leur caractère concourant.

---

1 VALLINI (A.), HOUILLON (P.), *Rapport* préc. p. 193.
2 Cass. crim., 28 oct. 1991, pourvoi n° 90-83.694.
3 Cass. crim., 20 juin 2001, *Bull. crim.* n° 156.
4 Cass. crim., 8 juin 2004, pourvoi n° 04-81.721.
5 Cass. crim., 5 mars 2002, pourvoi n° 01-88.624.
6 GUERY (C.), La loi du 5 mars 2007 et l'instruction préparatoire, *AJ pénal* 2007, p. 105 et s., spéc., p. 112 .
7 Art. 186 C. pr. pén.

2. Des indices démonstratifs et concourants

En définitive, les indices graves et concordants sont des *indices démonstratifs* à eux seuls de la participation du suspect à l'infraction. Ils doivent former un ensemble cohérent et indivisible. Ainsi en est-il d'aveux précis et circonstanciés[1] ; de la similitude des caractéristiques d'ADN entre un cheveu découvert et placé sous scellés dans le cadre de la procédure et un prélèvement fait sur le suspect[2] ; de la reconnaissance faite sur photographie du suspect par les victimes[3] ; des accusations précises et concordantes de plusieurs victimes confirmées, pour certaines, après confrontations[4] ; du décalage entre la photographie figurant sur un passeport et la physionomie de son possesseur[5].

C'est pourquoi, le principal critère des indices graves et concordants s'avère justement leur *concordance* plus encore que leur gravité. Par conséquent, la définition des indices graves *et* concordants permet celle *a contrario* des indices graves *ou* concordants, seuil minimal de mise en examen. Si la jurisprudence retient parfois l'existence d'indices concordants, elle recherche d'abord la constitution d'indices graves (aveux, éléments matériels précis), puis vérifie une éventuelle concordance. Dès lors, le véritable passage d'un degré de suspicion à un autre se fait par celui des indices graves aux indices graves et concordants. Dans la pratique judiciaire, au stade des indices graves, succède directement, sauf exception, celui des indices graves et concordants. La *concordance* n'intervient ainsi qu'en second lieu, comme *critère décisif*. En effet, la concordance renvoie à la conformité des indices entre eux. Par définition, les indices concordants sont des indices qui convergent, s'accordent entre eux. Comme l'énonce Madame Laurent : « *il faut plusieurs indices convaincants et ne se contredisant pas* »[6]. Avec la

---

[1] Cass. crim., 20 juin 1996, pourvoi n° 95-82.496 ; 30 oct. 2006, pourvoi n° 06-86.175.
[2] Cass. crim., 6 juin 2000, *Bull. crim.* n°211.
[3] Cass. crim., 22 août 2001, pourvoi n° 01-84.114.
[4] Cass. crim., 11 déc. 2001, pourvoi n° 01-86.607.
[5] Cass. crim., 30 mars 2004, pourvoi n° 04-81.141.
[6] LAURENT (N.), *La notion de suspect en matière pénale*, th. préc., n° 299, p. 248.

concordance, la loi du 15 juin 2000 relève de manière considérable le degré de suspicion en matière de mise en examen[1].

La suspicion judiciaire se fonde donc sur la concordance. C'est elle, avec l'objectivité, le critère d'accusation. Cette double exigence de concordance et d'objectivité accentue la vraisemblance de la culpabilité du suspect. Il est à noter que si le Comité Léger entend supprimer les statuts de mis en examen et témoin assisté, il veut tout de même maintenir le palier des indices graves ou concordants pour obliger le juge à faire bénéficier le suspect d'un régime renforcé de protection, véritable statut de partie[2]. Ces indices resteront bien le critère de la suspicion judiciaire. Par conséquent, il est possible d'affirmer que les indices graves et concordants sont en réalité des *indices concourants*. Les indices requis constituent donc des indices de participation qui tendent à devenir des indices de culpabilité. Ils s'avèrent ainsi des indices de quasi-culpabilité. Ils formalisent une accusation précise, démontrée, ciblée et de forte gravité. La suspicion devient *caractérisée* s'aggrave la détention.

§ 2. L'aggravation du préjugement par la détention provisoire

Le placement en détention provisoire constitue la mesure maximale de contrainte du suspect puisqu'elle entraîne son incarcération avant jugement La détention provisoire entache d'une marque presque indélébile la présomption d'innocence de celui qui est désormais un détenu[3]. La législation, qui a beaucoup fluctué, demeure toujours mouvante et complexe au gré d'incessantes réformes tachant de l'humaniser, de la limiter[4]. Il reste que la détention provisoire est une mesure de contrainte fondée sur la suspicion. Plus que toute autre mesure de contrainte, elle va encore renforcer la croyance dans la culpabilité. La suspicion s'est

---

1 MARON (A.), Témoin assisté et personne mise en examen, nouveaux coupables ou nouveaux innocents, *Rev. pénit. dr. pén.* 2001, p. 20 et s., spéc., p. 24.

2 Comité de réflexion sur la justice pénale, *Rapport*, préc., proposition n° 4.

3 MARON (A.), Des innocents d'Outreau aux innocents d'Ailleurs, propos inconvenants, *Dr. pén.* 2006, repère n° 2.

4 COHEN (C.), A propos de la détention provisoire. Vers la réforme permanente ? Historique - Etat des lieux et perspecctives, *Gaz. pal.* 1995, 1, doct., p. 501 ; RASSAT (M.-L.), Détention provisoire 17…et la suite, in *Mélanges Vitu*, Cujas, 1989, p. 619.

aggravée (A). Et les motifs de placement font bien une référence à cette aggravation (B).

A. L'aggravation de la suspicion par la détention

De prime abord, l'article 144 du Code de procédure pénale, ne semble pas ajouter un nouveau palier de vraisemblance. Cependant le placement en détention révèle bien que la suspicion s'est aggravée (1). Manque ainsi un palier de suspicion (2).

1. L'élévation de la suspicion

Selon l'article 137 du Code de procédure pénale, la détention doit être une mesure décidée pour les nécessités de l'instruction si le maintien en liberté du suspect n'est pas envisagé et que le contrôle judiciaire s'avère insuffisant. Le contrôle judiciaire relève déjà l'intensité de la suspicion par rapport à la simple mise en examen. La détention provisoire, plus grave, renforce encore cette suspicion.

En plus des conditions générales de la coercition pendant l'instruction posées par l'article 137, l'article 144 du Code de procédure pénale énumère limitativement les conditions de détention provisoire. Mais il ne pose pas explicitement de nouveau palier supplémentaire de vraisemblance de la participation du suspect à l'infraction. L'imputabilité probable de l'infraction à la personne n'apparaît pas dans le texte de l'article 144. Sauf que la détention provisoire ne vise que la personne mise en examen, contre laquelle ont été constatés des indices graves et/ou concordants de sa participation aux faits sur lesquels porte l'instruction. Indirectement, l'exigence de suspicion est posée par l'article 137 du Code de procédure pénale. La présence d'indices de suspicion devient ainsi le socle de base de l'article 144[1]. Comme l'écrit pertinemment Monsieur Pradel, « *À défaut d'indices de culpabilité point de détention et l'on s'étonnera que nul article du Code de procédure pénale ne l'ait formulée expressément* »[2]. Faustin Hélie l'avait bien affirmé en son temps. Pour lui, la détention provisoire « *constitue un jugement provisoire que rend le*

---

1 GUERY (C.), *Détention provisoire*, Dalloz, 2001, n° 1.6, p. 26. L'auteur évoque l'existence d'indices de culpabilité et non de suspicion.

2 PRADEL (J.), *L'instruction préparatoire*, Cujas 1990, n° 619, p. 638.

juge, et ce jugement doit être fondé sur des présomptions sérieuses puisqu'il place le prévenu en état de détention »[1].

De ce fait, le magistrat qui placera en détention provisoire motivera sa décision par l'existence d'indices pesant contre le suspect[2]. Souvent d'ailleurs, les juridictions font référence au fond du dossier, à la gravité des faits et au degré d'implication de l'intéressé[3], voire directement à l'existence d'indices[4].

Pour autant, il faut regretter, que le Code de procédure pénale ne renouvelle pas l'exigence d'une constatation par les juridictions d'instruction d'indices supplémentaires de suspicion. La suspicion s'est encore aggravée depuis la mise en examen et le contrôle judiciaire tous deux dépassés. Existe bien *de facto* la constatation d'une probabilité supplémentaire de culpabilité contre le suspect[5]. Le degré de suspicion nécessaire est plus élevé que pour un placement sous contrôle judiciaire. Cette différence incite alors les juridictions d'instruction à considérer le contrôle comme insuffisant[6]. Poursuivant la volonté de limiter la détention provisoire, la loi n° 2007-291 du 5 mars 2007 a réécrit l'article 144 et posé un critère supplémentaire. Désormais la détention provisoire ne peut être ordonnée ou prolongée qu'au regard d' « *éléments précis et circonstanciés résultant de la procédure* »[7]. S'il n'est pas fait référence précisément à la suspicion, celle-ci apparaît néanmoins toujours un peu plus en filigrane tant ces *« éléments précis et circonstanciés »* ne pourront être que des indices de suspicion. Le législateur devrait ainsi les préciser.

2. La nécessité d'un nouveau palier de suspicion

Le législateur devrait donc légaliser cette suspicion en précisant la qualité des indices requis pour un placement en détention provisoire. Une telle précision conforterait la conformité du droit

---

1 FAUSTIN HELIE (F.), *Traité de l'instruction criminelle*, t. 4, *De l'instruction écrite*, préc. n° 1964.

2 GUERY (C.), Détention provisoire et culpabilité, *D.* 2006, Point de vue, p. 1556.

3 Pratique validée par la Cour de cassation, Cass. crim., 1er oct. 1985, *Bull. crim.* n° 288.

4 Cass. crim., 15 oct. 1985, *D.* 1986, p. 170, note MAYER (D.).

5 PRADEL (J.), *L'instruction préparatoire*, préc., n° 619, p. 639.

6 V. Cass. crim., 1er mars 2005, *Bull. crim.* n° 73.

7 NORD-WAGNER (M.), La détention provisoire : un équilibre renforcé ?, *AJ pénal* 2007, p. 113.

français avec les exigences conventionnelles. La Cour européenne des droits de l'homme estime en effet que la persistance des raisons plausibles de soupçonner la personne d'avoir accompli une infraction, au sens où elle entend cette notion, est une condition *sine qua non* de la régularité de la détention[1]. Les droits étrangers exigent d'ailleurs que la détention provisoire se fonde sur des indices d'une certaine gravité. Le droit italien exige des indices graves de culpabilité (art. 273 C. proc. pén.). Le droit espagnol pose des motifs suffisants de croire que la personne est responsable de l'infraction (art. 503 *LE. crim.*). Les droits belge et grec veulent des indices sérieux de culpabilité (art. 16 L. 2 juillet 1990 et art. 282 al. 2 C. pr. pén.). Le droit néerlandais n'admet qu'une suspicion prouvée (art. 67 § 1 et 2 C. pr. pén.). Le droit danois se contente de l'existence de soupçons particulièrement renforcés que l'individu a commis l'infraction (art. 762 C. pr. pén.)[2].

Dès lors, le simple renvoi implicite aux indices graves et/ou concordants nécessaires à la mise en examen apparaît insuffisant. L'article 144 du Code de procédure pénale devrait énoncer que le juge ne peut placer en détention provisoire que les personnes mises en examen à l'encontre des quelles il existent des « *indices graves, précis et circonstanciés, d'une particulière concordance rendant vraisemblable qu'elle a commis ou tenter de commettre la ou les infractions objets de l'information* ». Il est dommage que le Comité Léger ne souhaite pas modifier les critères de suspicion permettant de palcer en détention provisoire[3]. Pour le moment, l'augmentation du degré de suspicion est à rechercher dans les motifs de détention visés par l'article 144.

B. La référence indirecte à une suspicion aggravée dans les motifs de détention

Les conditions spécifiques supplémentaires requises pour tout placement en détention provisoire renvoient plus ou moins directement à l'exercice de la suspicion de part leur finalité. Jusqu'à la

---

[1] CEDH, 10 nov. 1969, *Stögmuller c/ Pays-Bas*, série A, n° 9, § 4.

[2] GUERY (C.), *Détention provisoire*, préc., n° 1.9, p. 27 ; PRADEL (J.), dir, *Les atteintes à la liberté avant jugement en droit pénal comparé*, Cujas, 1992 ; *Procédure pénale comparée*, préc., n° 442 p. 567.

[3] Comité de réflexion sur la justice pénale, *Rapport*, préc., sous la proposition n° 5.

loi n° 2007-291 du 5 mars 2007, l'article 144 énumérait les différents motifs en cas de détention provisoire dans trois cas. La loi nouvelle les fait éclater en sept cas sans en changer la substance. Ces différentes causes de détention relèvent de trois finalités différentes : une finalité probatoire, une finalité de protection du suspect et enfin une finalité de protection de l'ordre public[1]. Mais la détention provisoire peut être motivée par ces trois finalités à la fois[2]. Si les deux premières finalités se rapprochent de l'exercice de la contrainte pour la mise en œuvre de la suspicion (1), la dernière pose plus de difficulté d'appréhension (2). Dans tous les cas, un contrôle indirect est possible grâce à la notion de délai raisonnable (3).

1. L'exercice classique de la suspicion

Les deux premiers motifs de détention provisoire s'intègrent parfaitement avec les objectifs classiques de la contrainte pendant la mise en œuvre de la suspicion que ce soit pour préserver les preuves (a) ou garantir la protection du suspect et sa représentation devant la justice (b).

a) La préservation des indices de suspicion

La détention provisoire est d'abord justifiée si elle est le seul moyen d'assurer la conservation des preuves ou les indices matériels (144, 1°) ; l'empêchement de toute pression sur les témoins ou les victimes (144, 2°) ; l'empêchement de toute concertation entre les suspects et leurs complices (144, 3°). Dans ces trois cas, il s'agit de préserver les indices qui la fondent mais aussi d'en trouver de nouveaux ou encore de procéder à des vérifications. Dans cette optique, la contrainte est bien utilisée directement à des fins probatoires. Ces indices sont bien évidemment les indices matériels mais aussi les indices oraux tels que les témoignages des témoins ou des victimes, d'où l'intérêt d'éviter toute pression sur ceux-ci pour éviter qu'ils ne modifient leur déposition, et l'intérêt d'éviter toute concertation entre suspects ou avec leurs complices les informant de l'existence de l'enquête pour faire concorder leurs

---

[1] GUINCHARD (S.), BUISSON (J.), *Procédure pénale*, préc., n° 1781, p. 863.
[2] V. Cass. crim., 18 juin 2003, *Bull. crim.* n° 126.

déclarations, voire prendre la fuite. Ce motif de contrainte pour préserver ou rechercher les indices s'intègre tout à fait dans un exercice classique de la suspicion.

b) La protection des intérêts du suspect et de la justice

Le deuxième critère de la détention provisoire est la protection du suspect (art. 144, 4°) le risque de renouvellement de l'infraction ou de la nécessité d'y mettre fin la fin de l'infraction et la prévention de sa récidive (144, 6°). La finalité de protection qui s'en dégage s'avère en apparence plus lointaine avec la suspicion. Cependant, n'est pas seulement visée la protection du seul suspect contre d'éventuelles représailles. Cette utilisation de la détention provisoire pour le « *bien* » du suspect se voit assez difficile à justifier en pratique et de ce fait, exceptionnellement utilisée[1].

La protection s'avère aussi celle des intérêts la justice, par la crainte de la fuite du suspect (art. 144, 5°) et celle des intérêts de la société par la crainte d'une réitération de l'acte (144, 6°). Ces deux derniers objectifs correspondent tout à fait à la nature de la contrainte pendant l'instruction, à la fois garantie de représentation du suspect devant la justice et mesure de sûreté.

Ainsi, le risque de fuite du suspect du fait de son absence de domicile[2], ou de sa domiciliation à l'étranger ou encore du fait de la peine encourue par lui est très utilisé par les juridictions d'instruction[3]. Le critère tiré du risque de renouvellement de l'infraction ou d'y mettre fin peut sembler quant à lui plus curieux. D'une part, il est difficile de concevoir comment une infraction poursuivie n'a pas déjà pris fin. D'autre part, concernant le risque de renouvellement, ce critère possède pour conséquences de faire s'attacher plus à la nature de l'infraction qu'à la personnalité du suspect. Certaines infractions sont ainsi plus propices au renouvellement, tel le trafic de stupéfiants ou l'escroquerie. La tentation de placer en détention provisoire la personne soupçonnée n'en devient que plus importante. L'appréciation du risque de renouvellement se fondera surtout sur l'existence d'antécédents

---

[1] GUERY (C.), *Détention provisoire*, préc. n° 1.35, p. 41.
[2] Cass. crim., 26 juill. 1994, *Bull. crim.* n° 284.
[3] GUERY (C.), *Détention provisoire*, préc. n° 1.31, p. 38.

figurant notamment sur le casier judiciaire. Dans ce cas précis, la Cour européenne énonce que si le casier peut être utilisé comme critère[1], il ne peut être l'unique[2]. Mais la question se pose désormais de la personne qui n'a pas déjà été condamnée et qui figure sur un fichier de police puisque ceux-ci concernent aussi les suspects[3].

Les critères de détention provisoire posés par l'article 144, 1° à 6° possèdent un lien fort avec l'existence de la suspicion et les nécessités de sa mise en œuvre. Ce lien s'avère beaucoup plus équivoque s'agissant du trouble à l'ordre public de l'article 144, 7°.

2. L'appréciation de la suspicion par le trouble à l'ordre public

Le dernier cas de détention provisoire est enfin constitué par la nécessité de mettre fin à « *un trouble exceptionnel et persistant à l'ordre public provoqué par la gravité de l'infraction, les circonstances de sa commission ou l'importance du préjudice qu'elle a causé* » (144, 7°). La création d'un trouble à l'ordre public peut s'avérer la « *motivation la plus tentante* »[4] pour décider d'une détention puisque, par définition, la commission d'une infraction crée un trouble. Le caractère vague et ambigu de cette notion s'est donc vu très discuté (a). Les risques de dérive qu'il engendre amène à demander sa suppression (b).

a) Une ambiguïté intrinsèque et dangereuse

La définition précise du trouble à l'ordre public de l'article 144 du Code de procédure pénale n'a été jusqu'à présent donnée[5]. Pour Monsieur Chambon, le trouble à l'ordre public renvoie à

---

[1] CEDH, 12 déc. 1991, *Toth c/Autriche*, série A, n° 22.

[2] CEDH, 17 mars 1977, *Muller c/France*, rec., 1997-II.

[3] Par ex., sont inscrites sur système de traitement des infractions constatées, le STIC, les personnes *« à l'encontre desquelles il existe des indices graves ou concordants rendant vraisemblable qu'elles aient pu participer, comme auteurs ou complices, à la commission des infractions…* » selon l' art. 21-IV L. n° 2003-239 du 18 mars 2003.

[4] GUINCHARD (S.), BUISSON (J.), *Procédure pénale*, préc., n° 1631, p. 788.

[5] Pour un arrêt récent qui assimile trouble à l'ordre public le trouble social et familial, *cf.* Cass. crim., 30 mars 2005, pourvoi n° 05-80.235.

l'émotion auprès du public[1] que créeraient la commission de l'infraction et la liberté du suspect[2]. Pour limiter le recours à ce motif par les juges, la loi du 30 décembre 1996 vint isoler ce motif dans un alinéa précis à la fin de l'article 144 (alors 144, 3°) et préciser la nature du trouble. Il doit être « *exceptionnel et persistant* » ainsi que « *provoqué par la gravité de l'infraction, les circonstances de sa commission ou l'importance du préjudice qu'elle a causé* ». Or, le premier de ces adjectifs, « *exceptionnel* », laisse toujours une marge d'appréciation au juge. Le deuxième, « *persistant* », revient à consacrer l'actualité du trouble. Enfin, le critère de gravité ne fait que reprendre l'appréciation courante des juges quant à la nature du trouble et la sanction que leur paraît mériter l'infraction commise. D'ailleurs, la motivation de ceux-ci porte, depuis avant la réforme, sur la gravité de l'infraction, ses circonstances et le préjudice créé. La nature exceptionnelle du trouble est souvent tirée de sa gravité si bien qu'en réalité, dans l'esprit des juges, le trouble à l'ordre public est bien causé par la gravité des faits[3].

Le fait de mentionner la gravité des faits et leurs circonstances consacre donc la gravité comme le critère du trouble à l'ordre public. La loi n'a pas modifié l'appréciation implicite de ce dernier par les juridictions d'instruction. Les risques de ce motif « *passe-partout* »[4] persistent tant qu'il se fondera sur des notions telles que les circonstances, la gravité et le préjudice.

Comme le fait remarquer Monsieur Guéry, les motivations des juridictions d'instruction fondées sur l'existence d'un trouble à l'ordre public déguisent, sous les références à l'espèce soit la catégorisation d'infractions considérées comme graves par essence, soit un rapport logique plus ou moins artificiel entre ces faits et le trouble à l'ordre public[5]. Les juridictions d'instruction rappellent souvent l'existence et l'intensité de la suspicion et la nécessité de la

---

[1] CHAMBON (P.), note sous Cass. crim., 19 févr. 1980, *D.* 1980, jur., p. 356.

[2] Dans l'affaire Outreau, le trouble public reposait sur la médiatisation de l'affaire. VALLINI (A.), HOUILLON (P.), *Rapport* préc., p. 298.

[3] Ex. Cass. crim., 15 mars 2005, pourvoi n° 04-87.794 (trouble justifié par le trafic de drogues dures ; Cass. crim., 11 janvier 2005, pourvoi, n° 04-86.122 (trouble causé par le viol collectif d'une jeune fille).

[4] MERLE (R.), VITU (A.), *Traité de droit criminel*, t. 2, *Procédure pénale*, préc., n° 476, p. 559, note n° 2.

[5] GUERY (C.), *Détention provisoire*, préc., n° 1. 24, p. 35.

privation de liberté pour en vérifier les fondements, la renforcer et en poursuivre l'exercice[1]. Elle utilise ainsi opportunément le trouble à l'ordre public.

Or la Cour européenne des droits de l'homme s'oppose à une telle logique notamment dans son arrêt *Dumont-Maliverg c/ France* du 31 mai 2005. Avant de conclure à la violation de l'article 5 § 3, elle rappelle que « *le risque de trouble à l'ordre public ne doit pas être abordé abstraitement, en se bornant à faire référence à la nature du crime en cause, aux circonstances dans lesquelles il a été commis ou aux états psychiques de l'accusé et de la victime* »[2]. La Cour va ainsi vérifier si la détention se fonde sur des motifs sérieux. Elle examine les motifs apportés par les États pour justifier la détention[3]. Par exemple, elle va s'assurer de « *l'existence d'une véritable exigence d'ordre public justifiant, eu égard à la règle de la présomption d'innocence, une exception à la règle du respect de la liberté individuelle* »[4]. Elle a de ce fait condamné la France pour dépassement du délai raisonnable dans un arrêt *Letellier* du 26 juin 1991. Dans cette affaire d'assassinat, toutes les demandes de remises en liberté du suspect furent rejetées. Les différents arrêts de la chambre d'accusation soulignaient la nécessité de préserver l'ordre public du trouble causé par l'assassinat. Pour la Cour européenne, « *par leur gravité particulière et par la réaction du public à leur accomplissement, certaines infractions peuvent susciter un trouble social de nature à justifier une détention provisoire, au moins pendant un temps* ». Mais la Cour appelle bien que « *la détention ne demeure légitime que si l'ordre public reste effectivement menacé ; sa continuation ne saurait servir à anticiper sur une peine privative de liberté* »[5]. La Cour adopte donc une définition restrictive du trouble à l'ordre public, « *trouble de l'opinion publique devant la libération du suspect* »[6]. Cette restriction n'est pas adoptée par la culture judiciaire française. L'utilisation judiciaire du trouble à l'ordre public pour motiver quasi automatiquement toute détention rend ainsi totalement incontrôlable la détention provi-

---

[1] Par ex., Cass. crim., 17 sept. 2003, pourvoi n° 03-83.793.

[2] CEDH, , 31 mai 2005, *Dumont-Maliverg c/ France*, req. n° 57547/00 et 68591/01, § 64.

[3] PRADEL (J.), CORSTENS (G.), *Droit pénal européen*, Dalloz, 2002, n° 321.

[4] CEDH, 27 nov. 1991, *Kemmache c/France*, série A n° 218, § 45 ; *Rev. sc. crim.* 1992, p. 143, obs. PETTITI (L. -E.).

[5] CEDH, 26 juin 1991, *Letellier c/France*, *Rev. sc. crim.*, 1991, p. 813, obs. PETTITI (L.-E.) ; *D.* 1992, somm. p. 328, obs. RENUCCI (J. –F.).

[6] PETTITI (L. –E.), note sous CEDH, 26 juin 1991, *Letellier c/France*, préc.

soire et relativise fortement le caractère équitable de la procédure. Par conséquent, ce motif devrait être supprimé.

b) Une suppression souhaitable

Le trouble à l'ordre public s'avère un critère dangereux. L'existence des autres motifs le rend inutile tant il renvoie à la suspicion. La commission Justice pénale et droits de l'homme en avait d'ailleurs demandé la suppression[1] sans que le législateur n'intervienne de façon décisive sur ce point. Autant il est aisé de relier les deux premiers motifs de détention soit à la mise en œuvre et à la nature de la contrainte pendant l'instruction, autant il s'avère difficile de comprendre autrement le motif du trouble à l'ordre public que comme un blanc-seing délivré au magistrat pour punir le suspect d'une infraction grave. La commission Outreau renouvela la demande de suppression de ce motif en matière correctionnelle. En matière criminelle, elle désirait que ce motif soit davantage motivé, notamment par l'impossibilité de recourir à une autre mesure. Elle désirait aussi que la médiatisation de l'affaire ne soit pas prise en compte[2]. La commission fut en partie entendue. La loi n° 2007-291 du 5 mars 2007 restreint le critère à la seule matière criminelle et empêche la prise en compte de la médiatisation de l'affaire[3]. Malheureusement, la logique même du trouble empêchera toute limitation de son utilisation par les magistrats qui considéreront toujours que le contrôle judiciaire est impossible du fait de la gravité des faits, surtout en matière criminelle. Seule une suppression totale est souhaitable.

La détention provisoire ne devrait se fonder que sur des motifs liés à l'intensité de la suspicion et n'être possible que pour des infractions déterminées en fonction de leur gravité, par exemple en recourant à une liste[4]. Cette modulation de la contrainte rendrait plus lisible l'exercice de la contrainte. Comme Roger Merle a pu l'affirmer en son temps, l'un des moyens les plus efficaces de

---

[1] *La mise en état des affaires pénales*, préc., p. 102.
[2] VALLINI (A.), HOUILLON (P.), *Rapport* préc., p. 332.
[3] Art. 144, 7° C. pr. pén.
[4] JONCKHEERE (A.), DELTENRE (S.), DAENINCK (P.), MAES (E.), Garantir l'usage exceptionnel de la détention préventive : du seuil de peine à une liste d'infractions comme critère de gravité ?, *Rev. dr. pén. crim.* 2007, p. 50.

limiter la détention provisoire est de forcer les juges à ne pas la prononcer en posant des interdictions strictes de mise en détention dans certains cas[1].

Au-delà, la détention provisoire, puisqu'elle se fonde sur les indices graves et concordants de la mise en examen puis sur des motifs propres à l'instruction renforce ainsi l'intensité de la suspicion. La culpabilité du suspect est de plus en plus présumée. La décision de placement dénote de ce fait le préjugé manifeste du magistrat qui l'ordonne. La préculpabilité du suspect annonce sa liberté comme un risque de laisser s'échapper un coupable présumé[2].

Conclusion du Chapitre

Le premier stade de suspicion s'avère bien la phase de constatation des indices de suspicion qui vont permettre ensuite à la procédure de s'engager et à la suspicion de se développer dans un cadre procédural précis. La notion d'accusation « *doit s'entendre de la base juridique et factuelle des reproches formulés contre l'accusé dont celui-ci doit être avisé* »[3]. Par nature, suspicion et accusation s'entremêlent. La suspicion se transforme en accusation qui désigne le suspect et lui octroi le droit à un procès équitable. Mais dans le même temps, une fois suspect, il est plus facile de devenir coupable.

Conclusion de la Première Partie

La suspicion apparaît donc comme une technique juridique centrale en procédure pénale. Cependant, elle suspicion relativise le droit à un procès pénal équitable. Elle aboutit à une culpabilité présumée qui restreint l'innocence présumée. De plus, l'encadrement de la suspicion par le Code de procédure, qui pose un certain nombre de paliers à franchir pour passer d'une étape procédurale à l'autre, permet de formaliser une véritable accusation en matière pénale qui, certes ouvre droit au procès équitable, mais surtout permet le recueil et l'addition d'éléments tangibles

---

[1] MERLE (R.), Les leçons de l'histoire législative en matière de détention préalable au jugement, in *La plume et la parole*, Cujas 1993, p. 175.

[2] V. VARINARD (A.), Le détenu provisoire, *Rev. pénit. dr. pén.,* 2003, p. 659 et s spéc., p. 661.

[3] CEDH, 19 déc. 1989, *Kamasinski c/ Autriche*, série A, n° 168.

démontrant la culpabilité vraisemblable du suspect. Les logiques de culpabilité présumée et d'accusation formaliste, propres à la suspicion, réalisent autant de facteurs de déséquilibre de la procédure pénale au détriment du suspect. L'équilibre de la procédure dépendra alors de la maîtrise même de la suspicion.

2ème PARTIE

LA MAÎTRISE DE LA SUSPICION, REVELATEUR DE L'EQUILIBRE DE LA PROCEDURE

> *« Et vous verrez que les peines, les dépenses, les longueurs, les dangers même de la justice, sont le prix que chaque citoyen donne pour sa liberté. »*
>
> Montesquieu[1].

L'équité procédurale dépend de la maîtrise du processus de suspicion. Cette maîtrise doit être entendue dans trois sens. La maîtrise signifie d'abord la direction de la suspicion. Celui qui dirige la mise en œuvre de la suspicion, car il possède des prérogatives de conduite et d'orientation suffisantes de la technique de raisonnement, va disposer d'un grand poids dans la procédure. La maîtrise signifie ensuite la régulation de la suspicion par le contrôle de sa mise en oeuvre afin de garantir la sûreté du suspect et l'impartialité de la justice pénale. La maîtrise de la suspicion signifie enfin la critique de celle-ci de manière à protéger la présomption d'innocence et atténuer le poids de l'accusation. L'équilibre de la procédure devient fonction du rapport entre les pouvoirs de mise en œuvre, les pouvoirs de régulation et les pouvoirs de critique de la suspicion. Qu'un ou plusieurs possèdent la main-mise sur l'exercice de la suspicion, que les autres ne soient pas en mesure de contrôler ou de critiquer et c'est tout l'équilibre procédural qui se voit remis en cause et même le déséquilibre qui s'accentue. A l'inverse, si les pouvoirs de contrôle et les possibilités de remise en cause de la suspicion sont renforcés, le déséquilibre né de la suspicion se voit atténué voire corrigé. La maîtrise de la suspicion révèle ainsi l'équilibre de la procédure pénale.

Par conséquent, cet équilibre dépend des prérogatives des différents acteurs du procès. Il évoluera en fonction de la combinaison des prérogatives des magistrats du parquet et du siège durant la phase préparatoire du procès (Chapitre 1). Il dépendra aussi des capacités du suspect à se défendre face à la suspicion (Chapitre 2).

---

[1] *L'Esprit des Lois*, Livre VI, paragraphe 2.

Chapitre 1. L'inégale maîtrise de la suspicion par les magistrats

Les magistrats de l'ordre judiciaire interviennent de manière prépondérante pour la mise en œuvre de la suspicion soit en utilisant eux-mêmes la technique de suspicion, soit en ordonnant un ou plusieurs actes de procédure permettant son exercice. Dans le même temps, leur intervention concourt au caractère équitable de l'exercice de la suspicion puisqu'ils sont garants de la liberté individuelle du suspect selon l'article 66 de la Constitution du 4 octobre 1958. De plus, l'équilibre se voit garanti par la séparation de leur fonction puisqu'elle « *concourt à la sauvegarde de la liberté individuelle* »[1]. Cette séparation interdit ainsi qu'un magistrat remplisse plusieurs fonctions lors d'une même affaire[2]. Durant la phase préparatoire, un magistrat ne peut en principe poursuivre puis instruire[3]. Plus largement, par la « *parcellisation des tâches* » qu'elle impose[4], la séparation des fonctions se pose comme une garantie de l'impartialité des magistrats du siège qui devront prendre une décision relative au suspect. Cette exigence d'impartialité est renforcée par l'article 6 § 1 CSDH lequel consacre la nécessité d'un « *tribunal indépendant et impartial* ». La Cour européenne des droits de l'homme a ainsi eu l'occasion d'enrichir la théorie de la séparation par la conjugaison d'une double conception objective et subjective de l'impartialité[5] qui s'intéresse à la fois aux garanties fonctionnelles et au for intérieur du juge[6]. Et l'exigence d'impartialité demeure forte lors de la phase préparatoire. Les

---

[1] Cons. const., déc. n° 95-360 DC du 2 févr. 1995, *JO*. 7 févr. 1995, p. 2097).
[2] *Cf.*, art. 49 al. 2 ; 137-1 et art. 253 C. pr. pén..
[3] Cass. crim., 15 mars 1960, *Bull. crim.* n° 148.
[4] JOSSERAND (S.), *L'impartialité du magistrat en procédure pénale*, préc., n° 5, p. 24.
[5] CEDH, 1er oct. 1982, *Piersack c/Belgique*, § 30, série A, n° 53.
[6] CEDH, 24 mai 1989, *Hauschildt c/Danemark*, § 50, série A, n° 154.

magistrats du siège doivent en principe demeurer impartiaux pour juger l'accusation portée par un parquet par définition partial[1].

La procédure équitable dépend donc du contrepoids du siège face au parquet. Cependant, l'équilibre institutionnel se rompt en faveur du procureur de la République. En charge de l'accusation du suspect, il dirige la suspicion. Ses prérogatives s'accroissent (section 1). Mais cette évolution n'est pas inéluctable. Le juge du siège dispose de nombreuses prérogatives d'arbitrage et de contrôle pour réguler la suspicion (section 2).

Section 1. La direction de la suspicion par le procureur

Le principal acteur de la suspicion parmi les magistrats est bien le procureur de la République. L'article 41 alinéa 1er du Code de procédure pénale énonce ainsi qu'il « *procède ou fait procéder à tous les actes nécessaires à la recherche et à la poursuite des infractions à la loi pénale* ». En charge de l'action publique selon l'article 31, il désigne celui qu'il considère comme l'auteur probable de l'infraction et apporte les preuves de sa culpabilité. Par définition le parquet est ainsi. Et lorsqu'une instruction préparatoire n'est pas ouverte, soit dans neuf cas sur dix, il est le premier magistrat à utiliser la technique de suspicion, à orienter son exercice vers un suspect et décider de la suite de la procédure (§ 1). Lorsqu'une instruction est ouverte, son rôle d'initiative et d'orientation devient prépondérant et pèse de tout son poids sur l'exercice de la suspicion. Il a vocation à supplanter le juge d'instruction (§ 2).

§ 1. La gestion de la suspicion en dehors de l'instruction

Le parquet dirige l'activité de la police judiciaire. La suspicion est mise en œuvre par le procureur sur la base des preuves obtenues par la police judiciaire. Il fait sienne la suspicion policière et

---

[1] La Cour de cassation énonce ainsi que « *le ministère public ne décidant pas du bien fondé de l'accusation en matière pénale, le moyen pris de la partialité éventuelle de ce magistrat est inopérant* ». Cass. crim., 10 déc. 1986, *D.* 1987, somm., p. 85, obs. PRADEL (J.).

l'oriente en conséquence (A). Sur la base du dossier de police, il oriente ensuite le suspect pour donner une suite à l'affaire (B).

A. L'orientation de la suspicion

Le procureur de la République possède un rôle prépondérant de direction de la police judiciaire selon les articles 12 et 41 du Code de procédure pénale. Il est bien le « *procureur-directeur* » des investigations[1]. Directeur de la police judiciaire, le ministère public possède une fonction de contrôle de l'action des enquêteurs afin de préserver la liberté individuelle, s'assurer du respect de la légalité et vérifier la qualification pénale des faits reprochés au suspect (1). Cependant, le rôle du parquet se double d'une véritable activité de direction de l'enquête (2).

1. Le contrôle de l'action des enquêteurs

Pour exercer son contrôle de la suspicion policière, le ministère public doit évidemment en avoir connaissance. Les enquêteurs de police judiciaire doivent donc informer le procureur de leur action (a). Néanmoins, il semblerait que ce contrôle possède une dimension relative qui atténue la notion de direction au profit d'un processus de coopération (b).

a) L'information par les enquêteurs

Ainsi que le prévoit l'article 19 du Code de procédure pénale, le parquet doit être informé du déclenchement des investigations policières. Il est immédiatement tenu informé de l'ouverture d'une enquête de flagrance et de l'identification de suspect à partir des indices apparents. Pendant l'enquête préliminaire, le magistrat est avisé par les enquêteurs de l'identité de toute personne contre laquelle pèsent des indices faisant présumer sa participation à l'infraction. Les enquêteurs doivent lui rendre compte de l'avancement des investigations effectuées d'office dans le cadre d'une enquête préliminaire débutée depuis plus de six mois. Il est

---

[1] BUISSON (J.), *L'acte de police*, th. préc., p. 149.

aussi informé de l'exécution d'une commission rogatoire ou d'une réquisition par le magistrat ayant ordonné l'opération[1].

Le procureur doit surtout être constamment informé des mesures de contraintes prises à l'encontre du suspect. Il doit être informé d'une vérification d'identité lorsque le suspect le demande et s'avère récipiendaire du procès-verbal relatant la mesure[2]. Le procureur est aussi informé du placement du suspect en garde à vue ou rétention douanière[3]. Il doit même donner son accord préalable pour toute garde à vue d'un suspect mineur de dix à treize ans[4]. L'OPJ doit aussi l'informer sans délai que les nécessités de l'enquête empêchent de satisfaire la demande du suspect de faire prévenir un proche[5]. Enfin, le parquet est informé immédiatement de la découverte d'un cadavre dont l'origine de la mort paraît suspecte[6].

Le législateur insiste sur l'instantanéité de l'information du parquet par les policiers afin que le contrôle s'effectue de la manière la plus concomitante possible avec leur action. Pour faciliter cette information, la jurisprudence ne soumet l'avis de garde à vue à aucune forme particulière[7]. Elle se montre de ce fait très scrupuleuse quant à l'information du procureur par les enquêteurs, notamment lorsque ceux-ci détiennent le suspect en garde à vue. La Cour considère que « *tout retard dans l'avis de placement en garde à vue, non justifié par une circonstance insurmontable, porte nécessairement atteinte aux intérêts de la personne retenue* »[8]. Elle entend que soient bien explicitées *in concreto* ces circonstances[9]. La notion de circonstance insurmontable fait peser sur l'enquêteur une obligation de moyens. Le procureur doit être constamment tenu au courant afin de maîtriser la suspicion et sa mise en œuvre policière. Cependant,

---

[1] Respectivement art. 53 ; 54 ; 75-1 al. 2 ; 75-2 et 18 al. 3 C. pr. pén.
[2] Art. 78-3 C. pr. pén.
[3] Art. 63, 70, et 77 C. pr. pén. ; art. 323, 3° C. douanes.
[4] Art. 4-I Ord. 2 févr. 1945.
[5] Art. 63-2 al. 2 C. pr. pén.
[6] Art. 74 C. pr. pén.
[7] Cass. crim., 13 déc. 2006, *Bull. crim.* n° 312.
[8] Cass. crim., 24 nov. 1998, *Bull. crim.* n° 314, *Procédures* 1999, comm. 138, obs. BUISSON (J.) ; 20 mars 2007, pourvoi n° 06-89.050 ; *AJ pénal* 2007, p. 231, obs. ROYER (G.).
[9] V. Cass. crim., 12 avr. 2005, *JCP* 2005, IV, 2280 en cas de pluralité des suspects. Pour l'acceptation des difficultés d'identification du suspect, v. Cass. civ. 2ème, 19 févr. 2004, *Bull. civ.* II, n° 70 ; *AJ pénal* 2004, p. 160 obs. PITOUN (A.).

sa direction de la police judiciaire souffre d'une certaine relativité. Elle fait place à une forme de partenariat.

b) La coopération avec les enquêteurs

La mise en place du traitement en temps réel depuis le début des années 1990 a changé profondément la nature des rapports entre magistrats et enquêteurs qui sont devenus les postes avancés de la justice. La création au sein de chaque juridiction d'un service de traitement direct au sein desquels les substituts répondent aux appels des enquêteurs policiers les informant de leur action permet de renforcer le pouvoir de direction et de contrôle du parquet[1]. Néanmoins, la police judiciaire jouit *de facto* d'une autonomie certaine dans l'exercice de la suspicion. Le magistrat reste dépendant des informations fournies par le policier[2].

La jurisprudence ne contribue pas à renforcer le pouvoir de direction du parquet. Ainsi, elle ne censure pas certains retards ou défaut d'information comme le défaut d'information dès identification du suspect[3]. L'identité du suspect peut échapper un temps au parquet au moins. Surtout, dans un arrêt du 1er décembre 2004, la chambre criminelle décide que les enquêteurs peuvent procéder d'office à des enquêtes préliminaires et que « *le défaut d'information du procureur de la République est sans effet sur la validité des actes accomplis par ces derniers* »[4]. Cet arrêt relativise de manière considérable le pouvoir de direction de la police judiciaire par le parquet. Les enquêteurs peuvent exercer pendant un certain temps la suspicion comme bon leur semble affranchis de la tutelle judiciaire.

La relation entre la police et le parquet n'est donc pas marquée par une direction rigide et verticale mais plutôt fluide et horizontale selon un processus de « *déformalisation* » de la phase d'enquête[5].

---

1 DEBOVE (F.), La justice pénale instantanée, entre miracle et mirages, *Dr. pén.* 2006, chron., n° 19.

2 MOUHANNA (C.), Les relations police-parquet en France : un partenariat mis en cause ?, *Droit et société*, 2004, p. 505 et s., spéc., p. 521.

3 Cass. crim., 23 août 2005, *Bull. crim.* n° 209 ; *D.* 2006, pan. 621, obs. PRADEL (J.).

4 Cass. crim., 1er déc. 2004, *Bull. crim.* n° 302 ; *D.* 2005, jur. p. 1336, note LENNON (J.-L.).

5 CARTUYVELS (Y.), Police et parquet en Belgique : vers une reconfiguration des pouvoirs ?, *Droit et société*, 2004, p. 52.

Ce processus consacre une certaine autonomie de la police un peu sur le modèle belge du traitement policier autonome[1]. Dans le même temps, le traitement en temps réel permet la synchronisation du temps policier et du temps judiciaire[2]. Il renforce les liens de confiance entre l'OPJ et le magistrat qui peuvent arriver à partager une même culture d'enquête[3]. La surveillance du premier par le second fait l'objet d'une forme de négociation plus ou moins tacite entre les deux autorités. Si l'article 75-1 du Code de procédure pénale donne pouvoir au procureur de fixer le délai de l'enquête préliminaire, il peut s'entendre avec les enquêteurs autour d'un calendrier. Les deux acteurs fonctionnent sur un mode coopératif qui pourra poser problème lorsque le magistrat entendra réguler l'activité du policier. Il n'empêche, police et parquet forment le binôme prépondérant qui met en œuvre la suspicion dans le procès pénal et construit à deux voix la culpabilité présumée.

L'évolution des relations entre police et parquet autour de la suspicion appelle le rattachement organique de la première au second[4]. Aussi souhaitable qu'il paraisse, ce projet se heurte à la pluralité des services de police judiciaire. Il serait ainsi difficile de tous les rattacher au parquet. Néanmoins, les services spécialisés type SRPJ, section de recherche, voire offices centraux pourraient eux être structurellement rattachés au parquet. De plus, il est possible d'imaginer une plus grande direction opérationnelle de la police par le parquet par le détachement de magistrats au sein des services de la police judiciaire afin d'assurer une plus grande proximité entre les deux institutions et contrôler sur place l'action des enquêteurs et par le renforcement du pouvoir disciplinaire du parquet sur les officiers et agents police judiciaire.

---

[1] GUILLAIN (C.), VAN EX (J.), Le traitement policier autonome : une autonomie relative ?, *Rev. dr. pén. crim.*, 2004, p. 417.

[2] ETRILLARD (C.), Des relations du ministère public avec la police judiciaire en France : étude du traitement en temps réel des procédures policières, *RI crim. et pol. tech.* 2003, p. 277 et s., spéc., p. 281.

[3] MOUHANNA (C.), *Police judiciaire et magistrat, une affaire de confiance*, La documentation française, 2001.

[4] Demandée par la commission Justice pénale et Droits de l'homme, rapport préc., fiche n° 4.

La maîtrise de la suspicion par le parquet découle ainsi de sa coopération avec la police. Mais il possède en propre nombre d'instruments pour jouer un rôle moteur.

2. Le directeur d'enquête

Est indéniable le rôle central du procureur dans la mise en œuvre de la suspicion. Non seulement ses prérogatives d'animation de l'enquête se renforcent (a) mais il possède des attributions qui relevaient auparavant du juge d'instruction (b).

a) L'animation de l'enquête

Tout d'abord, le procureur de la République peut être à l'origine de la suspicion par les investigations. Comme vu précédemment, il requiert des contrôles d'identité, autorise la visite d'un véhicule en cas en cas de suspicion d'atteinte grave à la sécurité des personnes et des biens, de terrorisme ou trafic d'arme. Bien évidemment, il peut ouvrir une enquête préliminaire dont il fixe le délai et la prolongation. Dans le même sens, il contrôle les investigations en flagrance des enquêteurs et en ordonne la prolongation. Il peut aussi se rendre sur les lieux d'une infraction flagrante et mener lui-même l'enquête. Il peut même mettre en œuvre la suspicion dans le ressort d'un autre tribunal que celui au sein duquel il exerce ses fonctions après avoir informé son homologue local. Lors de l'enquête de mort suspecte, c'est lui qui décide ou non de déléguer les pouvoirs d'enquête à un OPJ. En cas de disparition suspecte ou recherche d'une personne en fuite, il donne instruction aux OPJ pour enquêter[1]. Il exerce ainsi véritablement son pouvoir de direction.

Ensuite, le procureur de la République contribue à la contrainte du suspect. Il requiert auprès du JLD une perquisition sans le consentement du suspect pendant l'enquête préliminaire. Il autorise l'OPJ à contraindre les personnes n'ayant pas répondu à une convocation. Il peut ordonner aux enquêteurs de placer un suspect en garde à vue, voire de le réaliser lui-même puisqu'il possède tous les pouvoirs et prérogatives attachés à la qualité d'OPJ. Il

[1] Respectivement art. 78-2 al. 2 ; 78-2-3 ; 78-2-2 ; 77 al. 1 ; 75-1 ; 53 al. 2 et 3 ; 68 ; 69 ; 74 al. 2 ;74-1 ; 74-2 C. pr. pén.

décide par écrit des prolongations des gardes à vue ainsi que du déférement devant lui ou de la remise en liberté du suspect à son terme[1].

Enfin, le ministère public dispose d'un important pouvoir d'autorisation d'actes d'enquête notamment ceux de nature technique. Il donne son accord pour la saisie des objets, documents et données informatiques utiles à la manifestation la vérité. Il peut ordonner l'effacement de données du support non saisi. Il autorise le dépôt à la Caisse des dépôts et consignations ou à la Banque de France des espèces ou valeurs dont la conservation n'est pas nécessaire à la manifestation de la vérité. Il autorise l'OPJ à donner connaissance aux victimes et aux suspects des résultats des examens techniques et scientifiques. Il saisit le JLD pour autoriser les enquêteurs à ordonner aux opérateurs de télécommunication de préserver des informations susceptibles d'intéresser l'enquête. Il peut requérir lui-même ou autoriser un OPJ à requérir de toute personne morale de droit public ou privé ou tout organisme de remettre des documents susceptibles d'intéresser l'enquête. Il autorise l'OPJ à requérir par voie télématique aux organismes privés ou publics de mettre à sa disposition les informations liées à la manifestation de la vérité. Il requiert le JLD pour qu'il autorise les OPJ à demander la conservation des informations utiles. Par ailleurs, il peut habiliter par écrit les enquêteurs à entrer dans des lieux à usage professionnel et se faire présenter un certain nombre de documents en cas de suspicion d'infraction à la législation du travail. Il autorise les OPJ à procéder à des opérations de prélèvements externes sur la personne du suspect, de prises d'empreintes digitales et de photographies pendant une vérification d'identité. Il recourt à des personnes qualifiées pour des examens techniques ou scientifiques. Il autorise les OPJ à entrer dans les lieux où s'exerce le transport public de voyageurs pour procéder à un dépistage de l'usage de stupéfiants sur le personnel de l'entreprise de transport[2].

---

[1] Dans l'ordre, art. 76 ; 62 et 78 ; 41 al. 4 ; 63 al. 2 et 3 et 77 al. 2 et 3 C. pr. pén.

[2] Respectivement, Art. 56 al. 7, 6 et 8 ; 60 al. 4; 60-2 al. 2 ; 60-1et 77-1-1 ; 77-1-2 al. 1 ; 77-1-2 al. 2 ; 78-2-1 ; 76-2 ; 78-3 al. 3 ; 77-1 C. pr. pén ; art. L. 3421-5 C. san. pub.

La jurisprudence semble faire grand cas de l'autorisation du procureur qu'elle considère, au moins en matière de réquisition, édictée dans l'intérêt d'une bonne administration de la justice. Elle sanctionne son absence sans preuve d'un grief[1]. Cette rigueur de la chambre criminelle renforce la position du parquet pendant l'enquête. Il doit s'investir dans la mise en œuvre de la suspicion pour autoriser les actes demandés par les enquêteurs.

Le procureur de la République dispose ainsi de prérogatives importantes pendant les enquêtes classiques. Mais ce sont surtout les nouveaux outils d'investigation qui lui confèrent une maîtrise importante de la suspicion par la réalisation d'actes de quasi-instruction.

b) Des prérogatives de quasi-instruction

Le parquet se transforme lui aussi en magistrat enquêteur tant en droit commun (1°) qu'en droit dérogatoire (2°).

1°) En droit commun

Le procureur de la République fixe la durée des enquêtes préliminaires comme le juge d'instruction celle de l'information[2]. Il ordonne des examens techniques proches dans leur logique de l'expertise ordonnées par le juge[3] et possède en général les mêmes compétences de direction des investigations que le juge[4]. Son contrôle des mesures de contrainte à comparution des témoins et des gardes à vue est le même que celui du juge d'instruction lorsqu'il contrôle l'exécution d'une commission rogatoire[5]. Parquet et juge d'instruction disposent tous deux d'un accès au bureau d'ordre national automatisé des procédures judiciaires destiné « *à*

[1] Pour l'autorisation de l'art. 77-1 C. pr. pén., v. Cass. crim., 14 oct 2003, *Bull. crim.* n° 187 ; 6 déc. 2005, pourvoi n° 05-85.076 ; *Gaz. pal.*, 4-8 juin 2006, p. 9, note MONNET (Y.).

[2] Art. 75-1 C. pr. pén. A comparer avec l'article 116 C. pr. pén.

[3] Art. 156 C. pr. pén. Les experts peuvent d'ailleurs procéder aux examens des art. 60 et 77-1 C. pr. pén.

[4] V. ainsi les art. 92 à 99-4 C. pr. pén. relatifs aux transports, perquisitions et saisies ordonnés par le juge d'instruction qui comprennent les mêmes pouvoirs que ceux énumérés pour le procureur de la République. V. aussi, art. 695-9-7 C. pr. pén sur la saisie et le gel de biens et avoirs à l'étranger.

[5] Art. 153 et 154 C. pr. pén.

faciliter la gestion et le suivi des procédures judiciaires afin d'orienter les investigations »[1]. Par ailleurs, le critère de la manifestation de la vérité glisse de l'instruction vers l'enquête puisque les informations dont les OPJ demandent la mise à disposition sur autorisation du parquet doivent être « *utiles à la manifestation de la vérité* ». Ce glissement sémantique d'un cadre procédural à un autre illustre bien le fait que instruction et enquête se raccordent dans leurs buts et dans leurs moyens.

Surtout, depuis la loi du 9 mars 2004, le procureur pourra édicter, à l'instar du juge d'instruction, un mandat de recherche du suspect qui permet son placement en garde à vue[2]. C'est même avant tout à son bénéfice que ce nouveau mandat est créé puisque le juge d'instruction conserve ses facultés de décerner des mandats d'arrêt, d'amener ou de comparution de l'article 122 du Code de procédure pénale. Par ailleurs, la loi n° 2007-291 du 5 mars 2007 instituant les pôles départementaux d'instruction élargit la compétence territoriale du procureur près le tribunal qui comprend le pôle. Elle lui confère la même compétence territoriale que le pôle pour diriger et contrôler les enquêtes de police judiciaire[3]. L'enquête de police dirigée et contrôlée par le parquet réalise ainsi une information en miniature.

2°) En droit dérogatoire

La transformation du parquet s'avère encore plus saisissante en matière de criminalité organisée. Le caractère d'exception des outils d'investigation exige un étroit contrôle de l'autorité judiciaire. De ce fait, le procureur voit ses prérogatives augmenter. En matière de garde à vue, il va autoriser une éventuelle prolongation puis demander au JLD des prolongations supplémentaires[4]. De même, il donne son accord tacite aux opérations de surveillance puisqu'elles sont permises sauf opposition de sa part[5]. La nouvelle répression de la criminalité organisée confère au parquet des prérogatives jusque-là réservées au juge d'instruction : possibilité de

---

[1] Art. 48-1 C. pr. pén.
[2] Art. 70 et 77-4 C. proc. pén.
[3] GUERY (C.), La loi du 5 mars 2007 et l'instruction préparatoire, préc., p. 106.
[4] Art. 706-88 al. 2 C. pr. pén.
[5] Art. 706-80 C. pr. pén.

demander des interceptions de correspondances, des perquisitions nocturnes, gestion des missions de surveillance et d'infiltration[1]. En outre, le législateur octroie exactement le même critère de décision au procureur et au juge d'instruction en matière d'infiltration, gardes à vue prolongées, perquisitions nocturnes[2] : les nécessités de l'enquête ou de l'instruction. Existe une relative similitude entre le pouvoir de décision du juge et celui du procureur pour ordonner les mêmes mesures.

Le paquet possède une nette maîtrise de la suspicion. Il va l'orienter grâce aux investigations policières et ensuite orienter le suspect selon la voie procédurale de son choix.

B. L'orientation du suspect

Le ministère public met en œuvre l'action publique comme le précise l'article 31 du Code de procédure pénale. En principe, cette mise en œuvre s'effectue par l'exercice des poursuites. Mais le procureur peut aussi décider de classer sous certaines conditions[3]. La procédure pénale française répondant à la logique de l'opportunité, ce choix relève de la discrétion du magistrat. Dans ce schéma classique, l'orientation du suspect demeure duale. La personne soupçonnée devient en plus poursuivie ou redevient innocente. Ce schéma a évolué avec l'apparition des procédures rapides et des alternantives aux poursuites. Désormais, l'orientation du suspect sera fonction de l'urgence à le poursuivre (1) ou de sa reconnaissance de culpabilité (2).

1. L'orientation selon la nécessité de juger rapidement le suspect

Le procureur de la République qui estime nécessaire de poursuivre un suspect peut très bien décider d'ouvrir une information judiciaire. Mais cette dernière est une procédure lourde et souvent lente. Cette option se fait rare et se restreint à certaines infractions complexes et aux crimes. Comme l'enquête de police lui apporte une suspicion suffisamment étayée, c'est bien le parquet qui déci-

---

[1] Respectivement, art. 706-95, 706-89, 706-80, 706-81 C. pr. pén.

[2] Respectivement, art. 706-81, 706-88, 706-89 et 706-96 C. pr. pén.

[3] V. le classement sous condition de cure de désintoxication, art. L. 3423-1 C. san. pub.

de du renvoi selon la célérité qu'il estime nécessaire. En temps normal, le renvoi s'effectue par citation (a). Mais pour certaines infractions, une procédure rapide est possible (b).

a) La voie normale : citation directe ou convocations

La citation directe est le procédé le plus ancien pour saisir le tribunal de police ou correctionnel. Elle se définit comme une assignation du suspect à comparaître devant le tribunal réalisée par le procureur et signifiée par exploit d'huissier. La plupart du temps, le suspect sera convoqué par une personne déléguée par le procureur. Cette convocation est d'ailleurs une véritable citation notifiée par un agent délégué du procureur : greffier ou le chef de l'établissent pénitentiaire[1]. Dans la majorité des cas, c'est le policier menant l'enquête qui, dans le cadre du traitement réel, procède à la convocation, nommée alors convocation par officier de police judiciaire. En matière délictuelle exclusivement, lorsque le suspect est déféré au parquet à la suite d'une garde à vue et d'un dépôt, ce dernier lui notifie sa volonté de le poursuivre et le convoque par le biais d'un procès-verbal. Cette convocation par procès-verbal tend à être supplantée par la COPJ qui permet un traitement plus rapide du suspect sans présentation. La rapidité de la réponse pénale devient d'ailleurs un critère d'orientation.

b) La volonté d'un jugement rapide par comparution immédiate du suspect

La comparution immédiate organise la saisine directe du tribunal correctionnel par le procureur de la République pour qu'il juge sur le champ le suspect. Ce dernier est présenté au procureur ou à un substitut qui l'interroge, lui notifie les faits, les textes et la peine encourue. Puis, il le fait retenir dans les geôles du palais et conduire le jour même sous escorte devant le tribunal[2].

La décision d'orienter le suspect dans cette procédure rapide dépend d'abord de la nature et de la gravité de l'infraction reprochée au suspect. Sont exclus selon l'article 396-6 du Code de

---

[1] Art. 388 et 390-1 C.pr. pén.

[2] Art. 395 et 396 C. pr. pén.

procédure pénale, les délits de presse, les infractions politiques ou dont la répression est prévue par une loi spéciale. Le *quantum* de la peine encourue devient ainsi le critère d'orientation. La loi du 9 septembre 2002 a supprimé les *maxima* et abaissé le minimum de peine encourue en cas de flagrance à six mois, de sorte que quasiment tous les suspects sont concernés[1].

La décision dépend surtout de la suffisance de la suspicion et de la mise en état de l'affaire. Selon l'article 395 du Code de procédure pénale, lorsque l'infraction est flagrante, le procureur doit ainsi estimer que « *les éléments de l'espèce justifient une comparution immédiate* ». Lorsque l'infraction ne l'est pas, les charges réunies doivent s'avérer suffisantes. La culpabilité doit être suffisamment présumée. Le débat à l'audience n'en sera donc que plus simple, du moins en principe.

De plus, alors même que la comparution immédiate n'est pas possible lorsque le suspect est mineur, la loi du 9 septembre 2002 puis la loi n° 2007-297 du 5 mars 2007 relative à la prévention de la délinquance rapprochent une fois de plus leur traitement de celui des majeurs en créant une procédure d'abord nommée de « *jugement à délai rapproché* » puis « *présentation immédiate devant la juridiction pour mineur* » qui n'est autre qu'une véritable comparution immédiate[2]. Le suspect mineur est ainsi traité comme un suspect majeur[3]. La rapidité de la sanction prime ainsi. La procédure n'est possible que si l'affaire est en état d'être jugée. Elle est applicable aux suspects mineurs de seize à dix-huit ans qui encourent une peine d'emprisonnement supérieure ou égale à un an en cas de flagrance, trois ans dans les autres cas. Le délai de jugement est compris entre dix jours et un mois sauf accord de la défense auquel cas le jugement se fait à la première audience. La procédure est aussi applicable aux suspects mineurs de treize à seize ans s'ils encourent une peine comprise entre cinq et sept ans d'emprisonnement. Le délai de jugement est alors compris entre dix jours et deux mois.

---

[1] Art. 395 C. pr. pén.

[2] Art. 14-2 Ord. 2 fév. 1945. BONFILS (P.), La réforme de l'ordonnance de 1945 par la loi prévention de la délinquance, *AJ pénal* 2007, p. 2094.

[3] LAZERGES (C.), La mutation du modèle protectionniste de justice des mineurs, *Rev. sc. crim.*, 2008, p. 200.

De par sa célérité, la procédure de comparution immédiate est choisie par le procureur lorsqu'il souhaite une répression vigoureuse. Elle ne constitue donc pas une voie favorable au suspect. Il ne dispose que de très peu de temps pour préparer sa défense et la rapidité des audiences ne garantit pas réellement une totale contradiction. Cette voie devrait rester l'exception pour l'orientation du suspect. Cette orientation est désormais aussi fonction du comportement du suspect vis-à-vis de la suspicion dont il est l'objet.

2. L'orientation en cas de reconnaissance de culpabilité : le syllogisme du procureur-sanctionnateur

Afin d'apporter une réponse rapide aux infractions et désengorger les tribunaux, le législateur a choisi de donner un effet juridique immédiat à la reconnaissance de culpabilité par le suspect. Elle permet au procureur de la République de l'orienter vers une procédure au sein de laquelle il va proposer une sanction. Il oriente le suspect vers la composition pénale, lorsqu'il ne souhaite pas engager les poursuites (a), soit la comparution sur reconnaissance préalable de culpabilité s'il désire poursuivre (b).

a) La sanction sans poursuites par la composition pénale

La composition pénale est une des alternatives aux poursuites constitutives de la troisième voie[1]. Du fait de sa relative souplesse, elle se voit mise en œuvre de diverses manières dans les juridictions mais avec des résultats relativement homogènes en terme d'efficacité[2]. Selon l'article 41-2 du Code de procédure pénale, la composition pénale n'est possible que si la personne est soupçonnée d'avoir commis une infraction punie d'une peine d'amende ou d'au maximum cinq ans d'emprisonnement. Elle est aussi possible si le suspect est un mineur d'au moins treize ans depuis la loi n° 2007-297 du 5 mars 2007 relative à la prévention de la délinquance[3]. Après reconnaissance des faits par le suspect, le procureur de

---

[1] CONTE (P.), La nature juridique des procédures "alternatives aux poursuites" : de l'action publique à l'action à fin publique ?, in *Mélanges offerts à Raymond Gassin*, préc., p. 189.

[2] GRUNVALD (S.), DANET (J.), Brèves remarques tirées d'une première évaluation de la composition pénale, *AJ pénal* 2004, p. 196.

[3] Art. 7-2 Ord. 2 févr. 1945.

la République, parfois par l'intermédiaire d'un officier de police judiciaire, lui propose d'effectuer une mesure telle que la remise de son permis de conduire ou effectuer un stage ou un travail non rémunéré, verser une amende de composition, etc. Même si les poursuites ne sont pas engagées, ces différentes « *mesures* » sont très proches de véritables peines pénales principales (amendes), ou complémentaires (travaux d'intérêt général ou remise du permis de conduire)[1], d'autant plus que leur exécution éteint l'action publique et qu'elles sont inscrites au casier judiciaire[2]. Une fois acceptées, les mesures de composition doivent être validées par le juge du siège. La composition pénale est donc bien une « *alternative punitive* » aux poursuites[3]. Elle permet de sanctionner sans poursuivre des infractions qui auraient sans doute été poursuivies[4]. Le parquet peut aussi choisir de poursuivre.

b) La peine sans renvoi par la comparution sur reconnaissance de culpabilité

La loi du 9 mars 2004 introduit ainsi aux articles 495-7 et suivants du Code de procédure pénale la comparution sur reconnaissance préalable de culpabilité (CRPC)[5]. Cette procédure possède le même champ d'application que la composition pénale[6]. Le lien de parenté est évident. Le parquet choisit d'engager les poursuites contre le suspect. Ce dernier est déféré devant le procureur ou convoqué par procès verbal. Le magistrat lui propose une peine qui peut être privative de liberté s'il reconnaît sa culpabilité[7]. En cas d'acceptation, le suspect est traduit devant le juge du siège pour homologation aux termes de l'article 495-9. En cas de refus, il est jugé en comparution immédiate par le tribunal cor-

---

[1] LEBLOIS-HAPPE (J.), De la transaction pénale à la composition pénale, Loi n° 99-515 du 23 juin 1999, *JCP* 2000, I, 198.
[2] Art. 41-2 al. 8 et. 10 C. pr. pén.
[3] GUINCHARD (S.), BUISSON (J.), *Procédure pénale*, préc., n° 1369, p. 714.
[4] PONCELA (P.), Quand le procureur compose avec la peine, *Rev. sc. crim.* 2002, p. 638.
[5] CERE (J.-P.), REMILLIEUX (P.), De la composition pénale à la comparution sur reconnaissance préalable de culpabilité : le « plaider-coupable » à la française, *AJ pénal* 2003, p. 45.
[6] Art. 495-7 et 495-16 C. pr. pén.
[7] Art. 495-8 al. 1 C. pr. pén. La privation de liberté ne peut dépasser la moitié de la peine encourue et une durée d'un an. Le montant de l'amende ne peut dépasser la moitié de l'amende encourue.

rectionnel[1]. Pour préserver la présomption d'innocence, le législateur a logiquement prévu à l'article 495-14 que le procès-verbal de la procédure ne peut être transmis à quiconque et personne ne peut faire état de l'existence de la procédure avortée. La culpabilité reconnue redevient présumée mais demeure toujours entre les mains du parquet. Ce dernier possède ainsi le premier rôle dans une procédure qu'il a tellement influencé qu'elle peut se terminer sans lui lors de l'audience d'homologation à laquelle il n'est pas tenu d'être présent[2]. Ceci explique le relatif succès de cette procédure[3].

Composition pénale et CRPC octroient donc un véritable pouvoir de sanction du suspect au parquet[4]. Après avoir conduit l'enquête, il va orienter le suspect vers une voie procédurale en fonction des critères négociés ou concertés avec les autres acteurs de la chaîne pénale, même le juge du siège[5]. La frontière entre le moment de la suspicion et celui de la sanction devient plus poreuse. Le débat sur la culpabilité n'existe plus[6]. Au procureur-directeur, s'ajoute le *procureur-sanctionnateur*. Cette montée en puissance du parquet s'est diffusée à l'instruction préparatoire.

§ 2. L'emprise sur la suspicion lors de l'instruction

Dès qu'une information judiciaire est ouverte, c'est au juge d'instruction saisi que revient principalement la mise en œuvre de la suspicion. Toutefois, même en ce cas la maîtrise de la suspicion lui échappe au profit de la police judiciaire et du parquet. De ce fait, le procureur de la République tend à quasiment se substituer au juge lui-même (A). De plus, l'apport qualitatif de l'instruction préparatoire comparé à celui de l'enquête de police est insuffisant pour la conserver. La mise en œuvre de la suspicion devrait alors revenir entièrement au parquet, véritable magistrat instructeur (B).

---

[1] Art. 495-12 C. pr. pén.

[2] Art. 495-9 C. pr. pén.

[3] DANET (J.), La CRPC : du modèle législatif aux pratiques…et des pratiques vers quel(s) modèle(s) ?, *AJ pénal* 2005, p. 433.

[4] SAAS (C.), De la composition pénale au plaider-coupable : le pouvoir de sanction du procureur, *Rev. sc. crim.* 2004, p. 827.

[5] GRUNVALD (S.), DANET (J.), *La composition pénale. Une première* évaluation, L'Harmattan 2005, p. 115.

[6] GIUDICELLI (A.), Repenser le plaider coupable, *Rev. sc. crim.* 2005, p. 592.

A. Vers une substitution au juge d'instruction

Le parquet tend à se substituer peu à peu au juge d'instruction pendant la mise en œuvre de la suspicion (1). L'instauration de l'instruction collégiale n'a pas interrompu ce mouvement (2).

1. L'influence du procureur sur la mise en œuvre de la suspicion pendant l'information

Le rôle du juge tend à devenir secondaire au profit du parquet qui exerce une grande influence sur la mise en œuvre de la suspicion par le juge d'instruction (a). De plus, ce dernier délaisse sa fonction d'enquêteur au profit de la police judiciaire (b).

a) L'empreinte du parquet sur l'instruction

Le procureur de la République demeure la partie principale de l'instruction préparatoire. Il possède ainsi un rôle non négligeable d'initiative et d'inflexion de l'information menée par le juge d'instruction. Ce rôle était encore plus important sous l'empire du Code d'instruction criminelle puisque le juge d'instruction avait la qualité d'officier de police judiciaire[1], placé sous l'autorité du parquet. Le Code de procédure pénale mit fin à cette tutelle de droit[2]. S'y est substituée une tutelle de fait. Le parquet fixe le cadre de la suspicion pendant l'instruction (1°) et s'ingère dans la conduite de l'information (2°).

1°) La délimitation du cadre de suspicion par le parquet

Tout d'abord, selon l'article 80 du Code de procédure pénale qui réalise une application du principe de séparation des fonctions de poursuite et d'instruction, le juge d'instruction ne peut informer qu'en vertu d'un réquisitoire introductif du procureur. Dans cet acte, le ministère public définit l'étendue de la saisine du magistrat instructeur quant aux faits (saisine *in rem*). En cas de faits nouveaux, le juge d'instruction doit immédiatement communiquer au procureur de la République les plaintes et procès-verbaux qui

---

[1] Art. 9 C. inst. crim.

[2] CHAMBON (P.), Le juge d'instruction face au Code de procédure pénale, *JCP* 1959, I, 1531 *bis*.

constatent ces faits, sauf en cas d'urgence où il peut procéder à des investigations sommaires[1]. Seul le parquet peut décider d'élargir la saisine du juge d'instruction par réquisitoire supplétif, d'ouvrir une nouvelle information qui sera ou non confiée au juge qui a découvert les faits ou encore ouvrir une enquête de police. Néanmoins, n'étant pas saisi *in personnam*, le juge d'instruction peut étendre son information à toute personne qu'il soupçonnera. Mais le parquet peut faire se diriger l'information contre un suspect précis en rendant un réquisitoire contre une personne dénommée. Cette désignation possède pour effet de lui conférer le statut de témoin assisté sans que le juge d'instruction puisse refuser[2]. Toujours parce qu'il n'est pas saisi *in personnam*, le juge reste libre de rechercher d'autres suspects. La suspicion initiale peut donc sous l'action du juge s'étendre ou à l'inverse s'effondrer. Mais le cadre initial aurait été au départ fourni par un ministère public, qui pendant et à la fin de l'instruction pourra contester cet élargissement du champ de l'information par ses réquisitions et ses possibilités de critique de l'action du juge.

Surtout, l'instruction préparatoire n'est donc qu'un circuit procédural choisi par le procureur de la République excepté en matière criminelle, puisqu'elle n'est pas obligatoire en matière délictuelle et contraventionnelle selon l'article 79 du Code de procédure pénale. Or le cas d'un crime, le parquet va ainsi choisir ou non d'ouvrir une information selon ses propres capacités à agir et résoudre l'affaire avec la police judiciaire. L'information peut très bien en pas être le choix premier du parquet quand bien même l'affaire serait grave ou complexe. Le juge d'instruction n'est donc pas l'initiateur de l'instruction et dispose d'une indépendance relative. Après l'ouverture de l'instruction, l'influence du parquet se poursuit et se transforme en ingérence.

2°) L'ingérence du parquet dans la conduite de l'instruction

Une fois l'instruction ouverte, dispose d'un droit de communication constant au dossier selon l'article 82 alinéa 1er du Code de procédure pénale sans que le juge puisse le lui refuser[3]. Surtout,

---

[1] Cass. crim., 6 févr. 1996, *Rev. sc. crim.* 1996, p. 690, obs. DINTILHAC (J.-P.).
[2] Art. 113-1 al. 2 C. pr. pén.
[3] Cass. crim., 5 févr. 1970, *Bull. crim.* n° 53.

selon ce même article 82, il dispose du droit de requérir, à tout moment de l'information, l'accomplissement de tout acte d'instruction lui paraissant utile à la manifestation de la vérité. Si le juge demeure silencieux plus de dix jours, le parquet peut directement saisir la chambre de l'instruction. Le procureur peut participer à l'accomplissement des actes qu'il a requis ainsi qu'à tous les interrogatoires ou confrontations du mis en examen, à toute audition de la partie civile[1]. Il peut d'ailleurs poser des questions avec l'autorisation du juge[2], sachant qu'il est difficile pour ce dernier de le lui interdire. Par ailleurs, le parquet dispose d'un droit général de critique de l'action du juge. Il peut soulever l'annulation de tout acte de procédure[3] et interjeter appel de toute ordonnance du juge même si ce dernier a agi comme il le lui avait demandé[4] !

Le parquet va influencer considérablement l'exercice de la suspicion par le juge. L'instruction va servir de relais à l'accusation. La trace la plus flagrante de cette influence apparaît ouvertement dans les ordonnances de renvoi qui sont souvent le « *copier-coller* » des réquisitions du procureur de la République[5]. Cette pratique ne se voit pas sanctionnée par la Cour de cassation qui admet qu'un juge d'instruction ne précise pas les motifs pour lesquels il existe contre la personne des charges suffisantes dès lors qu'il rend une ordonnance conforme aux réquisitions du parquet et s'y réfère explicitement[6]. A son initiative, le parquet, partie à la procédure, clôt aussi l'instruction. Néanmoins la loi n° 2007-291 du 5 mars 2007 est venue atténuer ce pouvoir en permettant aux autres parties de formuler des observations et les adresser au juge d'instruction[7]. Reste à voir si le juge leur accordera autant d'importance qu'aux réquisitions du ministère public. L'affaire d'Outreau a ainsi bien démontré l'influence considérable de ces deux autorités sur la conduite de l'information. Alors même que le juge d'instruction fut transformé en bouc émissaire, la police judi-

---

1 Art. 119 C. pr. pén.
2 Art. 120 C. pr. pén.
3 Art. 173 al. 2 C. pr. pén.
4 Art. 185 C. pr. pén.
5 DANET (J.), *Défendre. Pour une défense pénale critique*, Dalloz, 2004, 2ème éd., p. 52.
6 Cass. crim., 11 oct. 1989, *Bull. crim.* n° 356 ; 26 janv. 2000, *Bull. crim.* n° 41; 13 oct. 2004, *Bull. crim.* n° 243.
7 Art. 184 C. pr. pén.

ciaire, convaincue de la culpabilité des suspects, et le procureur, « *accusateur à tout prix* », ont contribué en grande partie à l'orientation de l'instruction[1].

b) Le démembrement de la fonction du juge d'instruction

La fonction d'instruction se démembre sous les coups de boutoir de l'enquête de police et des prérogatives du parquet[2]. Mais elle se démembre aussi par l'évolution même de la fonction de juge d'instruction. Non seulement, la loi du 15 juin 2000 qui l'a privé d'une partie de sa fonction juridictionnelle au bénéfice du juge des libertés et de la détention, mais en plus, il n'exerce pas pleinement sa fonction d'investigation en la sous-traitant à la police judiciaire. En effet, du fait du grand nombre de dossiers qu'ils doivent instruire, les juges d'instruction ont pris pour habitude de déléguer aux officiers de police judiciaire la plupart des actes d'investigations exceptés ceux qui relèvent de leurs compétences propres[3].

La commission rogatoire constitue un acte de délégation par lequel le juge d'instruction demande à un magistrat ou aux officiers de police judiciaire d'accomplir en son nom et pour son compte un ou plusieurs actes d'instruction[4]. Bien évidemment, cette délégation possède pour limite la saisine du juge. La jurisprudence valide la délégation générale quant aux actes d'instruction dès lors qu'ils se rattachent directement à la répression des infractions poursuivies. Mais à peine de nullité pour excès de pouvoir[5], le juge ne peut en effet délivrer de commission rogatoire que pour exercer la suspicion relative aux faits dont il est saisi[6].

La commission rogatoire permet au juge d'instruction de soustraiter à la police judiciaire si ce n'est la conduite entière de

---

[1] VALLINI (A.), HOUILLON (P.), *Rapport*, préc., p. 141.
[2] DALLE (H.), Juges et procureurs dans la loi Perben II, in DANET (J.), dir., *Le nouveau procès pénal après la loi Perben II*, Dalloz 2005, p. 453.
[3] GIUDICELLI (C.), Regards croisés sur la direction de l'enquête dans les procédures pénales, *AJ pénal* 2008, p. 439.
[4] Art. 151 à 155 C. pr. pén.
[5] Cass. crim., 24 nov. 1998, *Bull. crim.* n° 315 ; *Procédures* avr. 1999, obs. BUISSON (J.)
[6] Cass. crim., 19 janv. 1999, *JCP* 1999, II, 10156, note REBUT (D.).

l'instruction[1], du moins l'essentiel de la recherche des preuves permettant de présumer la culpabilité du suspect. Alors même que l'article 81 alinéa 4 du Code de procédure pénale dispose le caractère exceptionnel de la commission rogatoire, celle-ci est devenue le principe avec l'aval de la jurisprudence[2]. Sont seules exclues les délégations d'actes relevant des pouvoirs exclusifs du juge d'instruction tels la mise en examen ou l'interrogatoire du mis en examen, le placement sous statut de témoin assisté[3], les confrontations, la décision d'ordonner une expertise[4]. Ce faisant, la pratique utilise de manière très importante les commissions rogatoires générales[5]. Les juges ne délivrent que peu de commissions rogatoires spéciales concernant un seul acte. Les OPJ peuvent ainsi bénéficier de la totalité des pouvoirs d'investigations du juge déléguant. La logique de l'instruction est renversée.

En revanche, le juge d'instruction va profiter du résultat de l'accomplissement par l'OPJ de ses prérogatives propres. Le magistrat instructeur ne possède pas le pouvoir de mettre en garde à vue un suspect. L'article 154 du Code de procédure pénale permet donc à l'OPJ d'y procéder « *pour les nécessités de l'exécution rogatoire* ». L'OPJ va pouvoir interroger une personne suspecte pour le compte d'un juge d'instruction même si la suspicion est suffisante pour qu'elle bénéficie du statut de témoin assisté. Le juge va alors récolter les fruits d'un exercice de la suspicion qu'il ne peut effectuer mais qu'il va contrôler. La loi du 9 mars 2004 a ainsi voulu renforcer les pouvoirs de direction des investigations réalisées sur commission rogatoire. Elle permet au juge de se transporter sur les lieux d'exécution de la commission pour diriger et contrôler les actes des enquêteurs. Il pourra prolonger une garde à vue mais non procéder lui-même à un acte d'instruction[6]. Cette disposition possède donc pour effet paradoxal de transformer le juge d'instruction en juge de l'instruction[7]. Cependant, ce contrôle

---

[1] LETURMY (F.), *La recherche de la vérité et le droit pénal*, th. préc., n° 94, p. 75.
[2] GUINCHARD (S.), BUISSON (J.), *Procédure pénale*, préc., n° 2007, p. 941.
[3] L'audition d'un témoin assisté ne peut être déléguée qu'à un autre juge d'instruction. Art. 152 al. 3 C. pr. pén.
[4] Cass. crim., 2 sept. 1986, *Bull. crim.* n° 251.
[5] GUINCHARD (S.), BUISSON (J.), *Procédure pénale*, préc., n° 2012, p. 944.
[6] Art. 152 al. 3 C. pr. pén..
[7] BUISSON (J.), Les auxiliaires délégués de la justice pénale, préc., p. 826.

demeure ambigu car le juge est le premier intéressé du résultat de l'interrogatoire du suspect. Les garanties du suspect risquent de se voir contournées.

Monsieur Hugueney avait ainsi totalement raison lorsqu'en 1926, il énonçait que « *sous l'omnipotence du juge d'instruction, se cache la prépotence de la police* »[1]. Le juge d'instruction se dépossède d'une grande part de la mise en œuvre de la suspicion auprès de la police judiciaire. Le juge d'instruction n'en garde qu'une maîtrise indirecte et subit l'influence du parquet lors de l'exercice de sa suspicion propre. L'instruction en équipe ne devrait pas changer cette logique.

2. L'illusion de la collégialité

Pour corriger les faiblesses structurelles de l'instruction par un juge solitaire, la commission Outreau proposa d'instaurer la collégialité. L'idée fut reprise par le législateur. L'article 1er de la loi n° 2007-291 du 5 mars 2007 créa ainsi des pôles d'instruction qui auraient dû être ensuite remplacés par des collèges d'instruction si n'avait pas été prise la décision de supprimer l'instruction. Le nouveau système paraît de prime abord attrayant (a) mais en réalité assez illusoire (b).

a) L'attrait de la collégialité

Il aurait été trop simple pour le législateur d'appliquer directement la collégialité de l'instruction quitte à en décaler un peu l'entrée en vigueur afin de donner aux juridictions temps et moyens pour appliquer une bonne fois pour toute la réforme. Au contraire, la loi du 5 mars 2007 met en place la collégialité en deux temps. Tout d'abord, pendant une période de transition courant de 2008 jusqu'en 2010, des pôles d'instruction ont été institués et s'y ajouté la possibilité de cosaisir plusieurs juges d'instruction. Ils auraient dû laisser ensuite place aux juridictions collégiales d'instruction.

Les pôles d'instruction sont institués dans les tribunaux de grande instance qui comprennaient plusieurs juges d'instruction.

---

[1] HUGUENEY (L.), *Rev. pénit. dr. pén.* 1926, p. 173.

Leur compétence matérielle est d'ailleurs exclusive pour instruire les crimes[1] et leur compétence territoriale s'étend sur le ressort de plusieurs tribunaux de grande instance. Les juges qui le composent sont alors cosaisis des affaires[2]. En matière correctionnelle, les pôles sont compétents si le parquet en décide directement ou si l'information fait l'objet d'une demande de cosaisine[3]. En plus de la création de pôles, la loi du 5 mars 2007 développe la procédure de cosaisine des juges d'instruction. Cette cosaisine est décidée en cas d'affaire grave ou complexe à tout moment de l'information. Elle peut être demandée par le président du TGI, le parquet ou les parties privées[4]. Le refus du juge ou le défaut de désignation dans un délai d'un mois peut dorénavant être contesté par le parquet ou les parties et même le président du TGI pourvu d'un pôle devant le président de la chambre de l'instruction[5]. La cosaisine entraîne la conduite de l'instruction par les différents juges. Ils peuvent ainsi procéder aux actes classiques d'instruction. Le pôle d'instruction n'agit donc pas comme une juridiction collégiale. Toutefois, l'article 83-2 précise que le juge initialement saisi coordonne le déroulement de l'information et est seul compétent pour saisir le JLD et rendre l'avis de fin d'information. Les autres juges sont néanmoins impliqués par la co-signature de cet avis[6]. Le Code incite à cette co-signature et donc à un règlement collégial de l'information puisque le défaut de signature des juges cosaisis peut être contesté par les parties devant la chambre de l'instruction[7].

La création des pôles aboutit à une spécialisation des juridictions d'instruction en matière criminelle et délictuelle complexe. Dans les tribunaux dépourvus de pôles, l'instruction peut ainsi être délaissée au profit de l'enquête de police.

---

[1] Toute requalification criminelle entraînait le dessaisissement au profit du pôle. Art. 118 al. 4 C. pr. pén.

[2] Art. 52-1 C. pr. pén.

[3] Art 80-II C. pr. pén.

[4] Art. 83-1 al. 2 C. pr. pén.

[5] Art. 83-1 al. 3 C. pr. pén.)

[6] Art. 83-2 C. pr. pén.

[7] Art. 186-3 al. 2 C. pr. pén.

Mais le législateur voulait substituer à ces pôles de véritables juridictions collégiales à compter du 1er janvier 2010[1]. Selon l'article 83 du Code de procédure pénale, dans sa nouvelle rédaction, le président de la juridiction aurait désigné pour chaque information une formation collégiale de trois juges dont l'un de premier grade (c'est-à-dire ayant au moins sept ans d'ancienneté) exercera les fonctions de juge coordinateur. Ce système rompt avec la solitude du juge d'instruction. Une distinction est ainsi faite entre les actes d'instruction et ceux de juridiction[2]. Ces derniers auraient dû être réalisés uniquement de manière collégiale. Mais le collège n'aurait pas récupéré le pouvoir de placement en détention provisoire qui demeurait l'apanage du JLD.

b) Critique de la collégialité

De prime abord, la collégialité semble séduisante. Elle arrache le juge d'instruction à sa solitude et le plonge dans une réflexion collective. Au sein de la juridiction collégiale, les magistrats se contrôlent mutuellement. Cependant, cette proposition apparaissait surabondante, inutile et dangereuse. Surabondante car la collégialité existe déjà pendant l'instruction devant la chambre de l'instruction et son pouvoir d'évoquer l'affaire. Le collège fait ainsi double emploi avec la chambre ajoutant de la lourdeur à la procédure. Inutile, car il était à craindre que la logique unilatérale de mise en œuvre de la suspicion serait restée la même puisqu'elle est intrinsèque à la technique de suspicion elle-même. Or comme l'affirme pertinemment Monsieur Guéry, doyen des juges d'instruction à Nice qui dénonce le caractère factice de la collégialité : « *Ce n'est pas le nombre de regards qui importe mais la distance avec l'enquête* »[3]. Matériellement, les juges se seraient sûrement partagés des dossiers sous la direction du juge coordinateur. Dangereuse, surtout, puisque la mise en examen, les demandes de détention provisoire et le renvoi auraient été le résultat d'une décision collégiale. La collégialité aurait renforcé la culpabilité présumée du

---

[1] MATSOPOULOU (H.), Les innovations dans la conduite de l'information judiciaire : une urgence pour 2010 ! Commentaire de la loi n° 2007-291 du 5 mars 2007 tendant à renforcer l'équilibre de la procédure pénale, *Dr. pén.* 2007, études n° 5.

[2] LEBLOIS-HAPPE (J.), Quelle collégialité pour l'instruction en 2010 ?, *AJ pénal* 2008, p. 363.

[3] GUERY (C.), J'instruisais, tu instruisais… Nous instruisons, *AJ pénal* 2006, p. 340 et s., spéc., p. 341 et p. 343.

suspect. Si la pluralité des magistrats permet la confrontation des poins de vue, elle permet aussi de les renforcer. La création de l'instruction collégiale risquait fort de ne pas obtenir les résultats escomptés.

En perpétuant la figure du juge enquêteur, la collégialié n'aurait pas réglé le problème de l'instruction préparatoire[1]. Le juge d'instruction est toujours demeuré un « *policier impuissant* » selon l'expression de Maurice Garçon reprise par Henri Donnedieu de Vabres[2]. Le parquet s'est avéré le véritable maître de la suspicion. Lui seul devra se voir confier les pouvoirs d'instruction durant la phase préparatoire du procès. La véritable réforme de la procédure consiste bien à confier au procureur le contrôle des investigations ainsi que le propose le Comité de réflexion sur la justice pénale qui souligne les faiblesses de la collégialité d'instruction[3]. Le procureur sera ainsi le seul véritable magistrat instructeur.

B. La transformation en magistrat instructeur

Le juge d'instruction s'est vu de plus en plus déchargé de la mise en œuvre de la suspicion puisqu'il connaît moins de cinq pour cent des affaires poursuivies par le parquet[4]. Même certains dossiers complexes lui échappèrent puisque la circulaire du 2 septembre 2004 considère que « *la procédure préliminaire apparaît, en matière de criminalité organisée, plus particulièrement adaptée* »[5]. L'instruction préparatoire ne possède qu'une faible valeur ajoutée par rapport à l'enquête de police dirigée par le procureur. Même l'article préliminaire du Code de procédure pénale n'évoque pas la séparation des fonctions de poursuite et d'instruction mais seulement de poursuite et de jugement. Dès lors, à quoi bon conserver le juge d'instruction? Le procureur s'avère tout à fait capable d'instruire les affaires les plus graves et les plus complexes. Avant

---

[1] V. pourtant, DEFFERRARD (F.), Le juge d'instruction retrouvé, *D.* 2006 act., p. 1908.
[2] DONNEDIEU DE VABRES (H.), La réforme de l'instruction préparatoire, *Rev. sc. crim* 1949, p. 499 et s., préc., p. 505.
[3] Comité de réflexion sur la justice pénale, *Rapport*, préc., proposition n° 1.
[4] L'instruction représentait 5 % des affaires poursuivies en 2005, soit 34 211 sur un total de 674 522, *Les chiffres de la Justice* 200,. p. 16.
[5] CRIM 04-13/G1-02-09-04, p. 23.

d'être réglé sur décision présidentielle en 2009, le trop ancien débat sur la suppression du juge d'instructeur est longtemps demeuré récurrent en droit français. Les adversaires comme les partisans de ce « *Janus de la magistrature* »[1], se sont affrontés avec en filigrane un débat stérile sur la supériorité des modèles inquisitoire ou accusatoire de procédure[2]. En réalité, la vraie question était de savoir par qui le juge devait être remplacé[3]. La logique de la mise en œuvre de la suspicion désignait le procureur de la République. Il possède toutes les qualités d'un magistrat instructeur (1). Mais le respect du procès équitable suppose une modification de son statut (2).

1. De l'instruction de fait à l'instruction de droit

Le parquet seul doit en toute matière conduire la mise en œuvre de la suspicion. Malgré son caractère symbolique, cette réforme ne bouleverserait pas la mise en œuvre de la suspicion par définition peu à décharge (a). D'ailleurs, de nombreux projets de réformes ont été déjà été présentés desquels il résulte certaines pistes de réflexions (b).

a) La même capacité d'instruire que le juge d'instruction

Son rôle d'accusateur positionne depuis longtemps le procureur comme un magistrat instructeur. En charge de l'accusation, il doit déterminer si les éléments de preuves rapportés par les enquêteurs permettent de présumer la participation du suspect à la commission de l'infraction. Il doit évaluer s'il existe des charges justifiant le renvoi du suspect devant une juridiction de jugement. Il instruit à charge et dispose de nombreuses prérogatives d'investigations. Ce faisant, il adopte exactement le même raisonnement que le juge d'instruction. Toutefois, il est vrai que ce dernier possédait certaines garanties d'indépendance, d'impartialité et de recherche effective de la vérité (1°). En réalité, ces garanties

---

[1] GOULESQUE (J.), MICHAUD (J.), Le « Janus » de la magistrature, *Rev. sc. crim.* 1974, p. 666 et s.

[2] SOULEZ-LARIVIERE (D.), Les nécessités de l'accusatoire, *Pouvoir* n° 55, 1990, p. 65 ; DI MARINO (G.), L'implantation et les remises en cause des dogmes accusatoire et inquisitoire, *RID pén.* 1997, p. 17.

[3] GUINCHARD (S.), BUISSON (J.), *Procédure pénale*, préc., n° 1618, p. 798.

demeurent toutes relatives. Juge d'instruction et procureur instruisent de manière similaire (2°).

1°) Enoncé des garanties offertes par le juge d'instruction

L'argument principal évoqué en faveur du juge d'instruction reste encore son indépendance statutaire[1]. Magistrat du siège, il est totalement libre de toute pression hiérarchique mais aussi de toute pression des parties. Il pouvait mener son instruction comme il l'entendait, sous réserve des demandes d'actes émanant des parties. Ainsi le juge pouvait explorer toutes sortes de pistes au-delà des pressions et des contingences. Les risques de voir étouffer l'affaire, sur demande du pouvoir politique ou à l'inverse de la développer à outrance en fonction de l'opinion publique étaient sont ainsi plus réduits. D'un point de vue fonctionnel, cette indépendance fonctionnait comme une assurance d'impartialité. L'instruction préparatoire française semblait de ce point de vue compatible avec le droit européen. En effet, l'article 5 § 3 CSDH dispose précisément que toute personne arrêtée soit « *aussitôt traduite devant un juge* ». Et la CEDH n'a jamais considéré l'institution du juge d'instruction comme incompatible en elle-même avec la Convention de sauvegarde renvoyant même le débat entre procédure inquisitoire ou accusatoire à la marge nationale d'interprétation[2].

Corollaire du principe d'indépendance, l'instruction à charge et à décharge, explicitée à l'article 81 du Code de procédure pénale, fut aussi un argument soulevé en faveur du juge d'instruction. A l'inverse d'un parquet qui n'instruit qu'à charge puisqu'il cherche à démontrer la culpabilité du suspect, le juge va lui rechercher de manière impartiale tant les preuves de la participation du suspect à la commission de l'infraction que celles permettant de l'innocenter. Il est le « *chef d'une entreprise à rechercher la preuve tout azimuts* »[3].

---

[1] PRADEL (J.), Haro sur le juge d'instruction !, *D.* 2006, p. 245 ; CONTE (P.), Les galeux de la République. A propos de l'« affaire d'Outreau », *JCP* 2006, I, 101 ; GUERY (C.), La fin de l'instruction, *AJ pénal* 2007, p. 319.

[2] PRADEL (J.), Haro sur le juge d'instruction !, préc.

[3] SAMET (C.), Le juge d'instruction français, *Rev. pénit. dr. pén.* 1997, p. 63 et s., préc. p. 71.

Enfin, les arguments en faveur d'une instruction menée par le juge éponyme sont souvent revenus sur sa plus grande efficacité à la recherche de la vérité car elle serait réalisée de manière plus objective et aussi unitaire[1]. D'ailleurs, le Code de procédure pénale exigeait bien du juge qu'il recherchât cette vérité en réalisant selon l'article 81 tous les actes nécessaires à la manifestation de la vérité. La recherche objective de la vérité serait ainsi la finalité ultime de l'instruction alors que le parquet n'aurait pour objectif que la preuve de la culpabilité. Il n'introduirait qu'une demi-vérité dans la procédure à laquelle répond une autre demi-vérité, celle de la défense. Seul le juge d'instruction pourrait produire une vérité matérielle pleine et entière[2]. Totale.

Selon cette logique, puisque le juge recherche toutes les preuves, le suspect n'a pas besoin d'engager de coûteuses démarches pour prouver son innocence ou sa faible participation à l'infraction. De même, la partie civile n'a pas à prouver la culpabilité du suspect. En ce sens, certains considèrent qu'au contraire d'un système accusatoire favorisant les riches justiciables puisque les parties doivent rapporter elles-même la preuve, le système du juge d'instruction permettait l'égalité des citoyens face à la justice[3]. Il est au service des parties et de la société[4].

Enfin, il a souvent été rappelé que les procédures accusatoires ont pris conscience de l'utilité du juge d'instruction. Ainsi, afin d'assurer l'efficacité de la procédure, les statuts et règlements de procédure devant les juridictions pénales internationales, très marqués à l'origine par une logique accusatoire, sont devenus plus mixtes en introduisant un juge du siège pendant la phase préparatoire, empruntant ainsi la figure du juge d'instruction à la procédure inquisitoire[5]. Or, ce juge n'est pas un juge d'instruction car il n'est pas chargé des investigations mais de la seule mise en état de l'affaire et dispose du pouvoir d'ordonner certaines mesures de contrainte[6]. Il est plus un juge de l'instruction. A l'exception

---

1 PRADEL (J.), Haro sur le juge d'instruction !, préc.

2 SAURON (J.-L.), Vertus de l'inquisitoire, *Pouvoirs* 1990, n° 55, p. 53, et s., préc., p. 55.

3 DORWLING-CARTER (M.), Faut-il supprimer le juge d'instruction ?, *JCP* 1990, I, 3458.

4 SAMET (C.), Le juge d'instruction français, préc. p. 83.

5 PRADEL (J.), Inquisitoire-accusatoire : une redoutable complexité, *RID pén.* 1997, p. 213 et s., spéc., p. 222.

6 V. art. 65 *ter* D) du Règlement de procédure du TPIY.

du manque d'indépendance, qui peut néanmoins être corrigée, tous ces arguments favorables au juge d'instruction et défavorables à l'instruction par le parquet peuvent être critiqués.

2°) Relativité des garanties offertes par le juge d'instruction

Plus que d'instruire à charge et à décharge, la fonction réelle du juge d'isntruction a consisté à déterminer si la suspicion était suffisamment intense pour fonder un renvoi ou une mise en accusation. D'ailleurs, la principale hypothèse à vérifier était bien celle de la culpabilité en fonction de l'évaluation de l'intensité de la suspicion pour mettre en examen le suspect. La logique de l'instruction a toujours été la recherche des preuves permettant de présumer la culpabilité. Dès lors, le juge recherchait les indices graves et concordants permettant de mettre en examen. Il vérifiait l'existence d'une suspicion plus intense permettant de demander un placement sous contrôle judiciaire ou en détention provisoire. Il vérifiait s'il existait des charges suffisantes contre le suspect pour permettre son renvoi devant la juridiction de jugement. Par conséquent, le juge d'instruction devait démontrer la culpabilité présumée du suspect[1]. Le non-lieu n'était prononcé qu'en cas d'insuffisance de preuves. Au contraire de ce que préconisait Faustin Hélie lorsqu'il présentait l'instruction à charge et à décharge comme le fait de « *sonder toutes les circonstances de la cause, toutes les probabilités qu'elle soulève* »[2], les magistrats instructeurs ne se penchaient que sur les probabilités de culpabilité dont il déduisaient indirectement celles, plus éloignées, d'innocence. L'instruction à décharge n'a toujours été que la scorie de l'instruction à charge[3]. Le juge d'instruction s'est révélé aussi partial dans sa conduite de l'instruction que le procureur dans celle de l'accusation.

De plus, au sens du droit européen, tous les deux concouraient à la formalisation de l'accusation en matière pénale contre le suspect. Ces deux magistrats exerçaient bien la même suspicion. Ils sont l'un comme l'autre les adversaires du suspect. D'ailleurs, la Cour européenne des droits de l'Homme ne considérait pas im-

---

[1] ROETS (D.), *Impartialité et justice pénale*, Cujas 1997, n° 456, p. 267.

[2] FAUSTIN HELIE, *Traité de l'instruction criminelle, ou Théorie du code d'instruction criminelle*, t. 4, *De l'instruction écrite*, Paris, H. Plon, 2ème éd., 1867, n° 1654.

[3] JOSSERAND (S.), *L'impartialité du magistrat en procédure pénale*, préc., n° 107, p. 299.

partial le juge d'instruction titulaire de pouvoir d'enquête et de détention comme l'était le juge d'instruction avant 2000[1]. Les juges d'instruction n'ont-ils pas souvent employé la détention provisoire comme mode de pression sur le coupable qu'ils présumaient ? Avec l'introduction du JLD, ils ont eu à la demander, c'est-à-dire à se comporter comme une partie poursuivante.

Quant à la recherche de vérité, celle issue de l'accusation du parquet ne possédait pas moins de même valeur que celle du juge d'instruction. En quoi seul ce juge aurait pu être capable d'atteindre la vérité alors qu'il employait les mêmes outils que le parquet, alors qu'il dirigeait l'action des mêmes personnels de la police judiciaire, alors surtout qu'il utilisait le même raisonnement : la suspicion ? La vérité du parquet n'est pas une demi-vérité à laquelle s'opposera une autre demi-vérité développée par la défense. Le dossier de procédure repose sur une suspicion et va chercher son renforcement. La vérité de l'instruction était issue de la suspicion. Elle était unilatérale et partielle. Partiale. L'affaire Outreau l'a bien montré. Il a fallut la contradiction de l'audience pour que la vérité sur les faits se révèle. De ce fait, lors de la phase préparatoire, le parquet est aussi bien placé que le juge d'instruction non pour rechercher la vérité, mais pour apporter certains éléments de preuves de la culpabilité à la discussion contradictoire de laquelle résultera la vérité. En tant que magistrat de l'ordre judiciaire en charge de la direction de la police judiciaire et de la protection de la liberté individuelle, le parquet peut très bien adopter l'éthique du magistrat instructeur faite en principe de distanciation et d'implication[2]. La fonction de poursuivre se confond avec celle d'instruction. Par ailleurs, l'organisation hiérarchique du parquet semble mieux adaptée à la collégialité que l'indépendance teintée d'individualisme des juges du siège. Le parquet travaille déjà en équipe tandis que les juges d'instruction s'y sont employés de mauvaise grâce. Puisque le juge d'instruction n'est pas apparu indispensable pour mettre en œuvre la suspicion, il est logique qu'il disparaisse[3] et que le parquet le substitue.

---

[1] CEDH, 25 mars 1999, *Nikolova c/Bulgarie* ; 8 juill. 2004, *Vachev c/Bulgarie*, *Rec.* 2004-VII.
[2] Sur cette éthique, v. GUERY (C.), *Droit et pratique de l'instruction préparatoire*, préc., n° 13.71, p. 31.
[3] GIUDICELLI (C.), Le juge d'instruction évoluera ou disparaîtra, *AJ pénal* 2009, p. 68.

b) La charge de l'information par le parquet

Ainsi que l'a préconisé le Comité Léger, le procureur de la République devrait se voir attribuer la conduite des investigations et la charge du renvoi devant la juridiction de jugement. Cette position avait déjà été faite par certains autres projets mort-nés (1°) et surtout par la Commission Justice pénale et droit de l'homme dont les propositions semblaient les plus pertinentes et pourrait être actualisées (2°).

1°) Les limites du projet Donnedieu de Vabres et de la proposition Fenech

Fondé sur le constat que ministère public et juge d'instruction possèdent un état d'esprit identique reposant sur la recherche du coupable, le projet Donnedieu de Vabres présenté en 1949, entendait réaliser une nette séparation des rôles d'enquête et de juridiction[1]. Le juge d'instruction se transformait en juge de l'instruction chargé du contrôle de la régularité des investigations, des incidents soulevés par les actes d'instruction ou la nomination des experts, de la remise en liberté provisoire, du règlement de l'instruction par le non-lieu ou le renvoi. En somme, il était chargé de la mise en état de l'affaire pendant l'instruction. Le projet insistait sur l'indépendance de celui-ci, choisi parmi les magistrats du siège de haut grade. Le parquet devenait chargé des investigations en dirigeant l'action de la police judiciaire, pendant l'enquête de flagrance et l'instruction. Le procureur aurait accompli les actes d'instruction : perquisitions, saisies, auditions de témoins, interrogatoire du suspect avec présence de l'avocat. Mais c'était le juge qui renvoyait le suspect devant la juridiction de jugement.

En 2005, à l'initiative d'un député ancien magistrat, Monsieur Georges Fenech, et suite à l'affaire Outreau, plusieurs parlementaires sont venus déposer une proposition de loi tendant à la suppression du juge d'instruction et sa substitution par un juge de

---

[1] DONNEDIEU DE VABRES (H.), La réforme de l'instruction préparatoire, *Rev. sc. crim* 1949, p. 499. Pour le détail du projet article par article, v., *Rev. sc. crim.* 1949, p. 432 pour l'instruction préparatoire ; p. 617 pour le livre deuxième consacré à la phase de jugement ; p. 796 pour le livre troisième consacré aux voies de recours extraordinaires.

l'enquête[1]. Ce dernier reprendrait en partie le statut du juge des libertés et de la détention actuel, lequel serait supprimé. Ce juge aurait pour charge d'autoriser les actes d'investigation portant atteinte à la liberté du suspect, statuer sur les demandes du parquet de placement du suspect sous contrôle judiciaire et de détention provisoire. Il se prononcerait sur les requêtes en nullité et se prononcerait en cas de litiges des parties sur les demandes d'actes utiles à la vérité notamment en cas de refus du parquet d'accomplir ceux demandés par la défense. Enfin, c'est lui qui règlerait la procédure en statuant sur le renvoi du suspect devant la juridiction de jugement requis par le parquet. Jusque là, cette proposition prend une posture assez classique sur le rôle du juge du siège pendant l'instruction tel que préconisé par les différents projets de réformes, exceptés celui de la commission Outreau.

Cependant, la proposition Fenech fait montre d'une certaine originalité dans sa définition des investigations. Elle supprime l'instruction préparatoire pour lui substituer, selon une formule reprise à la commission Justice pénale et Droits de l'homme, une « *enquête contradictoire* » qui s'ajoute aux enquêtes de police classiques. Cette procédure est ouverte par le procureur de la République dès qu'il existe contre le suspect des indices graves et concordants qu'il a participé à l'infraction. Le magistrat du parquet notifie au suspect l'accusation qui pèse contre lui. Le suspect ne peut plus dès lors être placé en garde à vue. Le procureur procède à son interrogatoire. Mais il peut aussi déléguer ce pouvoir aux officiers de police judiciaire. Il est donc à craindre que le suspect aggravé ne soit même plus interrogé par un magistrat, fût-il du parquet, mais par les enquêteurs. Dès lors, il est possible de soulever l'absence de différence entre cet interrogatoire-ci et celui ayant lieu pendant la garde à vue. En réalité, l'enquête contradictoire n'est pas effectuée par le procureur de la République mais bel et bien par la police judiciaire. Il n'est écrit nulle part dans la proposition que le procureur dirige personnellement les investigations. Au contraire, pour la proposition de loi, c'est la police judiciaire qui doit enquêter à charge et à décharge. Or, la logique même de

---

[1] FENECH (G.), Proposition de loi n° 2659 portant suppression du juge d'instruction et instituant le juge de l'enquête, enregistrée à la présidence de l'Assemblée nationale le 9 novembre 2005.

l'exercice de la suspicion exclut l'enquête à décharge. La mission traditionnelle de la police judiciaire est la recherche des preuves de commission de l'infraction par l'auteur et il sera difficile de modifier les pratiques professionnelles policières. D'ailleurs, peut-on réellement demander à la police, dépendante statutairement du pouvoir exécutif et dirigée par le magistrat en charge de l'accusation, de réussir à enquêter à décharge, là où le juge d'instruction, magistrat du siège indépendant, a échoué. L'idée de l'enquête à décharge par la police s'avère ainsi utopique. Avec cette proposition, l'instruction est plus menée par le commissaire de police que par le procureur. La proposition marque un net recul de l'autorité judiciaire. D'autres propositions s'avèrent plus pertinentes.

2°) Modernisation des propositions de la Commission Justice pénale et droits de l'homme

Un autre projet marquant fut celui proposé en 1990 par la commission Justice pénale et Droits de l'homme présidée par le professeur Delmas-Marty[1]. Soucieuse d'assurer véritablement la contradiction pendant l'instruction cette commission proposa l'institution d'un juge au rôle d'arbitre neutre et impartial et d'un nouveau ministère public. Elle refusait ainsi que les investigations soient confiées à la seule police judiciaire. L'instruction serait remplacée par une enquête contradictoire menée par le ministère public qui se verrait confié la réalisation des actes d'enquête et d'instruction. Le parquet aurait le pouvoir d'accuser le suspect (le mettre en examen), de procéder à son interrogatoire et à l'audition des témoins, de délivrer des mandats de comparution. De son côté, le juge exercerait les fonctions juridictionnelles. Il délivrerait les mandats d'arrêt et d'amener et autoriserait les actes portant atteinte aux libertés, placerait sous contrôle judiciaire ou en détention provisoire sur demande du parquet. Il statuerait sur la régularité de la procédure. Au contraire du projet Donnedieu de Vabres, la fin de l'instruction est ainsi partagée entre parquet et siège. Le parquet propose une décision de non-lieu ou de renvoi. Le juge doit alors vérifier si l'affaire est en état d'être jugée pour

---

[1] *La mise en état des affaires pénales*, La documentation français 1991, p. 125 et s.

valider cette proposition. A la notion de règlement se substitue celle, plus précise, de mise en état. Dans les deux cas, la procédure accusatoire n'est pas introduite en droit français.

De toutes ces propositions, celles de la commission Justice pénale et Droits de l'homme semblaient les plus pertinentes. Il conviendrait donc de les reprendre mais en les adaptant à l'état de la procédure pénale actuelle. C'est pourquoi, puisque le juge d'instruction va être supprimé, il faudrait confier d'une part au procureur de la République la charge des investigations et le renvoi du suspect, d'autre part à un juge de l'enquête le contrôle des mesures de coercition, des mesures d'investigations attentatoires aux libertés, de la régularité des procédures d'enquête. Le parquet italien connaît déjà ce mode de fonctionnement depuis le nouveau Code de procédure de 1989. Il mène l'enquête et dirige la police[1]. Les juridictions pénales internationales fonctionnent sur ce principe. Le procureur, indépendant, décide d'office ou sur renseignement de l'ouverture des enquêtes pendant lesquelles il dispose du pouvoir de convoquer et d'interroger le suspect et de procéder à toute mesure d'instruction[2]. Mais s'il établit l'acte d'accusation, celui-ci doit être confirmé par le juge de la mise en état du TPIY ou la chambre de première instance du TPIR[3]. Devant la CPI, la décision d'enquêter est laissée à l'appréciation du procureur s'il estime qu'il y a une base raisonnable pour poursuivre[4]. Il dispose alors des pouvoirs classiques d'investigations[5]. Mais il doit obtenir ensuite l'autorisation de la chambre préliminaire pour poursuivre s'il existe des motifs suffisants[6]. Le procureur est ainsi amené à devenir instructeur. Par conséquent, confier l'entière conduite des investigations au parquet pose nécessairement la question de son statut.

---

[1] Art. 326 et 327 C. pr. pén. italien. V. VOGLIOTTI (M.), Les relations police-parquet en Italie : un équilibre menacé ?, *Droit et société*, 2004, p. 453.

[2] Art. 40 *bis* du règlement de procédure du TPIY ; art. 17 § 1 et 2 du statut du TPIR. TRACOL (X.), Le rôle du procureur au Tribunal pénal international pour l'ex-Yougoslavie, *Rev. sc. crim.* 2007, p. 401.

[3] Art. 19 § 1 du règlement de procédure du TPIY et Art. 17 § 3 du statut du TPIR.

[4] BEAUVALLET (O.), Les premières investigations du procureur près la Cour pénale internationale, *Dr. pén.* 2004, chron. n° 15.

[5] Art. 54 § 3 du règlement de procédure de la CPI.

[6] Art. 15 § 3 et 4 du statut de la CPI ; art. 53 § 1 et 57 § 3 du règlement de procédure de la CPI.

2. La recherche de l'impartialité statutaire

La conduite des investigations demande une certaine impartialité. Or, le statut du procureur pose problème car demeure très dépendant du pouvoir exécutif (a). L'évolution de la fonction incite dès lors à une évolution du statut (b).

a) Un manque structurel d'indépendance

Historiquement, le parquet a longtemps été régi par une culture de la soumission au pouvoir exécutif. L'organisation traditionnelle du ministère public en France s'est ainsi réalisée selon un fort modèle jacobin pyramidal et hiérarchique comptant à son sommet le garde des sceaux[1]. D'ailleurs, depuis la loi du 9 mars 2004, l'article 30 du Code de procédure pénale permet au garde des sceaux d'adresser des instructions générales d'action publique. Il peut aussi enjoindre au procureur général d'engager des poursuites ou de saisir une juridiction de réquisitions écrites. Les procureurs généraux sont par ailleurs toujours nommés de manière discrétionnaire en conseil des ministres. Dans cette conception, le procureur est une sorte de préfet de justice, représentant du gouvernement dans les juridictions[2]. A l'inverse, le parquet tient ses pouvoirs de la loi et doit réaliser des analyses juridiques avec toute liberté d'opinion et de parole. L'ambiguïté du parquet est la conséquence de sa dépendance hiérarchique et de son indépendance intellectuelle. Ce statut hybride s'avère problématique. Certes, le parquet appartient à l'autorité judiciaire garante de la liberté individuelle. Mais confier un pouvoir d'instruction à un organe chargé de l'accusation et dépendant du pouvoir exécutif peut poser problème quant à une mise en œuvre équitable de la suspicion. Le lien avec l'exécutif fait perdurer le risque d'une influence politique sur la suspicion.

D'ailleurs, au niveau européen, le statut du parquet pourra pose problème. En effet, l'article 5 § 3 CSDH énonce le droit pour toute personne soupçonnée arrêtée ou détenue « *d'être aussitôt tra-*

---

[1] JEAN (J.-P.), Le ministère public entre modèle jacobin et modèle européen, *Rev. sc. crim.*, 2005, p. 670 .

[2] DALLE (H.), Juges et procureurs : une évolution divergente, in Ce qui a changé dans la justice depuis 20 ans, *Justice* n° spécial, 1998, p. 55 et s., spéc., p. 56.

duite devant un juge ou un autre magistrat habilité par la loi à exercer des fonctions judiciaires ». N'étant pas juge, le magistrat du parquet peut ainsi prétendre à la qualité de « *magistrat habilité par la loi à exercer des fonctions judiciaires* ». Or, la Cour européenne des droits de l'Homme pose trois critères cumulatifs que doit remplir tout magistrat s'il veut se voir qualifié de « *magistrat habilité* ». Les qualités du magistrat au sens européen s'avèrent à la fois organiques, fonctionnelles et décisionnelles. Le premier critère s'avère organique. Pour prétendre à la qualité de magistrat habilité, le magistrat « *doit remplir certaines conditions représentant pour la personne détenue, des garanties contre l'arbitraire ou la privation injustifiée de liberté* », notamment « *l'indépendance par rapport à l'exécutif qui compte également parmi les garanties inhérentes à la notion de magistrat* » [1]. La Cour de Strasbourg avait auparavant dégagé que l'article 6 § 1 posait les mêmes exigences. Elle considère comme ne peuvent se prétendre indépendants par rapport à l'exécutif les procureurs subordonnés au procureur général et au ministre de la justice[2]. De plus, les magistrats doivent s'avérer impartiaux. La Cour fait une appréciation *in abstracto* de cette partialité. Dès lors que le magistrat peut exercer les poursuites contre l'intéressé, elle considère que « *son impartialité peut paraître sujette à caution* »[3]. Le deuxième critère est fonctionnel. Le magistrat doit entendre personnellement le suspect traduit devant lui[4]. Le troisième critère est décisionnel. Le magistrat doit posséder le pouvoir de contrôle la légalité de l'arrestation et de la détention et prononce le cas échéant la remise en liberté[5]. Un simple avis ne suffit pas[6].

Le procureur de la République français ne remplit pas ces trois critères. En effet, son statut méconnaît le premier critère puisque le parquet est subordonné au pouvoir exécutif et se voit chargé de la mise en œuvre des poursuites. Il méconnaît le second critère puisque la prolongation écrite de garde à vue méconnaît l'exigence

---

[1] CEDH, 3 juin 2003, *Pantéa c/ Roumanie*, §§ 236 à 239 *D.* 2003, p. 2268, obs. RENUCCI (J.-F.).
[2] CEDH, 22 mai 1998, *Vasilescu c/Roumanie*, *Rec.* 1978-III, § 40.
[3] CEDH, 22 mai 1984, *De Jong, Blajet et Van Den Brink c/ Pays-Bas*, série A, n° 77).
[4] CEDH, 4 déc. 1979, *Schiesser c/Suisse*, préc. § 36.
[5] CEDH, 18 janv. 1978, *Irlande c/Royaume-Uni*, série A, n° 25, § 84.
[6] CEDH, 18 janv. 1978, *Irlande c/Royaume-Uni*, préc. § 84.

de traduction devant lui[1]. Enfin, il ne remplit pas le dernier critère puisque, la Cour de cassation lui enlève toute possibilité de contrôle du placement en garde à vue en le laissant à la discrétion de l'officier de police judiciaire[2].

Le risque est grand de voir le statut du parquet français considéré à Strasbourg comme incompatible avec la qualité de magistrat habilité à exercer des fonctions judiciaires. Et bien ce risque s'est réalisé avec l'arrêt du 10 juill. 2008, n° 3394/03, *Medvedyev et a. c/ France.* Sur le fondement de l'article 5 § 1 de la Convention européenne des droits de l'homme énonce clairement que : « *Force est cependant de constater que le procureur de la République n'est pas une « autorité judiciaire » au sens que la jurisprudence de la Cour donne à cette notion : comme le soulignent les requérants, il lui manque en particulier l'indépendance à l'égard du pouvoir exécutif pour pouvoir être ainsi qualifié* »[3]. C'est bien la dépendance de l'exécutif qui entrave le parquet. Son statut du ministère public n'est pas suffisant pour attester du complet caractère équitable de la procédure d'enquête. Alors que le droit français en fait un « *quasi-juge* », le droit européen le réduit à un « *quasi-magistrat* »[4]. Un nouveau statut devient nécessaire pour remédier à cette situation.

b) Nécessité d'un statut protecteur

Les qualités d'un magistrat au sens conventionnel sont l'indépendance, impartialité et l'absence de subordination hiérarchique[5]. Dès lors, une profonde réflexion se fait jour pour faire évoluer le statut du parquet en droit national (1°) comme en droits européen, communautaire et international (2°).

---

[1]Art. 77 al. 2 C. pr. pén.

[2] Cass. crim., 4 janv. 2005, préc.

[3] CEDH, 5e sect., 10 juill. 2008, req. n° 3394/03, *Medvedyev et a. c/ France*, § 61 ; *AJ pénal* 2008, p. 469, obs. SAAS (C.) ; D. 2009, p. 600, note RENUCCI (J.-F.).

[4] SAINT-PAU (J.-C.), Le ministère public concurrence-t-il le juge du siège, *Dr. pén.* 2007, étude n° 14.

[5] RENUCCI (J.-F.), Le procureur est-il un magistrat au sens européen du terme ?, in *Libertés, justice, tolérance : mélanges en hommage au doyen Gérard Cohen-Jonathan* (2 vol.), Bruylant 2004, p. 1345.

1°) Pas de rupture en droit national

Au sens de la doctrine française, certains auteurs se prononcent pour la séparation des carrières entre siège et parquet[1], d'autres pour la création d'un procureur général de la Nation indépendant et désigné par le Parlement auquel le parquet serait rattaché[2]. Beaucoup plaident pour une indépendance du parquet par la coupure totale du lien avec le gouvernement[3]. Cependant, une indépendance totale semble incompatible avec la notion de politique pénale nationale et se heurte à l'égalité des citoyens en cas d'applications à géométrie variable de la loi pénale sur le territoire national. Mais une relative autonomie protégée par certaines garanties statutaires est tout à fait envisageable. La commission de réflexion sur la justice présidée par Pierre Truchea vait proposé une intéressante réforme basée sur l'encadrement de l'opportunité des poursuites par la possibilité de recours, l'affirmation de la qualité de magistrat des membres du ministère public, le maintien du lien entre le parquet et le gouvernement sous la condition d'une réforme du Conseil supérieur de la magistrature et l'interdiction des instructions du garde des Sceaux dans les affaires individuelles[4]. Par la suite, un projet de loi proposa la nomination des membres du parquet sur avis conforme du CSM, l'interdiction des instructions individuelles par le garde des Sceaux, sauf pour les affaires mettant en cause les intérêts fondamentaux de la Nation. Le changement de législature en 2002 mit fin à ce projet prometteur sans que la question de l'indépendance du parquet ne connaisse de réponse.

2°) Vers un parquet impartial, indépendant et responsable en droit européen et en droit international

La question du statut du ministère pourrait rebondir sous l'influence du droit pénal européen. Ainsi, le Conseil de l'Europe a

---

[1] SOULEZ-LARIVIERE (D.), DALLE (H.), Juges et procureurs, in SOULEZ-LARIVIERE (D.), DALLE (H.), *Notre justice*, R. Laffont, 2002, p. 133.

[2] PRADEL (J.), LABORDE (J.-P.), Du ministère public en matière pénale. A l'heure de l'éventuelle autonomie ?, *D.* 1997, p. 141 ; BOT (Y.), *Ma justice*, Bourin, 2007, p. 103

[3] DELMAS-MARTY (M.), Evolution du ministère public et principes directeurs du procès pénal dans les démocraties européennes, *Justices* n° 3, janv./juin 1996, p. 75.

[4] *Rapport de la commission de réflexion sur la justice au Président de la République*, La documentation française, 1997.

élaboré une recommandation du 6 octobre 2000 posant les principes directeurs d'un ministère public dans un Etat démocratique[1]. Cette recommandation dresse une liste de garanties statutaires nécessaires pour assurer l'impartialité des membres du ministère public. Les instructions de l'exécutif devraient ainsi être écrites, motivées et versées au dossier. Les magistrats devraient pouvoir demander à être remplacés lorsque l'instruction leur paraît illégale. Ils devraient être laissés libres de soumettre à la juridiction leur propre analyse juridique. Ils ne devraient pas rencontrer d'obstacles en cas de poursuites d'agent de l'Etat, notamment en matière de corruption. Surtout, la recommandation prévoit une liste de devoirs des magistrats du parquet vis-à-vis des justiciables. Ainsi, ils doivent respecter l'égalité des armes (R 19). Surtout ils devraient instruire de manière impartiale (R 26). Ils doivent ainsi considérer les éléments en faveur du suspect (R. 25), respecter la présomption d'innocence des suspects en assurant la confidentialité des informations obtenues lors que l'enquête (R 29). La recommandation pose ainsi l'exigence d'un magistrat exerçant la suspicion de manière impartiale.

De plus, en droit communautaire, les travaux dirigés par le Madame Delmas-Marty sur le *Corpus Juris* et la protection des intérêts économiques et financiers de l'Union européenne recommandait la création d'un parquet européen indépendant[2]. A la suite de ces travaux, l'Union européenne adopta un règlement relatif aux enquêtes effectuées par l'Office européen de lutte antifraude (OLAF)[3]. Cette unité se verrait composée de magistrats et disposerait d'une entière indépendance dans l'exercice de ses fonctions. Elle pourrait d'office ouvrir une enquête dont les résultats seraient destinés aux organismes internes de la Commission et du Parlement pour des poursuites disciplinaires ou administratives ainsi que, le cas échéant, aux autorités judiciaires nationales pour des poursuites pénales. Puis, la Commission européenne adopta

---

[1] FALLETTI (F.), La recommandation 2000-19 du Comité des ministres du Conseil de l'Europe du 6 octobre 2000, premiers pas vers l'identification génétique du ministère public à l'échelle européenne, *Rev. pénit. dr. pén.* 2001, p. 490.

[2] DELMAS-MARTY (M.), dir., *Corpus-Juris portant dispositions pénales pour la protection des intérêts financiers de l'Union Européenne*, Economica, 1997.

[3] Règlement (CE) n° 1073/1999 du Parlement européen et du Conseil du 25 mai 1999, *J.O.C.E.*, n° L 136 du 31 mai 1999, p. 1.

un livre vert pour la création d'un procureur européen[1]. Le parquet européen serait nommé par les plus hautes institutions communautaires. Enfin, l'Unité Eurojust aux fins d'assurer la coordination des enquêtes et des poursuites dans la lutte contre les formes graves de criminalité semble porter en elle l'embryon du futur parquet européen avec l'OLAF comme organe d'enquête[2].

Par ailleurs, le droit pénal international connaît un parquet indépendant en charge de la mise en œuvre de la suspicion devant les juridictions internationales. Ainsi, les tribunaux pénaux internationaux compétents pour les crimes commis dans l'ex-Yougoslavie et au Rwanda possèdent chacun un parquet disposant d'une totale indépendance pour l'exercice de leur fonction. Le procureur ne reçoit ainsi aucune instruction des gouvernements ou d'autres autorités[3]. Le statut du parquet devant la Cour pénale internationale dispose de la même indépendance. Mais, en contrepartie, l'exercice de mission est soumis au contrôle et à l'autorisation du juge[4].

Fort des ces exemples, il apparaît que la mise en œuvre de la suspicion ne peut s'avérer équitable que si le ministère public demeure le plus impartial possible. Or cette impartialité dépend de l'indépendance. Ainsi, le parquet italien bénéficie lui aussi d'une indépendance fonctionnelle et d'un contrôle matériel de ces actes par le juge[5]. Par ailleurs, le statut de magistrat s'avère le plus adapté pour garantir l'indépendance d'esprit du procureur. Il met en position de demeurer impartial, tout en assurant un exercice de l'action publique dans l'intérêt général. Si une déconnexion totale avec l'exécutif n'est pas forcément envisageable, des garanties statutaires s'imposent. Il est possible d'envisager la limitation des instructions du garde des Sceaux, voire l'interdiction des instructions individuelles du ministre ainsi que la création d'un recours

---

[1] PERRODET (A.), *Etude pour un ministère public européen*, LGDJ 2001.
[2] FALLETTI (F.), Eurojust. Une étape vers un ministère public européen, in *Le droit pénal à l'aube du troisième millénaire. Mélanges offerts à Jean Pradel*, préc., p. 1061.
[3] Art. 16 § 3 du Statut du TPIY et art. 15 § 2 du Statut du TPIR.
[4] Art. 42 du statut de la CPI. JACQUELIN (M.), Le Bureau du procureur près la Cour pénale internationale, enfant d'une métamorphose, in LAZERGES (C.), *Figures du parquet*, PUF 2006, p. 237 et s., spéc., p. 252.
[5] V. PARIZOT (R.), Au nom de l'indépendance : le ministère public en Italie, in LAZERGES (C.), dir. *Figures du parquet*, p. 105.

contre les classements sans suite[1]. Sont de surcroît nécessaires une nomination sur avis conforme du Conseil supérieur de la magistrature de tous les membres du parquet même des procureurs généraux et une séparation progressive des carrières[2]. Toutes ces garanties sont susceptibles de créer un climat et une culture de l'impartialité au sein du parquet dans la mise en œuvre de la suspicion. Il est ainsi extrêmement dommage, voire, dangereux que le Comité Léger se prononce pour le *statu quo* concernant le statut du ministère public[3].

Le procureur est devient une autorité omnipotente[4] en charge de la suspicion. Le juge du siège est en recul sauf s'il investit sa vocation à la mise en état.

Section 2. La mise en état de la suspicion par le juge du siège

Le juge du siège apparaît en retrait lors de la mise en œuvre de la suspicion. Pourtant, il demeure un acteur central de par ses fonctions naturelles de contrôle et de protection de la liberté individuelle. Il va contrôler la régularité des actes de procédure accomplis pour l'exercice de la suspicion et s'assurer de la proportionnalité des mesures de contrainte du suspect qu'il prononcera à l'occasion, exerçant alors directement la suspicion. Surtout, il lui appartient de plus en plus de veiller à ce que l'affaire soit en état d'être jugée. Cette double fonction de contrôle et de mise en état va s'avérer primordiale tant pour le juge des libertés et de la détention (§ 1) que pour la chambre de l'instruction (§ 2).

§ 1. Le contrôle de la suspicion par le juge des libertés et de la détention

La loi du 15 juin 2000 introduit le juge des libertés et de la détention (JLD) et lui transmet le monopole du placement en

---

[1] *La mise en état des affaires pénales*, préc. p. 136 et s.

[2] ZAPPALA (E.), Ministère public et juge : séparer les carrières ?, *Rev. pénit. dr. pén.* 2001, p. 482.

[3] Comité de réflexion sur la justice pénale, *Rapport*, préc., sous la proposition n° 2.

[4] PRADEL (J.), Le ministère public, autorité omnipotente ou colosse aux pieds d'argile. Observation sur quelques législations pénales européennes, *Rev. pénit. dr. pén.* 2001, p. 464.

détention provisoire. Cette création marque un retour à une conception du rôle du juge du siège qui fait prévaloir sa fonction juridictionnelle. Le JLD fut créé au départ pour garantir la liberté individuelle, du fait de son indépendance et son recul face au dossier et à la suspicion (A). Depuis, il a vu ses compétences s'étendre et déborder la seule information. Il possède désormais tous les atouts pour devenir un véritable juge de la mise en état de la suspicion pendant l'intégralité de la phase préparatoire (B).

A. La protection de la liberté individuelle du suspect

Le juge des libertés et de la détention s'est substitué au juge d'instruction pour placer en détention provisoire le suspect. La séparation de la fonction d'instruction et de la fonction juridictionnelle au sein de l'instruction préparatoire a permis de commencer le recentrage du rôle du juge du siège sur la protection de la liberté individuelle (1). La création du JLD éloigne le juge du siège des investigations et lui permet d'adopter un regard extérieur sur la suspicion (2).

1. Le contrôle naturel des mesures de contrainte

S'il veut voir le suspect mis en examen placé en détention provisoire parce qu'il estime que pèse à son encontre une suspicion aggravée ou s'il désire une prolongation de la détention provisoire, le juge d'instruction saisit le JLD par ordonnance motivée accompagnée des réquisitions du ministère public[1]. L'intervention du JLD est une garantie pour le suspect (a). Deux juges du siège portent donc leur regard sur la suspicion (b).

a) La garantie judiciaire du suspect

La création du juge des libertés et de la détention par la loi du 15 juin 2000 marque la volonté du législateur de renforcer la protection de la liberté individuelle du suspect. Le juge du siège doit s'écarter des investigations pour contrôler si la mise en œuvre de la suspicion nécessite un certain degré de coercition vis-à-vis du

[1] Art. 137-1 C. pr. pén.

suspect. Le JLD est ainsi conçu par le législateur comme une juridiction à part entière. La loi du 5 mars 2007 renforce même cette nature en décidant que le débat avant tout placement en détention provisoire aurait lieu en audience publique[1]. D'ailleurs, la jurisprudence considère à juste titre que le JLD n'est pas le délégué du juge d'instruction puisqu'il possède des pouvoirs propres et demeure compétent malgré le dessaisissement du magistrat instructeur[2]. Ensuite, à l'inverse du juge d'instruction qui a souvent été un magistrat débutant, le JLD est un magistrat d'expérience. L'article 137-1 du Code de procédure pénale dispose qu'il doit avoir rang de président, de premier vice-président ou de vice-président du tribunal de grande instance. De ce fait, le législateur considère que la question de la liberté individuelle ne peut être laissée entre toutes les mains. Le problème provient du fait que la loi du 9 mars 2004 est venue abaisser le seuil d'exigence. Elle permet de désigner comme JLD « *le magistrat le plus ancien dans le garde le plus élevé* » en cas d'empêchement du juge déjà désigné ou celui du président et des vices-présidents. La fonction de JLD se banalise alors que sa légitimité repose sur son nouveau regard sur l'affaire.

b) Un double regard sur la suspicion

Le législateur du 15 juin 2000 a voulu que le regard sur l'affaire du JLD, juge extérieur aux investigations, s'ajoute à celui du magistrat instructeur afin de réduire le risque de préjugement et empêcher toute utilisation de la détention provisoire comme moyen de pression sur le suspect. Le législateur voulait en effet introduire un double regard. Le JLD doit donc seulement apprécier si la suspicion est suffisamment aggravée pour justifier un contrôle judiciaire ou une détention provisoire. De ce fait, comme il aura à apprécier l'intensité de la suspicion et donc préjuger le cas échéant la culpabilité du suspect, l'article 137-1 lui interdit très logiquement de participer au jugement des suspects dont il aura prononcé le contrôle judiciaire ou la détention provisoire afin de préserver objectivement l'impartialité de la juridiction de juge-

[1] Art. 145 al. 6 C. pr. pén.

[2] Respectivement Cass. crim., 6 mars 2002, *Bull. crim.* n° 57 et Cass. crim., 17 févr. 2004, *Bull. crim.* n° 44 ; *Rev. sc. crim.* 2004, p. 374, obs. COMMARET (D.-N.).

ment. L'introduction du regard du JLD est bien une avancée procédurale car elle tend à mieux garantir la liberté individuelle[1].

2. La distance de principe du JLD par rapport à la suspicion

Avec la création du JLD, le législateur a amorcé un processus de désengagement du juge du siège de la recherche des preuves de la culpabilité du suspect. Le juge du siège se situe à distance des investigations (a) même s'il a parfois eu du mal à s'en démarquer (b).

a) Les prémices d'un désengagement par le juge du siège de la conduite des investigations

La création du JLD et le renforcement des pouvoirs d'instruction du parquet illustre bien le fait que se met en place un partage implicite des tâches entre parquet et siège. Le parquet exerce la suspicion et conduit les investigations. Le siège se désengage de celle-ci et se recentre sur le contrôle des mesures de contrainte du suspect. Cette évolution rentre bien dans la logique de l'article 5 § 3 de la Convention européenne des droits de l'homme. Dès qu'il est contraint, le suspect arrêté doit pouvoir être traduit « *devant un juge ou un autre magistrat habilité par la loi à exercer des fonctions judiciaires* ». Le JLD étant un magistrat du siège indépendant et impartial, l'article 5 § 3 est respecté. Le législateur a fait très clairement ce choix pour le contrôle judiciaire et la détention provisoire. Mais il est tout à fait possible d'imaginer que les interrogations sur l'impartialité du ministère public conduisent à lui retirer le pouvoir de prolongation de la garde à vue de droit commun et à le confier au juge des libertés et de la détention puisque tel est déjà le cas en matière de criminalité organisée[2]. Le JLD sera tout à fait bien placé de même pour contrôler le placement en garde à vue.

De plus, la suppression du juge d'instruction devrait entraîner le monopole du JLD pour décider de la détention provisoire mais aussi du contrôle judiciaire sur réquisitions du ministère public.

---

[1] LEMONDE (M.), Le juge des libertés et de la détention : une réelle avancée ?, *Rev. sc. crim.* 2001, p. 51.
[2] Art. 706-88 C. pr. pén.

Une telle évolution est tout à fait logique. Elle existe déjà en matière de comparution immédiate. Le ministère public requiert le JLD pour que celui-ci prononce la détention provisoire jusqu'à la date de l'audience[1]. En outre, en matière de CRPC, une fois la peine proposée, le procureur de la République peut présenter le suspect au JLD pour qu'il soit placé sous contrôle judiciaire, voire en détention provisoire le temps de son délai réflexion de dix jours[2]. Surtout, l'article 137-4 alinéa 2 permet au procureur de la République de saisir directement le JLD d'une demande de placement en détention provisoire que le juge d'instruction estime injustifiée[3].

La procédure pénale française se dirige progressivement vers un tandem parquet/JLD en matière de contrainte. Si la fonction est légitime, la place procédurale du JLD s'est avère plus inconfortable puisqu'il intervient en bout de chaîne procédurale.

b) Une extériorité mise à mal

Le JLD abonde souvent dans le sens de la détention provisoire défendue par un juge d'instruction soutenu par le parquet au sein d'un « *rapport de force implicite* » entre les trois[4]. Cet apparent échec du JLD possède nombre de causes. Tout d'abord, le JLD va se prononcer directement sur la suspicion en ordonnant un contrôle judiciaire ou une détention provisoire selon les critères de l'article 144. Ensuite, il se prononce « *au vu des éléments du dossier* » selon l'article 145 alinéa 2 du Code de procédure pénale. Mais il ne possède pas souvent le temps d'appréhender complètement ce dossier souvent complexe et toujours volumineux. Dès lors, la tendance est souvent d'acquiescer à la demande du juge d'instruction après un éclairage informel. Le double regard se transforme en trompe-l'œil[5]. De plus, de nombreux JLD sont d'anciens juges d'instruction qui vont avoir tendance à raisonner en magistrat instructeur et à faire confiance à leurs pairs. Enfin, les magistrats

---

[1] Art. 396 C. proc. pén.

[2] Art. 495-10 C. proc. pén.

[3] Art. 137-4 al. 2 C. pr. pén. en cas d'urgence pour un crime ou un délit puni de dix ans.

[4] VALLINI (A.), HOUILLON (P.), *Rapport*, préc., p. 262.

[5] DE LAMY (B.), Le juge des libertés et de la détention : un trompe l'œil, *Dr. pén.* 2007, étude n° 13.

qui occupent la fonction de JLD ne le font pas à plein temps. Malgré les enjeux et la complexité des dossiers, la fonction de JLD n'est toujours pas occupée à plein temps par des magistrats pénalistes spécialisés[1].

De fait, le JLD a longtemps cherché « *à mériter son nom* », son action se résumant parfois à celle d'un juge de la détention[2]. Le législateur n'a pourant pas voulu le supprimer puisque la loi du 5 mars 2007 a permis au JLD de différer de quatre jours le débat sur la détention pour améliorer sa connaissance du dossier et de la situation du suspect[3]. En effet, avec la suppression du juge d'instruction, le juge des libertés et de la détention possède toutes les compétences pour devenir le juge de la mise en état de la suspicion du fait de sa distance avec les investigations.

B. La vocation à la mise en état

Outre le contentieux de la détention provisoire, le législateur a confié au JLD plus de missions de contrôle du respect de la liberté individuelle dans différentes matières tels le contentieux des étrangers, celui des armes et munition ou de l'hospitalisation sans consentement[4]. Mais surtout, le JLD intervient lors de la mise en œuvre de la suspicion pour contrôler la recherche des preuves pendant l'enquête de police. Son statut devient celui d'un véritable juge de l'instruction et de l'enquête, c'est-à-dire de la mise en œuvre de la suspicion (1). Dès lors, cette évolution porte en elle les prémices d'une véritable transformation en un juge arbitre des demandes des parties pendant l'exercice de la suspicion afin d'amener l'affaire en état d'être jugée (2).

1. Le nouveau juge de la mise en œuvre de la suspicion

Durant la mise en œuvre de la suspicion, le juge des libertés et de la détention intervient de plus en plus pour autoriser des actes d'enquête qui vont porter atteinte à la liberté individuelle du sus-

---

1 LAVIELLE (B.), LEBU (F.), Le juge des libertés et de la détention : béni oui-oui ou terminator ?, *Gaz. pal.* 27 juill. 2001, doct., p. 1168.

2 GUERY (C.), Le juge des libertés et de la détention : un juge qui cherche à mériter son nom…, *D.* 2004, p. 583.

3 Art. 145 al. 9 C. pr. pén.

4 Art. L 552-1 C. étrangers, art. L. 2336-4 C. déf. et art. L. 3211-12 et L. 3214-2 C. san. pub.

pect, à ses droits de la défense ou au secret professionnel auquel il peut être tenu. C'est lui qui va donc autoriser certains actes d'enquêtes portant atteinte à la liberté individuelle du suspect (a) et à son domicile (b) après avoir contrôlé leur légitimité et leur nécessité pour la mise en œuvre de la suspicion

a) L'autorisation des atteintes à la liberté individuelle

Tout d'abord, depuis la loi du 18 mars 2003, le JLD autorise le procureur de la République à requérir les officiers de police judiciaire pour que ceux-ci requièrent à leur tour les opérateurs de télécommunications de préserver les informations utiles sur leurs usagers[1]. Le droit dérogatoire offre de surcroît au JLD une fonction plus traditionnelle de contrôle des mesures de privation de liberté du suspect dans la lignée de la détention provisoire. Sur requête du procureur, il est chargé d'autoriser par décision écrite et motivée les prolongations de garde à vue en matière de criminalité organisée effectuées dans le cadre des enquêtes de flagrance ou préliminaire. Le suspect doit lui être présenté lors de la première prolongation, ceci n'étant plus obligatoire lors de la deuxième prolongation. Selon les nécessités de la mise en œuvre de la suspicion le JLD peut autoriser directement une seconde prolongation de quarante-huit heures. Il pourra même en matière de terrorisme autoriser des prolongations qui élèveront la durée de détention à cent quarante quatre heures[2]. Le respect de l'article 5 § 3 CSDH est assuré. Rien n'empêche une application en droit commun.

Ensuite c'est bien le JLD qui autorise l'introduction clandestine dans les lieux ou véhicules hors des heures légales selon l'article 706-96 alinéa 2. Le législateur estime ainsi que le JLD apporte une garantie supérieure à celle du magistrat instructeur. La logique voudrait donc que le JLD ordonne les opérations de sonorisation[3] puisqu'il autorise déjà les interceptions de correspondances.

Le JLD autorise les écoutes téléphoniques sur réquisitions du parquet pendant l'enquête de police ou la recherche d'une personne en fuite selon les articles 706-95 et 74-2 du Code de procédure

---

[1] Art. 60-2 al. 2 et 77-1-2 C. pr. pén.
[2] Art. 706-88 C. pr. pén.
[3] V. art. 706-96 al. 1er C. pr. pén.

pénale. Cependant, si l'extériorité du JLD par rapport à l'enquête peut être considérée comme réelle garantie de contrôle, elle peut aussi constituer un handicap. Le législateur considère que les écoutes policières sont régulières du seul fait qu'elles ont été ordonnées par un magistrat du siège, lequel n'a pourtant ni la capacité procédurale, ni la capacité matérielle de les contrôler efficacement. De plus, la jurisprudence s'avère relativement laxiste dans sa définition de la fonction du JLD. Elle considère en effet que le Code n'exige pas que « *le juge des libertés et de la détention exerce un contrôle immédiat sur le déroulement de l'écoute mais seulement qu'il soit informé sans délai par le ministère public, à l'issue des opérations d'interception, d'enregistrement et de transposition* »[1]. Le contrôle des d'écoutes par le JLD s'effectue donc *a posteriori*. Dès lors, leur déroulement échappe à la surveillance effective du JLD qui se voit dépouillé de ses prérogatives au profit du parquet qui va s'avérer *de facto* le magistrat chargé du contrôle de l'opération. Cette position fait ainsi échec à une véritable protection du suspect par le juge du siège au profit du parquet. Si la Cour de cassation adopte cette position pour les autres mesures dérogatoires nécessitant une autorisation d'un juge, la mission de ce dernier sera vidée de son sens. Le caractère équitable du procès posera véritablement question.

De surcroît, le JLD s'est peu à peu substitué aux autres magistrats. Le rôle du président du tribunal de grande instance, qui autorisait les perquisitions nocturnes tend à devenir moins important au profit du JLD.

b) L'autorisation des perquisitions et visites domiciliaires

Le JLD peut autoriser, sur réquisitions du procureur de la République, que les perquisitions effectuées dans le cadre d'une enquête préliminaire se réaliseront sans l'assentiment de la personne au domicile de laquelle elles ont lieu lorsque la suspicion porte sur un délit puni d'une peine supérieure ou égale à cinq ans d'emprisonnement[2]. A peine de nullité, le JLD délimite strictement le champ des opérations. Il précise la qualification de l'infraction dont la preuve est recherchée ainsi que l'adresse des

---

[1] Cass. crim., 23 mai 2006, pourvoi n° 06-83.241, *AJ pénal* 2006, p. 367, obs. GIRAULT (C.).
[2] Art. 76 al. 4 C. pr. pén.

lieux. Il doit surtout motiver son ordonnance par l'intensité de la suspicion et la nécessité puisqu'il doit faire état des « *éléments de fait et de droit justifiant que ces opérations sont nécessaires* ». La perquisition ne peut porter sur la recherche d'autres infractions que celles pour lesquelles elle a été autorisée pour éviter tout détournement de procédure. L'exercice d'une suspicion ne doit pas être l'alibi pour en mettre en oeuvre une autre déjà définie. Mais sa mission ne s'arrête pas là puisqu'il peut se déplacer sur les lieux de l'opération afin de contrôler le respect de son ordonnance et des dispositions légales.

De même, en droit dérogatoire, le JLD autorise les perquisitions nocturnes lorsque l'enquête de flagrance porte sur une infraction relevant de la criminalité organisée. Selon l'article 706-89 du Code de procédure, le juge des libertés et de la détention peut, sur requête du procureur de la République, autoriser les perquisitions, visites domiciliaires et saisies entre 21 heures et 6 heures. L'article 706-90 organise le même mécanisme en matière d'enquête préliminaire mais en posant comme condition que les opérations ne concernent pas des locaux d'habitation. A chaque fois, le magistrat doit rendre une ordonnance délimitant l'objet des opérations les motivant par la suspicion et les nécessités de recherche d'éléments de preuves supplémentaires permettant de l'enrichir[1].

Enfin, le champ de compétence du JLD sort de la seule procédure pénale pour s'élargir à l'ensemble de la matière pénale. Selon la même logique que pour les perquisitions, le JLD autorise les visites domiciliaires effectuées par d'autres services que la police judiciaire et notamment les douanes. La motivation du magistrat se fonde sur la suspicion douanière, précisément sur « *les éléments de fait et de droit qu'il retient et qui laissent présumer, en l'espèce, l'existence des agissements frauduleux dont la preuve est recherchée* »[2]. Par ailleurs, le JLD autorise les visites domiciliaires en matière de consommation, en matière fiscale et en matière de concurrence[3].

---

[1] Art. 706-92 et 706-93 C. pr. pén.
[2] Art. 64, 2, a), al. 4 C. douanes.
[3] Respectivement, art. L. 215-3 al. 3 et L. 218-1 al. 3 C. Consomm ; art. L. 16 B II al. 2 LPF ; art. L. 450-4 C. com.

En droit commun, la loi du 12 décembre 2005 élargit la perquisition sans assentiment sur autorisation du JLD lorsque l'enquête porte sur un crime[1]. Cet ajout original fut une première pierre dans la définition du JLD comme juge d'une future enquête de police élargie au crime. Le JLD est devenu un acteur majeur de la procédure du fait notamment du renforcement de la phase policière[2]. Il est devenu une institution alternative au juge d'instruction. Ainsi, il a porté de plus en plus les habits d'un « *juge de la mise en état policière, chargé de répondre au cas par cas aux demandes qui lui seront présentées* »[3]. De ce point de vue, son rôle se rapproche du juge anglo-saxon pendant l'audience préliminaire ou du juge des enquêtes allemand (*Ermittlungsrichter*) qui autorise les perquisitions et les mesures de détention[4], ou encore du juge d'instruction belge lorsque celui-ci agit dans le cadre d'une mini-instruction[5]. Dès lors, la continuité de cette logique est la transformation du JLD en arbitre de la phase d'enquête.

2. Un juge-arbitre

Le juge des libertés et de la détention possède en principe des qualités d'indépendance et de distance pour devenir un véritable arbitre entre les enquêteurs et le suspect lors de la mise en œuvre de la suspicion. Sa transformation est d'ailleurs proposée par le Comité Léger (a). Cette position lui permettra de mettre l'affaire en état d'être jugée si besoin (b).

a) La régulation des rapports entre les parties

Outre sa mission de contrôle, le Code de procédure pénale offre parfois au JLD la fonction de recevoir certaines demandes du suspect face à l'accusation et à l'exercice de la suspicion à son encontre. Le JLD offre à la partie accusatrice la possibilité de présenter ses arguments. Il est bien dans une position de tiers arbitre.

---

1 Art. 76 al. 4 C. pr. pén.

2 BILLIAUD (A.), Quel contrôle du JLD sur les enquêtes ?, *AJ pénal* 2004, p. 233.

3 DANET (J.), Le droit pénal et la procédure pénale sous le paradigme de l'insécurité, préc.

4 Respectivement art. 13 et 104 de la Loi fondamentale. VALLINI (A.), HOUILLON (P.), *Rapport* préc., p. 347.

5 FRANCHIMONT (M.), La loi belge du 12 mars 1998 relative à l'amélioration de la procédure pénale au stade de l'information et de l'instruction, *Rev. pénit. dr. pén.* 2000, p. 185.

Cette position d'arbitre se retrouve de même en matière de fichiers. Selon les articles 706-53-10 et 706-54 alinéa 2 du Code de procédure pénale, le suspect fiché au FJNAIS et au FNAEG peut demander auprès du procureur de la République, la rectification ou l'effacement de toute information le concernant. En cas de refus, le suspect peut saisir le JLD[1]. En matière d'infraction sexuelle, le JLD peut ordonner qu'il soit procédé à une expertise du demandeur. Il peut aussi lui enjoindre de justifier de son adresse une seule fois par an dans un poste de police[2].

Surtout, l'article 77-2 alinéa 2 à 4 avait conféré au JLD de trancher le litige portant sur la suite de la procédure entre le suspect non poursuivi six mois après une garde à vue et le parquet. Le JLD pouvait alors autoriser la poursuite de l'enquête après un débat contradictoire[3]. Il se dessine véritablement comme un juge de la mise en état de l'affaire.

b) Mise en état de l'affaire

Le juge pourrait aussi devenir le véritable juge de la mise en état de l'affaire. La procédure civile, pourtant dominée par l'initiative des parties connaît cette institution du juge de la mise en état[4]. Les décrets du 9 septembre 1971, 20 juillet 1972 et 28 août 1965 ont défini les prérogatives de ce juge renforcées par le décret du 28 décembre 2005. Le juge de la mise en état veille au rassemblement des éléments de preuve qui constitueront la base des débats d'audience. Il dispose ainsi de différentes prérogatives. Il peut prononcer des mesures conservatoires ou provisoires, adresser des injonctions aux parties notamment inviter les avocats à répondre aux moyens, effectuer un acte de procédure, fournir des explications. Il peut ordonner d'office un acte d'instruction[5]. S'il ne peut être assimilé à un juge d'instruction civil, il n'en reste pas moins un juge actif qui contribue à la pertinence du débat et à équilibrer les rapports entre les parties.

---

[1] Art. R. 53-8-28 et R. 53-8-30 C. pr. pén.
[2] Art. 706-53-10 al. 3 et 4. C. pr. pén.
[3] Introduite par la loi du 15 juin 2000, cette procédure fut abrogée par la loi du 9 septembre 2002.
[4] VINCENT (J.), GUINCHARD (S.), *Procédure civile*, Dalloz, 27ème éd., 2003, n° 859, p. 707 et s.
[5] Respectivement art. 771, 4° ; 763 et 765 ; 764 ; 771, 5° N. c. pr. civ.

La procédure devant les juridictions pénales internationales connaît elle-aussi un juge de la mise en état depuis 1998. Le juge doit recueillir l'accord des parties sur les points de droit ou de fait. Il fait en sorte que les questions qui ne relèvent pas du fond soient définitivement réglées avant l'audience de jugement[1]. Surtout, il prévient la négligence des parties en incitant procureur et défense à faire les démarches permettant à l'affaire d'être jugée[2]. La Cour pénale internationale reprend ce système en le confiant à une chambre préliminaire[3]. Cette chambre autorise le procureur à poursuivre, délivre les mandats d'arrêt et ordonne les mesures coercitives. Dans l'autre sens, elle ordonne toutes mesures qui « *peuvent être nécessaires pour aider la personne à préparer sa défense* »[4]. Le concept de chambre préliminaire inspire d'ailleurs une nouvelle version du *Corpus juris*, qui auparavant penchait plus pour un juge unique de l'enquête préliminaire[5].

L'adoption d'une juridiction de mise en état composée d'un juge unique serait sûrement moins lourde qu'un organe collégial. Le JLD possède les qualités d'un juge de la mise en état. Il serait ainsi tout à fait logique de concevoir à terme une enquête de police contradictoire au cours de laquelle ce juge sera compétent pour connaître des demandes et contestations du suspect lors de la mise en œuvre de la suspicion. Le JLD deviendrait alors un véritable juge de l'enquête et des libertés, ce juge que désire introduire le Comité Léger même si ce dernier propose de transformer en un tel juge non le JLD, mais le juge d'instruction[6]. En plus des prérogatives du JLD, ce nouveau juge pourrait ainsi fixer un calendrier de procédure et des dates butoirs pour les investigations afin de mettre l'affaire en état d'être jugée dans un délai raisonnable. Il pourrait connaître des discussions relatives à la qualification des

---

1 L'art. 65 *ter* D) du Règlement de procédure du TPIY.

2 Le juge peut enjoindre aux parties de déposer une liste de témoin. V. art. 65 ter E ii), pour le procureur, et Gi) pour la défense, du Règlement de procédure du TPIY ; art. 73 *bis* B iv), pour le procureur, et B iii), pour la défense, du Règlement de procédure et de preuve du TPIR.

3 Art. 15 § 3 et 17 du Statut de la CPI. MALABAT (V.), La Cour pénale internationale, *JCP* 2002, act., 377.

4 Art. 57 § 3 et 58 du Règlement de procédure de la CPI.

5 DELMAS-MARTY (M.), La place d'un droit pénal commun dans la construction communautaire, in *Mélanges Couvrat, La sanction du droit*, PUF 2001,, p. 229 et s., spéc., p. 240.

6 Comité de réflexion sur la justice pénale, *Rapport*, préc., proposition n° 3.

faits et à l'application d'un régime spécifique d'enquête. Il pourrait surtout par ordonnance juridictionnelle enjoindre au parquet de communiquer à la défense les pièces dont il dispose afin de respecter le principe de la contradiction et ordonner à la demande de la défense certains actes d'investigation. Le JLD possèdera la gestion de la procédure ce qui permettrait de la rééquilibrer entre les parties. Mais à l'inverse du juge civil, l'appel de ses ordonnances pourrait être porté devant la chambre de l'instruction[1], juridiction de mise en état du second degré, afin d'éviter que le contentieux de la mise en état n'attende la phase de jugement et l'appel du jugement sur le fond pour être réglé. Enfin, le juge pourrait devenir à la place du parquet le premier contrôleur des informations issues de fichiers ou de l'enquête relatives au suspect et faire procéder à leur correction ou leur effacement.

Il est possible de se demander si la mise en état n'impose pas au JLD d'ordonner le renvoi du suspect devant la juridiction de jugement dès qu'il estime l'affaire en état d'être jugée. Une telle solution ne s'impose pas. La fonction d'arbitrage semble incompatible avec le pouvoir de renvoyer puisque le renvoi nécessite de considérer la culpabilité du suspect comme très probable. Il ne s'agit pas de retomber dans les travers du juge d'instruction. Il apparaît plus logique et plus simple de laisser la possibilité de renvoi au seul ministère public par convocation, citation ou mise en accusation devant la cour d'assises. Néanmoins, il serait possible d'envisager que le suspect puisse contester la décision de renvoi prise par le parquet s'il estime que l'affaire n'est pas en état d'être jugée. Le juge se prononcerait alors dans un délai de deux jours. Soit estimant l'affaire en état d'être jugée, il rejetterait le recours du suspect. La décision de renvoi suspendu par le recours, serait alors effective. Soit, considérant l'absence de mise en état ou une impossibilité à poursuivre du fait d'un obstacle de droit tel la prescription, il demanderait au parquet de réaliser quelques investigations supplémentaires. Dans tous les cas, le juge ne prononcerait pas le renvoi et ne se prononcerait pas non plus sur un éventuel non-lieu qui relèverait de la seule appréciation du parquet. Toutefois, le juge pourrait constater l'impossibilité de

---

[1] Selon l'art. 776 N. c. pr. civ., les décisions du juge de la mise en état ne peuvent être frappées d'appel ou de pourvoi en cassation qu'avec le jugement statuant sur le fond.

poursuivre pour cause d'incompétence du parquet ou d'extinction de l'action publique par acquisition de la prescription, décès du suspect, amnistie ou abrogation de la loi. Il est dommage que le Comité Léger ne souhaite pas cette orientation et laisse au parquet le soin du renvoi sans possibilité de recours sauf en matière criminelle[1].

La phase préliminaire du procès pénal demeurera déséquilibrée par la mise en œuvre de la suspicion tant qu'il n'existera pas de véritable organe qui veille à préserver l'équilibre entre les parties. L'intervention du juge du siège pendant cette phase du procès s'avère ainsi indispensable du fait de sa fonction naturelle d'arbitrage. Seul le juge du siège, de par son indépendance et sa distance par rapport aux parties, à l'exécutif et à la suspicion, est à même de garantir pleinement le caractère équitable de la procédure. Le juge de la mise en état fait fonction de correcteur de la mise en œuvre de la suspicion et de régulateur des rapports entre l'accusation et la défense. La fonction de juge d'instruction a échoué à garantir cet équilibre car elle s'est vue immergée au cœur même de la mise en œuvre de la suspicion. Le succès de celle du juge des libertés et de la détention, passe ainsi par une position suffisamment distante par rapport à la suspicion pour qu'il demeure un arbitre impartial mais aussi suffisamment proche pour qu'il puisse contrôler véritablement les investigations effectuées voire demandées par les parties. La décision du juge devra être prise après échange d'arguments entre parquet et défense. Si la communication du dossier au JLD s'effectue dans des conditions matérielles lui permettant de prendre connaissance des investigations et si un débat contradictoire est organisé, il sera suffisamment éclairé pour décider.

Pour résumer, le JLD, futur juge de l'enquête et des libertés, juge de contrôle, juge arbitre, juge de la mise en état, devra trouver une position de juste distance : « *ni trop près pour ne pas être aveuglé, ni trop loin pour ne pas être aveugle* »[2]. De cette juste distance dépend son devenir et son évolution. Il doit posséder une certaine maîtrise sur

---

1 Comité de réflexion sur la justice pénale, *Rapport*, préc., proposition n° 2.

2 GIUDICELLI-DELAGE, (G.), La juste distance... Réflexions autour de mauvaises (?) questions. A propos de la réforme de l'instruction et de la procédure pénale française, in *Les droits et le Droit. Mélanges dédiés à Bernard Bouloc*, préc., p. 389 et s., spéc., p. 401.

l'exercice de la suspicion sans pour autant tomber dans le piège d'exercer lui-même cette suspicion. Ce constat s'applique aussi en principe à la chambre de l'instruction. Mais son rôle est empreint d'équivoque.

§ 2. La régulation de la suspicion par la chambre de l'instruction

Depuis le Code de procédure pénale de 1958, la chambre de l'instruction est une formation spécialisée de la cour d'appel constituant la juridiction d'instruction du second degré. Même si elle a perdu en 2000 le monopole de la mise en accusation[1], elle a conserve sa fonction de contrôle des actes d'instruction et de contrainte ordonnés pour la mise en œuvre de la suspicion pendant l'information judiciaire (A). Mais son avenir passe peut-être par sa transformation en chambre des mises en état de la suspicion (B).

A. Le contrôle de l'exercice de la suspicion

La chambre de l'instruction possède pour fonction principale celle de contrôler la régularité de la procédure d'information et de l'exercice de la suspicion par les juridictions d'instruction du premier degré. La chambre de l'instruction connaît des critiques portées sur le déroulement de l'instruction mettant en œuvre la suspicion (1) ou, dans la majorité des cas, sur la contrainte dont fait l'objet le suspect et ses demandes de remise en liberté (2).

1. La régulation du contentieux de l'instruction

La chambre de l'instruction régule l'information judiciaire puisqu'elle est la juridiction qui reçoit les recours formulés contre les décisions des juridictions d'instruction du premier degré (a) et les requêtes en annulation d'actes de procédure (b).

---

[1] Art. 181 C. pr. pén. COSTE (F.-L.), Chambre de l'instruction, *Rép. pén. Dalloz*.

a) La connaissance des recours contre les décisions du juge d'instruction

La chambre de l'instruction est la juridiction d'appel des décisions des juridictions du premier degré d'instruction. Le parquet et le parquet général disposent ainsi d'un droit d'appel général des ordonnances du juge d'instruction ou du juge des libertés et de la détention[1]. Il n'en est pas de même pour le suspect mis en examen dont le droit d'appel est limité à certaines ordonnances. Selon les articles 186 et 186-1 du Code de procédure pénale, il ne peut interjeter appel que des ordonnances et décisions relatives à la recevabilité d'une constitution de partie civile, par lesquelles le juge d'instruction statue sur sa compétence, celles relatives au règlement de la procédure et à la mise en accusation, aux demandes d'actes complémentaires, à une demande d'audition ou d'interrogatoire, à la prescription de l'action publique, à l'expertise. De même, le suspect peut interjeter appel des ordonnances de renvoi devant le tribunal correctionnel alors que les faits constituent en réalité des crimes. Il peut former un appel à l'encontre des ordonnances par lesquelles le juge refuse que son avocat lui communique le dossier de procédure, refuse la publication de l'ordonnance de non-lieu ou encore refuse d'ordonner la restitution d'un objet saisi, refuse la cosaisine. Enfin, le suspect peut faire appel des ordonnances par lesquelles les juges d'instruction se dessaisissent au profit des juridictions interrégionales spécialisées en matière de criminalité organisée ou des juridictions spécialisées en matière économique et financière. Par ailleurs, le président de la chambre peut décider la cosaisine d'office ou sur requête des parties[2].

De plus, l'appel du suspect se trouve encore limité par la règle dite de « *l'unique objet* » selon laquelle son recours ne peut servir à faire juger une autre question que celle relative à l'ordonnance critiquée. L'appel est ainsi pensé comme « *un droit exceptionnel qui ne comporte aucune extension* »[3]. Le suspect ne peut donc profiter d'un appel sur la détention provisoire pour contester la qualification

---

[1] Art. 185 C. pr. pén.
[2] Respectivement, art. 186-3 ; 114 al. 10 ; 177-1 al. 3 ; 186 al. 4 ; 83-1 ; 706-78 ; 705-2 ; 83-1 al. 3 C. pr. pén.
[3] Cass. crim., 7 févr. 1990, *Bull. crim.* n° 67.

des infractions qu'il est soupçonné avoir commis. Enfin, l'appel du suspect peut se voir filtré par le président de la chambre de l'instruction. Ce dernier peut ainsi rendre une ordonnance déclarant non admis tout recours formulé contre une ordonnance non susceptible d'appel, formulé hors délai ou sans objet[1]. Il peut filtrer aussi l'appel des ordonnances de refus d'acte[2]. Pourtant, cette inégalité affichée entre les parties ne semble pas légitime dans une conception équitable du procès[3]. La Chambre criminelle a atténué cette inégalité en élaborant la théorie dite de « *l'ordonnance complexe* ». Lorsque le juge d'instruction ne statue par sur une demande du suspect, la Cour de cassation considère qu'il la rejette implicitement. De ce fait, alors même que l'ordonnance de renvoi devant le tribunal correctionnel n'est pas susceptible d'appel, la Cour admet le recours contre la partie de l'ordonnance relative à la demande rejetée dès lors que ce rejet est susceptible d'appel[4], sauf s'il existe une voie spécifique de contestation[5].

Une fois l'appel déclaré recevable, la chambre de l'instruction va en examiner le bien fondé. La chambre va aussi connaître des demandes d'annulation formulées par le suspect.

b) La connaissance des requêtes en nullité

Selon l'article 170 du Code de procédure pénale, la chambre de l'instruction est compétente pour connaître des requêtes en nullité des actes du juge d'instruction. La demande d'annulation peut être le fait du juge d'instruction lui-même ou du parquet lorsqu'ils entendent purger la procédure de ses nullités. Mais, une fois encore, une inégalité se fait jour. A l'inverse de celles du suspect, ces requêtes des magistrats ne sont pas soumises au filtre du président de la chambre de l'instruction[6] sans que la Chambre

---

1 Art. 186 dernier alinéa C. pr. pén.

2 Art. 186-1 al. 3 C. pr. pén.

3 GUINCHARD (S.), BUISSON (J.), *Procédure pénale*, préc. n° 2085, p. 975.

4 Cass. crim., 20 déc. 1813, *DP* 1813 ; 16 févr. 2005, *Juris-Data*, n° 2005-027427.

5 Ass. plén., 24 mai 1996, *D.* 1996, jur., p. 345, note PRADEL (J.) ; 26 nov. 2003, *AJ pénal* 2004, p. 72. obs. GIRAULT (C.).

6 Art. 173 C. pr. pén.

criminelle voie dans cette géométrie variable une violation du principe d'égalité des armes[1].

En revanche, l'article 174 alinéa 1er permet à la chambre de l'instruction de relever d'office des moyens de nullité. Réalisant une interprétation stricte de l'article 174, la Chambre criminelle n'y voit qu'une simple possibilité. La chambre de l'instruction n'a pas à soumettre aux parties, les moyens de nullité relevés d'office par elle ce qui contrevient à la contradiction[2]. Néanmoins, selon l'article 206 du Code de procédure pénale, elle doit rechercher toutes causes de nullité lorsqu'elle est saisie de l'entier dossier de l'information. Elle doit donc les relever d'office[3], accueillir même celles soulevées par les parties[4] et procéder aux annulations nécessaires[5].

Cette fonction de régulation de la mise en œuvre de la suspicion est certes importante mais elle demeure secondaire face au contrôle des mesures de contraintes prononcées à l'encontre du suspect.

2. Le contrôle des mesures de contrainte

La fonction de contrôle des mesures de contrainte est assurément la principale fonction de la chambre puisque la majorité des recours formulés auprès d'elle s'y rapportent[6]. Est ainsi porté un nouveau regard sur la contrainte pendant l'exercice de la suspicion. Cependant, l'efficacité de ce regard pâtit des conditions de recours du suspect (a). En outre, l'organisation matérielle et procédurale ainsi que la culture professionnelle des magistrats réduisent souvent le rôle de la cour à la seule confirmation de la détention (b).

---

1 Cass. crim., 9 nov. 1999, *Bull. crim.* n° 251.
2 Cass. crim., 6 févr. 1996, *Bull. crim.* n° 60.
3 Cass. crim., 19 févr. 1997, *Bull. crim.* n° 66.
4 Ass. plén., 24 mai 1996, préc.
5 Cass. crim 19 juin 1996, *Bull. crim.* n° 263.
6 VALLINI (A.), HOUILLON (P.), *Rapport*, préc., p. 2273.

a) La faveur pour la détention

A l'instar du ministère public qui dispose en ce domaine d'un pouvoir général d'appel[1], le suspect peut interjeter appel des ordonnances relatives au contrôle judiciaire et à la détention provisoire[2]. Il dispose d'une possibilité d'assortir son appel d'une décision de placement en détention provisoire d'un référé-liberté auprès du président de la chambre de l'instruction ou sur demande devant la chambre[3]. Néanmoins, le législateur du 9 septembre 2002 a accordé un sérieux avantage au ministère public en lui permettant d'accompagner son appel d'une ordonnance de mise en liberté d'un référé-détention auprès du président de la chambre de l'instruction afin de déclarer cet appel suspensif[4]. Le président statue au vu du dossier auquel sont jointes les observations écrites des parties. L'avocat du suspect peut néanmoins demander à présenter des observations orales au cours d'une audience de cabinet[5]. Enfin, le président de la chambre peut refuser la comparution personnelle du suspect devant la chambre s'il a déjà personnellement comparu depuis moins de quatre mois[6]. La connaissance par la chambre des mesures de contraintes ne se déroule pas dans un sens favorable au suspect. C'est ce qui expliquerait, entre autre, le fort taux d'arrêts de confirmation des mesures de détention.

b) Une chambre de confirmation

La principale critique réalisée à l'encontre de la chambre de l'instruction est qu'elle adopte souvent l'exact point de vue des magistrats ayant demandé ou prononcé la détention. La commission Outreau a mis en exergue le manque de contrôle exercé par la chambre de l'instruction. Ses membres rédigent parfois l'arrêt avant l'audience reprenant les arguments favorables à la détention sans tenir compte de ceux de la défense. L'absence d'une « *culture de contrôle* » et la pratique d'un certain « *suivisme judiciaire* » empêche

---

[1] Art. 185 C. pr. pén.
[2] Art. 186 C. pr. pén.
[3] Art. 187-1 et 187-2 C. pr. pén.
[4] Art. 148-1-1 et 187-3 C. pr. pén.
[5] Art. 187-3 al. 3 C. pr. pén.
[6] Art. 199 al. 5 C. pr. pén.

l'émergence d'un véritable débat sur le bien fondé des décisions prises au premier degré de l'instruction. La chambre de l'instruction se transforme de ce fait en « *chambre de confirmation* »[1]. Ainsi que le résume fort pertinemment un président de chambre de l'instruction : « *Nous n'avons jamais compris que le législateur attendait de nous que nous apportions systématiquement la contradiction aux décisions du juge d'instruction ou du juge des libertés et de la détention* »[2]. Les magistrats de la chambre de l'instruction ne s'investissent pas suffisamment dans le contrôle de la mise en œuvre de la suspicion. Néanmoins, ils appartiennent à une juridiction dont la fonction de mise en état se renforce.

B. L'évolution vers la mise en état au second degré

La fonction de contrôle de la chambre tend à se doubler d'une fonction de mise en état qui certes existait déjà (1) mais tend à s'accentuer (2).

1. Les prémices de la mise en état

Lorsqu'elle se trouve en position de connaître l'intégralité du dossier d'instruction, la chambre de l'instruction dispose du pouvoir de procéder elle-même à la mise en œuvre de la suspicion. Le second degré de l'instruction disparaît. Par le biais ou non de l'évocation selon les cas, la chambre va ainsi réviser l'affaire et accomplir certains actes de procédure (a) qui vont lui permettre d'étendre le champ de la suspicion (b).

a) Réviser, évoquer : instruire

Révision et évocation recouvrent en fait le même pouvoir dévolu à la chambre de l'instruction pour instruire d'elle-même l'affaire en lieu et place du juge d'instruction[3].

Réviser, c'est « *examiner de nouveau pour changer* »[1]. C'est donc instruire à nouveau. Exercer la suspicion à nouveau. La chambre

---

[1] VALLINI (A.), HOUILLON (P.), *Rapport*, préc., p. 273 et s.
[2] Monsieur Straehli, président de la chambre de l'instruction de la cour d'appel de Nancy, audition du 29 mars 2006, in VALLINI (A.), HOUILLON (P.), *Rapport*, préc., p. 275.
[3] COSTE (F.-L.), Chambre de l'instruction, préc., n° 294.

de l'instruction ne dispose du pouvoir de révision que lorsqu'elle est saisie de l'entier dossier de procédure. Cette situation se retrouve en cas d'appel d'une ordonnance de mise en accusation par le parquet ou le suspect[2], d'une ordonnance de non-lieu par la partie civile, d'une ordonnance de renvoi disqualifiante[3], lorsque la cour est saisie par le procureur général soit qu'il considère que les faits constituent des crimes, soit qu'il considère que de nouvelles charges se font jour[4].

L'évocation quant à elle recouvre la faculté de la chambre de l'instruction de connaître l'intégralité du dossier et d'exercer son pouvoir de révision alors même qu'elle n'est saisie que d'une question spécifique relative à un seul acte de procédure effectué par le juge d'instruction. En aucun cas, l'évocation n'est possible en matière de contrainte[5]. La chambre peut ainsi évoquer après avoir connu ou soulevé la nullité d'un acte d'instruction[6] ; lorsqu'elle infirme une décision du juge d'instruction ; lorsqu'elle est saisie par une partie, parce que le juge d'instruction ne répond pas à une demande d'une partie ou aux réquisitions motivées du parquet[7]. Enfin, l'évocation est possible lorsque le juge d'instruction n'a effectué aucun acte d'instruction depuis plus de quatre mois[8]. Par ailleurs, la loi du 9 mars 2004 a introduit une faculté d'évocation partielle. Elle peut n'exécuter que certains actes avant de renvoyer le dossier au juge d'instruction[9]. Cette possibilité s'est vue introduite afin d'éviter que la cour, ne pouvant faire d'injonction d'exécution d'un acte au juge d'instruction indépendant[10], soit contrainte à évoquer tout le dossier pour n'exécuter qu'un seul acte en lieu et place du magistrat peu diligent.

Pour Messieurs Merle et Vitu, le pouvoir de révision permet ainsi à la chambre de l'instruction « *de réparer les omissions commises*

---

[1] ANGEVIN (H.), *La pratique de la chambre de l'instruction*, Litec, 2ème éd. 2004, n° 142, p. 68.
[2] Art. 181 C. pr. pén.
[3] Art. 186-3 C. pr. pén.
[4] Art. 195 et 196 C. pr. pén.
[5] Art. 207 al. 1 C. pr. pén.
[6] Art. 206 al. 3 C. pr. pén. renvoyant aux articles 201, 202 et 204 C. pr. pén.
[7] Art. 207 al. 2 C. pr. pén.
[8] Art. 221-1 et 221-2 C. pr. pén.
[9] Art. 207 al. 2 dernière phrase C. pr. pén.
[10] Cass. crim., 17 nov. 1998, *Bull. crim.* n° 301.

par le juge d'instruction, de redresser les qualifications données aux faits délictueux, de statuer sur tous les chefs de crimes, de délits ou de contraventions résultant du dossier de procédure, d'inculper des personnes qui n'ont pas été renvoyées devant elle et, à la fin de son examen, de renvoyer les individus poursuivis devant la juridiction compétente »[1]. Le plus souvent, elle va ordonner un supplément d'information[2]. Pour procéder à ce supplément, la chambre peut agir d'elle-même de manière collégiale[3]. La plupart du temps, elle va désigner un juge d'instruction ou l'un de ses membres pour exécuter les actes d'instruction nécessaires[4]. Le magistrat désigné n'est qu'un simple enquêteur judiciaire. Il ne peut donc exercer que des pouvoirs d'investigation tels des interrogatoires, mais non des pouvoirs juridictionnels[5].

Le pouvoir de révision ou d'évocation permet ainsi à la chambre de l'instruction de mettre en œuvre par elle-même la suspicion et de l'étendre.

b) L'extension de la suspicion par celle de la poursuite

Selon l'article 202 alinéa 1er du Code de procédure pénale, la chambre de l'instruction peut, d'office ou sur réquisition du procureur général, ordonner qu'il soit informé à l'égard des suspects déjà mis en examen dans la procédure « *sur tous les chefs de crimes, délits, de contravention, principaux ou connexes, résultant du dossier de la procédure, qui n'auraient pas été visés par l'ordonnance du juge d'instruction ou qui auraient été distraits par une ordonnance comportant non-lieu partiel, disjonction ou renvoi devant la juridiction correctionnelle ou de police* ». Par exception au principe de saisine *in rem*, la chambre de l'instruction peut s'autosaisir de certains faits n'entrant pas dans sa saisine. La condition s'avère juste qu'ils soient liés avec l'exercice de la suspicion dans l'affaire qui lui est soumise. L'expression « *résultant du dossier de procédure* » demeure toutefois suffisamment large pour concerner un nombre important de faits sur lesquels les investigations n'ont pas porté ou ont débouché sur un non-lieu partiel[6].

---

[1] MERLE (R.), VITU (A.), *Traité de droit* criminel, t. 2, *Procédure pénale*, préc., n° 569, p. 650.
[2] Art. 201 al. 1er C. pr. pén. V. Cass. crim., 3 avr. 1996, *Bull. crim.* n° 146.
[3] V. Cass. crim., 10 juin 1985, *Bull. crim.* n° 393.
[4] Art. 205 C. pr. pén.
[5] Cass. crim., 11 déc. 2001, *Bull. crim.* n° 258.
[6] Cass. crim., 26 nov. 1996, *Bull. crim.* n° 426.

Selon la jurisprudence, la chambre peut aussi instruire au-delà de la saisine *in rem* du juge d'instruction, sur des faits pour lesquels il n'était même pas saisi par le réquisitoire introductif ou supplétif du parquet[1]. Selon les articles 202 et 204 du Code de procédure pénale[2], les faits doivent résulter du dossier et concerner des suspects mis en examen renvoyés devant elle. La chambre ne pourra enfin n'instruire que sur des faits qui se sont produits après la mise en mouvement de l'action publique[3]. De plus, l'article 202 alinéa 2 permet à la chambre de ne pas ordonner de supplément d'information si les infractions soupçonnées ont été comprises dans la mise en examen du suspect par le juge d'instruction. La jurisprudence considère *a contrario* que la cour doit ordonner un supplément d'information si les faits n'ont pas donné lieu à une mise examen[4], afin de respecter la possibilité pour le suspect de s'expliquer. La chambre de l'instruction peut ainsi étendre l'information à d'autres infractions, dégager de nouvelles circonstances aggravantes, modifier ou compléter les qualifications retenues[5]. La chambre de l'instruction va étendre et renforcer la suspicion et prononcer la mise en examen des suspects, pour des infractions supplémentaires. Mais elle peut aussi découvrir de nouveaux suspects.

Aux termes de l'article 204 du Code de procédure pénale, la chambre de l'instruction possède la faculté d'ordonner, pendant le supplément d'information, que soient mis en examen les suspects non renvoyés devant elle par le juge d'instruction. Il suffit pour ce faire que les infractions résultent du dossier, que le supplément d'information ait pour objet la mise en examen des suspects et que ces derniers n'aient pas bénéficié d'une ordonnance de non-lieu devenue définitive. Ce faisant, la chambre de l'instruction élargit le champ de mise en œuvre de la suspicion à de nouveaux suspects. Sa maîtrise de la suspicion dépasse alors celle du magistrat instructeur.

---

[1] Cass. crim., 31 mai 1994, *Bull. crim.* n° 211.
[2] Cass. crim., 12 avr. 2005, *JCP* 2005, IV, 2270.
[3] Cass. crim., 15 mai 1979, *Bull. crim.* n° 173.
[4] Cass. crim., 23 févr. 1971, *Bull. crim.* n° 60 ; 12 avr. 2005, *Bull. crim.* n° 126
[5] Cass. crim., 31 janv. 1968, *Bull. crim.* n° 32 ; 10 juill. 2002, *Bull. crim.* n° 149.

La révision et l'évocation permettent à la chambre de l'instruction de pallier les carences du juge d'instruction ainsi mettre en état la suspicion. Ce pouvoir s'accentue.

2. Le renforcement du pouvoir de mise en état

L'évocation devient en partie contradictoire. Alors que les articles relatifs à l'évocation ne le précisent pas, au nom du principe de la contradiction et sur le fondement de l'article préliminaire du Code de procédure pénale, la Chambre criminelle exige désormais que la chambre de l'instruction organise un débat contradictoire avec les parties[1]. En outre, la loi n° 2007-291 du 5 mars 2007 relative à l'équilibre de la procédure accroît la place de la chambre de l'instruction dans la régulation de l'exercice de la suspicion. Elle renforce la contradiction par la suppression des observations sommaires des parties et accentue la transparence de l'audience relative à la détention en érigeant la publicité en principe[2].

Surtout, la loi du 5 mars 2007 introduit à l'article 222-3 du Code de procédure pénale la possibilité pour la chambre de l'instruction d'examiner la procédure en son entier. Il suffit que son président la saisisse en ce sens sur demande du ministère public ou du suspect mis en examen dès lors que trois mois se sont écoulés depuis le placement en détention. Le détenu provisoire peut demander à comparaître personnellement. La chambre peut ordonner de surcroît la comparution des autres suspects mis en examen ou témoin assisté. Les parties peuvent déposer des conclusions au moins deux jours avant la date d'audience dans lesquelles elles développent des observations sur la détention mais aussi sur le reste du dossier. Elles peuvent de plus soulever des nullités et faire des demandes d'actes ou des demandes tendant à faire constater la prescription de l'action publique. Elles peuvent même renouveler leur appel d'une décision du juge d'instruction bien qu'il ait été rejeté par le président de la chambre au visa de l'article 186-1. L'audience devant la chambre de l'instruction garantit ainsi un véritable débat contradictoire portant sur le fond de l'affaire, c'est-à-dire sur le cœur même de la suspicion. La chambre

---

1 Cass. crim., 19 sept. 2006, *Rev. sc. crim.* 2007, p. 113 obs. GIUDICELLI (A.).
2 Art. 199 al. 2 C. pr. pén.

de l'instruction possède une entière vision de la procédure. Elle peut réellement apprécier la mise en œuvre de la suspicion et ses critiques.

A la fin du débat contradictoire, la chambre disposera de nombreux pouvoirs. Elle pourra ordonner une mise en liberté assortie ou non d'un contrôle judiciaire, prononcer l'annulation d'un acte d'instruction. Surtout, sans même infirmer ou annuler, la chambre de l'instruction pourra désormais évoquer le dossier partiellement avant de le renvoyer au juge d'instruction[1]. Pour la première fois en droit français, elle pourra alors lui enjoindre d'accomplir certains actes. Mais elle pourra aussi ordonner un dessaisissement, une cosaisine, le règlement total ou partiel de l'affaire. Aucune autre audience ne sera ensuite possible sur demande du suspect ou du parquet. Si une détention est toujours en cours six mois après que l'arrêt de la chambre soit devenu définitif, son président pourra de nouveau la saisir.

L'article 223-1 institue ainsi une véritable audience de mise en état de la suspicion par la chambre de l'instruction. Cette transformation permettra peut-être à la chambre de l'instruction de recouvrer sa souveraineté durant la phase préparatoire de la procédure. Le rôle de la chambre pourrait ainsi se recentrer sur la fonction première du juge du siège : l'arbitrage, le contrôle et la garantie de la liberté individuelle. Cette évolution sera d'autant plus nécessaire que la juridiction d'instruction du premier degré devient collégiale. En réalité, l'évolution de cette juridiction l'entraîne vers une transformation en véritable chambre de la mise en état, une chambre préliminaire en somme. D'ailleurs, le Comité Léger n'envisage pas la suppression de la chambre de l'instruction mais sa transformation en chambre de l'enquête et des libertés qui conaîtrait des recours en nullité et contre le renvoi devant la juridiction de jugement[2]. Avec la transformation du JLD en juge de l'enquête et des libertés, juge de la mise en état au premier degré, la chambre de l'instruction deviendra une juridiction de mise en état du second degré. Elle connaîtrait alors des recours contre les décisions de ce nouveau JLD, juge de l'enquête.

---

[1] Art. 221-3, II, 4° C. pr. pén.

[2] Comité de réflexion sur la justice pénale, *Rapport*, préc., sous les propositions n° 2 et 6.

Conclusion du Chapitre

La maîtrise de la suspicion est marquée par la dualité de fonctions des deux magistratures. Au parquet reviennent l'accusation et la mise en œuvre directe de la suspicion. Au siège doit revenir le contrôle de cette mise en œuvre. La schizophrénie du juge d'isntruction qui devait soupçonner d'une main, innocenter de l'autre était insurmontable. Cette équivoque était vouée à disparaître. Le rôle du juge tend inexorablement vers celui d'un arbitre. Cette évolution de la fonction du juge vers une plus nette fonction de contrôle et de régulation renforcera la place du juge du siège dans la phase préparatoire du procès[1]. Cependant, le juge se heurte à la difficulté de calculer la bonne distance par rapport à la suspicion. Trop près, il met en œuvre lui-même la suspicion et redevient un enquêteur. Trop loin, sa méconnaissance du dossier le rend dépendant des enquêteurs et du parquet. L'effet de la suspicion dans une procédure pénale équitable dépend ainsi grandement d'une valorisation du rôle du juge dans la phase préparatoire du procès pour faire contrepoids à la puissance du ministère public et de la police judiciaire. Toutefois, la suppression du juge d'instruction ne sera pas seule suffisante pour garantir un parfait équilibre procédural. Elle devra s'accompagner d'un nécessaire contrepoids à la suspicion[2].

---

[1] CAPDEPON (Y.), Le juge du siège et l'évolution de la procédure pénale : juger ou contrôler ?, *Dr. pén.* 2007, étude n° 15.

[2] GIUDICELLI-DELAGE, (G.), La figure du juge de l'avant-procès entre symboles et pratiques, in *Le droit pénal à l'aube du troisième, Mélanges offerts à Jean Pradel*, préc., p. 335 et s., spéc., p. 340

Chapitre 2. La critique de la suspicion par son défendeur

La suspicion incite à la réactivité. La personne suspectée doit elle-même défendre son innocence présumée face à la culpabilité présumée. Caullet désignait d'ailleurs comme défendeur tout individu considéré comme coupable présumé[1]. La notion de droits de la défense apparaît ainsi prépondérante dans la définition du rôle du suspect et du caractère équitable de la procédure. Ces droits sont considérés comme un principe reconnu par les lois de la République à valeur constitutionnelle[2]. La protection du droit de se défendre constitue bien l'objet de l'article 6 de la Convention[3]. L'absence de possibilité de défense méconnaît le droit à un procès équitable[4].

Mais ces droits de la défense demeurent une notion difficile à déterminer. Plusieurs conceptions s'affrontent. La première les considère comme des garanties passives « *pour se protéger de la menace que constitue pour elle le procès* »[5]. Dans une seconde conception, les droits de la défense sont des « *droits-actions* » regroupant toutes les actions ouvertes au suspect pour lui permettre de se défendre et sauvegarder ses intérêts et relèvant d'un droit public[6]. En réalité, le suspect ne peut se défendre contre la suspicion que s'il est au préalable protégé face à la suspicion. Dans cette optique, il est peut-être préférable de parler des *droits du défendeur*. Ils reprennent des *droits pour se défendre* qui agrègent protection et action, passivité et

---

[1] CAULLET (M.), Terminologie criminelle et droit d'inculpation, préc., p. 350 et p. 351.
[2] Cons. const., déc. n° 76-70 DC, 2 déc. 1976, *Rec.*, p. 79.
[3] CEDH, 30 oct. 1991, *Borgers c/ Belgique*, § 24, série A n° 214-B.
[4] CEDH, 21 mars 2002, *Sajtos c/ Grèce*, § 24, req. n° 53478/99.
[5] FRISON-ROCHE (M.-A.), CARE (T.), Les droits de la défense en matière pénale, in CABRILLAC (R.), FRISON-ROCHE (M.-A.), REVET (T.), dir., *Liberté et droit fondamentaux*, préc., n° 631, p. 469.
[6] SAINT-PIERRE (F.), *Guide de défense pénale*, Dalloz, 5ème éd. 2007, p. 7 ; La nature juridique des droits de la défense dans le procès pénal, *D.* 2007, chron., p. 260.

activité. Ils protègent le suspect lui confèrent un statut procédural. Ils le mettent en situation de critiquer la suspicion. Or, le suspect ne possède pas à l'heure actuelle de statut uniforme et général disposant des mêmes garanties et prérogatives tout au long de la procédure (section 1). Le respect du droit au procès équitable exige donc que soit défini au bénéfice de la personne soupçonnée un véritable statut de défendeur (section 2).

Section 1. L'absence de statut générique de suspect

Le suspect connaît différents statuts juridiques développés pour assurer en partie sa protection durant la procédure. Néanmoins, l'addition de cette pluralité de statuts épars ne constitue pas un statut véritable de défendeur. L'enquête de police lui dénie toute qualité de défendeur (§ 1). A l'inverse, l'instruction préparatoire connaît des statuts qui lui permettent de se défendre et même d'être reconnu comme partie (§ 2).

§ 1. Le déni de l'enquête de police

Face à suspicion policière, la distinction entre suspect et témoin demeure encore difficile ce qui empêche toute clarification statutaire et entrave la défense (A). Ensuite, le suspect connaît une pluralité de positions statutaires car elles portent en elles l'ébauche d'un statut, mais pas encore de statut (B).

A. La relativité de la distinction avec le témoin

En principe, tout sépare le suspect du témoin. Le second n'est pas soupçonné. Or, la suspicion brouille cette distinction ce qui empêche le statut du suspect de prendre véritablement corps durant la phase policière du procès. En effet, le témoin demeure proche avec l'assouplissement de la définition du suspect (1) et la coercition dont il peut faire l'objet (2).

1. La perte des repères de distinction

L'assouplissement de la définition du suspect s'avère dangereux pour le témoin. Désormais, « *l'appréciation du critère qui permet de distinguer le témoin du suspect tient à peu de chose* »[1] puisqu'il repose sur une ou plusieurs raisons plausibles. La garde à vue se fonde sur des éléments vagues qui la transforment en une vaste nébuleuse où se croisent témoin et suspect selon la subjectivité de l'enquêteur (a). La distinction entre les deux se voit repoussée au profit d'une position hybride, mi-témoin mi-suspect, comme connue déjà lors de l'enquête sur commission rogatoire (b).

a) La nébuleuse de la garde à vue

Lors de l'entrée en vigueur de la loi du 15 juin 2000, Madame le professeur Rassat s'était offusquée du fait que la désignation du suspect se voyait transmise au seul officier de police judiciaire et non à un magistrat. Pour elle, la garde à vue, simple rétention en vue de la recherche d'indices doit pouvoir s'appliquer à toute personne utile à l'enquête et cesser dès l'obtention de ces indices. L'OPJ devrait alors laisser sa place à un magistrat qui désignerait le suspect. A l'inverse, « *dans un faux souci de protection des personnes non suspectes, on a donc fait de la garde à vue un contestable procédé de contrainte sur le suspect* »[2]. En somme, Madame Rassat préférerait que la garde à vue demeure une période de nébuleuse pendant laquelle la distinction entre témoin et suspect ne devrait pas être prise en compte. Cette position irait à l'encontre d'une mise en œuvre équitable de la suspicion puisqu'elle laisserait témoin et suspect à la seule disposition des enquêteurs. Toutefois, il est vrai que la jurisprudence de la Cour de cassation permet cette confusion lorsqu'elle confère un pouvoir discrétionnaire à l'OPJ pour décider du moment de la garde à vue et lorsqu'elle admet qu'un suspect soit entendu comme témoin sans que cette audition contrevienne à l'article 5 §1 c de la Convention de sauvegarde[3] puisque cet article ne pose pas d'obligation d'arrêter le suspect. Cette application souple de la lettre de la Convention rend plus obscure la distinction entre ces deux personnages et ainsi plus difficile la protection du suspect ce qui s'éloigne de l'esprit de la Convention.

---

[1] GIUDICELLI (A.), La garde à vue après la loi n° 2004-204 du 9 mars 2004, préc., p. 261.
[2] RASSAT (M.-L.), *Traité de procédure pénale*, préc., n° 343, p. 545.
[3] Cass. crim., 4 janv. 2005, préc. ; 8 sept. 2004, préc.

Surtout, avec l'expression « *une ou plusieurs raisons plausibles de soupçonner* » peuvent être considérées comme suspectes des personnes qui, sous l'égide de la loi du 15 juin 2000 et des « *indices faisant présumer* », auraient été qualifiées de témoins. La liberté d'appréciation redonnée depuis 2002 aux enquêteurs instaure donc la garde à vue comme cette période de nébuleuse pendant laquelle faux suspects et vrais témoins se voient assimilés. « *La notion de témoin s'étiole, puisqu'on peut assez facilement être suspect* »[1]. Le véritable tri est décalé à la fin de la mesure lors du déferement ordonné par le procureur de la République. Dans ce contexte, c'est bien le magistrat qui désigne le suspect véritable au sortir de la garde à vue comme dans le schéma proposé par Madame Rassat. En tout cas, il semble que l'exécution d'une commission rogatoire donne au magistrat l'occasion de désigner le véritable suspect au sortir d'une garde à vue qui n'avait jusque-là concerné qu'un témoin.

b) Le statut hybride du témoin soupçonné pendant l'enquête sur commission rogatoire

Le statut du témoin pendant l'enquête sur commission rogatoire est encore plus difficile à séparer de celui de suspect. La garde à vue peut concerner une personne qui est un suspect d'un point de vue policier car existent contre lui une ou plusieurs raisons plausibles de soupçonner mais, qui est dans le même temps considérée comme un témoin d'un point de vue judiciaire car ne sont pas encore réunis contre lui les indices graves et concordants d'avoir participé aux faits dont le juge d'instruction est saisi[2]. Cette personne devient ainsi un témoin soupçonné. Par une application *a contrario* de l'article 105 du Code de procédure pénale, tout individu dans cette situation inconfortable peut être entendu par les officiers de police judiciaire comme témoin tant que les indices graves et concordants ne sont pas réunis [3]. Durant longtemps, la Cour de cassation énonça en outre que le gardé à vue pouvait être entendu comme témoin et devait alors prêter serment sans que

---

[1] BOULOC (B.), Le témoin, le témoin assisté, le mis en examen, préc. p. 650.
[2] V. Cass. crim., 15 janv. 2003, pourvoi n° 02-86.962.
[3] Cass. crim., 13 févr. 1975, *Bull. crim.* n° 53 ; 16 juin 1981, *Bull. crim.* n° 207.

cete formalité ne viole l'article 6 CSDH[1]. Un suspect pouvait donc être entendu comme témoin et devoir prêter serment. Le problème vient alors de ce que le serment implique en principe de dire la vérité. Le suspect pouvait donc être amené à témoigner de faits qui peuvent renforcer la suspicion à son égard. Mais la loi du 9 mars 2004 mit fin à cette prestation de serment de la personne gardée à vue pour l'exécution d'une commission rogatoire en précisant tout de même que le fait d'avoir prêté serment ne constitue pas une cause de nullité[2]. L'enquête sur commission rogatoire distingue donc entre le simple témoin de l'article 153 contre lequel n'existe aucune raison plausible et qui ne sera retenu que le temps strictement nécessaire à son audition, et le témoin soupçonné de l'article 154 qui sera placé en garde à vue. Les conditions de suspect et témoin demeurent ainsi imbriquées.

2. L'incertitude par la contrainte du témoin

La distinction entre témoin et suspect reste difficile par la possibilité offerte à l'OPJ de contraindre le témoin. Pourtant, comme l'énonce pertinemment Monsieur Essaid : « *Est-il en effet rationnel et équitable d'employer des moyens coercitifs à l'encontre d'une personne qui ne fait l'objet d'aucun soupçon ?* »[3]. Nénamoins, la procédure pénale organise la comparution forcée du témoin (a) et l'assimilant au suspect (b).

a) La comparution forcée du témoin

La coercition peut être exercée sur le témoin pour l'exécution de son obligation de comparaître. En effet, pendant le déroulement de l'enquête de police, l'officier de police judiciaire peut appeler et entendre les témoins qui sont tenus de comparaître devant lui. Depuis 2004, l'officier de police judiciaire peut contraindre directement le témoin récalcitrant à comparaître avec l'autorisation préalable du parquet mais aussi les personnes présentes sur les lieux d'une infraction flagrante[4]. Lors de l'enquête

---

[1] Cass. crim., 14 mai 2002, *Bull. crim.* n° 111 ; 25 nov. 2003, *Bull. crim.* n° 221 ; 28 avr. 2004, *Bull. crim.* n° 102 et n° 103 préc.

[2] Art. 153 al. 3 C. pr. pén.

[3] ESSAID (M.-J), *La présomption d'innocence*, préc., n° 563, p. 331.

[4] Art. 62 al. 2 et 78 al. 1 C. pr. pén.

sur commission rogatoire, si le témoin ne comparaît pas, l'OPJ en avise le juge qui peut contraindre ce témoin à comparaître lequel encourt en plus l'amende prévue par l'article 434-15-1 du Code pénal pour entrave à l'action de la justice[1]. Pendant l'instruction, si le témoin ordinaire ne comparaît pas, il peut y être contraint par la force publique par une décision du juge d'instruction sur réquisition du parquet[2].

Le Code va toutefois plus loin en permettant à l'OPJ de contraindre directement à comparaître devant lui les personnes « *dont on peut craindre qu'elles ne répondent pas à une telle convocation* »[3]. L'utilisation du verbe craindre, qui renvoie au sentiment de crainte, démontre que l'OPJ ne se situe pas encore dans une logique de suspicion juridiquement fondée. Il se méfie du témoin. La coercition se fonde sur le sentiment, sur le simple. Ce témoin des articles 62 alinéa 2 et 78 alinéa 1 est un *témoin soupçonnable.* Il est devenu le maillon intermédiaire entre le témoin *stricto sensu*, simple agent procédural de renseignement et le suspect *stricto sensu*, personne soupçonnée sur la base d'éléments objectifs et d'un raisonnement construit. En outre, le témoin peut encore une fois voir sa condition se rapprocher de celle du suspect, et même y être assimilée.

b) La similitude de traitement avec le suspect

En principe, le témoin peut être retenu par l'OPJ le « *temps strictement nécessaire à leur audition* »[4]. Cette restriction temporelle vise à éviter une retenue du témoin équivalente à la durée de la garde à vue. Mais elle demeure une garantie fragile puisque l'OPJ est seul juge de cette nécessité. L'audition peut ainsi durer assez longtemps. La condition du témoin se rapproche de celle de suspect sauf à fixer une durée maximale à son audition. De plus, l'officier de police judiciaire peut défendre à toute personne de s'éloigner du lieu d'une infraction flagrante jusqu'à ce qu'il ait fini ses opérations ou encore retenir pendant le temps d'une perquisition toutes

---

[1] Art. 153 al. 2 C. pr. pén.
[2] Art. 109 al. 2 C. pr. pén.
[3] Art. 62 al. 2 et 78 al. 1 C. pr. pén.
[4] Art. 62 al. 5 et 153 al. 1 introduit par l'art. 4 L. 15 juin 2000.

les personnes présentes « *si elles sont susceptibles de fournir des renseignements sur les objets, documents et données informatiques saisis* ». Cette contrainte est générale et vise les témoins comme les suspects. Surtout, un OPJ peut de procéder ou faire procéder sur la personne du suspect comme sur celle du témoin à des prélèvements externes afin de comparer les échantillons à d'autres traces ou indices déjà prélevés selon les article 55-1 et 76-2.

En définitive, la condition de témoin paraît bien proche de celle du suspect pendant l'enquête de police. S'il est indéniable qu'au début des investigations, il peut s'avérer difficile de discerner avec certitude les rôles de chacun, la garantie des intérêts des personnes impliquées comme témoin ou suspect impose néanmoins une réelle distinction des notion afin de définir des statuts véritablement protecteurs. Le droit positif établit une forme d'*anamorphose* entre témoin et suspect[1] qui empêche de construire une véritable défense. Cette difficulté du suspect à émerger comme défendeur se révèle au sein de ces différentes positions procédurales.

B. Une pluralité de situations statutaires

Pendant l'enquête de police, la qualité de suspect n'est pas attachée à celle de défendeur. Le suspect est certes protégé par quelques droits mais il n'est pas considéré par le législateur comme une partie à la procédure. Cette situation d'indigence défensive connaît son paroxysme pendant la vérification d'identité (1). Elle s'améliore peu à peu pendant la garde à vue sans toutefois que la logique même de cette mesure soit perturbée (2).

1. L'absence de défense pendant la vérification d'identité

En cas de silence ou défaut de pièce d'identité durant un contrôle de celle-ci, une vérification s'ensuivra. Le suspect verra sa situation prise en compte mais toujours sans grandes prérogatives.

Selon, l'article 78-3 du Code de procédure pénale, une fois retenu pour vérification de son identité, le suspect est immédiatement présenté à un officier de police judiciaire. Ce der-

---

[1] HENNION-JACQUET (P.), L'accroissement de l'autonomie décisionnaire de la police judiciaire, note sous Cass. crim., 12 janv. 2005, *D.*, 2005, jur., p. 1916.

nier doit aussitôt informer l'intéressé du droit de faire aviser le procureur de la République. Mais ce dernier ne peut apprécier la pertinence de cette prérogative s'il ne connaît pas les raisons du contrôle à l'origine de la vérification. La protection du suspect par l'autorité judiciaire paraît relative même si le procureur de la République peut à tout moment faire cesser la mesure. L'information du magistrat n'est ainsi pas automatique sauf si le suspect est mineur. Le suspect est aussi informé de son droit de « *prévenir à tout moment un membre de sa famille ou toute personne de son choix* ». Prévenir l'autorité judiciaire ou un proche, voilà les seules informations dont le suspect est destinataire. Il reste dans l'ignorance de la suspicion qui pèse sur lui. Le Code de procédure pénale ne précise pas qu'il soit informé de la suspicion ayant conduit au contrôle d'identité à l'origine de la vérification. Le suspect pourra prendre connaissance *a posteriori* de ces faits par la lecture du procès-verbal rédigé par l'OPJ qui doit mentionner les motifs du contrôle ainsi que ceux de la rétention selon l'article 78-3 alinéa 5. L'information est ainsi différée[1]. L'information sur la suspicion est ainsi quasi-inexistante pendant la vérification d'identité, à l'instar d'une possibilité de se défendre.

Alors même qu'une suspicion est exercée à son encontre, le suspect ne peut se défendre contre elle pendant la vérification d'identité. En théorie, il ne lui est pas demandé de s'expliquer sur les faits qui ont conduit à le suspecter. Néanmoins, il est bien évident que le dialogue entre l'enquêteur et le suspect va aborder ce sujet. Le suspect pourra alors s'expliquer sur les faits ou les contester ou encore critiquer les modalités d'intervention des forces de l'ordre. Une esquisse de discussion sur la suspicion peut avoir lieu.

De plus, quelques maigres éléments de défense apparaissent au sein même de l'article 78-3. Le suspect conserve de la possibilité de garder le silence, sans qu'il en soit informé, ou de mentir puisque l'article prévoit l'hypothèse selon laquelle le suspect « *maintient son refus de justifier de son identité ou fournit des éléments d'identité manifestement inexacts* ». Ensuite, l'article prévoit la possibilité pour le suspect de montrer son désaccord en refusant de signer le procès-

---

[1] PORTERON (C.), *Droit à l'information et procédure pénale*, th., Nice 2002, n° 59, p. 88.

verbal. Enfin, puisqu'une copie du procès-verbal lui est remise, il pourra très bien la remettre à un avocat s'il veut contester la mesure. Il reste qu'au stade de la vérification d'identité, la défense du suspect n'en est même pas encore au stade embryonnaire. Il devient plus protégé lors de la garde à vue.

2. Une protection sans action en garde à vue

La garde à vue reste le moment le plus sensible de l'enquête de police, elle-même phase décisive du procès. Le suspect est aux mains des enquêteurs qui disposent de plusieurs heures pour l'interroger. Le suspect possède certains droits protecteurs (a) mais pas de possibilité efficace de se défendre (b).

a) Le renforcement des droits

Le suspect se voit accordé un certain nombre de garanties sans condition qui lui sont notifiées (1°) au plus tôt (2°).

1°) Des garanties essentielles

Depuis la loi du 15 juin 2000, l'information sur les droits porte tout d'abord sur la durée de la mesure, la nature « *de l'infraction sur laquelle porte l'enquête* » et droits mentionnés aux articles 63-2 à 63-4 du Code de procédure pénale.

Outre le droit à l'assistance d'un avocat, le suspect est tout d'abord informé de son droit de faire prévenir un proche. Mais l'OPJ peut très bien s'opposer à l'exercice de ce droit s'il considère qu'il pourrait alerter les complices éventuels. En matière de terrorisme, lorsque la garde à vue est prolongée jusqu'à cent-vingt heures, le suspect peut réitérer cette demande si elle n'a pas encore été satisfaite[1].

La notification doit se réaliser dans une langue que la personne soupçonnée comprend selon l'article 63-1. Le droit français applique ainsi les exigences de l'article 5 § 2 CSDH. La difficulté survient lorsque l'interprète est l'un des enquêteurs. L'OPJ qui parle la langue du suspect ne remplit pas alors certaines garanties

---

[1] Art. 706-88 dernier alinéa C. pr. pén.

d'impartialité. Lorsque la personne ne comprend pas du tout le français ou que les enquêteurs ne parlent pas sa langue, l'absence d'interprête est sanctionnée par la nullité de la procédure[1] sauf s'il a pu intervenir par téléphone pour faire comprendre la notification[2]. Les juges vérifient de manière souveraine le degré de compréhension du suspect[3]. La jurisprudence accepte ainsi que l'interprète ne soit pas nécessairement de la langue maternelle du suspect pour peu que formulaires de notification écrits en langue étrangère. Lorsque la personne est atteinte de surdité ou analphabète mécanisme de l'interprête ou du dispositif technique joue de même.

Le suspect dispose ensuite du droit à un examen par un médecin posé par l'article 63-3. Un nouvel examen est prévu sur demande du parquet ou de la famille mais aussi en cas de prolongation notamment en droit dérogatoire[4]. Le suspect peut demander de nouveaux examens qui lui sont accordés de droit. Le Code permet ainsi au médecin d'aborder la question des effets de la détention sur sur l'état psychique et physique du suspect. Toujours pour protéger son intégrité physique, le suspect a enfin droit à être alimenté et à se reposer selon l'article 64. Les heures d'alimentation, la durée des interrogatoires, celles des repos doivent figurer au procès-verbal de garde à vue.

Pour en assurer l'effectivité, ces garanties sont applicables dès le début de la garde à vue.

2°) Des garanties immédiates

Selon l'article 63-1 du Code de procédure pénale, la notification des droits au suspect et de la durée de la détention doit être réalisée de manière immédiate dès le placement en garde à vue[5]. La jurisprudence, très fournie, annule systématiquement tout retard de notification considérant qu'il porte « *nécessairement atteinte*

---

[1] Cass. civ. 2ème, 24 févr. 2000, *Bull. civ. II*, n° 34.
[2] Versailles, 3 mai 2000, *Dr. pén.* 2000, comm., n° 94, obs. MARON (A.).
[3] Cass. crim. 11 févr. 1998, *Bull. crim.* n° 5 ; *Procédures* 1998, comm. n° 26, obs. BUISSON (J.).
[4] Art. 706-88 C. pr. pén.
[5] C'est-à-dire dès la mise en œuvre de la contrainte. Cass. crim., 13 avr. 1999, *Procédures* 1999, comm. n° 185, obs. BUISSON (J.).

aux intérêts » de la personne concernée[1]. Elle n'accepte de décalage qu'en cas de circonstances insurmontables[2] ou si le suspect est hors d'état de comprendre la notification[3]. Néanmoins, si les enquêteurs ne se trouvent pas au poste de police, la Chambre criminelle admet une première notification par oral pourvu qu'elle soit suivie d'une notification par procès-verbal au service[4]. Surtout, la jurisprudence accepte la rétroaction du début de la garde à vue, notamment en cas de perquisition[5]. Elle admet que le policiers attendent la fin de la perquisition et la découverte d'indices de suspicion pour notifier le placement en garde à vue et les droits y afférant[6]. Par ailleurs, lorsque la garde à vue suit une rétention douanière, l'information sur les droits se réalise au début de la garde à vue et non de la rétention[7].

Toutefois, l'artcile 63-1 admet un certain décalage de trois heures maximum entre le début de la garde à vue et la notification des droits de faire prévenir un proche et d'être examiné par un médecin. Mais ces garanties ne permettent pas au suspect de discuter efficacement la suspicion.

b) L'absence de réelles prérogatives de discussion

Les garanties dont bénéficie le suspect pendant la garde à vue servent à le protéger face à la coercition dont il est l'objet. Néanmoins, elles ne lui permettent pas de se défendre véritablement contre la suspicion à l'origine de cette contrainte en la discutant et argumentant. Le suspect se voit ainsi incité à parler, c'est-à-dire à répondre aux enquêteurs (1°), tandis que son avocat ne peut l'assister de manière effective (2°).

---

[1] Cass. crim., 30 avr. 1996, *Rev. sc. crim.* 1996, p. 879, obs. DINTILHAC (J.-P.).

[2] Cass. crim., 14 déc. 1999, *Bull. crim.* n° 302 ; *Procédures* 2000, comm., n° 44, obs. BUISSON (J.).

[3] Notamment en cas d'ébriété, Cass. crim., 4 janv. 2005, *Bull. crim.*, n° 3.

[4] Cass. crim., 18 juin 1998, *Procédures* 1999, comm., n°15, obs. BUISSON (J.).

[5] Cass. crim., 19 janv. 2000, *Bull. crim.* n° 33, *Dr. pén.* 2000 comm. n° 50, obs. MARON (A.).

[6] Cass. crim., 16 févr. 2000, *Bull. crim.* n° 72 ; *Dr. pén.* 2000, comm. n° 50 obs. MARON (A.).

[7] Cass. crim., 25 avr. 2001, *Procédures* 2001, comm. n° 159, obs. BUISSON (J.).

1°) L'incitation à parler

Pendant la garde à vue, il n'est pas demandé au suspect d'argumenter mais de s'expliquer. Selon l'expression célèbre de Monsieur Merle la garde à vue est en réalité une « *garde à l'ouïe* »[1] du suspect. Les enquêteurs recherchent sa parole et souvent son aveu. Il n'y a pas véritable discussion entre deux interlocuteurs placés dans une situation égalitaire mais un « *face-à-face inquisitorial* »[2]. Les polciers cherche à isoler le suspect[3]. Le législateur favorise même l'aveu en permettant aux policiers d'informer le suspect d'une possible exemption ou atténuation de la peine en cas de collaboration[4].

De plus, la garde à vue, surtout si elle dure plusieurs jours, est une véritable épreuve psychique et physique pour le suspect qui va avoir de lourdes conséquences sur la propension à parler. Le suspect possède ainsi le droit évident à ce que sa dignité et son intégrité physique ou morale soit respectée. Les articles 2 et 3 de la Convention européenne des droits de l'homme organise cette protection évidente. Toutefois, le rappel de ces principes de bases demeure d'actualité puisque la France a déjà connu la honte d'être condamnée par la Cour de Strasbourg pour violation de ces principes[5].

Toutefois, le suspect est enfermé dans des conditions précaires d'hygiène dues à la promiscuité, au délabrement des geôles, à l'impossibilité de se laver. Il ne peut s'alimenter normalement, son alimentation se résumant à un sandwich. Il subit le froid de la cellule et la chaleur du poste. Il ne peut se reposer pleinement. Ses conditions de surveillance ou d'interrogatoire peuvent être strictes (menottes serrées et attachées parfois à une chaise ou un radiateur, absence de chaise, lumière vive, bruits importants ou permanents, surveillance jusque dans les sanitaires, etc.). Ces conditions maté-

---

[1] MERLE (R.), La garde à vue, *Gaz. pal.* 1969, 2, doct. p. 18.

[2] SUSINI (J.), Les moments critiques de l'enquête de police ; les ressources refoulées de l'enquête préliminaire, *Rev. sc. crim.* 1977, p. 161.

[3] VLAMYNCK (H.), Approche policière de la gardeà vue, *AJ pénal* 2008, p. 262.

[4] Art. 132-78 C. pén. V. ROUSSEL (G.), L'introduction du « repenti » ou le pragmatisme appliqué du législateur, *AJ pénal* 2005, p. 363.

[5] CEDH, 27 août 1992, *Tomasi c/France*, série A n° 241 A ; 28 juill. 1999, *Selmouni c/France*, *Rec.* 1999-V .

rielles jouent très fortement sur sa résistance psychique et l'incitent à parler. L'allongement excessif des durées de détention policière en matière de criminalité organisée et surtout de terrorisme porte en lui le germe de pressions excessives contre-productives car décrédibilisant la répression[1].

S'il entend contester la suspicion le seul moyen d'action du suspect demeure alors de ne pas signer le procès-verbal pour marquer sa distance avec ce qui y est écrit. De plus, pendant le temps de garde à vue il demeure seul face aux enquêteurs et à leur exercice de la suspicion.

2°) Le soutien limité d'un défenseur

Si l'avocat peut assister le suspect dès le début de la garde à vue, cette présence symbolique demeure d'impact limité[2]. Tout d'abord, elle n'est pas obligatoire. Selon l'article 63-4 du Code de procédure pénale, la personne soupçonnée est informée de son droit à l'assistance d'un avocat dès son placement en garde à vue. Si le suspect est mineur, la présence de l'avocat peut être demandée par son représentant légal[3]. L'OPJ doit alors prendre contact avec l'avocat choisi par le suspect ou à défaut contacter sans délai et par tous moyens le bâtonnier. Le procès-verbal de garde à vue doit bien préciser les démarches de l'OPJ dont l'obligation de moyen courre à partir de la notification écrite des droits au suspect et de la demande de celui-ci[4]. Une fois cette obligation remplie, la garde à vue continue. La Cour de cassation estime donc que l'OPJ peut très bien commencer l'audition du suspect le temps que l'avocat arrive au poste de police[5]. Il n'est pas obligé non plus d'interrompre son interrogatoire au moment de l'arrivée de l'avocat même si la Circulaire du 4 décembre 2000 le suggère[6]. Le droit du suspect est ainsi plus celui de demander l'entretien que le droit à l'entretien lui-même[7]. Cette position relativise la portée de

---

[1] 72, 96 voire 144 heures en matière de terrorisme ! Art. 706-88 C. pr. pén.

[2] DUMONTET (B.), L'avocat et la garde à vue : aspects pratiques et critiques, *AJ pénal* 2004, p. 275.

[3] Art. 4 IV Ord. 2 févr. 1944.

[4] Cass. crim., 28 avr. 2004, *Bull. crim.* n° 102.

[5] Cass. crim.,13 déc. 2006, pourvoi n° 05-87.606 ; *AJ pénal* 2007, p. 140, obs. ALLAIN (E.).

[6] Circ. CRIM 00-13 F1 du 4 déc. 2000, § 1.2.2.4.4.

[7] REBUT (D.), note sous Cass. crim. 13 févr. 1996, *Justices* 1997, n° 5, p. 317.

l'intervention de celui-ci et l'effectivité des droits de la défense en garde à vue.

L'avocat intervient une nouvelle fois seulement en début de la prolongation, c'est-à-dire à la vingt-quatrième heure selon l'article 63-4 alinéa 5. Mais lorsque la suspicion porte sur la commission d'infractions de criminalité organisée l'intervention d el'avocat est encore décalée par l'article 706-88. Il n'intervient qu'à la quarante-quatrième, voire à la soixante-douzième heure en cas de suspicion de trafic de stupéfiants ou terrorisme et même en cette dernièer matière seulement à la quatre vingt seizième ou à la cent vingtième heure. L'intervention de l'avocat est décalée alors que les intérêts du suspect sont les plus menacés du fait de la longueur de la privation de liberté et de la gravité des infractions dont il est soupçonné[1]. En somme, plus le suspect a besoin de son avocat, moins il intervient. Il est dommage que le Comité Léger propose de conserver ces régimes de criminalité organisée et terrorisme[2].

L'intervention de l'avocat s'avère ainsi assez limitée dans le temps et dans sa substance. En effet, l'entretien avec le suspect ne dure qu'une demi-heure. Comme son client, l'avocat n'est informé que de la nature et de la date de l'infraction. Lui non plus ne connaît pas les indices de suspicion et n'a pas accès au dossier. De ce fait, ses conseils ne peuvent être que très limités. Sa seule marge de manœuvre est la présentation d'observations écrites, notamment sur l'état physique et psychologique de son client. Il n'a donc ni le temps, ni une connaissance suffisante de la suspicion pour élaborer une réelle stratégie de discussion de défense. Son rôle s'avère celui d'un soutien, non négligeable mais limité, au suspect pendant une période de contrainte. Seul un accès au dossier permettra de parler d'assistance.

A la lecture du Code de procédure pénale, la garde à vue semble devenue « *l'acte officiel par lequel une personne est informée qu'elle est suspecte aux yeux de la police et à partir duquel elle peut exercer ses droits de la défense* »[3]. En réalité, les garanties posées par le Code de procé-

---

[1] MIEN (D.), BARRE (J.-F.), Reste-t-il des droits de la défense en phase d'enquête ?, *AJ pénal* 2004, p. 235.

[2] *Rapport*, préc., proposition ° 6.

[3] BÜCK (V.), Vers un contrôle plus étendu de la garde à vue. L'exemple du contentieux relatif à la notification immédiate des droits, *Rev. sc. crim.* 2001, p. 325 et s., spéc., p. 326.

dure pénale s'avèrent insuffisantes pour permettre une discussion de la suspicion dès ce stade de la procédure. L'insuffisance de la protection du suspect ajoutée à l'impossibilité pour lui de discuter la suspicion dès ce stade de la procédure. Il n'est pas sûr que la proposition du Comité Léger d'introduire une retenue judiciaire moins encadrée que la garde à vue et pendant laquelle le retenu aura moins de droit aille le sens de la protection du suspect même si elle est limité à six heures et à la suspicion touchant des infractions de moins de 5 ans[1]. Tant que n'aura pas lieu la reconnaissance du suspect comme un défendeur dès la garde à vue, chaque réforme se résumera à un cautère sur une jambe de bois. La situation de la personne suspectée s'est améliorée toutefois durant l'instruction.

§ 2. Les progrès statutaires de l'instruction préparatoire

Depuis la loi du 8 décembre 1897, la protection du suspect se développe pendant l'instruction préparatoire. Le statut du suspect s'élabore véritablement. Il bénéficie de deux statuts assez proches au sein desquels les prérogatives pour se défendre se renforcent. La personne suspectée se voit considérée comme une interlocutrice face à l'exercice de la suspicion. Mais elle n'a été qualifiée de partie au stade du témoin assisté (A) mais à celui de la mise en examen (B).

A. Le témoin assisté, semi-partie

Afin d'éviter l'emploi du champ lexical de la suspicion, le législateur en est arrivé à user du champ lexical du témoignage pour désigner le suspect sans le stigmatiser[2]. Le statut de témoin assisté s'est ainsi construit en réaction à la stigmatisation de la mise en examen. Toutefois, cette dénomination a renforcé la confusion des repères entre témoin et suspect. Ni « *para-suspect* »[3], ni « *suspect avec point d'interrogation* »[4] mais véritable suspect son statut lui a

---

[1] Comité de réflexion sur la justice pénale, *Rapport*, préc., proposition n° 5.

[2] GUERY (C.), De la nécessité accrue, pour le témoin assisté, de l'être bien..., *AJ pénal*, 2005, p. 111 et s. spéc., p. 113.

[3] DEFFERRARD (F.), *Le suspect dans le procès pénal*, préc., p. 26.

[4] PRADEL (J.), La procédure pénale française au début du XXIème siècle, préc, p. 353.

permis de commencer à discuter la suspicion (1) même si la qualification de partie lui a été refusée (2).

1. Un suspect protégé

Le statut de témoin assisté a été avant tout organisé pour éviter la stigmatisation de la mise en examen (a) et de lui permettre de commencer à se défendre (b).

a) L'organisation de la protection du mis en cause

Le législateur a entendu développer le statut du témoin assisté. Il cherche à le rendre attractif et incite à son adoption par les acteurs de la procédure.

Dans l'esprit du législateur de 2000 le statut de témoin assisté aurait dû devenir le statut de droit commun de l'instruction préparatoire auquel le magistrat aurait dû penser avant même la mise en examen en cas d'indices graves ou concordants[1]. De plus, la personne visée par le réquisitoire introductif d'instance ou un réquisitoire supplétif et qui n'est pas mise en examen, *doit* bénéficier du statut de témoin assisté selon l'article 113-1 du Code de procédure pénale. En outre l'octroi, le législateur a permis au suspect de prendre l'initiative en demandant à bénéficier de ce statut qui lui est obligatoirement octroyé s'il est visé par une plainte ou mise en cause par la victime. Mais ce bénéfice n'est plus qu'une faculté lorsque la mise en cause émane d'un témoin ou si la suspicion repose sur des indices rendant vraisemblable sa participation à l'infraction[2]. Enfin lorsqu'une mise en examen est annulée, ou en cas de renvoi partiel de l'affaire, la personne redevient automatiquement témoin assisté[3]. De surcroit, selon l'article 113-6 du Code de procédure pénale, le témoin assisté peut demander à être mis en examen ce qui lui est immédiatement accordé quel que soit l'opinion du juge d'instruction. C'est avec la demande à être témoin assisté en cas de mise en cause par la victime, le seul cas où le suspect semble maître de son statut.

---

[1] Circ. CRIM 00-16 F1 du 20 décembre 2000, n° 1.1.2.

[2] Art. 113-2 C. pr. pén.

[3] Art. 174-1 et 182 al. 2 C. pr. pén.

Toujours pour favoriser le statut de témoin assisté, la loi du 5 mars 2007 a introduit un mécanisme inverse de « *démise en examen* »[1] et de retour au statut de témoin assisté. Selon l'article 80-1-1 du Code de procédure pénale, la demande peut être formulée à l'issue d'un délai de six mois après la date de la mise en examen puis ensuite tous les six mois. Elle peut aussi être réalisée dans les dix jours suivant chaque interrogatoire du suspect mis en examen ou d'autres mis en examen, chaque confrontation, expertise, audition de témoin, témoin assisté ou partie civile. En cas de refus, le juge doit rendre une ordonnance motivée précisant la nature des indices graves et concordants justifiant la mise en examen.

Néanmoins, le problème s'est posé encore une fois pour les personnes entendues par les OPJ en exécution d'une commission rogatoire alors qu'elles sont mises en cause par une plainte et non pas encore été reçues par le juge d'instruction. Ces personnes peuvent bénéficier du statut de témoin assisté. La Chambre criminelle accepte leur audition par un OPJ mais seulement à la condition qu'elles y ait consentit et qu'elle été informé de leur droit à être entendue comme témoin assisté par le juge d'instruction[2]. Emerge ainsi une figure de défendeur

b) L'émergence d'un défendeur discutant la suspicion

Le témoin assisté a tiré son nom de l'assistance par un avocat. Ce dernier est avisé avant chaque audition et ou d'interrogation par un expert[3]. Il dispose d'un accès au dossier au même titre et selon les mêmes conditions que l'avocat du mis en examen[4]. Le témoin assisté peut aussi demander à être entendu par les enquêteurs agissant sur commission rogatoire sans cesser de bénéficier des garanties de son statut. Même si l'article 152 du Code de procédure pénale ne le précise pas, non seulement il peut être assisté de son avocat pendant cette audition mais il peut mettre fin à celle-ci. Comme un vrai suspect, le témoin assisté ne prête pas serment avant d'être interrogé par le juge d'instruction[5]. Mais

---

[1] GUERY (C.), La loi du 5 mars 2007 et l'instruction préparatoire, préc., p. 114.
[2] Cass. crim., 6 août 2008, *AJ pénal* 2008, p. 471, obs. ASCENSI (L.).
[3] Art. 113-1 al. 1er et 164 dernier alinéa C. pr. pén.
[4] Art. 113-3 renvoyant aux articles 114 et 114-1 C. pr. pén.
[5] Art. 113-7 C. pr. pén.

comme le témoin, il est préservé de toute coercition puisqu'il ne peut faire l'objet ni d'un contrôle judiciaire ni d'une détention provisoire selon l'article 113-5.

Le témoin-assisté peut demander à être confronté avec les personnes qui le mettent en cause. Il est informé du délai prévisible d'achèvement de l'instruction. Il peut en conséquence demander le règlement de la procédure à l'issue du délai prévu à l'article 116, alinéa 8. Il reçoit notification des ordonnances de règlement, ordonnance de non-lieu comme de renvoi. En cas d'appel d'une ordonnance de non-lieu, il dispose d'un droit d'intervention devant la chambre de l'instruction puisqu'il peut faire valoir ses observations par l'intermédiaire de son avocat[1]. Il comparaît devant la chambre de l'instruction lors de l'audience de mise en état de l'article 222-3 du Code de procédure pénale. Ainsi, le témoin assisté participe activement à la procédure.

Les droits du témoin assisté pour discuter la suspicion se sont vus renforcés par le législateur pendant l'instruction. Pendant son audition ou sa confrontation, son avocat peut poser des questions, présenter de brèves observations et déposer des conclusions s'il n'est pas d'accord avec le contenu du procès-verbal d'audition[2]. Le témoin assisté peut obtenir notification des conclusions des experts relatives aux expertises qui le concernent. Dans le délai fixé par le magistrat, il peut alors demander un complément d'expertise ou une contre-expertise. Mais le juge d'instruction peut ne pas lui répondre par ordonnance motivée s'il estime la demande injustifiée[3]. Le témoin assisté n'a aucune possibilité de contester ce refus puisque l'article 186-1 ne mentionne pas les ordonnances de l'article 167 dernier alinéa comme étant susceptible d'appel. Le témoin reçoit notification de l'avis de clôture de l'information et peut déposer des observations[4]. Surtout, le témoin assisté peut agir en nullité contre les actes de procédure[5]. Cette prérogative importante, ainsi que celle de demander des expertises ou la faculté pour son avocat d'intervenir pendant une confrontation, ont permis de

---

[1] Respectivement art. 113-3 al. 2 ; 175-1 ; 183 al. 1er ; 197-1 C. pr. pén.
[2] Art. 120 C. pr. pén.
[3] Art. 167 dernier al. C. pr. pén.
[4] Art. 175 dernier al. C. pr. pén.
[5] Art. 113-3 al. 2; art. 173 al. 3 C. pr. pén.

commencer à construire une véritable défense active et critique du témoin-assisté. Les droits du témoin assisté se sont approchés de ceux du mis en examen. Protégé, il va en plus pourvoir discuter la suspicion. Le témoin assisté s'avère bien une « *nouvelle figure du défendeur durant l'instruction* »[1]. Mais il n'est pas une partie.

2. L'absence de reconnaissance comme partie

Etant donné ses prérogatives, il serait tout à fait envisageable de considérer le témoin-assisté comme une partie à la procédure. Pourtant, cette qualité ne lui a pas été accordée. Il est vrai le Code de procédure pénale n'a pas désigné le témoin assisté comme partie. L'article 186 n'y fait nullement référence alors qu'il utilise par deux fois le terme de « *parties* » pour désigner le mis en examen et la partie civile. L'article 175 ne vise pas les parties en même temps que le témoin assisté. L'article 173 fait lui aussi référence à « *l'une des parties ou le témoin assisté* ». L'article 120 vise « *les avocats des parties et du témoin assisté* ».

Dans la même veine, la Chambre criminelle a très clairement refusé au témoin assisté le statut de partie[2] et lui a interdit dans d'autres matières tout dépôt de mémoire devant elle[3] ou exercice des voies de recours puisque le législateur ne les lui a par ouverts spécialement. Le droit du témoin assisté d'agir et d'exercer des voies de recours est ainsi resté exceptionnel. Cette spécialité de l'action du témoin-assisté empêche semble-t-il la qualification de partie.

A l'instar de la jurisprudence, certains auteurs ont dénié la qualité de partie au témoin assisté malgré ses prérogatives[4]. Il a été au mieux qualifié de « *quasi-partie* »[5]. Néanmoins, la différence de prérogatives entre témoin assisté et mis en examen est devenue plus faible. Manquent juste le droit de demander des actes d'instruction et un droit d'appel généralisé.

---

[1] GIUDICELLI (A.), Le témoin assisté et la personne mise en examen : vers un nouvel équilibre ?, préc., p. 45.
[2] Cass. crim., 21 juin 2005, *Procédures* 2005, comm., n° 238, obs. BUISSON (J.).
[3] Cass. crim. 17 oct. 2006, pourvoi n° 05-85.519, *Dr. pén.* 2007, comm., n° 11, obs. MARON (A.) ; 12 décembre 2007, pourvoi n° n° 06-87.702.
[4] BOULOC (B.), Le témoin, le témoin assisté, le mis en examen, préc., p. 657.
[5] VALETTE (V.), *La personne mise en cause en matière pénale*, préc., n° 483, p. 337.

Le témoin assisté est donc considéré comme un « *un suspect à qui le droit de se défendre est reconnu et un mis en examen potentiel*. Néanmoins, l'absence de qualification de partie bien que l'action publique soit mise en mouvement reste critiquable. Et dans les faits ce statut est toujours resté peu utilisé[1] parce que à suspicion égale, les juges d'instruction ont toujours préféré mettre en exmane le suspect de manière à pouvoir le contraindre, quitte à lui conférer le statut de partie.

B. Le mis en examen, suspect et partie

Comme il pèse à son encontre une suspicion aggravée et qu'il peut faire l'objet de mesures de contrainte, le mis en examen a toujours disposé de plus de prérogatives que le témoin assisté. Il est demeuré le statut le plus complet du suspect. Le mis en examen a toujours été considéré comme partie au procès pénal (1) bénéficiant de nombreux droits pour se défendre (2).

1. L'acquisition ritualisée de la qualité de partie

Le mis en examen bénéficie d'une relative plénitude de droits pour se défendre face à la suspicion. Ces prérogatives lui sont signifiées lors de son tout premier interrogatoire, pendant lequel il va se voir notifié de manière formelle sa mise en examen. La jurisprudence exige depuis longtemps que le suspect ne peut être renvoyé devant la juridiction de jugement sans avoir été interrogé au moins une fois par le juge d'instruction[2]. L'interrogatoire de première comparution répond à un formalisme certain. En dépit de son nom, il n'a pas pour objet d'interroger le suspect. Il est en effet le moment où le suspect est officiellement et formellement accusé par le juge d'instruction. Il marque ainsi une étape majeure dans la situation du suspect qui devient partie. Le législateur a ainsi très précisément défini sa tenue. L'interrogatoire de première comparution peut se dérouler de trois manières différentes.

Soit, le juge d'instruction convoque le suspect aux fins de procéder à cet interrogatoire dans un délai de dix jours à deux mois par lettre recommandée avec accusé de réception ou convocation

---

[1] GUERY (C.), La fin de l'instruction, préc., qui le qualifie de « *zombi procédural* ».
[2] Cass. crim., 3 déc. 1892, *D.* 1892, I, p. 302 ; 30 janv. 1989, *Bull.crim.*, n° 39.

par officier de police judiciaire[1]. Cette convocation mentionne déjà certains éléments : les faits dont le juge est saisi et pour lesquels il envisage une mise en examen ainsi que leur qualification ; le droit d'être assisté d'un avocat pendant l'interrogatoire de première comparution ; le fait que l'éventuelle mise en examen n'aura lieu qu'à la fin de cet interrogatoire. Dès lors, il doit convoquer l'avocat désigné dans les cinq jours avant la date de comparution. L'avocat dispose d'un accès au dossier. Le jour de l'interrogatoire, le suspect se présente ainsi devant le juge accompagné de son avocat qui pourra présenter ses observations. Le magistrat constate alors l'identité du suspect, lui donne connaissance de vive voix les faits pour lesquels il envisage la mise en examen. Il précise leur qualification[2].

Soit, le suspect est présenté au juge ou informé par lettre simple. Mais ici le juge ne peut procéder à l'interrogatoire de première comparution. Il procède à la même constatation de l'identité et de l'adresse du suspect et la même information relative à la suspicion mais doit en plus informer le suspect de son droit à un avocat et de son droit de se taire, de faire des déclarations ou d'être interrogé. Il recueille alors la réponse de l'intéressé. Mais aucun accord pour être interrogé ni aucun interrogatoire ne peuvent avoir lieu en l'absence d'un avocat.

Enfin, lorsque le suspect est témoin assisté, il bénéfice de tous les droits du mis en examen dès sa demande par lettre recommandée ou pendant une audition[3]. Lorsque c'est le juge qui décide de le mettre en examen, notamment en cas de survenance d'indices graves et concordants, il procède à un interrogatoire de première comparution selon les règles du droit commun. Mais, il peut aussi procéder à la mise en examen par lettre recommandée avec accusé de réception[4]. Si surviennent en fin d'instruction des indices graves ou concordants, le juge procède là aussi par lettre recommandée dans laquelle il informe le suspect de son droit à

---

[1] Art. 80-2 C. pr. pén.
[2] Art. 116 C. pr. pén.
[3] Art. 113-6 C. pr. pén.
[4] Art. 113-8 al. 2 C. pr. pén.

l'accomplissement d'actes, à un recours en nullité et à un interrogatoire dans le délai de vingt jours[1].

La mise en examen a toujours été extrêmement encadrée, de manière à assurer la protection du suspect et procéder à une information complète de ses droits. Il se produit un véritable basculement dans la situation du suspect lorsqu'il devient mis en examen. L'acquisition de la qualité de partie s'avère presque ritualisée et ouvre alors l'exercice plein de la défense.

2. Une partie protégée et plus active

Conséquence du statut de partie, le juge d'instruction doit procéder à une information complète de ses droits au mis en examen. Selon l'article 116 du Code de procédure pénale, lorsque la personne soupçonnée est mise en examen, elle bénéficie d'une information complète sur les circonstances, dates, lieux et victimes des faits reprochés, du droit de se taire, de la durée prévisible de la procédure et la possibilité de demander la fin de celle-ci. Comme tout suspect, le mis en examen ne prête pas serment. Il n'est interrogé que par le seul juge d'instruction. Il est informé de la clôture de l'instruction[2]. Surtout, le juge doit l'informer de ses différentes prérogatives de défense qui lui permettent de mieux critiquer la suspicion. Est enfin obligatoire l'assistance du mis en examen par un avocat lors du débat contradictoire devant le JLD avant tout placement en détention provisoire et octroie même un délai de quatre jours pour préparer sa défense[3].

En somme, en accordant au mis en examen d'importantes prérogatives pour se défendre durant l'instruction préparatoire, le législateur a renforcé la contradiction pendant la mise en œuvre de la suspicion. Le statut de mis en examen est resté le seul dans lequel le suspect est considéré comme un défendeur avec de vrais moyens de disussion de la suspicion. Mais ces nombreux droits du mis en examen ont conduit à ouvrir de moins en moins d'information pour éviter que le suspect en bénéficie. La culture

---

1 Art. 113-8 al. 3 et 4 C. pr. pén.
2 Art. 175 C. pr. pén.
3 Art. 145 al. 5 C. pr. pén.

inquisitoire française s'est souvent opposée à la reconnaissance de droits d'agir au suspect.

Il est ainsi indéniable que le caractère inachevé et pluriel du statut de suspect ajouté à la géométrie très variable de ses droits atténue grandement l'efficacité de la défense face à la suspicion. Dans l'écrasante majorité des procédures, exclusivement policières dirigées par le parquet, la discussion de la suspicion n'existe pas avant la phase de jugement. Tant que le suspect ne sera pas considéré comme véritable défendeur avec de véritables moyens de défense dès l'apparition de la suspicion, le procès pénal demeurera déséquilibré et peu équitable. L'évolution n'est pas aisée car « *Nous avons du mal à admettre qu'il n'y a aucun rapport dialectique nécessaire entre les droits de l'honnête homme ou du citoyen tranquille et les droits naturels de l'infracteur ou du suspect* »[1]. Mais la nécessité d'un véritable statut pendant l'intégralité de la phase préparatoire du procès est devenue criante.

Section 2. De l'organisation d'un statut général de défendeur

Le suspect doit être en mesure de faire entendre sa voix. De ce fait, en tant que défendeur à la suspicion, le suspect doit pouvoir va la critiquer sans l'abandonner aux bons soins de l'accusation. Il se défend en discutant et critiquant la substance et la forme de la suspicion (§ 2). Cette possibilité de critique nécessite au préalable que le suspect soit considéré comme un interlocuteur à part entière. La qualité de défendeur doit se traduire par un statut à l'aulne du droit au procès équitable (§ 1).

§ 1. Les conditions de la critique par le défendeur

Pour se défendre face à la mise en oeuvre de la suspicion, le suspect doit être reconnu comme un interlocuteur *à part entière* des autorités pénales. Par là même, s'impose une véritable réflexion sur l'acquisition de la qualité de partie défenderesse par la personne suspectée dès que la suspicion est mise en œuvre à son

---

[1] MERLE (R.), La Convention européenne des droits de l'homme et la justice pénale française, préc.

encontre (A) et l'organiser de sa protection minimale pendant cette mise en œuvre (B).

A. L'acquisition de la qualité de défendeur par le suspect

La définition du suspect comme défendeur se heurte à la difficile qualification comme partie, c'est-à-dire comme titulaire de droits d'agir, puisque l'instance pénale n'est pas liée lors de l'enquête de police (1). Néanmoins, le suspect possède un évident intérêt à se défendre dès l'apparition de la suspicion. Cet intérêt peut devenir un véritable critère de définition du défendeur (2).

1. Les difficultés d'une qualification de partie

La notion de partie au procès demeure toujours délicate puisqu'elle n'est pas définie par le droit positif. Sa problématique se rattache à celle de l'action en justice et de l'instance. De plus, l'essentiel de la réflexion sur cette notion est effectué en procédure civile. La spécificité de la matière pénale perturbe la réflexion et ainsi ses conclusions. Néanmoins, la notion de partie demeure éminemment procédurale[1]. Elle définit la « *qualité processuelle* »[2], la position procédurale des protagonistes du procès. De ce fait, elle permet de cerner la notion de défendeur. La partie est ainsi souvent définie comme « *toute personne qui est dans l'instance, soit comme demandeur (parfois unique), soit comme défendeur, soit comme intervenant, y compris le ministère public* »[3]. Le critère de définition des parties est d'abord formel : l'existence d'une instance. L'acquisition de la qualité de partie est donc assujettie à la création d'un lien d'instance (a). Néanmoins, ce critère trouve ses limites dans le procès pénal (b).

---

[1] CORNU (G.), FOYER (J.), *Procédure civile*, PUF, 1996, p. 496.
[2] RAYNAUD (G.), VINCENT (J.), GUINCHARD (S.), MONTAGNIER (G.), *Lexique des termes juridiques*, Dalloz, 14ème éd., 2003, « Partie ».
[3] CORNU (G.), dir., *Vocabulaire Capitant*, PUF, 2000, v. « Partie, sens 2 ».

a) La qualité de partie par le lien d'instance

Selon la doctrine civiliste, les parties sont les personnes liées par un lien de droit. Ce lien est à l'origine de l'instance[1]. L'instance est alors la situation juridique au cours de laquelle les parties vont confronter leurs points de vue devant un tiers, le juge. Sont d'abord parties les personnes qui vont créer le lien par l'exercice d'une action en justice. Pour ce faire, elles formulent une demande qui va introduire l'instance. Le fait d'avoir introduit l'instance en exerçant son droit d'action par une demande permet de conférer à son auteur la qualité de partie, ici de demandeur. De l'autre côté du lien d'instance, est partie celui contre lequel est formée la demande d'instance[2], le défendeur. Selon un autre critère matériel, le demandeur est partie car auteur d'une prétention. Le défendeur est partie car il est celui contre lequel la prétention est dirigée[3].

Si l'on applique ce modèle civiliste à la procédure pénale, un individu deviendra un défendeur partie à l'instance dès qu'une action aura été dirigée contre lui. Par conséquent, sera défendeur le suspect visé par l'action publique. Titulaire du droit d'action publique, le ministère public est bien la partie principale au procès pénal. Il introduit l'instance en mettant en mouvement l'action publique par un réquisitoire introductif d'instance ou une citation à comparaître devant la juridiction de jugement. Cet acte crée le lien d'instance qui va ouvrir le procès pénal[4]. Sa demande a pour objet la saisine d'une juridiction d'instruction ou de jugement[5] et sa prétention porte sur la commission d'une infraction par le suspect. La limite de cette présentation provient du fait que l'action publique ne peut être comparée à une action au sens civiliste, mais plus à un pouvoir au sens du droit public que le parquet exerce au nom de la société pour défendre ses intérêts[6].

Serait aussi partie le suspect visé par l'action civile par la victime. Celle-ci est titulaire d'un droit d'agir en cas d'allégation d'un

---

[1] BUSSY (F.), La notion de partie à l'instance en procédure civile, *D.* 2003, p. 1376.
[2] CADIET (L.), *Droit judiciaire privé*, Litec, 2ème éd. 1998, n° 1035, p. 444.
[3] BUSSY (F.), La notion de partie à l'instance en procédure civile, préc.
[4] BOULOC (B.), *Procédure pénale*, préc., n° 584, p. 547.
[5] GUINCHARD (S.), BUISSON (J.), *Procédure pénale*, préc., n° 1005, p. 579.
[6] BANDRAC (M.) in GUINCHARD (S.), BANDRAC (M.) et *alii*, *Droit processuel*, Dalloz, 2ème éd., 2003, n° 647, p. 1017

dommage causé par la commission de l'infraction[1], la victime peut exercer son action civile contre celui qu'elle considère auteur de l'infraction. Or, la demande de la victime demeure limitée car ne porte que sur l'indemnisation de son préjudice et non sur la culpabilité du suspect. La partie civile est ainsi une partie demanderesse d'une action civile accessoire par rapport à l'action publique principale du parquet. Logiquement, le suspect ne devrait donc pas être partie même s'il est visé par l'action de la victime du fait de sa nature civile. Cependant, complication supplémentaire, l'action civile met en mouvement l'action publique lorsqu'elle est réalisée par voie d'action par une plainte avec constitution de partie civile[2]. La victime est ici à l'origine de l'instance pénale. Sa demande possède des effets juridiques. Mais le suspect contre laquelle elle s'exerce ne devient pas pour autant partie ce qui peut paraître paradoxal.

En procédure pénale, c'est plus la nature de l'action que son existence qui fait du défendeur une partie. Seule la personne contre laquelle est dirigée la demande du parquet deviendrait donc partie défenderesse à l'instance pénale[3]. Cette situation est celle du suspect renvoyé devant le tribunal de police ou le tribunal correctionnel ou soumis à une CRPC. La demande du parquet transforme immédiatement le suspect en partie.

Une nouvelle difficulté survient pendant l'information préalable du fait de l'intervention du juge d'instruction. La mise en mouvement de l'action publique, qui crée pourtant l'instance, ne fait pas automatiquement du suspect une partie. Il faut une décision du juge d'instruction qui prononce la mise en examen. Le suspect visé par le réquisitoire introductif ou la plainte avec constitution de partie civile n'est que témoin assisté. Ce n'est pas le demandeur mais le juge d'instruction qui octroie la qualité de partie au suspect[4]. Le caractère inquisitoire de l'instruction relativise globalement l'intérêt de la théorie de l'action et du lien d'instance.

---

[1] Art. 2 et s. C. pr. pén.

[2] Art. 85 et 86 C. pr. pén. Sitôt sa plainte déposée, la mise en oeuvre de l'action publique lui échappe au profit du parquet. Art. 2 al. 2 C. pr. pén.

[3] V. MERLE (R.), VITU (A.), *Traité de droit criminel*, t . II, *Procédure pénale*, préc., n° 35, p. 53.

[4] DOUCHY (M.), in GUINCHARD (S.) et *alii*, *Droit processuel*, préc., n° 811, p. 1139.

L'instance peut être ouverte même sans défendeur lorsque celui-ci n'est pas encore connu. Situation impensable en matière civile.

De plus, le ministère public agit pendant l'enquête bien avant de mettre en œuvre l'action publique par un acte de poursuite. Il dirige les investigations et la mise en œuvre de la suspicion contre le suspect. Pendant l'enquête, le ministère public se trouve dans une ambivalente position. Il agit contre le suspect mais son action n'ouvre pas l'instance car elle ne porte pas encore de demande mais dirige les investigations dont le résultat fondera sa prétention qui, elle, engagera l'instance. Concomitamment, il protège le suspect son futur adversaire par la garantie de sa liberté indidividuelle. Pendant ce temps, le suspect ne peut agir contre ces investigations qui ont pourtant pour but de renforcer la prétention de la future partie demanderesse. Sa position d'éventuelle partie défenderesse à venir ne lui octroie aucun pouvoir.

b) La difficile application du critère au procès pénal

Le critère du lien d'instance et de l'action est ainsi difficilement transposable de la matière civile à la matière pénale du fait de la spécificité de celle-ci. La qualité de partie ne semble pas s'expliquer entièrement par le seul accomplissement d'un acte de procédure, ici la demande en justice. L'acquisition de la qualité de partie est restreinte à la seule existence de poursuites ou une mise en examen. La définition de la qualité de partie au procès pénal relève donc principalement de la loi et trouve ainsi sa limite quant à l'exercice réel et efficace du droit de se défendre. Or, l'instruction préparatoire est devenue une procédure vouée à disparaître. L'enquête de police est devenue la procédure de référence. Limiter la capacité d'agir au seul mis en examen ou à la personne renvoyée devant une juridiction de jugement revient presque à nier l'existence du suspect en tant que titulaire du droit de se défendre. Considérer que seule la personne poursuivie est une partie titulaire du droit de se défendre revient à nier toute possibilité de défense pendant l'enquête de police. Le droit de se défendre ne sera alors exercé que lors de la phase de jugement. Le droit français retourne donc à la situation qui prévalait avant 1897.

A l'inverse, le pragmatique droit américain n'attend pas l'accomplissement d'un acte de procédure par le demandeur pour octroyer au suspect le statut de partie. Ce droit a bien compris que le suspect était menacé et avait vocation à devenir partie pour se défendre. Il anticipe donc cette acquisition et n'attend pas que la décision de *complaint* du ministère public. La notion d'instruction de fait permet ainsi l'acquisition de la qualité de partie avant même que l'instance soit engagée. C'est toute la portée du célèbre arrêt *Miranda c/Arizona*. Le suspect doit être protégé dès qu'une poursuite est envisageable et informé de ses droits[1]. Or qu'est-ce qu'une enquête de police sinon une instruction de fait ? Le droit français pourrait peut être s'inspirer de cette position protectrice.

La définition d'une partie comme personne liée dans l'instance s'avère insuffisamment précise pour fonder la qualité de défendeur à moins de considérer que le fait de ne pas être partie n'est pas exclusif du droit de se défendre. Il serait presque possible de considérer que la notion même de partie n'est pas pertinente dans le procès pénal tant elle est difficile à appréhender. D'ailleurs, le législateur a contourné le problème en désignant *ad initio* le ministère public comme partie principale et la victime comme partie accessoire[2]. Il n'a rien précisé pour le suspect qui possède bien un intérêt à se défendre.

2. La suspicion, cause de l'intérêt à se défendre et critère de qualification de défendeur

Certes, le suspect doit se défendre face à la demande du parquet mais celle-ci se fonde sur la suspicion. C'est bien la suspicion qui fait naître l'intérêt à se défendre et ainsi le défendeur plus que la demande en justice qui constitue l'officialisation de cette suspicion (a). Ce critère est d'ailleurs reconnu implicitement par le Code de procédure pénale avant même tout exercice de l'action publique à l'article 77-1 (b).

---

1 *Miranda c/Arizona*, 384 US 436 (1963). GUINCHARD (A.), La qualité de partie à l'instruction en droits (fédéral) américain et français, *Rev. sc. crim.* 1997, p. 611 et s., préc., p. 616.

2 DOUCHY (M.), in GUINCHARD (S.) et *alii*, *Droit processuel*, préc.

a) La délimitation du critère

La suspicion fonde l'intérêt à agir (1°). Elle rejoint l'accusation en matière pénale qui rend le suspect titulaire du droit au procès équitable (2°).

1°) L'intérêt à agir par la suspicion

Pour Madame Douchy, la qualité de partie préexiste à l'exercice de l'action en justice. Pour cet auteur, ce n'est pas la situation procédurale de demandeur qui confère à la personne la qualité de partie, mais l'existence d'une prétention. Elle s'appuie sur la rédaction de l'article 31 Code de procédure civile selon lequel « *l'action est ouverte à tous ceux qui ont un intérêt légitime au succès ou au rejet d'une prétention* ». L'existence d'une prétention est ainsi un préalable à l'exercice de l'action par la demande[1]. Cette conception de la qualité de partie semble applicable plus aisément au procès pénal. Le ministère public est certes une partie par le jeu de la loi mais sa prétention préexiste à l'engagement des poursuites. Cette prétention porte sur la culpabilité présumée du suspect. De même, la prétention de la victime consiste dans l'allégation de son dommage qui constitue une condition de recevabilité de son action civile. Le critère de prétention apparaît plus précis que le critère de l'acte de procédure pour définir la qualité de partie. Surtout, il permet d'anticiper la qualification de partie du défendeur du moment que celui-ci possède une prétention. Or, dans le procès pénal, le suspect peut tout à fait alléguer de son innocence dès que celle-ci n'est plus que présumée.

Dès lors, apparaît le véritable fondement de l'instance qui sert de base à la demande du ministère public et même à celle de la partie civile. Le lien est celui de la suspicion. Le ministère public est demandeur à la suspicion puisqu'il invoque la culpabilité présumée du suspect. Il en est de même pour la victime. Le parquet poursuit le suspect s'il constate une suspicion suffisante. Le juge d'instruction met en examen le suspect s'il constate une suspicion suffisante. La mise en œuvre de la suspicion se réalise par l'accomplissement d'actes procéduraux qui entraînent le suspect

---

[1] DOUCHY (M.), in GUINCHARD (S.) et *alii*, *Droit processuel*, préc., n° 811, p. 1138.

dans la procédure. Ces actes sont aussi ceux des OPJ puisqu'ils agissent sous le contrôle et la direction des magistrats. En cela, le suspect est bien d'abord partie à la procédure en tant qu'objet de suspicion. Puis, avec l'exercice de l'action publique, il devient partie à l'instance pénale[1]. La suspicion est ici la cause de l'instance.

Le suspect doit pouvoir se défendre dès l'apparition de la suspicion sans attendre la mise en mouvement de l'action publique. Pour ce faire, il doit posséder un droit d'agir. La notion d'intérêt à agir prend ici tout son sens. Le suspect dispose d'un réel intérêt à agir contre une suspicion qui va alimenter la demande dirigée contre lui. Cet intérêt est bien la source de son droit d'action en tant que défendeur. Il réside bien dans la prétention du ministère à faire reconnaître sa culpabilité. L'intérêt à agir du suspect devient ainsi le critère de sa qualité de défendeur. C'est d'ailleurs cet intérêt qui se révèle le véritable critère du droit à la contradiction en procédure pénale[2]. Les droits du défendeur apparaissent ainsi avant même l'exercice de l'action publique et l'établissement du lien d'instance. La notion de suspicion permet donc de pallier aux difficultés d'application de la notion d'instance tout en octroyant de manière pragmatique une protection et des droits au suspect. Cette suspicion révèle une accusation.

2°) Reprise du critère d'accusation en matière pénale

Le critère de suspicion pour acquérir le droit de se défendre rejoint la conception européenne du procès pénal et le critère d'accusation en matière pénale. Le suspect possède un droit à un procès pénal équitable dès la révélation d'une accusation en matière pénale par la formulation d'un reproche. Comme déjà vu, la mise en œuvre de la suspicion formalise cette accusation. Le suspect acquiert ainsi la qualité d'accusé titulaire d'un certain nombre de droits. Le suspect est donc un défendeur parce qu'il est accusé. La notion d'accusation en matière pénale, qui révèle la suspicion, permet ainsi d'octroyer un certain nombre de droits d'agir au suspect avant même l'acquisition de la qualité de partie au procès au sens français. Dans la conception européenne, l'accusé possède la

[1] GUINCHARD (S.), BUISSON (J.), *Procédure pénale*, préc., n° 1120, p. 623.

[2] ASCENSI (L.), *Du principe de la contradiction*, préc., n° 253, p. 153, pour la personne poursuivie.

qualité de partie défenderesse au procès pénal équitable. Suspicion et accusation permettent donc de contourner les limites de la conception française du lien d'instance. Le droit à un procès équitable et le critère de l'accusation permettent d'élargir et renforcer le droit de se défendre dès la phase préparatoire[1]. D'ailleurs, le législateur semble avoir implicitement reconnu au suspect/accusé un certain intérêt à agir quand bien même le lien d'instance n'aurait pas été créé par la poursuite.

b) La reconnaissance du critère par le Code de procédure pénale

Le législateur a reconnu au suspect objet d'une enquête de flagrance ou préliminaire un droit d'agir, du fait de son intérêt à se défendre quand bien même il n'aurait pas été poursuivi. Cette avancée procédurale (1°), s'est néanmoins vue rognée par la suite même si elle demeure prometteuse pour le suspect (2°).

1°) Une avancée procédurale : le droit d'interpellation

La loi du 15 juin 2000 a inséré à l'article 77-2 du Code de procédure pénale un droit pour le suspect qui a été placé en garde à vue d'interpeller le procureur de la République qui a dirigé l'enquête sur la suite que ce dernier compte donner à la procédure lorsque aucune poursuite n'est intervenue dans un délai de six mois suivant la garde à vue[2]. Dans la version originale de cette disposition, les alinéas 2 à 4 organisaient les effets de cette demande. Le procureur de la République disposait d'un mois pour lui répondre. Il disposait alors de plusieurs possibilités : engager des poursuites contre le suspect, décider de mesures alternatives, lui notifier le classement sans suite de la procédure, saisir le JLD aux fins d'une autorisation de continuer l'enquête. A défaut de décision du procureur, aucun acte ne pouvait plus être accompli à peine de nullité.

Le JLD devait organiser un débat contradictoire. Il entendait les observations du parquet et du suspect éventuellement assisté

---

1 CEDH, 20 juin 2002, *Berlinski c/Pologne*, § 77, req. n° 27715/95.
2 Art. 77-2 C. pr. pén.

d'un avocat. L'audience pouvait être publique sur demande du suspect mais le JLD pouvait la refuser par ordonnance motivée en cas de risque d'entrave aux investigations ou d'atteinte à la dignité de la personne ou aux intérêts de tiers. A l'issue de ce débat, le procureur disposait d'une alternative. Soit il autorisait la continuation de l'enquête pour une durée qu'il fixait, dans une limite maximale de six mois au terme desquels le suspect recouvrait son droit d'interpellation. Soit il refusait la continuation de l'enquête. Il avait alors l'obligation d'engager des poursuites, de prononcer une mesure alternative ou notifier au suspect un classement sans suite.

Le dispositif de l'article 77-2 posait ainsi un droit positif en faveur du suspect. Il pouvait exiger du parquet qu'il agisse et notamment qu'il le poursuive. C'est bien dans cette optique que Messieurs Guinchard et Buisson parlent de droit d'implication[1]. La cause de ce droit est bien la garde à vue, c'est-à-dire l'exercice de la suspicion. De plus, en organisant un débat contradictoire devant un juge du siège entre le suspect assisté d'un avocat et le parquet, le législateur considérait le suspect comme un défendeur et lui accordait un droit similaire à celui d'une partie pour discuter de la suspicion devant l'autre partie. Il accordait ainsi au suspect une première possibilité de se défendre fondée sur un intérêt à agir. D'ailleurs, le rapporteur de la loi du 15 juin 2000 parlait d'une forme de « *droit d'évocation* » de la procédure devant un juge[2]. La circulaire du 4 décembre 2000 considérait en outre que le débat contradictoire induisait la possibilité pour l'avocat du suspect de consulter le dossier[3], ce qui constituait une première.

2°) Repli législatif et ouverture éventuelle

La loi du 9 septembre 2002 est venue abroger les alinéas 2, 3 et 4 de cet article 77-2. Perdure seulement le droit pour le suspect d'être informé sur les suites de la procédure. Et encore, ce droit n'est plus contraignant et n'existe plus depuis la loi du 9 mars 2004 en cas de suspicion de la criminalité organisée. Mais le législateur procure à ce suspect certaines prérogatives qui permettent de déduire une forme de prise en compte par le législateur de sa

---

1 GUINCHARD (S.), BUISSON (J.), *Procédure pénale*, préc., n° 745, p. 504.
2 LAZERGES (C.), *Rapport* n° 1468, préc. p. 216.
3 Circ. CRIM 00-13 F1 du 4 déc. 2004, préc., n° 1.2.

qualité de défendeur. L'article 706-105 du Code de procédure pénale reprend en partie le mécanisme de l'article 77-2. Le suspect gardé à vue peut demander au procureur d'être informé sur la suite de la procédure s'il n'a pas été poursuivi dans le six mois suivant la détention policière. Mais ce droit d'information est subordonné au fait qu'en plus de la garde à vue, ait été mise en œuvre une surveillance, une infiltration ou une perquisition. Il est assez dommage que l'article 706-105 exclut du droit à l'information les suspects ayant fait seulement l'objet d'une garde à vue. Etant donné la lourdeur des opérations d'infiltration ou de surveillance, celles-ci ne seront pas toujours mises en œuvre et donc le droit à être informé ne s'appliquera pas à tous les suspects.

Au contraire de l'article 77-2, la demande est effectuée auprès du procureur dans le ressort duquel la garde à vue s'est déroulée. S'il n'est pas celui qui dirige l'enquête, il transmet la demande au magistrat directeur. A partir de là, le magistrat compétent dispose de deux mois à compter de la demande pour informer le suspect qu'il souhaite classer sans suite l'affaire ou continuer l'enquête. Toutefois, l'information ne s'impose pas lorsqu'il entend proposer une alternative. Si le procureur souhaite poursuivre l'enquête préliminaire et qu'il envisage de procéder à une nouvelle audition ou un nouvel interrogatoire du suspect au cours de cette enquête, il informe l'intéressé qu'il peut demander à ce qu'un avocat désigné par lui consulte le dossier de la procédure. Cette consultation s'effectue dans les quinze jours de la demande de consultation et avant tout interrogatoire ou audition.

Lorsque des poursuites, notamment l'ouverture d'une information, sont envisagées, ce n'est pas l'article 706-105 qui s'applique mais l'article 706-106. Le suspect est déféré auprès du procureur. L'article 706-106 lui accorde directement le droit à l'assistance d'un avocat pendant sa comparution devant le magistrat. L'avocat possède un droit d'accès et un droit de faire des observations devant le magistrat avant que celui-ci ne prenne sa décision. L'intervention d'un avocat avec droit d'accès au dossier est une véritable évolution du statut du suspect pendant l'enquête et la reconnaissance de sa qualité de suspect. Il est dommage que cette avancée soit limitée au seul droit dérogatoire.

Il n'empêche, par le biais des articles 77-2, 706-105 et 706-106, le législateur reconnaît au suspect une qualité pour se défendre en agissant même si sa demande ne porte que sur la suite de la procédure. Ces dispositions démontrent que la qualité de partie n'est pas une condition *sine qua non* pour obtenir un statut d'interlocuteur.

Le Comité Léger, lui, propose une voie médiane par l'intermédiaire de la création d'un régime renforcé pour le suspect durant l'enquête de police. Ce régime serait l'équivalent de la mise en examen. Il serait décidé par le parquet, pourrait être demandé par la personne souçonnée et devrait être prononcé par le juge de l'enquête s'il constate dans le dossier des indices graves ou concordants. Ce statut fera acquérir la qualité de partie et octroierait la plénitude des droits de la défense au suspect avant même le déclenchement des poursuites. En effet, le parquet ne pourrait poursuivre une personne sans l'avoir au préalable placée sous ce statut. Il en serait de même en cas de volonté de la placer sous contrôle judiciaire ou en détention provisoire. Tous les suspects ne pourraient bénéficier de ce statut. Les suspects simples n'en bénéficieraient pas[1], mais ceux contre lesquelles une suspicion plus grave pèsera. Le Comité Léger s'affranchit donc en partie du critère de poursuite pour l'acquisition de la qualité des poursuites et reprend celui d'une suspicion aggravée. Le suspect pourrait demander au parquet de le placer sous ce régime et saisir le juge de l'enquête en l'absence de décision sur une poursuite ou un classement. Le juge pourrait alors décider de lui faire bénéficier du régime renforcé. L'influence du régime des articles 77-2 et 706-105 est évidente. Toutefois, cette proposition choisit de ne pas faire bénéficier certains suspects de la plénitude des droits de la défense et favoriser dans un premier temps l'enquête. Elle reste peut-être en-deça d'une lecture très exigence du procès équitable mais semble aller vers une meilleure protection des suspects.

Le suspect acquiert ici la qualité de défendeur dès l'apparition de la suspicion et doit donc être protégé.

---

[1] Comité de réflexion sur la justice pénale, *Rapport*, préc., proposition n° 4.

B. La protection du défendeur

La possibilité pour le suspect de se défendre n'est envisageable que s'il est d'abord protégé. Cette protection s'organise autour des garanties du suspect dans ses relations avec les enquêteurs (1) et avec l'intervention d'autres protagonistes dans l'enquête (2).

1. La protection du suspect dans ses relations avec les enquêteurs

Le suspect doit être protégé pour éviter toute tentation d'user d'une force illégitime de pression psychologique ou physique par les enquêteurs afin d'obtenir un aveu. Il doit disposer de la garantie de ne pas avoir à coopérer (a) et de celle de la transparence pendant le face-à-face avec les enquêteurs (b).

a) Le droit de ne pas collaborer à la suspicion

Puisqu'il est présumé innocent, le suspect n'a en principe pas à prouver son innocence. Mais il n'a pas non plus à aider l'accusation à prouver sa culpabilité. Dans le cas contraire, l'innocence présumée, en tant que règle de dévolution de la charge de la preuve et de protection du suspect, ne serait qu'une coquille vide. Le suspect peut donc rester passif pendant la mise en œuvre de la suspicion. Il possède le droit de ne pas collaborer avec les autorités policières et judiciaires dans leur construction de sa culpabilité. Ce droit de ne pas collaborer se retrouve d'ailleurs assimilé par la Cour de Strasbourg à une conséquence du droit au procès équitable. Elle estime ainsi que l'article 6 de la Convention n'exige aucune coopération de l'accusé avec les autorités judiciaires[1]. L'inaction doit être considérée comme une stratégie de défense et pas forcément comme une capitulation ou une reconnaissance implicite de la suspicion. En plus de l'inaction, le refus actif de collaborer doit pouvoir aussi être reconnu. L'absence de collaboration peut ainsi s'exprimer de deux manières : passive et active. Le suspect a choix de garder le silence face à la suspicion (1°) et de s'opposer à sa mise en oeuvre (2°).

---

[1] CEDH, 6 déc. 1988, *Barberà, Messegué et Jabardo c/Espagne*, série A, n° 146, § 77.

1°) Le droit de ne pas contribuer à la suspicion en gardant le silence

Le droit au silence apparaît véritablement comme une conséquence logique de la présomption d'innocence[1]. Par conséquent, son corollaire la suspicion ne peut que reconnaître le silence du suspect. Comme les autorités doivent rapporter la preuve de la culpabilité du suspect, elles ne peuvent demander ou exiger de lui qu'il le fasse à leur place en parlant. Le droit au silence se rattache aux droits de la défense[2] car c'est une forme de défense par abstention. Il permet d'éviter au suspect de faire des déclarations hâtives et maladroites notamment en début de procédure quand il n'a pas une connaissance solide de la suspicion et qu'il ne bénéficie pas de l'assistance effective d'un avocat[3].

En parlant, le suspect peut s'accuser lui-même. Le droit au silence est donc bien celui de ne pas s'auto-incriminer. Du fait de son importance, le principe *nemo tenetur se ipsum accusare* bénéficie d'une valeur supra-légale. Ce droit est très expressément énoncé par l'article 14 § 3 g du Pacte international des droits civils et politiques de 1966. S'il n'est pas explicitement énoncé par la Convention européenne des droits de l'Homme, la Cour de Strasbourg estime que l'article 6 attribue à l'accusé en matière pénale le droit « *de se taire et de ne point contribuer à sa propre incrimination* »[4]. Elle précise par ailleurs son lien intime à la présomption d'innocence[5] et sa finalité protectrice de la volonté de l'accusé[6]. Elle condamne l'austérité des conditions de détention ayant créé une coercition psychologique de nature à briser la résolution du suspect à garder le silence[7]. Elle conclut ainsi sur le fait que le droit au silence concourt bien à éviter des « *erreurs judiciaires* »[8].

Par conséquent, le droit français dit reconaître le droit au silence du suspect. Pendant longtemps, ce droit n'a pas été

---

[1] ESSAID (M.), La présomption d'innocence, préc., p. 275.
[2] FAUSTIN HELIE (F.) *Traité de l'instruction criminelle*, t. 2, préc., n° 2612.
[3] GIRARD (C.), *Culpabilité et silence en droit comparé*, L'Harmattan, 1997, p. 71.
[4] CEDH, 25 févr. 1993, *Funke c/France*, § 44, série A, n° 256-A.
[5] CEDH, 8 févr. 1996, *John Murray c/Royaume-Uni*, *Rec.* 1996-I, § 68.
[6] CEDH, 17 déc. 1996, *Saunders c/ Royaume-Uni*, § 68, *Rev. sc. crim.* 1996, p. 476, obs. KOERING-JOULIN (R.).
[7] CEDH, 6 juin 2000, *Magee C/Royaume-Uni*, *Rec.* 2000-VI, § 4.
[8] CEDH, 20 oct. 1997, *Serves c/France*, § 46, *JCP* 1998 , I, 107, obs., SUDRE (F.).

explicitement formulé dans le Code de procédure pénale. Il fallut attendre la loi du 15 juin 2000 pour sa notification à l'article 63-2. Cédant aux protestations policières, la loi du 4 mars 2002 introduisit une nouvelle rédaction selon laquelle la personne placée en garde à vue était informée de son « *choix* », et non plus de son droit, « *de faire des déclarations, de répondre aux questions qui lui seront posées ou de se taire* ». Le silence devenait ainsi l'ultime alternative du suspect pendant la garde à vue, la première étant celle de parler. Les syndicats de police n'étant toujours pas satisfaits, la loi du 18 mars 2003 abrogea totalement l'information sur le droit au silence qui continue néanmoins d'exister. Voici donc un droit essentiel du suspect dont celui-ci n'est pas informé afin qu'il ne puisse l'exercer pendant l'enquête de police. Reste que l'information relative au droit au silence a survécu pendant l'instruction puisque l'instruction préparatoire, l'article 116 alinéa 4 impose depuis 2000 au juge d'instruction d'avertir la personne future mise en examen mais non encore assistée d'un avocat de son choix de se taire, de faire des déclarations ou d'être interrogée.

Mais le respect du droit à un procès équitable exige que le suspect placé en garde à vue soit lui aussi averti de sa faculté de se taire. Il doit rester maître de sa parole et de son mutisme. Il doit pouvoir choisir de rester silencieux. La passivité ne devrait pas être comprise comme un aveu implicite de culpabilité ou un déni injustifié. Le respect de la présomption d'innocence, des droits de la défense et du procès équitable exige ainsi la reconnaissance pour la personne soupçonnée de son droit de rester silencieux, mais aussi de s'opposer.

2°) Le droit de s'opposer à l'exercice de la suspicion

Le suspect est libre de choisir la manière de se défendre et donc de s'opposer à l'exercice de la suspicion en refusant activement de coopérer avec les enquêteurs. Ainsi le suspect est libre de nier, voire de mentir[1]. De fait, il peut refuser de consentir à l'accomplissement des actes d'enquête : perquisition pendant une enquête préliminaire, relevé d'empreinte digitale, prise de photographies, vérification d'un état d'alcoolémie ou d'usage de produit

---

[1] LAURENT (N.), *La notion de suspect en matière pénale*, th. préc., n° 615, p. 503.

stupéfiant, prélèvement externe, prélèvement biologique d'empreinte ADN ou encore un prélèvement interne réalisé par un médecin sur ordre de l'autorité judiciaire[1].

La difficulté pour le suspect provient du fait que le refus de se soumettre à un prélèvement externe est de plus en plus érigé en infraction[2]. Le suspect est quasiment obligé à coopérer. Or, ces prélèvements sont effectués pour révéler des indices de suspicion, notamment une présence sur la scène de crime ou ses relations avec la victime. Le suspect témoigne à son corps défendant. Le Conseil constitutionnel a validé ce principe estimant que les prélèvements externes pouvaient établir l'innocence. D'ailleurs, il souhaite que le juge tienne compte de la gravité de l'infraction sur laquelle porte l'enquête[3]. En somme, plus l'infraction dont la preuve est recherchée sera grave, moins le refus sera légitime.

En outre, dans son arrêt *Saunders c/ Royaume-Uni*, la Cour de Strasbourg considère que le droit de ne pas s'auto-incriminer « *ne s'étend pas à l'usage, dans une procédure pénale, de données que l'on peut obtenir de l'accusé en recourant à des pouvoirs coercitifs mais qui existent indépendamment de la volonté du suspect, par exemple les documents recueillis en vertu d'un mandat, les prélèvements d'haleine, de sang, d'urine ainsi que de tissus corporels en vue d'une analyse de l'ADN* »[4]. Cette décision restreint considérablement l'étendue du droit de ne pas s'auto-incriminer au seul exercice du droit au silence. Elle relativise le refus de coopérer. Il est ainsi possible de passer outre la volonté du suspect[5]. Mais il existe une différence entre passer outre la volonté du suspect et sanctionner cette volonté. Dans le premier cas, la mise en œuvre de la suspicion continue, dans le second, le suspect devient un coupable.

De plus, il existe une différence entre les traces laissées involontairement par un suspect sur une scène de crime et celles

---

[1] V. Respectivement, art. L. 234-3 à L 234-5, L. 235-2 C. route ; art. L. 3421-6 C. san. pub ; Art. 706-56 C. pr. pén. ; art. 60 *bis* C. Douanes.

[2] Art. 55-1 al. 3 et 76-2 C. pr. pén. ; art. 60 *bis* C. douanes dernier alinéa ; art. 706-56 II C. pr. pén. ; art. L. 234-8 C. route et art. L. 235-3 C. route ; art. L 3421-6 C. san. pub.

[3] Cons. const., déc. n° 2003-467 DC du 13 mars 2003, préc., cons. n° 56 et 57.

[4] CEDH, 17 déc. 1996, *Saunders c/ Royaume-Uni*, préc., § 69.

[5] KUTY (F.), L'étendue du droit au silence en procédure pénale, *Rev. dr. pén. crim.* 2000, p. 309 et s., spéc. p. 331.

prélevées directement sur son corps. Les secondes ne devraient pas être librement prélevées en passant outre la volonté du suspect. La libre disposition de son corps par le suspect implique le droit de refuser de fournir des preuves issues de celui-ci. Ainsi que l'affirmait Monsieur Merle : « *La justice n'a pas de prise sur celui qu'elle soupçonne, le suspect n'a pas pour ainsi dire aucune obligation vis-à-vis des enquêteurs ou des juges, la justice ne peut rien en principe sur son corps. Elle ne peut pas lui extraire par effraction les secrets que recèle sa constitution biologique* »[1]. Alors que l'absence de collaboration constitue une garantie protectrice de la défense, la coopération à la suspicion est érigée en principe. Pour préserver les droits du suspect, est nécessaire la reconnaissssance de la possibilité de se défendre sans se soumettre. Cette garantie doit s'appliquer au même titre que celle de la transparence.

b) Le droit à la transparence de l'enquête

Pendant la conduite de l'enquête, la personne soupçonnée reste le plus souvent seule face aux enquêteurs. La transparence devient source de protection car toute violation de ces droits paraîtra aux yeux de tous. Cette transparence est aussi une garantie pour les enquêteurs en cas d'accusations non fondées de la part du suspect. Si la procédure doit demeurer équitable, elle doit aussi apparaître comme telle. La transparence de l'enquête s'exerce de deux manières : à l'écrit par la rédaction des procès-verbaux (1°) et avec l'image par l'enregistrement des interrogatoires (2°).

1°) La transparence par l'écrit

Les procès-verbaux constituent la trame de la procédure et reprennent les actes accomplis pour les investigations par les enquêteurs de police ou le juge d'instruction. Ces écrits deviennent alors « *par excellence, l'instrument de la preuve au pénal, le document majeur de la procédure* »[2]. La qualité de rédaction des procès-verbaux contribue d'une certaine manière à la transparence de l'enquête dont le déroulement apparaîtra ainsi aux yeux du lecteur du dossier : procureur de la République, juge de contrôle ou de jugement,

---

[1] MERLE (R.), Le corps humain, la justice pénale et les experts, *JCP* 1955, I, 1219.
[2] MONTREUIL (J.), Procès-verbal, *Rép. pén. Dalloz*, p. 4.

avocat de la défense. C'est surtout pendant le face-à-face entre la personne soupçonnée et les policiers ou le juge d'instruction que cette qualité est primordiale notamment pendant les phases de coercition et d'interrogatoire. Les procès-verbaux doivent mentionner les heures de repos, la durée des interrogatoires et les heures auxquelles la personne a pu s'alimenter, la date et l'heure de fin de garde à vue ou de présentation à un magistrat[1]. Surtout, les procès-verbaux contiennent la retranscription des auditions avec la rédaction complète des questions auxquelles il est répondu[2]. Cette précision permet de connaître comment le suspect répond, les éléments que possédaient les enquêteurs et la manière dont ils l'ont interrogé. Le procès-verbal s'avère donc le véritable récit de la garde à vue. Par la mention des questions et réponses, le Code de procédure pénale pose une assurance procédurale supplémentaire, une garantie de transparence[3]. Mais cette plus grande transparence de l'écrit a été considérée comme insuffisante notamment en cas de constatation du déroulement des interrogatoires du suspect. L'image vient ainsi palier aux carences de l'écrit.

2°) La transparence par l'image

Si l'écrit tend à devenir plus complet, il ne sera jamais assez précis pour rendre compte de l'intégralité des interrogatoires. Le législateur décide que les interrogatoires du suspect doivent faire l'objet d'un enregistrement audiovisuel. Ce dernier permet de vérifier tout ce qui s'est dit ou fait durant l'interrogatoire. Il constitue constitue ainsi une garantie de transparence pour le suspect mais aussi pour les enquêteurs surtout en cas de contestations sérieuses et fondées du déroulement des interrogatoires.

Cet enregistrement fut consacré en 1998 pour les mineurs victimes d'infractions sexuelles[4] et généralisé à tous les mineurs, auteurs ou victimes, par la loi du 15 juin 2000. Après proposition de la commission Outreau pour l'ensemble des interrogatoires

---

[1] Art. 64 C. pr. pén.
[2] Art. 429 al. 2 C. pr. pén.
[3] V. ROUSSEL (G.), *Les procès-verbaux d'interrogatoire*, préc.
[4] Art. 706-52 C. pr. pén.

quelle que soit la nature de l'infraction[1], la loi du 5 mars 2007 a décidé son adoption pour les personnes placées en garde à vue mais seulement si elles sont soupçonnées de crime afin de limiter le nombre d'enregistrement à effectuer pour des raisons de coûts et de moyen matériel et éviter d'alourdir la procédure pour les affaires les moins graves[2]. La consultation de l'enregistrement est réservée aux seules contestations du procès-verbal d'interrogatoire sur demande du parquet ou de l'avocat du suspect auprès du juge d'instruction ou du juge de jugement. Le législateur reprend ainsi la conception de l'enregistrement comme garantie procédurale.

Néanmoins, le système adopté n'apparaît pas entièrement satisfaisant. En premier lieu, il ne s'applique pas à certains suspects. Outre ceux suspectés d'avoir accompli un délit, sont exclus ceux soupçonnés d'infractions relevant de la criminalité organisée, des atteintes aux intérêts de la Nation et de l'Etat. L'enregistrement ne s'applique donc pas aux suspects qui subissent le plus de pression et nécessitent le plus de protection. Ensuite, en cas de pluralité de suspects, l'OPJ pourra demander au procureur de la République de désigner par décision écrite et motivée celui ou ceux dont l'interrogatoire ne sera pas enregistré. Certains suspects ne sont donc pas protégés. Enfin, l'enregistrement peut ne pas avoir lieu en cas d'impossibilité technique. Dès qu'il s'en aperçoit, l'OPJ en avertit immédiatement le procureur de la République et fait mention de la nature de cette impossibilité dans le procès-verbal[3]. Etant donné les carences matérielles de certains services de police, il est fort à parier que ces impossibilités techniques seront courantes. Or, certes en matière de mineur, par définition plus protégé, la Chambre criminelle considère dans un arrêt du 3 avril 2007, que « *le défaut d'enregistrement audiovisuel des interrogatoires d'un mineur placé en garde à vue, non justifié par un obstacle insurmontable, porte nécessairement atteinte aux intérêts de la personne concernée* »[4]. Elle annule alors la procédure subséquente. Cette exigence d'un obstacle insurmontable similaire à celle existant en matière de notification immédiate

---

[1] VALLINI (A.), HOUILLON (P.), *Rapport*, préc., p. 311.

[2] Art. 64-1 C. pr. pén.

[3] Exigence rappelée par Cass. crim., 26 mars 2008, n° 07-88.554, *AJ pénal* 2008, p. 286, note ROYER (G.).

[4] Cass. crim., 3 avr. 2007, pourvoi n°06-87.264 ; *D.* 2007, p. 2142, note PRADEL (J.).

des droits révèle bien la nature protectrice de l'enregistrement. Elle devrait être élargie aux suspects majeurs.

Plus étrange est l'introduction d'un enregistrement audiovisuel des interrogatoires et confrontations réalisés par le juge d'instruction[1]. Il n'apparaît pas aussi pertinent que celui des interrogatoires de police. En effet, magistrat du siège, le juge d'instruction offre ainsi plus de garanties que les OPJ. Surtout, ses interrogatoires se réalisent en présence d'un greffier et de l'avocat du suspect[2]. Il ne s'agit pas d'un huis clos comme en matière de garde à vue. La disparition de ce juge entraînera celle de cette étrange disposition.

Surtout, les images ne montrent pas tout. La pratique anglaise a démontré que les policiers développent des stratégies de conversation informelle avec le suspect avant tout interrogatoire enregistré. Tout est joué avant même que la caméra tourne. Sur la bande n'apparaît plus qu'un interrogatoire formel et courtois[3]. Afin de garantir l'objectivité de l'enregistrement en France, celui-ci devra donc débuter dès que possible pour éviter les échanges hors caméra et être réalisé selon un cadrage permettant de vérifier les actes de chacun. Dans tous les cas, le procès-verbal comme l'enregistrement ne protégeront pas autant le suspect que l'intervention de tiers pendant l'enquête, notamment son avocat.

2. La protection par l'intervention de tiers dans l'enquête

L'organisation d'un statut protecteur du suspect considéré comme défendeur passe surtout par son accès à un juge pendant la mise en œuvre de la suspicion, notamment durant l'enquête de police (a) et par son assistance par un avocat (b).

---

[1] Art. 116-1 C. pr. pén.

[2] MATSOPOULOU (H.), Renforcement du caractère contradictoire, célérité de la procédure pénale et justice des mineurs, préc., n° 3.

[3] WEST (A.), *Les transformations de l'administration de la preuve pénale*, *Les transformations de l'administration de la preuve pénale. Approches et perspectives comparatistes : les procédures accusatoires*, Rapport pour le centre de prospective de la gendarmerie nationale, Juillet 2004, p. 94.

a) L'accès à un juge pendant l'enquête

La garantie judiciaire du suspect constitue une protection efficace pendant la mise en œuvre de la suspicion et les atteintes à sa liberté d'aller et venir ou à sa vie privée. Le principe de cette protection est posé par les normes constitutionnelles et conventionnelles.

D'un point de vue constitutionnel, l'autorité judiciaire étant gardienne de la liberté individuelle selon l'article 66 de la Constitution, elle se doit de veiller au respect des droits du suspect pendant la mise en œuvre de la suspicion. Le Conseil constitutionnel a défini les modalités de cette garantie organisant une intervention progressive des magistrats pendant l'enquête de police en fonction du degré de contrainte subi par le suspect[1]. Ainsi, la vérification d'identité est surveillée par le parquet comme la garde à vue et sa prolongation[2]. Il soumet les gardes à vue de mineurs à l'autorisation ou au contrôle d'un magistrat du parquet ou du siège du fait de leur caractère spécifique[3]. Au-delà de quarante-huit heures de garde à vue de suspects majeurs, le Conseil constitutionnel exige l'intervention d'un juge du siège[4]. Il accepte ainsi les durées très longues des gardes à vue dérogatoires parce qu'elles sont décidées par un juge du siège[5]. Seul un magistrat du parquet peut autoriser la fouille d'un véhicule[6] et seul un juge du siège peut autoriser les perquisitions et visites domiciliaires nocturnes en matière de terrorisme et criminalité organisée[7].

D'un point de vue conventionnel, l'article 5 § 3 de la Convention européenne des droits de l'homme pose le droit de l'accusé au contrôle judiciaire et immédiat des arrestations et détentions réalisées avant jugement. Ce droit s'applique de manière automatique sans aucune demande de sa part[8]. L'article 5 § 4 pose lui le droit

---

1 RENOUX (T.), Le Conseil Constitutionnel et l'instruction pénale : juges ou magistrats ?, *Justices*, n° 10 1998, p. 75.

2 Art. 78-3 et 63 C. pr. pén.

3 Cons. const., déc. 93-326 DC du 11 août 1993, préc., cons. n° 29.

4 Cons. const., déc. 80-127 DC du 19-20 janv. 1981, préc., cons. n° 23 à 28.

5 Cons. const., déc. 2004-492 DC du 2 mars 2004, préc., cons. n° 25.

6 Art. 78-2-1 C. pr. pén. V. Cons. const., déc. 2003-467 DC du 13 mars 2003, préc.

7 Art. 706-91 C. pr. pén. V. Cons. const., déc. 2004-492 DC du 2 mars 2004, préc., cons n° 25.

8 CEDH, 22 mai 1984, *De Jong, Blajet et Van Den Brink c/ Pays-Bas*, préc.

d'introduire un recours devant un tribunal pour qu'il statue sur la régularité de l'arrestation et de la détention. Le droit français semble respecter cette règle pendant l'instruction préparatoire par l'organisation du débat contradictoire devant le JLD avant placement en détention provisoire et la possibilité pour le détenu provisoire de demander son élargissement auprès de la chambre de l'instruction ou par référé-liberté devant le président de celle-ci.

Néanmoins, au stade de l'enquête de police, le respect de l'article 5 § 4 se pose. Le droit français n'organise pas au stade policier un accès au juge notamment pendant la garde à vue, même lorsque celle-ci est décidée par un juge puisque le suspect doit attendre une éventuelle présentation avant prolongation. N'existe aucune demande d'élargissement durant la garde à vue. Une évolution est ici nécessaire.

Comme dit précédemment, avec la disparition du juge d'instruction et puisque le procureur de la République n'offre pas les meilleures garanties, seul le juge des libertés et de la détention, ou son évolution future vers le juge de l'enquête, apparaît compétent pour connaître des mesures de contraintes et privations de liberté visant le suspect pendant l'enquête et notamment les autorisations et prolongations de garde à vue. Le suspect et son avocat devraient pouvoir le saisir dès la garde à vue d'une demande de remise en liberté si celle-ci n'est pas justifiée. Ce serait alors prendre à bras le corps le problème de l'*Habeas corpus*. Il est heureux la Comité Léger déclare vouloir aller dans ce sens avec le juge de l'enquête qui considère comme garant de la loyauté de l'enquête[1]. Par ailleurs, puisque le juge du siège a vocation à la mise en état de l'affaire, il doit devenir le récipiendaire des différentes actions du suspect défendeur durant l'enquête. Actions qu'il exercera assisté d'un avocat.

b) L'assistance permanente par un défenseur, contre-pouvoir à la suspicion

L'autorité judiciaire est gardienne de la liberté individuelle du suspect mais n'a pas pour fonction de défendre ses intérêts. Son

---

[1] *Rapport*, préc., proposition n° 3.

contrôle peut n'être qu'indirect en particulier pendant l'enquête de police, les magistrats n'étant pas toujours sur les lieux des opérations. La principale garantie du suspect s'avère bien évidemment l'assistance par un défenseur, notamment par un avocat. Le défendeur est un suspect assisté. La mission de l'avocat est de défendre les intérêts du suspect son client[1]. Et pourtant, la procédure pénale française semble assez réfractaire à l'assistance du suspect par un avocat. Il fallut attendre 1897 pour que l'avocat soit présent pendant l'instruction préparatoire et 1993 au sein de la garde à vue. Néanmoins, le principe de l'intervention de l'avocat se voit reconnu (1°). Mais cette intervention est loin d'être effective pendant la garde à vue (2°).

1°) La reconnaissance du principe du droit à l'avocat

L'avocat est le garant des intérêts du suspect. Il conseille le suspect son client pendant le déroulement de la procédure et lui en explique les enjeux et les problématiques. Par son expertise juridique, il critique l'application du droit, les pratiques policières et judiciaires ainsi que les processus de réaction sociale à l'égard du suspect[2]. L'avocat contredit la suspicion et fait entendre un autre point de vue devant le juge en charge de l'enquête, de l'instruction ou du jugement pour que l'intime conviction de celui-ci ne soit pas acquise par une vision unilatérale des fait. Face à la mise en œuvre de la suspicion, il « *met en gammes une discordance* »[3] participant ainsi à la recherche contradictoire de la vérité[4]. De plus en plus, sa critique est le fruit de son dialogue avec son client associé à l'élaboration de la stratégie de défense[5]. En cela, l'avocat est plus que le simple auxiliaire de justice mais un véritable contre pouvoir[6] à la toute puissance de la suspicion.

Le rôle de l'avocat pendant la procédure s'est vue reconnaître une valeur constitutionnelle par le Conseil constitutionnel selon

---

1 VOULAND (P.), La défense pénale est un métier, *AJ pénal* 2007, p. 301.

2 V. DANET (J.), *Défendre. Pour une défense pénale critique*, préc., p. 258.

3 VARAUT (J.-M.), La défense pénale, *Rev. pénit. dr. pén.* 2003, p. 719.

4 LETURMY (F.), *La recherche de la vérité et le droit pénal*, th. préc., n° 135 ; MARTIN (R.), La crise du contradictoire entre juge et avocat, *Gaz. pal.* 1978, 2, doct., p. 409 selon lequel l'avocat est un *« élément indispensable à la dialectique qui conduit au jugement »*.

5 MOLLA (A.), L'avocat face à son client, *AJ pénal* 2007, p. 308 .

6 SAINT-PIERRE (F.), Les avocats, *Rev. pénit. dr. pén.* 2005, p. 908.

lequel : « *Le droit de la personne à s'entretenir avec un avocat au cours de la garde à vue constitue un droit de la défense qui s'exerce durant la phase d'enquête de la procédure pénale* »[1]. Puisque les droits de la défense possèdent une valeur constitutionnelle, le droit à l'entretien avec un avocat aussi[2]. Cette conception de l'intervention de l'avocat va au-delà de la simple protection. Elle sous-entend qu'il doit pouvoir exercer véritablement les droits de la défense. Au niveau conventionnel, l'article 6 § 3 c énonce bien que tout accusé a droit « *à avoir l'assistance d'un défenseur de son choix* ». Le choix de cet avocat doit être libre et révocable ce qui suppose une absence de désignation par les autorités judiciaires ou policières et une indépendance de la profession d'avocat[3]. Enfin, l'article préliminaire du Code de procédure pénale reconnaît lui aussi le droit de la personne suspectée ou poursuivie à l'assistance d'un défenseur. La rédaction de cet article permet bien de ne pas limiter cette garantie aux seules personnes poursuivies et la rend applicable dès l'apparition de la suspicion.

Le droit du suspect à l'assistance d'un avocat constitue donc un principe directeur du procès pénal à valeur constitutionnelle et conventionnelle. Il est une composante essentielle de l'équilibre de la procédure pendant la mise en œuvre de la suspicion.

2°) L'intervention de l'avocat pendant toute l'enquête et toute la garde à vue

Pour la Cour européenne des droits de l'Homme, « *la nomination d'un conseil n'assure pas à elle seule l'effectivité de l'assistance qu'il peut procurer à l'accusé* ». L'Etat doit ainsi « *adopter les mesures positives permettant à la défense d'être effective et concrète* »[4]. L'avocat intervient désormais pendant l'enquête de police au stade de la garde à vue, du déferement, en cas d'application d'un mandat d'arrêt européen ou d'une demande d'extradition[5]. Il intervient ensuite après l'enquête auprès du suspect avant tout accord sur la proposition

---

[1] Cons. const., déc. n° 93-326 DC du 11 août 1993, cons. n° 12 ; *RFD const.* 1993, p. 853, obs. RENOUX (T.).

[2] GUINCHARD (S.), BUISSON (J.), *Procédure pénale*, préc., n° 2989 p. 234.

[3] CEDH, 21 avr. 1998, *Daud c/ Portugal* : *Rec.* 1998-II, n° 69, p. 739.

[4] CEDH, 9 avr. 1984, *Goddi c/ Italie*, série A, n° 76, § 27.

[5] Respectivement, art. 63-4, 803-3 al. 2, 695-27 et 696-10 C. pr. pén.

de mesure de composition pénale formulée par le procureur ou son délégué[1]. Son assistance est plus développée pendant la CRPC puisque la reconnaissance de culpabilité ne peut avoir lieu qu'en sa présence[2]. Toutefois, cette dernière continue de se voir considérée par nombre de policiers comme une intrusion dans l'enquête et une gêne pour l'efficacité des investigations parce qu'elle peut modifier le comportement du suspect. Bref, un empêcheur de faire avouer en rond.

Cette logique étrange semble admise par les Cours supérieures. Le Conseil constitutionnel a certes émis une réserve d'interprétation relative aux nouveaux délais de garde à vue en matière de criminalité organisée. Dans sa décision du 2 mars 2004, Il considère que s'ils « *modifie[nt] les modalités d'exercice des droits de la défense, n'en met[tent] pas en cause le principe* »[3]. Le Conseil réaffirme la légitimité de l'avocat en garde à vue mais accepte une modulation de son intervention et ainsi son face aux intérêts de l'enquête.

De son côté, la Cour européenne des droits de l'homme considère dans son arrêt que « *la notion d'équité, consacrée par l'article 6, exige que l'accusé ait le bénéfice de l'assistance d'un avocat dès les premiers stades de l'interrogatoire de police* », notamment pendant les premières quarante-huit heures. Mais elle admet elle aussi que cette intervention puisse faire l'objet de restrictions se contentant d'une appréciation globale du caractère équitable de la procédure[4]. Toutefois, la Cour estima incompatible avec l'article 6 le fait de refuser cette assistance pendant les vingt-quatre premières heures de garde à vue car le suspect encourait en l'espèce un préjudice s'il parlait mais aussi s'il se taisait. Pour la Cour, l'article 6 exigeait qu'il se vît accorder le bénéfice de l'assistance par un avocat[5]. C'est pourquoi, le fait en France de ne pas informer le suspect de son droit au silence alors qu'il peut se voir proposer en échange d'un aveu une atténuation ou une exemption de peine ou encore le bénéfice d'une composition pénale ou d'une comparution préala-

---

[1] Art. 41-2 al. 5 C. pr. pén. Art. 7-2 Ord. 2 févr. 1945.
[2] Art. 495-8 al. 4. C. pr. pén.
[3] Cons. const., déc. n° 2004-492 DC du 2 mars 2004, préc., cons. n° 33.
[4] CEDH, 8 févr. 1996, *John Murray c/ Royaume-Uni*, préc. § 66.
[5] CEDH, 6 juin 2000, *Averill c/ Royaume-Uni*, *Rec.* 2000-VI.

ble sur reconnaissance de culpabilité, pourrait être considéré comme justifiant une intervention rapide d'un défenseur.

Face au pouvoir policier et à son autonomie par rapport à l'autorité judiciaire pendant la garde à vue, la présence de l'avocat dès le début et pendant toute la garde à vue est aujourd'hui devenue indispensable pour garantir le plein exercice des droits de la défense. La protection des intérêts du suspect exige l'assistance de l'avocat pendant toute la garde à vue et l'enquête. Seule son intervention peut lui permettre d'être véritablement éclairé des conséquences de ses déclarations. Surtout, il pourrait intervenir pendant les interrogatoires pour permettre au suspect de faire entendre sa voix et déposer des conclusions. Une fois qu'un avocat est demandé, le suspect ne devrait pas pouvoir être interrogé tant qu'il ne s'est pas entretenu avec son conseil sauf accord exprès pour être interrogé sur le champ. Surtout, s'il était présent de manière permanente pendant la garde à vue, l'avocat pourrait aussi jouer le rôle du témoin du déroulement de la garde à vue[1]. Cette présence est ainsi nécessaire. La commission Outreau en avait proposé l'adoption à partir de la prolongation. Le Comité Léger réitère cette proposition[2]. Il y ajoute une présence à la douzième heure avec accès aux procès-verbaux d'interrogatoire. Il propose de même que la présence de l'avocat soit de droit si le suspect venait à être de nouveau interrogé après la garde à vue[3]. Ces propositions sont très intéressantes mais la présence continue du défenseur ne devrait pas attendre la prolongation de manière à être effective et éviter un contournement par une garde à vue de faible durée.

La défense du suspect se construit en réaction à la suspicion. C'est presque une lapalissade que de l'écrire, mais le suspect n'est défendeur que s'il peut se défendre. L'efficacité de la protection du suspect passe ainsi par sa reconnaissance comme un défendeur titulaire de droits de la défense bien avant l'engagement des poursuites. Comme le précisait Ortolan, le droit de défense n' « *a pas besoin d'être écrit nulle part pour appartenir à tous. Sans ce droit exercé*

---

[1] BADINTER (R.), Au sujet du projet de loi sur la présomption d'innocence, *Les Petites Affiches*, 25 oct. 2000, n° 213, p. 13.
[2] *Rapport*, préc., proposition n°5.
[3] VALLINI (A.), HOUILLON (P.), *Rapport*, préc., p. 313.

largement et librement, la justice pénale n'est pas justice, elle est oppression »[1]. Le suspect est titulaire de ce droit dès l'apparition de la suspicion. L'efficience d'un statut de suspect exige une organisation précise de la défense qui permette au défendeur de réagir à la suspicion en élaborant une argumentation qui réponde à celle de l'accusation.

§ 2. L'exercice de la critique : une défense argumentative

Se défendre passe principalement par l'organisation d'une réponse à la suspicion. Le défendeur doit être en mesure d'argumenter. Il doit pouvoir formuler ses explications lui-même ou par l'intermédiaire de son défenseur[2]. Les arguments développés corrigent la vision unilatérale des faits issue de la suspicion. La critique permet ainsi de lutter contre « *cette faculté déconcertante qu'ont les faits de se ranger dans le bon ordre pour peu qu'on les éclaire d'un seul côté à la fois* »[3]. Par son argumentation, le défendeur critique la suspicion en opposant son discours à celui de l'accusation. Il contredit. De ce fait, la procédure doit s'avérer contradictoire. Le principe de la contradiction possède une valeur constitutionnelle[4]. Il se voit aussi affirmé comme principe directeur du droit international[5]. Surtout, la contradiction procède du caractère équitable du procès. La Cour européenne des droits de l'homme le rattache au procès équitable et à l'article 6 puisqu'elle considère que « *le droit à un procès équitable contradictoire implique par principe, pour une partie, la faculté de prendre connaissance des observations ou des pièces produites par l'autre, ainsi que d'en discuter* »[6]. L'article préliminaire du Code de procédure pénale l'érige en principe directeur du procès pénal en le reliant à son caractère équitable. La contradiction s'articule autour de l'information relative aux éléments présentés au juge et de la possibilité de les discuter[7]. Si l'argumentation du suspect se

---

1 ORTOLAN (L.-J.), *Eléments de droit pénal*, 1855, n° 1853, p. 869, cité par LEAUTE (J.), Les principes généraux relatifs aux droits de la défense, *Rev. sc. crim.* 1953, p. 47.
2 SAINT-PIERRE (F.), *Guide de défense pénale*, préc., n° 32, p. 361.
3 Leroy-Gourhan à propos d'une énigme scientifique, cité par VARAUT (J-M.), La défense pénale, préc. p. 719.
4 Cons. const., déc. n° 89-268 DC du 29 déc. 1989, *Rec.*, p. 110.
5 Art. 14 § 1 du Pacte international des droits civils et politiques.
6 CEDH, 24 févr. 1995, *Mc Mickaël c/ Royaume-Uni*, série A, n° 307-B.
7 ASCENSI (L.), *Du principe de la contradiction*, préc. n° 7, p. 11.

développera grâce à cette information et pendant cette discussion, elle reposera aussi sur les éléments qu'il aura pu faire produire et sur les actes procéduraux qu'il aura pu accomplir du fait d'une égalité des armes avec l'accusation. L'article préliminaire le précise bien par sa rédaction : contradiction et égalité des armes fondent le principe d'équilibre dans le procès[1]. Le statut de défendeur repose ainsi les prérogatives de contradiction de la procédure (A) et d'action dans la procédure (B).

A. Un défendeur contradicteur

Le défendeur est un contradicteur au sens où il discute, contredit sa culpabilité présumée par l'accusation. La contradiction constitue le centre de gravité des droits de la défense. Elle est ainsi la condition de l'exercice du droit de se défendre car garantit « *la pleine connaissance de l'instance, et la possibilité de défendre ses intérêts en y participant* »[2]. La contradiction permet de réunir conception protectrice et active des droits de la défense puisqu'elle possède une dimension protectrice et une dimension active. Elle s'avère un « *droit fondamental de toute personne intéressée à une procédure de résolution des litiges de se faire communiquer utilement les éléments présentés à l'auteur de la décision et de les discuter* »[3]. Elle est ainsi un véritable droit fondamental du suspect puisqu'il est intéressé à la solution du procès, la culpabilité ou l'innocence, que prépare la mise en œuvre de la suspicion. Elle exige que le suspect connaisse le contenu de la suspicion (1) pour ensuite le discuter (2).

1. Un défendeur informé

La contradiction pose le droit du suspect de savoir ce qui lui est reproché et sur quel fondement se construit la suspicion. Elle passe par l'information du suspect et de ce fait le protège. Ce « *droit à la transparence* »[4] qu'est le droit à l'information possède deux volets : l'un passif, le droit d'être informé, l'autre actif, le

---

[1] HENRION (H.), L'article préliminaire du Code de procédure pénale : vers une « théorie législative » du procès pénal ?, préc., p. 19.
[2] FRISON-ROCHE (M.-A.), *Généralités sur le principe du contradictoire*, th., Paris II, 1988, p. 20.
[3] ASCENSI (L.), *Du principe de la contradiction*, préc., n° 831, p. 462.
[4] ALLIX (D.), Le droit à un procès équitable, préc., p. 35.

droit de s'informer[1]. Dès que la suspicion est mise en œuvre, le suspect devrait être informé de son existence et de sa teneur (a). Mais il pourra aussi demander à être informé et avoir accès aux informations et preuves contenues dans le dossier de procédure (b).

a) L'information relative à l'existence de la suspicion

Les articles 5 § 2 et l'article 6 § 3 a CSDH, 14 § 2 PIDCP et le paragraphe III de l'article préliminaire du Code de procédure pénale posent le droit du suspect à l'information. Pour la Cour de Strasbourg, l'article 6 § 1 impose aux autorités de poursuites qu'elles communiquent à la défense toutes les preuves à charge et à décharge en leur possession[2]. Le droit à l'information est certes respecté dès lors que le suspect est considéré comme partie ou quasi-partie (1°). La contradiction exige qu'il le soit aussi pendant l'enquête de police (2).

1°) La nécessité d'une information complète du suspect

Lorsque le suspect possède le statut de partie ou de quasi partie, son droit à l'information est respecté. Comme vu précédemment, le suspect mis en examen est informé par le juge d'instruction des faits pour lesquels la mise en examen est envisagée ainsi que leur qualification juridique[3]. En toute logique, l'information devrait aussi porter sur la teneur des indices motivant la mise en examen. Mais la jurisprudence reste relativement souple quant à l'information donnée se satisfaisant de la seule notification des faits imputés au suspect[4]. Le témoin assisté est lui aussi informé de la suspicion et de son origine. Le juge d'instruction doit lui donner connaissance du réquisitoire introductif, de la plainte ou de la dénonciation[5]. Mais rien n'est encore prévu quant à son information sur les indices graves ou concordants.

---

[1] PORTERON (C.), *Droit à l'information et procédure pénale*, th., préc., n° 26, p. 48.
[2] CEDH, 9 mai 2003, *Papageorgiou c/ Grèce*, *Rec.* 2003-VI, § 36.
[3] Art. 116 al. 2 C. pr. pén.
[4] Cass. crim 18 juin 1998, *Procédures* 1999, comm. n° 14, obs. BUISSON (J.).
[5] Art. 113-4 C. pr. pén.

Il n'en va pas de même à la clôture de l'information puisque l'article 184 du Code de procédure pénale impose à l'ordonnance de clôture de détailler les motifs pour lesquels il existe des charges suffisantes justifiant la mise en prévention ou en accusation. Elle tolère une motivation sommaire des charges puisque le juge peut entièrement se référer au réquisitoire motivé du parquet[1]. La Cour de cassation est plus stricte s'agissant des ordonnances de mise en accusation puisqu'elles ont vocation à être lues devant la cour d'assises. L'article 181 alinéa 2 dispose ainsi qu'à peine de nullité, l'ordonnance contienne l'exposé et la qualification légale des faits. La Chambre criminelle estima ainsi que cette formalité s'avère « *substantielle puisqu'elle a pour objet de faire connaître exactement à l'intéressé les charges relevées contre lui* »[2].

Si aucune instruction n'a été ouverte, le suspect renvoyé devant le tribunal correctionnel doit connaître lui aussi la suspicion suffisamment longtemps avant l'audience pour préparer sa défense. La jurisprudence relève d'office l'article 6 § 3 a CSDH et affirme que « *pour être mis en mesure de se défendre, l'intéressé doit savoir exactement la nature et la cause de la prévention dont il est l'objet* »[3]. Lorsqu'il est cité à comparaître par le parquet, il est informé du fait poursuivi et du texte de loi qui le réprime[4]. Il en va de même en cas de déferement avant comparution et de citation directe[5]. Cette citation peut très bien faire référence au procès-verbal qui constate l'infraction à partir du moment où il est porté à la connaissance du prévenu[6]. Enfin, en matière de CRPC, l'article 495-8 alinéa 4 prévoit que la déclaration par laquelle le suspect reconnaît les faits qui lui sont reprochés est recueillie par le procureur. Implicitement, ce texte prévoit donc une information du suspect sur les faits.

Toutefois, dans ces différents cas, le Code de procédure pénale ne prévoit aucune information relative aux charges retenues contre le suspect en violation de la lettre de l'article préliminaire. L'information devrait être plus complète sur ce point afin notam-

---

[1] Cass. crim., 13 oct. 2004, *Bull. crim.* n° 243.
[2] Cass. crim., 6 juill. 1965, *Bull. crim.* n° 170.
[3] Cass. crim., 28 janv. 1990, *Bull. crim.* n° 31.
[4] Art. 390-1 C. pr. pén.
[5] Respectivement, art. 393, 394 et 551 al. 2 C. pr. pén.
[6] Cass. crim., 17 févr. 2004, *Bull. crim.* n° 43..

ment que le suspect choisisse ou non de reconnaître sa culpabilité ou viser la relaxe. Elle est encore plus fragmentaire pendant l'enquête de police ce qui rend encore plus nécessaire la mise en place d'un véritable droit à la connaissance de la suspicion.

2°) La nécessité d'une information complète dès l'enquête de police

Pourtant déjà défendeur à la suspicion, le suspect n'est pas informé précisément pendant l'enquête de police. Comme vu précédemment, l'information est absente du contrôle d'identité. Lors de la garde à vue, le suspect est juste informé de la nature « *de l'infraction sur laquelle porte l'enquête* » selon l'article 63-1. Or, le suspect devrait être informé des faits connus des enquêteurs et de leur qualification juridique[1], mais aussi en cas de découverte de nouveaux faits ou de changement de qualification[2]. A l'inverse, la Cour de cassation estime que le suspect n'a pas à être informé des indices de suspicion. Dans un arrêt du 22 mai 2003, la deuxième Chambre civile énonce que « *ne répond pas aux exigences d'information de la personne placée en garde à vue sur la nature de l'infraction sur laquelle porte l'enquête, la notification faite à l'intéressé qu'il existait des indices selon lesquels il avait commis ou tenté de commettre une infraction* »[3]. La notification ne doit porter que sur l'existence de l'infraction. Elle est même à usage unique puisque le suspect n'a même pas à connaître l'existence d'une infraction révélée en cours de la même garde à vue[4]. De même, si les faits nouveaux n'entraînent pas placement en garde à vue, le suspect ne sera toujours pas informé de ce qui lui est reproché[5]. De manière kafkaïenne, le suspect n'a pas à connaître la suspicion ni l'existence d'une nouvelle suspicion. Il ne peut donc apprécier l'opportunité de l'assistance d'un avocat. Néanmoins, si une circonstance aggravante est retenue pour justifier d'une prolongation, le suspect doit en être informé car cette circonstance change la nature de l'infraction. Cette précision est

---

[1] BUISSON (J.), La garde à vue dans la loi du 15 juin 2000, préc., p. 35.

[2] GUINCHARD (S.), BUISSON (J.), *Procédure pénale*, préc., n° 739, p. 502.

[3] Cass. 2ème civ., 22 mai 2003, *Bull. civ. II*, n° 152 ; *Dr. pén.* 2003, comm. n° 104, obs. MARON (A.).

[4] Cass. 2ème civ., 5 févr. 2004, *Bull. civ. II*, n° 44 ; *Dr. pén.* 2004, comm. n° 135, obs. MARON (A.).

[5] Cass. crim., 31 oct. 2006, *D.* 2007, p. 1248, note HENNION-JACQUET (P.).

relativement importante notamment si la circonstance modifie le régime de la garde à vue, ce qui est le cas de la bande organisée[1].

Au contraire, le droit européen exige l'information sur la suspicion. L'article 5 § 2 CSDH énonce que l'information doit porter sur les raisons de toute arrestation. Ce terme raison peut très bien s'appliquer aux faits, à leur qualification et aux indices. De son côté, la Cour de Strasbourg affirme ainsi que toute personne arrêtée doit être informée sur « *les raisons juridiques et factuelles de sa privation de liberté afin qu'elle puisse en discuter la légalité devant un tribunal en vertu du paragraphe 4* »[2]. L'article 6 § 1 a oblige enfin à une information sur la nature de l'accusation en matière pénale. Dès que l'accusation se formalise, les autorités doivent ainsi l'informer « *de la base juridique et factuelle des reproches formulés contre lui* »[3]. Or, la garde à vue est bien reconnue comme une accusation[4]. La jurisprudence européenne considère donc que l'information doit porter sur les infractions, les faits et les preuves à l'origine de la suspicion[5] et peut avoir lieu dès l'interrogatoire policier[6].

Le droit français ne respecte donc pas le droit à l'information du suspect qui devrait se voir informé des raisons plausibles sur lesquelles se fonde la suspicion lors du contrôle d'identité et du placement en garde à vue. Lors d'un contrôle, cette information serait réalisée par oral et mentionnée sur le procès-verbal en cas de vérification. C'est d'ailleurs ce que préconisaient la commission Justice pénale et droits de l'homme[7] et la commission Outreau. Cette dernière demandait aussi que la motivation des raisons plausibles de soupçonner figure sur le procès-verbal de garde à vue[8]. Le Comité Léger estime lui que toute personne entendue par la police, soit informée des faits justifiant son audition. De plus, selon la qualité de partie du suspect, la nature des faits et la suspicion cette notification serait réalisée soit par un OPJ, soit par un

---

[1] V. Cass. crim., 7 juin 2006, pourvoi n° 06-82.405.
[2] CEDH, 30 août 1990, *Fox, Campbell et Hartley c/ Royaume-Uni*, préc., § 40.
[3] CEDH, 19 déc. 1989, *Kamasinski c/ Autriche*, série A, n° 168, § 79.
[4] CEDH, 31 mars 1998, *Reinhardt et Slimane Kaïd c/ France*, *JCP* 1999, II, 22949, note SOLER (S.) ; *Procédures* 1998, comm. 1777, obs. BUISSON (J.).
[5] CEDH, 9 nov. 2004, *Del Latte c/ Pays-Bas*, *Rec.* 1998-VII, § 31.
[6] CEDH, 19 déc. 1989, *Kamasinski c/ Autriche*, préc., § 80.
[7] *La mise en état des affaires pénales*, préc., p. 209.
[8] VALLINI (A.), HOUILLON (P.), *Rapport*, préc., p. 309.

magistrat[1]. Il est à espérer que cette proposition, respectueuse de la contradiction, se traduise pour le suspect par une infromation sur les faits fondant la suspicion. En plus d'être informé sur la suspicion, le défendeur doit avoir accès au dossier.

b) L'information relative au contenu de la suspicion : la communication du dossier de procédure

Le dossier de procédure renvoie à l'ensemble des documents et pièces cotées relatifs à l'affaire. Il reprend le déroulement des investigations pour constituer la *« traduction formelle de l'activité des autorités de police et de justice »*[2], c'est-à-dire l'histoire de la mise en œuvre de la suspicion. De ce fait, la contradiction implique logiquement sa communication[3]. Plus qu'un simple accès, elle suppose une remise du dossier de l'information et de son support. Cette communication devrait être améliorée pendant l'instruction (1°) et exister lors de l'enquête de police (2°).

1°) La difficile communication pendant l'instruction préparatoire

Le Code de procédure pénale pose donc le principe d'une communication médiate mais complète du dossier. L'article 114 alinéa 3 subordonne l'accès du suspect au dossier à son assistance par un avocat. Cet accès se réalise quatre jours ouvrables au plus tard avant chaque interrogatoire du suspect mis en examen ou audition du témoin assisté[4]. Cette faculté existe aussi dès avant l'interrogatoire de première comparution lorsque le suspect est convoqué en vue de sa mise en examen et qu'il a désigné un avocat. Si ce dernier n'est désigné qu'au jour de l'interrogatoire, il dispose d'un accès sur le champ au dossier[5]. Après l'interrogatoire de première comparution, la communication du dossier est possible à tout moment durant les jours ouvrables sous la condition qu'elle ne perturbe pas le « *bon fonctionnement du cabinet d'instruction* ».

---

[1] *Rapport* préc., proposition n° 4.
[2] RIBEYRE (C.), *La communication du dossier pénal*, th., Grenoble 2, 2004, n° 20, p. 19.
[3] PORTERON (C.), *Droit à l'information et procédure pénale*, th. préc., n° 412, p. 476.
[4] Art. 113-3 C. pr. pén. renvoyant à l'article 114 C. pr. pén.
[5] Art. 80-2 al. 3 et 116 al. 4 C. pr. pén.

L'article 114 pour le mis en examen et l'article 113-3 pour le témoin assisté organisent la possibilité de communiquer au suspect une reproduction des copies des pièces du dossier sous réserve de l'autorisation du juge d'instruction. L'avocat doit lui préciser la liste des documents qu'il souhaite communiquer à son client. Le magistrat peut rendre une ordonnance de refus motivée par les risques de pression sur les personnes concourant à la procédure. Ce refus lui permet presque de s'immiscer dans les relations entre l'avocat et son client. L'avocat fait ainsi office d'« *intermédiaire obligé* » entre le suspect et le dossier[1]. Les conditions du refus sont suffisamment larges pour permettre au magistrat instructeur de faire échec au droit de communication pour des motifs d'ordre public ou d'entrave à l'instruction qu'il mène. La communication devrait ainsi être de droit commun sous réserve d'une opposition du parquet motivée par des circonstances précises.

Pour autant, cet accès médiat au dossier entrave le droit du suspect de se défendre seul ainsi que le lui reconnaît l'article 6 § 3 c CSDH selon lequel « *tout accusé a droit notamment à se défendre lui-même ou avoir l'assistance d'un défenseur de son choix* ». La Cour de Strasbourg considère d'ailleurs que lorsque le suspect apparaît mieux à même d'évaluer la pertinence de certaines preuves que son avocat, il doit avoir accès au dossier[2]. De plus, cette limitation de l'accès du suspect au dossier peut paraître assez sévère. Si le suspect ne souhaite pas être assisté, il se voit privé du droit d'accès au dossier. Il est privé de la connaissance du contenu de la suspicion et des éléments qui vont lui permettre d'élaborer sa défense. Dès lors, depuis deux arrêts du 12 juin 1996, la Cour de cassation considère que les articles 114 et 197 ne sont pas applicables aux procédures dont la juridiction de jugement est saisie. Elle admet au profit de tout suspect renvoyé devant la juridiction de jugement même non assisté par un avocat du droit de se faire délivrer copie des éléments du dossier avant qu'il ne soit procédé à l'instruction définitive par la juridiction de jugement[3]. Telle position s'avère en

---

[1] GUINCHARD (S.), BUISSON (J.), *Procédure pénale*, préc., n° 1881, p. 901.
[2] CEDH, 12 mars 2003, *Oçalan c/Turquie*, req. n° 46221/99, § 16.
[3] Cass. crim., 12 juin 1996 (deux arrêts), *Bull. crim.* n° 248 ; *Procédures* 1996, comm. n° 365, obs. BUISSON (J.).

parfait accord avec l'article 6 § 3 c CSDH mais demeure stricte pour le mis en examen qui se voit opposé le secret. La question du respect du procès équitable est posée[1].

La jurisprudence de la Cour européenne des droits de l'Homme n'a pas encore énoncé un droit général d'accès au dossier. Elle a pourtant connu une évolution certaine. Elle a d'abord considéré que réserver l'accès au dossier au seul avocat n'était pas incompatible avec les droits de la défense[2]. Puis, elle a précisé qu'il était « *important pour le requérant d'avoir accès à son dossier et d'obtenir la communication des pièces le composant, afin d'être en mesure de contester le procès-verbal établi à son encontre* »[3]. Mais elle avait alors pris position pour un requérant renvoyé devant le tribunal de police sans enquête préalable. La Cour européenne des droits de l'Homme ne s'est donc pas prononcée sur l'interdiction d'un accès direct au dossier pendant l'enquête. A l'inverse, dans un arrêt portant sur l'accès au dossier de la partie civile, elle a réaffirmé sa position première selon laquelle « *il n'est pas incompatible avec les droits de la défense de réserver à l'avocat de l'accusé l'accès au dossier de la procédure* »[4]. Surtout, elle fait sienne l'argument selon lequel la partie privée n'étant pas soumise au secret de l'instruction, au contraire de l'avocat, un accès direct entraînerait des risques de fuites nuisibles aux investigations.

Alors que le droit français ne l'a jamais posé, le principe d'une représentation obligatoire s'impose *de facto*. Le droit à l'assistance d'un avocat et le droit d'accès au dossier s'avèrent deux droits distincts qui ne devraient pas se voir assimilés[5]. Devrait être autorisé l'accès direct au dossier du suspect défendeur qui choisit de se défendre seul. La commission Outreau s'était prononcée pour cette solution[6]. Le suspect qui se défend seul devrait être soumis au secret de l'enquête ou de l'instruction[7].

---

[1] ALLIX (D.), La preuve en matière pénale à l'épreuve du procès pénale équitable, *Justices*, n° 10, 1998, p. 35 et s., spéc., p. 46.
[2] CEDH, 19 déc. 1989, *Kamasinski c/ Autriche*, série A, n° 168.
[3] CEDH, 18 mars 1997, *Foucher c/France*, *JCP*, 1998, I, 107, obs. SUDRE (F.), § 36.
[4] CEDH, 14 juin 2005, *Menet c. /France*, § 45, *Rev. pénit. dr. pén.* 2005, p. 969 note VERGES (E.).
[5] RIBEYRE (C.), *La communication du dossier pénal*, n° 249, p. 181.
[6] VALLINI (A.), HOUILLON (P.), *Rapport* préc., p. 397 et p. 399.
[7] En ce sens, VERGES (E.), note sous CEDH, 14 juin 2005, *Menet c /France*, préc.

Par ailleurs, pour élaborer une discussion pertinente de la suspicion, la défense doit accéder au dossier complet[1]. Néanmoins, la procédure est transmise en « *l'état où elle se trouve au jour de la communication* »[2]. Les actes en cours d'exécution ne sont pas transmis à la défense. Ils ne le seront qu'à leur achèvement et lorsque le dossier sera mis à jour. La communication du dossier pénal ne comprend pas les pièces qui sont entre les mains des experts[3]. Il ne comprend pas non plus la copie des commissions rogatoires en cours d'exécution[4], ni les procès-verbaux de retranscription des écoutes téléphoniques en cours. Il existe donc une partie secrète du dossier relative aux actes en cours, non accessible au suspect qui sert pourtant la procédure[5]. Le suspect devrait ainsi au moins connaître l'existence des investigations en cours même sans connaître leur teneur précise.

En outre, le Code organise une mise à disposition plus qu'une communication. L'avocat doit ainsi se déplacer au cabinet du juge ou au greffe de la chambre de l'instruction et demander la copie des actes du dossier selon l'aliéna 4 de l'article 114. Mais l'effectivité de cette communication pose encore problème avec la numérisation des dossiers. Les pièces de procédure circulent déjà sur les réseaux Intranet des tribunaux. Le dossier peut ainsi exister sous forme numérique, notamment parce qu'inscrit sur un CD ou une DVD-Rom. Dès lors, la contradiction comme l'égalité des armes suppose que la défense bénéficie du même accès aux informations numérisées que le ministère public[6]. Les articles 114 et 197 pourraient être interprétés *in favorem* de telle manière que la notion de copie serait applicable au dossier pénal électronique. Cette transmission supposerait alors un partage des logiciels et des codes d'accès permettant de lire le dossier pénal électronique[7]. La loi du 5 mars 2007 est venue rendre possible la communication électronique des dossiers[8] que la chancellerie entend bien mettre

---

1 Cass. crim., 13 sept. 2000, *Procédures* 2000, comm. n° 236, obs. BUISSON (J.).
2 Cass. crim., 21 févr. 1967, *Bull. crim.* n° 72.
3 Cass. crim., 16 mai 1972, *Bull. crim.* n° 169.
4 Cass. crim., 30 juin 1999, *Bull. crim.* n° 176.
5 V. Cass. crim., 10 févr. 2004, pourvoi n° 03-87.189 qui admet l'utilisation de PV d'écoutes en cours pour un placement en détention provisoire.
6 RIBEYRE (C.), *La communication du dossier pénal*, th. préc., n° 183, p. 141.
7 DANET (J.), *Défendre. Pour une défense pénale critique*, préc., p. 103.
8 Art. 114 al. 4 C. pr. pén.

en œuvre. Ainsi elle a signé le 4 mai 2005 une convention cadre avec le Conseil national des barreaux sur le protocole de communication électronique entre les tribunaux de grande instance et les avocats. Cette convention implique la mise en place concomitante par la profession d'une communauté virtuelle fermée, le Réseau privé virtuel avocat (RPVA), qui constitue l'Intranet de la profession. La plate-forme « *e-barreau* » hébergée sur le RPVA servira alors de point d'accès unique aux greffes des juridictions pour aboutir à une véritable mise en état électronique. Cette consultation s'est vue consacrée par le décret du 28 décembre 2005 pour la procédure civile introduisant des articles 748-1 à 748-6 au Code de procédure civile. A terme, il sera ainsi possible de consulter et récupérer en ligne les dossiers civils. Il devrait en être de même pour la procédure pénale. La numérisation pourrait aussi faciliter la communication du dossier pendant l'enquête de police.

2°) Le nécessaire accès au dossier dès l'enquête de police

Le dossier réalisé pendant l'enquête de police prédétermine la suite de la procédure. Il se compose des procès-verbaux, réquisitions, constatations réalisés, investigations entreprises par les enquêteurs. Il dossier apparaît avec la suspicion[1]. La construction de la défense passe ainsi par l'accès au dossier. Là encore, la Cour européenne des droits de l'Homme ne tranche pas en faveur d'une communication du dossier dès l'enquête. Le fait que l'accusé n'ait eu connaissance des documents à charge contre lui qu'au cours de la phase judiciaire n'est pas incompatible avec le procès équitable. A partir du moment où le suspect a été, à un stade quelconque du procès, en mesure d'accéder au dossier et d'en discuter les éléments, la procédure demeure équitable[2]. La limite de cette position survient lorsque l'accès au dossier s'effectue très tard dans la procédure juste avant le jugement ou la comparution devant le parquet pour composition pénale ou CRPC. L'analyse exhaustive du dossier et son exploitation seront limitées, la procédure déséquilibrée.

---

[1] RIBEYRE (C.), *La communication du dossier pénal*, th. préc., n° 8, p. 12 selon lequel le dossier « *prend naissance dès la possibilité, le soupçon d'une infraction* ».

[2] CEDH, 26 sept. 1996, *Miailhes n° 2 c/ France*, § 43, *Rev. sc. crim.* 1997, p. 475, obs. KOERING-JOULIN (R.).

Pour autant, le Code de procédure pénale organise déjà des accès de la défense aux éléments du dossier voire au dossier lui-même. L'article 60 alinéa 4 permet au procureur d'autoriser les OPJ à donner connaissance des résultats des examens techniques et scientifiques aux suspects. Surtout, en matière d'enquête de police relative à la criminalité organisée, l'article 706-105 organise la consultation du dossier par l'avocat sur demande du suspect placé en garde à vue six mois auparavant et sans nouvelle de la suite de la procédure. Le principe de l'accès au dossier pendant l'enquête est ainsi validé dans les affaires les plus graves même s'il est retardé pour ne pas entraver les investigations.

La prochaine étape dans le renforcement de la contradiction s'avère ainsi l'accès au dossier lors du paroxysme de l'enquête : la garde à vue. Alors seulement, il sera possible d'évoquer une véritable assistance du suspect par son avocat[1]. Au dossier, la commission Outreau[2] proposa l'accès de l'avocat au dossier non pas dès le début de la garde à vue, mais lors de la première prolongation et seulement en droit commun pour préserver les investigations pendant les premières vingt-quatre heures. Mais cette solution prive de l'accès au dossier les personnes dont la garde à vue n'est pas prolongée, c'est-à-dire la majorité des suspects. Elle entraîne le risque d'une fin anticipée de la garde à vue pour faire échec à la contradiction selon une logique liberté ou connaissance. De même, le Comité Léger propose une ventilation du droit d'accès selon le temps de garde à vue. L'avocat aurait un accès aux seuls procès-verbaux d'interrogatoire de son client. Cette avancée importante n'en est pas moisn insuffisanete car pour apprécier la valeur des PV, il faut aussi avoir accès aux autres pièces de la procédure. Néanmoins, lorsque le suspect bénéficera du régime renforcé, l'accès au dossier sera de droit pour l'avocat ce qui est une bonne chose[3]. Mais là encore, il est nécessaire que plus largement, l'accès s'applique en toute matière et pas seulement pour les suspects les plus gravement soupçonnés. La consultation du dossier par l'avocat, ou le suspect s'il se défend seul, serait de droit et complète dans la limite des actes en cours. Elle

---

1 SAINT-PIERRE (F.), L'avocat face au dossier de la procédure, *AJ pénal* 2007, p. 304.
2 VALLINI (A.), HOUILLON (P.), *Rapport*, préc., p. 313.
3 *Rapport*, préc., proposition n° 5.

s'effectuerait pendant les trente minutes d'entretien prévues à l'article 63-4 alinéa 4, période dont bénéficiera le suspect qui se défend seul. La défense aura accès à toutes les pièces du dossier déjà actées. Si elles n'ont pas encore été imprimées, la défense aura droit de les lire sur l'ordinateur sur lequel elles sont rédigées. Il suffira simplement que l'OPJ tourne vers le suspect et son avocat l'écran de son ordinateur ! Au terme de la garde à vue, le dossier devrait être transmis à la défense sous forme papier ou sous forme électronique. La police transmettrait le dossier au parquet via la mise en réseau télématique puis le parquet communiquera le dossier à la défense par le biais du RPVA.

Le procureur pourrait s'opposer à l'accès ou à la communication en saisissant immédiatement le juge de l'enquête d'une requête écrite et motivée par le risque d'atteinte au secret de l'enquête. S'il suit ces réquisitions, le juge devrait rendre alors une ordonnance motivée susceptible d'appel en référé devant la chambre de l'instruction.

Une fois pleinement informé du contenu de la suspicion, le suspect défendeur pourra discuter à partir des éléments contenus dans le dossier ou à partir d'éléments nouveaux pour mieux la critiquer.

2. La possibilité de discuter la suspicion

La contradiction exige que le défendeur soit en mesure de discuter et contester les éléments du litige face à son contradicteur principal, le parquet, devant le juge. Le suspect peut défendre son innocence présumée et faire jouer le doute en sa faveur. Il développe son contre argumentaire par le biais notamment de son avocat dont la mission est « *de veiller à ce que le juge entende le oui après le non ou le non après le oui* »[1]. La discussion va ainsi porter sur la culpabilité présumée du suspect pour la critiquer, l'affaiblir, l'anéantir (a). En revanche, la discussion ne signifie pas pour autant le déni de la culpabilité. La volonté d'accélérer la procédure, d'obtenir une peine moindre, le souhait de reconnaître ses fautes, de rechercher le pardon de la société ou de la victime, peuvent

---

[1] VARAUT (J- M.), La défense pénale, préc. p. 719.

conduire le défendeur à reconnaître sa culpabilité. La discussion devrait porter alors sur les termes et les conditions de la culpabilité et ne pas se réduire au simple acquiescement à une accusation (b).

a) La discussion sur la culpabilité présumée

Parce qu'il n'est pas de bonne stratégie d'attendre le stade ultime du procès, l'audience, pour critiquer et discuter l'accusation, le suspect défendeur doit faire entendre sa voix au plus tôt dans la procédure. Certes, devant le juge de jugement toutes les preuves sont « *contradictoirement discutées* » selon l'article 427 alinéa 2 du Code de procédure pénale. Néanmoins, la phase préparatoire pèse de tout le poids du dossier sur l'audience qui peut parfois être réduite à sa plus simple expression, notamment en cas de comparution immédiate. La défense doit pouvoir agir en amont de l'audience. Le défendeur doit ainsi être en mesure de présenter des observations sur la suspicion (1°). Cette faculté est d'autant plus importante si elle suspicion se fonde sur une expertise (2°).

1°) La faculté de présenter des observations

Les observations et critiques peuvent être présentées oralement au cours d'un débat ou d'un interrogatoire. Ainsi depuis 2000, le suspect dispose du droit à la parole avant toute décision relative à sa mise en examen ou son statut témoin assisté[1]. Le suspect peut faire valoir ses arguments. Il en va de même pour la « *démise en examen* » depuis 2007. L'article 80-1-1 permet au suspect de contester l'existence des indices graves et concordants justifiant sa mise en examen. Cette possibilité lui est ouverte tous les six mois et à chaque acte important du magistrat instructeur. Un véritable dialogue autour de l'intensité de la suspicion s'instaure entre défense et magistrat instructeur[2].

De manière plus régulière, le suspect pourrait développer son point de vue lors des réponses aux questions qui lui sont posées pendant les interrogatoires. L'interrogatoire est ainsi perçu comme

---

[1] Art. 80-1 al. 2 C. pr. pén.

[2] BELIN (P.), PONS (T.), Juge d'instruction et avocat : vous avez dit contradictoire ?, *AJ pénal* 2007, p. 315.

un moyen de se défendre[1]. De plus, selon l'article 120 du Code de procédure pénale, l'avocat du suspect mis en examen ou témoin assisté peut poser des questions ou présenter de brèves observations pendant les interrogatoires, confrontations et auditions. Mais le juge peut y mettre un terme lorsqu'il s'estime suffisamment informé ou ne pas les accepter s'ils considère la ou les questions « *de nature à nuire au bon déroulement de l'information ou à la dignité de la personne* ». Mais, l'avocat peut déposer des conclusions versées au dossier portant sur ce désaccord. De même, en pratique, certains avocats déposent des conclusions contestant les faits ou les éclairant d'un autre angle. Cette pratique devrait être légalisée par le Code de procédure pénale devant le juge de l'enquête.

De même, est organisé un débat contradictoire devant le juge des libertés et de la détention avant que celui-ci prenne sa décision relative à un éventuel placement en détention provisoire ou prolongation[2]. Il en est de même devant le président de la chambre de l'instruction en cas de référé-liberté[3].

Pendant longtemps la discussion était très limitée devant la chambre de l'instruction. L'avocat du suspect mis en examen ne pouvait présenter que des « *observations sommaires* » selon l'article 199 alinéa 2 du Code de procédure pénale. Néanmoins, une nette évolution se fait sentir. En 2006, la Cour de cassation exige qu'ait lieu un débat contradictoire en cas d'évocation[4]. Puis, la loi du 5 mars 2007 supprime les observations sommaires, octroyant à l'avocat la faculté de véritablement plaider[5]. En outre, l'instauration de l'audience de contrôle de l'information à l'article 221-3 organise une véritable discussion autour de la mise en état de l'affaire[6]. La discussion s'est installée d'ailleurs en fin d'instruction.

Sur proposition de la commission Outreau, la loi du 5 mars 2007 a introduit le règlement contradictoire de l'information en modifiant l'article 175 du Code de procédure pénale. Selon cet

---

[1] PRADEL (J.), *L'instruction préparatoire*, préc., n° 404, p. 429.
[2] Art. 145,145-1 et 145-2 C. pr. pén.
[3] Art. 187-1 et 187-3 C. pr. pén.
[4] Cass. crim. 19 sept. 2006, pourvoi n° 05-85.941, *D.* 2006, jur., p. 3045, note ROYER (G.).
[5] Art. 199 al. 3 C. pr. pén.
[6] Art. 221-3 nouv. C. pr. pén.

article, à la fin de l'information, le juge d'instruction communique le dossier au procureur de la République et en avise en même temps les parties et leurs avocats. Le procureur adresse alors dans le délai d'un mois, trois en cas de détention provisoire, ses réquisitions motivées au juge d'instruction. Copie est envoyée dans le même temps aux avocats des parties. Ces derniers disposent de ce même délai pour adresser leurs observations écrites au juge et dont une copie est transmise au parquet. Parquet comme parties disposent alors d'un nouveau délai de dix jours pour formuler des observations complémentaires. A l'issue du délai d'un mois, dix jours si le suspect est détenu, le juge d'instruction peut rendre son ordonnance de règlement. Le témoin assisté peut aussi formuler des observations. Le suspect défendeur et non partie peut ainsi discuter la suspicion et échanger son point de vue avec le parquet[1]. Si les juges d'instruction prêtent la même attention aux arguments du ministère public et à ceux du suspect, un dialogue pourra s'instaurer avec une réelle importance puisque selon l'article 184 du Code de procédure pénale le juge devra modifier son ordonnance de renvoi ou de mise en accusation au regard des réquisitions du ministère public et des observations des parties. Et il devra bien préciser les éléments à charge et à décharge concernant chacune des personnes mises en examen[2]. En principe, la clôture de l'instruction se réalise de manière véritablement contradictoire. C'est peut-être là qu'a résidé la véritable innovation d'une loi du 5 mars 2007 tendant à renforcer l'équilibre de la procédure qui mérite ici bien son nom. Cet équilibre devrait s'étendre à l'enquête.

La possibilité de présenter des observations et ainsi discuter la suspicion devrait être étendue pendant l'enquête de police. Comme devant le juge d'instruction, l'avocat devrait pouvoir intervenir et poser des questions lors des interrogatoires de garde à vue. L'OPJ pourrait les refuser avec mention au procès-verbal et possibilité pour l'avocat de déposer des observations écrites. Selon l'article 63-4 alinéa 4 du Code de procédure pénale, l'avocat peut déjà formuler par écrit des observations jointes à la procédure sur

---

[1] MERCINIER (E.), Nouveau régime de la fin de l'information judiciaire : réflexions pratiques, *AJ pénal* 2008, p. 497.
[2] Art. 184 C. pr. pén.

les conditions de garde à vue. Mais comme il disposera d'un accès au dossier, il pourra en plus déposer des observations relatives à l'existence des raisons plausibles de soupçonner ou la nécessité de la garde à vue. Il pourra aussi saisir directement le parquet d'une demande d'élargissement ou d'actes avec recours devant le JLD/juge de l'enquête en cas de refus.

De même une audience contradictoire sur le bien fondé de l'accusation pourrait avoir lieu en fin d'enquête de police. Une telle audience contradictoire devrait avoir lieu devant le juge de l'enquête, juge de la mise en état créé sur la base du JLD, comme l'y incitait, nous nous répétons, les aliénas 2 à 4 de l'article 77-2 et désormais l'article 706-105. Cette audience s'inspirerait en partie ici de la *preliminary hearing* du droit américain, audience préliminaire au cours de laquelle l'accusé conteste le bien fondé de l'accusation, présente des témoins à décharge ou en contre-interroge les témoins à charge. La Cour suprême des Etats-Unis considère d'ailleurs que « *l'objectif primordial poursuivi par l'audience préliminaire est de s'assurer de l'existence de la* probable cause »[1], c'est-à-dire de la suspicion qui a fondé la *complaint*, réquisitoire ouvrant l'instruction. Le Comité Léger se dirige vers cette voie[2].

La discussion pourrait porter sur la qualification de l'infraction notamment si celle-ci entraîne un régime procédural spécifique. De même, la discussion portera sur le fondement de la suspicion, sur la validité et l'objectivité des indices, la pertinence des preuves et de la logique du raisonnement qui a conduit à inférer la culpabilité du suspect. Et souvent, la discussion va se cristalliser sur une preuve particulière, l'expertise.

2°) La faculté de discuter une expertise

Drapée des vertus de l'objectivité scientifique, l'expertise est devenue omniprésente dans le procès et pèse de tout son poids dans la construction de la culpabilité présumée du suspect et à terme de celle de la vérité judiciaire[3]. Néanmoins, elle n'est envisa-

---

[1] *United States ex. Rel. Wheeler v. Flood*, 269 F Supp. 194 (E.D.N.Y 1967). V. GUINCHARD (A.), La qualité de partie à l'instruction en droits (fédéral) américain et français, préc. p. 622.

[2] *Rapport*, préc., proposition n° 3.

[3] FRISON-ROCHE (M.-A.), La procédure de l'expertise, in FRISON-ROCHE (M.-A.), MAZEAUD (D.), *L'expertise*, Dalloz 1995, p. 87.

gée, tant qu'elle existe, que durant l'information[1]. Pendant l'enquête de police, les services de police judiciaire et le parquet peuvent recourir à des « *examens techniques et scientifiques* » réalisés par des « *personnes qualifiées* », membres de la police technique et scientifique ou experts[2]. Mais ces examens possèdent la même finalité[3]. C'est pourquoi, le suspect doit pouvoir discuter les examens techniques et scientifiques ainsi que l'expertise, non seulement dans leurs résultats, mais aussi dans leurs méthodes tant celles-ci peuvent influencer ceux-là.

Pendant l'instruction, le suspect mis en examen ou témoin-assisté peut être informé par le juge des conclusions de l'expertise et peut avoir sur demande communication d'une copie du rapport. Il peut alors faire des observations ou demander une contre-expertise[4]. Pendant l'enquête de police, l'OPJ peut être autorisé par le procureur à informer le suspect des résultats des examens techniques et scientifiques selon l'article 63 alinéa 4 du Code de procédure pénale. Néanmoins, toute observation ou demande doit attendre la phase de jugement[5]. Le suspect et son avocat devraient donc recevoir copie des rapports des personnes qualifiées et posséder un accès au dossier de procédure dès l'enquête de police.

En outre, la question se pose de la discussion pendant l'accomplissement des opérations d'expertises ou techniques auprès de l'expert et de la personne qualifiée. En effet, la discussion par la défense des seules conclusions et du contenu du rapport apparaît insuffisante. La critique de la méthode même d'expertise est utile tant les conclusions sont souvent les mêmes d'un rapport à l'autre, notamment en matière d'expertises psychiatriques[6]. Cette question fut aiguisée par la position de la Cour européenne des droits de l'homme lorsqu'elle affirma dans son arrêt *Mantovanelli*

---

[1] Art. 156 et s. C. pr. pén.

[2] Art. 60 et 77-1 C. pr. pén. SAVART (M.), L'expertise scientifique en matière pénale, *AJ pénal* 2006, p. 72.

[3] LETURMY (L.), De l'enquête de police à la phase exécutoire du procès : quelques remarques générales sur l'expertise pénale, *AJ pénal* 2006, p. 58 et s., spéc., p. 59.

[4] Art. 167 C. pr. pén.

[5] Art. 434 C. pr. pén. (devant le tribunal correctionnel) et 536 C. pr. pén. (devant le tribunal de police).

[6] GLEZER (D.), L'expert-psychiatre. Auxiliaire de justice « à charge ou à décharge » ?, *Rev. pénit. dr. pén.* 2005, p. 863.

c/France qu'en matière administrative, les parties devaient avoir la possibilité de se faire entendre avant le dépôt du rapport d'expertise et que la discussion des résultats de l'expertise lors de la seule audience n'était pas suffisante pour assurer l'équité de la procédure[1]. Or, en 2005, la Cour vint sur le terrain pénal dans un arrêt *Cottin c/ Belgique*. L'affaire portait sur l'expertise relative à l'étendue de l'incapacité de travail d'une victime qui conditionnait la qualification de l'infraction. La Cour considéra que l'article 6 § 1 exigeait que le requérant ait la faculté de soumettre efficacement ses commentaires sur un élément de preuve jugé essentiel par les juges du fond pour leur appréciation des faits[2]. La position de la Cour avait ainsi ouvert certaines perspectives dans le sens d'une plus grande contradiction des modalités d'expertises[3]

La loi du 5 mars 2007 est alors venue consacrée une expertise contradictoire mais en partie contrôlée. Selon l'article 161-1 du Code de procédure pénale, sauf urgence et dans le délai de dix jours à compter de la décision de procéder à une expertise, les parties peuvent demander au juge d'instruction « *d'adjoindre à l'expert ou aux experts déjà désignés un expert de leur choix* ».

Le législateur renforce de même la discussion du contenu des expertises. Selon l'article 161-2, lorsque l'expertise dure plus d'un an, un rapport d'étape est notifié aux parties qui peuvent alors adresser en même temps à l'expert et au juge leurs observations. Par ailleurs, selon l'article 167-2, le juge peut ordonner à l'expert de déposer un rapport provisoire avant son rapport définitif. Ce dépôt est d'ailleurs obligatoire sur demande du mis en examen ou réquisition du parquet. Les parties peuvent alors réaliser des observations. Il sera ainsi d'un grand intérêt pour le suspect de demander quasi systématiquement un rapport provisoire afin de faire valoir ses observations avant le dépôt du rapport définitif. Enfin, selon l'article 168 alinéa 2 nouveau, le ministère public et les avocats des parties peuvent poser directement des questions aux experts.

---

[1] CEDH, 18 mars 1997, *Mantovanelli c/France*, *RTD civ.* 1997, p. 1007, obs. MARGUENAUD (J.-P.) ; MARGUENAUD (J.-P.), Le droit à « l'expertise équitable », *D.* 2000, chron., p. 111.

[2] CEDH, 2 juin 2005, *Cottin c/Belgique*, req. n° 48386/99, § 33.

[3] JACOBS (A.), L'arrêt Cottin ou l'irréversible marche vers l'expertise contradictoire en matière pénale, *Rev. trim. dr. h.* 2007, p. 215 et s.

L'expertise contradictoire s'est ainsi vue consacrée par le législateur. Elle va permettre à la défense et au juge d'établir un dialogue permettant d'affiner la mission de l'expert et mieux contrôler son exécution. Avec la suppression de l'instruction, cette expertise contradictoire devra être introduite pendant l'enquête de police sous la surveillance du juge du siège. Lorsque l'OPJ ou le parquet désigne une personne qualifiée ou un expert, ils devraient avertir la défense qui demandera alors au juge d'adjoindre un second expert. Toujours est-il que le renforcement des possibilités d'intervention et de discussion lors d'une expertise plus contradictoire s'inscrit ainsi dans une « *refondation* » complète de la phase préparatoire du procès avec un juge du siège arbitre plus qu'enquêteur. Le nouveau visage de la phase préparatoire provient aussi de l'affirmation de la culpabilité.

b) La discussion sur la culpabilité affirmée

Le Code de procédure pénale octroie un effet juridique direct à la reconnaissance par le suspect du bien fondé de la suspicion. La procédure passe d'une culpabilité présumée à une culpabilité affirmée. Alors que composition pénale et la comparution sur reconnaissance préalable de culpabilité laisse peu de place à la discussion (1°), il conviendrait dans l'avenir que le suspect défendeur puisse non plus seulement acquiescer à la culpabilité présumée mais pouvoir maîtriser son aveu par un véritable plaidoyer de culpabilité (2°).

1°) L'absence de plaidoyer dans les procédures de reconnaissance de culpabilité

Composition pénale et CPRC supposent du suspect la reconnaissance de la commission d'un délit[1]. Le suspect est ainsi considéré comme un interlocuteur du parquet et ce avant même l'engagement de l'action publique en matière de composition pénale. Toutefois, l'article 41-2 du Code de procédure pénale ne prévoit pas que le suspect puisse être à l'origine de la procédure de composition pénale. A l'inverse, si la CRPC dépend surtout de la volonté du procureur de la République, les articles 495-7 et 495-15

---

[1] Art. 41-2 et 495-7 C. pr. pén.

permettent au suspect de prendre l'initiative de la CRPC ou par l'intermédiaire de son avocat ou encore par lettre recommandée reconnaissant les faits en cas de citation directe ou COPJ.

La proximité avec la procédure de *guilty plea* anglo-saxonnes est évidente. Mais au contraire du droit anglais, le droit américain connaît en plus un *plea-bargaining*, une négociation autour de ce plaidoyer de culpabilité. Lors de la première audience ouverte au public lorsque, les charges sont notifiées (*araignment*), le suspect va devoir plaider *not guilty* (non coupable), *guilty* (coupable), ou *nolo contendere* (sans contestation) lorsqu'il ne conteste pas les faits qui lui sont reprochés[1]. Dès lors, s'ouvre une discussion avec le ministère public, le *plea-bargaining* proprement dit qui débouche sur un accord relatif à la peine. Cet accord est officialisé par le *guilty plea* soumis au juge qui pourra prononcer la peine acceptée.

En droit français, le suspect consent à la culpabilité jusque-là présumée, puis à la peine. Son consentement doit être explicite, et libre mais il est surtout dicté par les circonstances. Il ne faut pas se leurrer sur la marge de manœuvre du suspect. Certes, les notions de consensualisme, voire de contractualisation[2], affleurent dans les procédures de reconnaissance de culpabilité. Le suspect accepte en effet la proposition de l'accusation de substituer aux règles procédurales de droit commun des règles dérogatoires. En revanche, ces notions ne rendent pas compte véritablement de la situation du suspect qui demeure dans une position inégalitaire avec le ministère public. Le consentement du suspect est relativement contraint par la situation. Ainsi que Monsieur Pin l'a finement observé, « *le justiciable n'adhère pas à un contrat, il accepte un statut légal* »[3]. De ce fait, la composition pénale et la CRPC ne peuvent être qualifiées de « *plaider-coupable* »[4]. Aucun plaidoyer de culpabili-

---

[1] Le *nolo contendere* n'est pas reconnu dans tous les Etats. CEDRAS (J.), *La Justice pénale aux Etats-Unis*, préc., n° 498, p. 232.

[2] TULKENS (F.), VAN DE KERCHOVE (M.), La justice pénale : justice imposée, justice participative, justice consensuelle ou justice négociée, *Rev. dr. pén. crim.* 1996, p. 445 ; ALT-MAES (F.), La contractualisation du droit pénal. Mythe ou réalité ?, *Rev.sc. crim.* 2002, p. 501.

[3] PIN (X.), *Le consentement en matière pénale*, LGDJ 2002, n° 695, p. 541.

[4] PRADEL (J.), Défense du plaidoyer de culpabilité. A propos du projet de loi sur les évolutions de la criminalité, *JCP* 2004, I, 58.

té de la part du suspect n'est prévu par le législateur[1]. La pénalité est acceptée sans négociation ni discussion. Lorsque le suspect reconnaît sa culpabilité, il reconnaît les faits tels que le parquet les interprête et les qualifie. La reconnaissance de culpabilité est ainsi exclusive de toute critique de la mise en œuvre de la suspicion. Le suspect défendeur fait ainsi un choix crucial pour la mise en œuvre de sa défense. Or, les conséquences de ce choix sont importantes, surtout si le CRPC est élargie aux crimes comme le suggère le Comité Léger. Une évolution des pouvoirs du suspect doit donc avoir lieu.

2°) Pour l'introduction d'un plaidoyer

En reconnaissant sa culpabilité, le suspect accepte de renoncer à son droit à un procès et aux avantages de celui-ci notamment la discussion contradictoire des preuves. Les procédures de *guilty plea* anglo-saxonnes sont d'ailleurs toujours présentées comme des renonciations au *fair trial.* La Cour Suprême des Etats-Unis affirme ainsi que « *Le plaider [coupable] est plus que la reconnaissance d'une conduite passée ; il est le consentement du défendeur à ce qu'un jugement de condamnation soit prononcé sans procès – une renonciation à son droit au procès devant un jury ou un juge* »[2]. Mais c'est justement parce que le suspect renonce à ce droit qu'il peut négocier avec l'accusation. La réflexion autour du plaider coupable porte essentiellement sur la peine puisque le débat sur la culpabilité est clos. La pratique judiciaire de la CRPC commence d'ailleurs à laisser une place à la négociation pour permettre une individualisation de la peine[3]. Il est bien de la logique des procédures de reconnaissance de culpabilité de laisser une place à la négociation.

---

[1] DANET (J.), Ceci n'est pas un plaider coupable, intervention et synthèse du colloque « La comparution sur reconnaissance préalable de culpabilité », Vendredi 28 novembre 2003, *Bulletin du Barreau de Versailles*, n° hors série, décembre 2003, p. 18.

[2] *Brady v. United States*, 397 U.S. 742, 748 (1970). V. GUINCHARD (A.), La qualité de partie à l'instruction en droits (fédéral) américain et français, préc. p. 623

[3] DANET (J.), La CRPC : du modèle législatif aux pratiques…et des pratiques vers quel(s) modèle(s) ?, *AJ pénal* 2005, p. 433.

Le *plea bargaining* américano-canadien laisse une place à la négociation sur les charges (*charge bargaining*)[1] de laquelle découle celle sur la sentence (*sentencing bargaining*). Il est ainsi défini comme « *un accord négocié entre un procureur et un accusé au terme duquel l'accusé plaide coupable pour une infraction moindre, ou pour l'un des multiples chefs d'accusation, en échange d'une concession par le procureur, habituellement d'une peine moins sévère ou d'un abandon des autres chefs d'accusation* »[2]. Le droit français exclut la question de la preuve de l'infraction et le débat sur la qualification des faits. Si le débat sur la culpabilité peut très bien être réduit pour laisser la place à celui sur la peine, le suspect doit néanmoins pouvoir rester maître de sa reconnaissance de culpabilité. La reconnaissance des faits ne signifie pas celle de la qualification. Or cette qualification est inscrite au casier judiciaire et produira ses effets du point de vue de la récidive, de certaines interdictions et plus généralement auprès du corps social. En principe le juge du siège doit vérifier cette qualification des faits. Mais comment pourra-t-il effectuer cette mission pour la CRPC si le ministère public est absent ? En outre, si l'avocat considère que les preuves de l'infraction ne sont pas constituées, il pourra conseiller au suspect de refuser la proposition du parquet et plaider la relaxe devant le juge du siège. Mais, il n'est pas certain que le suspect choisisse de défendre son innocence dans un procès long, incertain et public alors que la CRPC reste certaine, discrète et aussi moins coûteuse pour l'organisation de sa défense. Or, le suspect ne devrait renoncer à l'audience que de manière libre et volontaire et non contrainte par le procureur ou les évènements[3]. C'est pourquoi, devrait être aménagé un espace de discussion sur

---

[1] La négociation porte ainsi d'abord sur l'accusation (qualification, abandon de certaines accusations) ensuite sur la sentence, enfin sur certains faits dont il ne sera pas fait état devant le juge pour qu'il n'aggrave pas le sort de l'auteur. PRADEL (J.), *Droit pénal comparé*, préc., n° 483, p. 610.

[2] GARNER (B.A.), (éd.), *Black's Law Dictionary*, 7ème éd., St. Paul (Minnesota), West Group 1999, v° "plea bargain", cité par GARAPON (A.), PAPADOPOULOS (I.), *Juger en Amérique et en France*, Odile Jacob, 2003, p. 71.

[3] BEERNAERT (M.-A.), Négociation sur la peine et procès équitable, *Rev. trim. dr. h.* 2003, p. 963.

les preuves réunies, le fondement de la suspicion, et la qualification, mesure de la suspicion[1].

Par exemple, il serait possible d'imaginer un défendeur qui, contestant une circonstance aggravante, proposerait au parquet (l'inverse serait aussi possible) de l'abandonner. Le suspect s'engagerait alors à reconnaître sa culpabilité en échange de cet abandon de charge. Le principe d'indisponibilité de l'action publique serait préservé car la « *transaction* » ne porterait que sur le contenu de la suspicion. Cette possibilité pourrait être précédée, notamment lors du déferement, d'un entretien avec le procureur (ou son délégué en cas de composition pénale), pendant lequel la discussion et la proposition de peine auraient lieu. En somme, la phase de proposition pourrait être conservée pour peu qu'elle s'ouvre à la discussion avec présence de l'avocat. Mais la phase de reconnaissance de culpabilité serait retardée à l'audience devant le juge[2].

La contradiction exige le développement de droits actifs de manière à permettre au suspect de discuter et critiquer la suspicion. Cette contradiction se couple, comme vu avec l'expertise, avec l'octroi de prérogatives d'action qui permettent au suspect de prendre l'initiative dans la procédure et renforcer son argumentation.

B. Un défendeur réactif

Parce que sa présomption d'innocence est atteinte, parce que les preuves à décharge de son innocence ne seront recherchées qu'à la marge par les services d'enquête, le suspect défendeur dispose d'un droit d'agir contre cette suspicion et ses preuves en plus de celui de les discuter. Il réagit à sa mise en œuvre et agit pour construire sa défense. L'argumentation est ainsi critique, elle entend déconstruire la suspicion. Mais elle est aussi constructive en apportant un éclairage nouveau sur les faits, en orientant la suspicion. Le droit d'agir se décline ainsi en droit de proposer et droit

---

[1] Dans le même sens, THAMAN (S. C.), L'autocondamnation dans la procédure pénale, in *Le droit pénal à l'aube du troisième millénaire, Mélanges offerts à Jean Pradel*, préc., p. 939 et s., spéc., p. 945.

[2] GIUDICELLI (A.), Repenser le plaider coupable, préc., p. 595.

de contester[1]. Le suspect défendeur doit disposer d'un droit d'action matérielle de proposition d'actes d'enquête (1) et d'un droit d'action juridique de contestation de la régularité des actes de mise en œuvre de la suspicion (2).

1. L'égalité d'action pendant l'enquête

Le suspect dispose déjà d'un certain nombre de prérogatives d'action pendant l'instruction préparatoire toujours inférieures à celles de l'accusation. Il n'en possède aucune pendant l'enquête de police. Le défendeur ne se trouve pas dans une situation d'égalité avec l'accusation. Or, le droit au procès équitable passe par l'égalité des armes. L'équilibre de la procédure impose que le suspect défendeur puisse agir à égalité avec le parquet. L'égalité d'action doit lui être reconnue (a). Elle doit se concrétiser pendant l'enquête par la reconnaissance de proposer des actes d'investigation (b).

a) L'affirmation du droit du suspect à l'égalité des armes avec l'accusation

L'égalité des armes s'avère le complément de la contradiction puisque les deux sont issues du procès équitable. Si les deux notions peuvent se confondre du fait de leur proximité (1°), elles différent en réalité (2°).

1°) Une apparente proximité avec la contradiction

Le principe d'égalité des armes signifie pour la Cour européenne des droits de l'homme que « *chaque partie se voit offrir une possibilité raisonnable de présenter sa cause dans des conditions qui ne la placent pas dans une situation de net désavantage par rapport à l'adversaire* »[2]. Certains auteurs assimilent égalité des armes et contradiction[3]. D'autres distinguent bien les deux notions[4]. D'autres enfin estiment que le contradictoire est un élément de la

---

[1] PRADEL (J.), La montée des droits du délinquant au cours de son procès. Essai d'un bilan, in *Mélanges Larguier*, PUG, 1993, p. 223 et s. spéc., p. 229.
[2] CEDH, 18 févr. 1997, *Nideröst-Hubber c/Suisse*, *Rec.* 1997, p. 101, § 23.
[3] PRADEL (J.) *Procédure pénale*, préc., n° 398, p. 353.
[4] SUDRE (F.), *Droit européen et international des droits de l'homme*, PUF, 7ème éd. 2005, p. 329.

notion plus large d'égalité des armes[1]. Ils s'appuient sur l'arrêt *Ruiz-Mateos c/Espagne* du 23 juin 1992 dans lequel la Cour de Strasbourg déclare que le principe d'égalité des armes « *représente un élément de la notion plus large de procès équitable qui englobe aussi le droit fondamental du caractère contradictoire de l'instance* »[2]. Cette rédaction permet de conclure que le procès équitable englobe l'égalité des armes qui elle-même comprend le contradictoire. Mais elle permet aussi de déduire à l'inverse que l'égalité des armes est un élément du procès équitable qui englobe le principe de contradiction[3]. Par la suite, la Cour affirma dans son arrêt *Frette c/France* du 26 février 2002 que « *le principe de l'égalité des armes – l'un des éléments de la notion plus large de procès équitable – requiert que chaque partie se voie offrir une possibilité raisonnable de présenter sa cause dans des conditions qui ne la placent pas dans une situation de net désavantage par rapport à son adversaire [...]. Il implique aussi en principe le droit pour les parties à un procès de prendre connaissance de toute pièce ou observation soumis au juge, fût-ce un magistrat indépendant, en vue d'influencer sur sa décision, et de la discuter* »[4]. La Cour établit ainsi un lien direct et englobant du principe de l'égalité des armes envers le principe du contradictoire.

2°) Une réelle distinction

En réalité, égalité des armes et contradiction diffèrent. Absence de désavantage dans la présentation de sa cause d'un côté, droit de savoir et de discuter de l'autre. D'ailleurs, la Cour européenne reconnaît parfois la violation de l'égalité des armes sans violation de la contradiction[5], ou l'inverse[6]. Il n'y a ni identité des notions, ni appartenance de l'un à l'autre car il peut y avoir violation de l'une sans celle de l'autre[7]. Ainsi que Monsieur Sudre le résume comme suit, « *le déséquilibre d'informations est sanctionné sur la base du principe de l'égalité des armes, et l'égal défaut de transmission d'information sur la base du droit à une procédure contradictoire* »[8]. Les deux principes

---

[1] GUINCHARD (S.), BUISSON (J.), *Procédure pénale*, préc. n° 450, p. 370.
[2] CEDH, 23 juin 1992, *Ruiz-Mateos c/Espagne,* série A n° 262, § 63.
[3] ASCENSI (L.), *Du principe de la contradiction*, préc., n° 152, p. 90.
[4] CEDH, 26 févr. 2002, *Frette c/France*, req. n° 36515/97.
[5] CEDH, 5 nov. 2002, *Wynen c/Belgique*, req. 32576/96, § 32.
[6] CEDH, 18 févr. 1997, *Nideröst-Hubber c/Suisse*, préc.
[7] ASCENSI (L.), *Du principe de la contradiction*, préc., n° 154, p. 92.
[8] SUDRE (F.), *Droit européen et international des droits de l'homme*, préc., p. 329.

s'avèrent indépendants. En somme la contradiction porte sur la relation entre le juge et les parties tandis que l'égalité des armes porte sur la relation entre les parties. Néanmoins, lorsque toutes les parties ne disposent pas des mêmes droits à la communication des pièces et à la discussion de celles-ci, l'égalité des armes n'est pas assurée et la contradiction est violée[1]. Le principe d'égalité des armes vise ainsi à assurer un véritable équilibre entre les différentes parties[2].

Toutefois, le parquet possède un fort pouvoir d'influence sans commune mesure avec celui du suspect. L'inégalité des armes demeure flagrante et nuit au caractère équitable de la phase préparatoire du procès pénal. L'égalité reste symbolique[3].

L'égalité des armes va permettre au suspect d'influer directement sur le cours de l'exercice de la suspicion tandis la contradiction va lui permettre d'influer indirectement par le développement de son point de vue. Dans les deux cas, la critique de la suspicion se fait jour. Demander l'accomplissement d'un acte peut ainsi être interprété comme la critique indirecte de son inexécution jusque là. L'acte demandé peut aussi servir à allumer des contre-feux à la suspicion voire construire une contre-suspicion. Egalité des armes oblige et contradiction exige, le droit d'agir du suspect doit se rapprocher de celui du procureur de la République.

b) La possibilité de demander des actes d'enquêtes

Lorsqu'il évoque l'équilibre des droits des parties, l'article préliminaire du Code de procédure pénale préserve une marge de manœuvre en jouant sur la nuance entre égalité et équilibre. L'égalité est un équilibre parfait alors qu'un équilibre peut très bien ne pas résulter d'une égalité parfaite[4]. En somme, l'équilibre procédural exige plutôt une égalité de traitement. Elle suppose

---

[1] V. CEDH, 30 mars 1989, *Lamy c/Belgique*, série A, n° 251, § 29 qui énonce que « *faute d'avoir garanti l'égalité des armes, la procédure n'a pas été réellement contradictoire* ».

[2] CEDH, 29 mai 1986, *Feldbrügge c/ Pays-Bas*, série A n° 99, § 44.

[3] DANTI-JUAN (M.), Existe-t-il encore une égalité en droit pénal, in *Le droit pénal à l'aube du troisième millénaire, Mélanges offerts à Jean Pradel*, préc., p. 85 et s., spéc., p. 91.

[4] HENRION (H.), L'article préliminaire du Code de procédure pénale : vers une « théorie législative » du procès pénal ?, préc., p. 24.

donc un renforcement du droit d'agir sur la mise en œuvre de la suspicion par la proposition d'actes d'investigation.

Pendant l'instruction préparatoire, l'article 82-1 du Code de procédure pénale octroie au suspect mis en examen un droit général de proposition de manière écrite et motivée. La demande doit être écrite, motivée et précise. Le suspect mis en examen peut aussi demander que le juge ordonne à l'une des autres parties, qu'elle produise une pièce utile à l'information. Il peut aussi demander la présence et l'intervention de son avocat lors de l'exécution d'un transport sur les lieux, d'une audition ou interrogatoire dont il aurait sollicité la réalisation[1]. Le juge dispose d'un délai d'un mois pour refuser par ordonnance motivée qui contraste avec le délai de cinq jours lorsque la demande émane du parquet. En cas de refus, le mis en examen peut interjeter appel devant la chambre de l'instruction. La loi du 5 mars 2007 est venue améliorer la situation du suspect. Lors du règlement de l'information, le suspect mis en examen dispose non plus d'un délai de vingt jours mais d'un mois s'il est détenu ou trois mois s'il est libre, à compter de l'avis de fin d'information, pour présenter des demandes d'actes[2].

Cependant, la prochaine disparition ne devra pas entraîner celle du droit de demander des actes assisté ne bénéficie toujours pas de ce droit alors qu'il peut soulever des nullité et demander certaines contre-expertises. La faculté de proposition devrait exister pendant l'enquête de police.

Le mécanisme de demande d'acte par la défense existe déjà devant le tribunal correctionnel même en cas de comparution immédiate[3], la Cour d'asssises et le tribunal de police. Par le dépôt de conclusions écrites, la défense peut ainsi solliciter, une expertise technique, faire citer des témoins, demander un supplément d'information[4]. Cependant, la translation de l'exercice de la suspicion vers l'enquête de police incite à réaliser une même translation du pouvoir d'initiative de la défense vers ce stade procédural. A

---

[1] Art. 82-2 C. pr. pén.
[2] Art. 175 al. 4 C. pr. pén..
[3] Respectivement, art. 459, 485 et 397-1 ; 315 ; 512, 536 et 538 C. pr. pén.
[4] Art. 156, 397-5, 435, 463 et 513 C. pr. pén.

partir de sa connaissance du dossier, le suspect devrait pouvoir lui-même ou par l'intermédiaire de son avocat, demander que soient effectués des actes d'enquête. La commission Outreau proposa que cette demande soit réalisée par écrit auprès du procureur et annexée au dossier de procédure. Mais le refus du magistrat n'aurait pas donné lieu à recours[1].

Cette proposition pourrait être reprise dans son principe et améliorée dans sa mise en œuvre. La demande pourrait être effectuée dès la garde à vue par fax ou courriel envoyé du poste de police. Elle serait expressément motivée. L'accomplissement de l'acte demandé serait de droit sauf refus du parquet dans un délai de quarante-huit heures lors de l'enquête de flagrance, porté à deux semaines lors de l'enquête préliminaire. Un recours serait ouvert devant le juge du siège puisqu'il possède une vocation à la mise en état et à l'arbitrage entre accusation et défense. Dans un délai de quarante-huit heures, le juge ordonnerait ou non l'exécution des actes sollicités après avoir recueilli les observations du parquet et de la défense. Le refus du juge devrait être spécialement motivé par l'absence de nécessité de l'acte sollicité eu égard au déroulement des investigations. Il serait susceptible d'appel devant la chambre de l'instruction. La défense pourrait néanmoins renouveler sa demande devant la juridiction de jugement dans les conditions du droit commun, notamment si elle devait ne pas avoir le temps de réaliser sa demande devant le juge pendant l'enquête avant d'être renvoyée devant la juridiction de jugement. Et si le suspect n'a pas de nouvelles de la procédure après une garde à vue, il pourrait effectuer sa demande dans le cadre de l'article 77-2. Le Comité Léger reprend la possibilité pour le suspect de demander au parquet des actes lorsqu'il est placé sous régime renforcé[2]. Cette proposition heureuse devrait être élargie à tous les suspects sans attendre ce régime dans les conditions développées ci-dessus.

Une fois informé des preuves retenues contre lui, le suspect pourra alors se défendre efficacement et peser sur la mise en œuvre de la suspicion. Le droit à l'information permet ainsi l'action

---

[1] VALLINI (A.), HOUILLON (P.), *Rapport*, préc., p. 319.
[2] *Rapport*, préc., proposition n°4.

du défendeur et l'associe à la recherche probatoire. Mais cette action ne sera efficace que si le suspect est considéré comme un interlocuteur d'une valeur égale à celle du parquet. L'action du suspect doit de même se réaliser devant un juge.

2. La critique de la régularité de mise en œuvre de la suspicion

Si la mise en œuvre de la suspicion ne respecte par les règles posées par le Code de procédure pénale, le suspect peut légitimement soulever la nullité des actes viciés devant le juge de l'annulation. La critique porte ainsi sur la forme. Le recours en nullité demeure l'arme première de la défense face à l'exercice irrégulier de la suspicion. Arme première d'un point de vue temporel car la défense doit soulever les nullités dès qu'elle en a connaissance. Arme première d'un point de vue tactique car elle permet de ne pas argumenter sur le fond de la suspicion. Arme première du point de vue de l'équité procédurale puisque la nullité sanctionne l'abus de pouvoir réalisé par l'accusation. Comme le précisait Garraud « *la forme, en matière pénale, est la garantie nécessaire d'une justice exacte, éclairée et impartiale* »[1]. L'article 6 § 2 CSDH impose ainsi que la culpabilité de l'accusé soit légalement établie, ce qui suppose le respect de la loi. Le droit au procès équitable rejoint le principe de la légalité[2]. En critiquant la régularité de la procédure, la défense se pose en contre-pouvoir judiciaire[3]. Le recours en nullité est ainsi un moyen de rééquilibrer le procès pénal. Cependant, le régime actuel des nullités s'avère marqué par la volonté de de sécuriser les procédures[4]. La critique de la procédure par le défendeur se heurte ainsi à une certaine défiance car il reste souvent soupçonné de manœuvres dilatoires[5]. Pendant l'instruction, le recours en nullité du défendeur reste strictement encadré pour ne pas anéantir la procédure lorsque l'irrégularité est minime (a).

[1] GARRAUD (R.), *Traité théorique et pratique d'instruction criminelle et de procédure pénale*, t. 3, n° 1099.

[2] HENNION-JACQUET (P.), Les nullités de l'enquête et de l'instruction. Un exemple du déclin de la légalité procédurale, *Rev. pénit. dr. pén.* 2002, p. 7 et s., préc. p. 8.

[3] SAINT-PIERRE (F.), Le véritable enjeu des contrôles juridictionnels de la légalité des procédures pénales : la « sûreté » des justiciables, *AJ pénal* 2005, p. 177 et s., spéc., p. 184.

[4] GUERY (C.), *Droit et pratique de l'instruction préparatoire*, préc., n° 20. 08, p. 536.

[5] DANET (J.), Brèves remarques sur la typologie et la mise en œuvre des nullités, *AJ pénal* 2005, p. 133.

Hors instruction, son recours ne devrait plus n'être possible qu'à l'audience (b).

a) Une action strictement encadrée pendant l'instruction

Le défendeur doit veiller à formuler le plus tôt possible la critique de sa régularité, dès qu'il prend connaissance du vice qui touche les actes de procédure et avant même de se défendre sur le fond de la suspicion. Cette célérité est nécessaire du fait des délais (1°) et des purges (2°).

1°) La pression des délais pour agir

Durant l'instruction, la critique de la régularité des actes de procédure est soumise au respect strict de délais pour agir précis. L'article 173-1 du Code de procédure pénale impartit au défendeur un délai de six mois à compter de son interrogatoire de première comparution s'il est mis en examen ou de son audition comme témoin assisté pour invoquer la nullité cet acte et celle des actes antérieurs. A son expiration, le défendeur est forclos pour présenter tout moyen de nullité[1]. Les jonctions et disjonctions d'information ne le font pas revivre[2]. Les actes de l'enquête de police sont concernés par l'action puisqu'ils mettent en œuvre la suspicion objet de l'information[3]. Le défendeur doit ainsi être vigilant. Il doit connaître tous les actes de procédure pour pouvoir les critiquer. Surtout, le délai recommence à courir après chaque interrogatoire ou audition quand bien même le précédent délai ne serait pas entièrement écoulé. La multiplication des interrogatoires ou auditions réduit donc d'autant les possibilités de recours[4]. Le défendeur doit ainsi être très réactif, le délai étant court.

Un dernier délai existe en toute fin d'instruction. L'article 175 alinéa 2 du Code de procédure pénale ouvrait à la défense un délai de vingt jours après réception de l'ordonnance de clôture pour invoquer les nullités encore recevables. Ce délai se substitue à celui

---

[1] Cass. crim., 10 juill. 2002, *Bull. crim.* n°15.
[2] Cass. crim., 24 avr. 2001, *Bull. crim.* n° 97.
[3] Cass. crim., 30 juin 1987, *Bull. crim.* n° 276.
[4] GUERY (C.), Un toilettage progressif et personnalisé : les nullités de l'instruction après l'entrée en vigueur de la loi du 4 mars 2002, *Dr. pén.* 2002, chron. n° 38.

de l'article 173-1[1]. La loi du 5 mars 2007 est venue le porter à un mois si le requérant est détenu provisoire ou trois mois s'il est libre[2]. Cependant, il n'y a pas forclusion des nullités révélées par des investigations supplémentaires ordonnées pendant le délai de l'article 175 même si elles ont lieu après[3]. Ces délais ne sont pas le seul obstacle.

2°) L'effet couperet des purges

Selon l'article 174 alinéa 1er, le recours du défendeur doit être complet c'est-à-dire viser l'ensemble des moyens de nullité à sa disposition. Dès qu'une nullité est soulevée par lui ou bien une autre partie, il doit rechercher toutes les autres nullités et les présenter. Dans le cas inverse, il sera une nouvelle fois forclos[4], même si le délai de six mois n'est pas écoulé[5]. Il est vrai que si l'application de l'article 173-1 excluait celle de l'article 174, le défendeur pourrait soulever n'importe quelle nullité à tout moment ce qui contredirait la logique voulue par le législateur. Néanmoins, le risque est grand de voir les protagonistes de la procédure se tendre des pièges en soulevant une nullité factice afin que les autres soient forclos pour soulever des nullités réelles[6]. Toutefois, l'article 221-3 du Code de procédure semble permettre de contourner la règle de l'article 174. Trois mois après son placement en détention, le suspect peut profiter du recours devant le président de la chambre de l'instruction prévu pour soulever la nullité d'acte d'instruction même s'il est forclos. La procédure est ainsi régulièrement purgée de ses vices en cours d'instruction.

A la fin de l'instruction, une seconde purge des nullités a lieu à l'expiration du délai de l'article 175 alinéa 2. Néanmoins, si pendant le délai de cet article, le juge d'instruction accomplit un nouvel acte de procédure, il doit renvoyer un nouvel avis qui ou-

---

[1] Cass. crim., 6 mai 1998, *Bull. crim.* n° 153 ; 10 juill. 2002, *Bull. crim.* n° 152 ; 6 mai 2003, *Bull. crim.* n° 92.

[2] Art. 175 al. 4 nouv. C. pr. pén.

[3] Cass. crim., 19 juin 1995, *Bull. crim.* n° 223.

[4] Cass. crim., 30 mai 1996, *Bull. crim.* n° 226.

[5] GUERY (C.), *Droit et pratique de l'instruction préparatoire*, préc., n° 203-34, p. 551.

[6] DANET (J.), Brèves remarques sur la typologie et la mise en œuvre des nullités, préc., p. 139.

vre une deuxième période pour soulever les nullités[1]. A l'inverse, lorsque le juge reprend l'information en vertu d'un réquisitoire supplétif après l'expiration de ce délai, le défendeur ne peut soulever des nullités portant sur la première instruction s'il ne l'a pas fait dans le temps qui lui était imparti[2]. Il en va différemment si une irrégularité est commise pendant l'exécution d'un acte d'instruction accompli sur demande d'une partie pendant ce délai de l'article 175 alinéa 2. Le juge d'instruction doit rendre un nouvel avis qui crée un nouveau délai[3].

Enfin, la purge définitive des nullités s'effectue avec l'ordonnance de renvoi ou de mise en accusation selon les articles 178 alinéa 2, 179 alinéa 6 et 181 alinéa 4 du Code de procédure pénale.

Parfois, le suspect pouvait contourner les purges et soulever les nullités devant la chambre de l'instruction malgré les forclusions. Selon l'article 206 du Code de procédure pénale, la chambre doit rechercher toutes causes de nullité lorsqu'elle est saisie de l'entier dossier de l'information et peut recueillir celles soulevées par les parties[4]. Mais la Cour de cassation restreint cette possibilité en estimant qu'une chambre ne pouvait accueillir ses moyens que « *s'ils ne se heurtaient pas à une cause d'irrecevabilité prévue par la loi* »[5]. Toutefois, la Chambre criminelle n'empêche pas les juges du fond de les relever d'office[6]. Pour finir, l'article 206 alinéa 1er a loi du 9 mars 2004 assujettit totalement le contrôle de la chambre de l'instruction au respect des délais des articles 173-1, 174 et 175.

Toutes les forclusions et purges en cours ou en fin d'instruction s'additionnent pour ne pas entraver le déroulement de l'instruction et évacuer rapidement le contentieux des nullités. De plus, la Chambre criminelle décide que ces purges s'imposent aux personnes devenues parties après la saisine de la chambre de l'instruction[7]. Elle n'interprète pas littéralement l'article 174 qui

---

1 Cass. crim., 5 mai 1998, *Bull. crim.* n° 152 ; *Procédures* 1998, n° 248, obs. BUISSON (J.)
2 Cass. crim., 22 févr. 1995, *Bull. crim.* n° 79.
3 Cass. crim., 19 juin 1995, *Bull. crim.* n° 223.
4 Ass. plén., 24 mai 1996, *Bull. crim.* n° 4 ; *D.* 1996, p. 345 obs. PRADEL (J.).
5 Cass. crim., 10 juill. 2002, *Bull. crim.* n °152.
6 Cass. crim., 6 mai 2003, *Bull. crim.* n° 92.
7 Cass. crim., 3 mars 1998, *Bull. crim.* n° 79.

permettrait de limiter la portée de la purge aux seules personnes déjà parties lors du dépôt de la requête en nullité. Une fois le chapitre des nullités clos, il n'est pas question d'en rouvrir le débat. Le défendeur doit demeurer extrêmement attentif aux nullités s'il ne veut être forclos pour les invoquer. La mise en œuvre des nullités n'est pas plus facile lorsque aucune instruction n'est ouverte.

b) La nécessaire introduction d'un recours pendant l'enquête

La suppression de l'instruction ne doit pas laisser le suspect sans pouvoir d'action en nullité durant la phase préparatoire et renvoyer cette action à la phase de jugement. En effet, en l'absence d'instruction, le défendeur ne peut critiquer la régularité de la mise en œuvre de la suspicion qu'au stade de l'audience de jugement devant le tribunal correctionnel ou de police alors qu'il devrait pouvoir le faire dès le stade de l'enquête.

A l'audience, le suspect ne doit pas tarder à soulever la nullité des actes d'enquête puisqu'il doit agir « *avant toute défense au fond* » selon l'article 386 du Code de procédure pénale. Le dépôt en début d'audience de conclusions datées et signées par l'avocat et visées par greffier demandant l'annulation de toute ou partie de la procédure suffit à remplir cette obligation de célérité[1]. En matière de comparution immédiate, le prévenu peut aussi solliciter le report de l'audience du jugement afin de bénéficier d'un délai pour préparer ses critiques[2]. En principe, le tribunal va joindre l'incident né de l'exception de nullité avec le fond et y répondre dans un seul et même jugement. Il peut aussi rendre un jugement immédiat lorsque l'exception touche l'ordre public[3].

L'absence de toute possibilité de critique de la régularité des actes de mises en œuvre de la suspicion pendant la phase d'enquête possède pour effet de retarder un maximum le débat sur la recevabilité des moyens de preuve. Or, l'enquête de police peut durer assez longtemps. Des semaines peuvent ainsi se passer sans que le défendeur ne puisse critiquer l'exercice formel de la suspicion. Surtout, elle constitue le droit commun de l'exercice de la

---

[1] Cass. crim., 10 déc. 2003, *Bull. crim.* n° 244.
[2] Art 397 et 397-1 C. pr. pén.
[3] Art. 459 al. 4 C. pr. pén.

suspicion pendant la phase préparatoire du procès. Bientôt elle constituera le droit positif. La majorité du contentieux de la nullité est soumise aux juridictions de jugement. Le rôle du tribunal correctionnel ou de police est ainsi alourdi de procédures potentiellement irrégulières parce que le défendeur ne peut invoquer aucune nullité auparavant. Une procédure viciée peut ainsi se retrouver à l'audience. Le droit positif n'est pas très économe de la peine des magistrats qui travaillent sur des procédures grandement annulables.

Avec la suppression de l'instruction, le développement de la faculté pour le suspect défendeur de critiquer la régularité des actes de la procédure pendant l'exercice de la suspicion s'avère indispensable pour préserver l'équilibre du procès pénal. Le législateur devra permettre un recours en nullité dès l'enquête de police. Un auteur propose que les exceptions de nullité soit soulevées dans une audience préliminaire du tribunal de police ou correctionnel qui connaîtrait aussi des demandes d'actes et contestations de preuves[1]. A l'inverse, la solution la plus pratique sera de pouvoir saisir le juge du siège pendant l'enquête au titre de la mise en état. Le suspect défendeur devrait ainsi pouvoir soulever les nullités de l'enquête devant le juge de l'enquête selon le même mécanisme que pour les demandes d'actes dans un délai de quarante-huit heures après la garde à vue lors de l'enquête de flagrance, porté à deux semaines lors de l'enquête préliminaire. Ce délai recommencerait à courir après chaque acte de procédure. Le juge se prononcerait dans les quarante-huit heures par ordonnance susceptible d'appel devant la chambre d'instruction laquelle aurait quatre jours pour statuer. Deux mois après une garde à vue dont il est sans nouvelles, le suspect pourrait aussi soulever la nullité de la procédure lors de l'audience de l'article 77-2. En cas de comparution immédiate, si le défendeur n'a pas le temps de saisir le juge, il pourra encore saisir le tribunal correctionnel des nullités de l'enquête. Dans les autres cas, le renvoi devant la juridiction de jugement purgerait la procédure de ces vices. Ce système empêcherait l'annulation à l'audience de plusieurs semaines d'enquête pour une faute commise au début des investigations et contribue-

---

[1] SAINT-PIERRE (F.), Le véritable enjeu des contrôles juridictionnels de la légalité des procédures pénales : la « sûreté » des justiciables, préc., p. 182 et s.

rait au développement de la contradiction pendant l'enquête de police. De plus, les débats devant le tribunal correctionnel seraient soulagés du fardeau de la critique parfois chronophage pour les magistrats et les parties.

Cette possibilité de saisir le juge pendant l'enquête est d'autant plus nécessaire que la Chambre criminelle a estimé que le défaut d'impartialité de l'enquête de police est soumis à l'exigence d'un grief dans un arrête du 14 mai 2008. Sur le visa de l'article 6 de la Convention de sauvegarde des droits de l'homme et de l'article préliminaire du code de procédure pénale, la Cour de cassation pose en effet que : « *si le défaut d'impartialité d'un enquêteur peut constituer une cause de nullité de la procédure, c'est à la condition que ce grief ait eu pour effet de porter atteinte au caractère équitable et contradictoire de la procédure ou de compromettre l'équilibre des droits des parties* »[1]. La Cour de cassation étend donc le périmètre de l'exigence d'impartialité à la phase policière de la procédure pénale. L'enquête doit donc être impartiale à peine de nullité. Cette exigence d'impartialité n'est pas dénuée de légitimité si l'on considère qu'une enquête impartiale permet de respecter les garanties du suspect, notamment sa présomption d'innocence et favorise la recherche de la vérité. Imposer l'impartialité aux enquêteurs et non plus aux seuls magistrats favorise ainsi le caractère équitable de la procédure dominée par la phase de l'enquête. Eriger l'absence d'impartialité comme cause de nullité devient ainsi une avancée certaine qui permet de rééquilibrer la procédure pénale dans la phase d'enquête. Cette garantie d'impartialité doit ainsi être soumise au contrôle du juge pendant l'enquête même. Elle impose la possibilité de pouvoir le saisir.

De ce fait, alors qu'il considère que le juge doit contrôler la loyauté de l'enquête, le Comité Léger propose un double régime de recours en nullité. Pour lui, si le suspect ne bénéficie pas du régime renforcé, sa demande en nullité ne pourra se réaliser que devant la juridiction de jugement. S'il bénéficie de ce régime, son recours se réalisera devant la chambre de l'enquête et des libertés[2]. Cette distinction est inutile car dans un cas retarde le contrôle de

---

[1] Cass. crim., 14 mai 2008, préc.

[2] *Rapport*, préc., sous la proposition n°4.

l'enquête à la phase de jugement et dans l'autre empêche le juge de l'enquête de réaliser un contrôle de légalité de celle-ci. Tout suspect doit pouvoir saisir le juge du premier degré de la nullité d'un acte de procédure.

Conclusion du Chapitre

La présomption d'innocence et le procès équitable permettent la reconnaissance de *droits pour se défendre* au profit du suspect, accusé en matière pénale. Il recouvre donc pour le suspect le fait de « *disposer des mêmes moyens que l'accusation pour mettre en mouvement sa défense, d'avoir la faculté la plus libre de discuter et de contredire les éléments de fait et de droit versés au débats, qui s'échafaudent et se peaufinent peu à peu, en général contre lui, de pouvoir surtout infléchir lui-même le cours de la procédure par une action directe sur la sédimentation du dossier* »[1]. Le statut de défendeur repose ainsi sur l'application conjointe des garanties de la défense, de la contradiction et de l'égalité des armes. Ce triptyque lui assure la protection (droits de la défense et contradiction) puis une capacité de discuter et d'agir (contradiction et égalité des armes). Il s'exerce par la discussion et la critique de la suspicion. Il lui permet de développer son point de vue et ainsi de peser d'un nouveau poids dans le procès sur la base d'arguments solides[2]. L'argumentation du défendeur face à la suspicion permet de corriger le déséquilibre du procès. Au final, le suspect défendeur devrait pendant toute la mise en œuvre de la suspicion, dès l'enquête de police, être assisté d'un avocat, avoir accès au dossier, formuler des demandes d'actes d'investigation complémentaires, notamment en matière d'expertise, soulever des nullités, défendre son innocence présumée. Tout litige sur l'opportunité des demandes serait tranché par un juge de contrôle en charge de la protection de la liberté individuelle dès la phase d'enquête.

---

[1] DEFFERRARD (F.), *Le suspect dans le procès pénal*, préc., p. 128.
[2] SAINT-PIERRE (F.), Les stratégies de la défense devant le juge d'instruction, *AJ pénal* 2007, p. 313 et s.

Conclusion de la Deuxième partie

Au poids de la culpabilité présumée doit répondre le contrepoids de la critique de la suspicion. En outre cette discussion bilatérale et placée sous le contrôle du juge de la mise en état et du juge de jugement assure un autre éclairage sur les faits et, à terme, une découverte plus complète de la vérité plutôt que de se satisfaire du caractère unilatéral du discours de la suspicion. Une nouvelle maîtrise de la suspicion, partagée entre les différents acteurs du procès révélera ainsi une procédure plus équilibrée. La procédure pénale équitable.

Conclusion

Parce qu'elle permet d'inférer la commission probable d'une infraction par un individu à partir d'indices, la suspicion demeure extrêmement bien adaptée à la procédure pénale. Si la suspicion est utile à la procédure, elle est aussi dangereuse pour son équilibre. La suspicion pose la culpabilité présumée de la personne suspectée. Mais elle permet une définition *a contrario* de la présomption d'innocence comme principe protecteur de l'individu. Ce faisant, la figure du suspect, si longtemps occultée, émerge. C'est tout l'apport de la loi du 15 juin 2000 et l'instruction de l'expression personne suspectée dans l'article préliminaire du Code de procédure pénale. Le terme de suspect et ses déclinaisons se juridicisent. Mais désormais cette reconnaissance doit se traduire par la possibilité de mettre en œuvre sa défense en contrepoids à la suspicion sous le contrôle et l'arbitrage d'un juge.

L'étude de la mise en œuvre de la suspicion a ainsi mis en exergue les disparités existant entre les différents acteurs institutionnels de la procédure. L'équilibre de la procédure doit ainsi être compris entre les acteurs institutionnels du procès et le suspect mais aussi entre ces mêmes acteurs. Ce sont toutes ces interactions qui doivent être modifiées. Le législateur n'échappera donc pas à l'adoption d'un nouveau Code de procédure pénale ces prochaines années. Ce Code devra organiser la phase préparatoire du procès pénal autour de deux idées forces : d'une part l'affirmation et l'effectivité des droits du suspect, d'autre part la redéfinition des pouvoirs du juge du siège en tant que véritable arbitre pendant l'ensemble de la phase d'investigation afin d'assurer une véritable garantie judiciaire. Ce Code devra alors supprimer juge d'instruction, trop impliqué dans la mise en œuvre de la suspicion. Puisque le parquet a vocation à accuser et à diriger la police judiciaire, autant lui confier l'ensemble des pouvoirs d'investigation. Le droit rejoindra le fait. Cette suppression possédera plusieurs vertus. Tout d'abord, la clarté procédurale car les rôles des différents acteurs du procès seront bien séparés. Ensuite, elle permettra la mise sous contrôle juridictionnel des actes du ministère public et de la police judiciaire. Néanmoins, l'importance des pouvoirs des deux agents de l'exécutif que sont le parquet et la police judiciaire nécessitera un changement de statut afin de garantir une certaine indépendance et ainsi une plus grande impartialité dans la conduite des investigations.

La procédure pénale équitable pourrait ainsi être organisée de la manière suivante. Persisteraient l'enquête de flagrance coercitive et l'enquête préliminaire consensualiste accomplies par la police judiciaire sous la stricte direction du parquet. Les contrôles d'identité verraient leur régime redéfini dans le sens d'une exigence d'objectivité de la suspicion. Les vérifications d'identité seraient intégrées à une garde à vue d'une durée de vingt-quatre heures renouvelable une seule fois. Selon la gravité de l'infraction sur laquelle porte l'enquête, le parquet pourrait requérir auprès du juge du siège le placement sous contrôle judiciaire ou en détention provisoire, laquelle serait soumise à des délais butoirs. Le cas échéant, le parquet procéderait au renvoi devant le tribunal de police et le tribunal correctionnel, ainsi qu'à la mise en accusation devant la cour d'assises. Il pourrait aussi orienter le suspect vers une procédure alternative aux poursuites ou lui proposerait une peine s'il consent à reconnaître sa culpabilité devant un juge. Le juge du siège serait lui en charge du contrôle de la loyauté et de la régularité des investigations, de la protection de la liberté individuelle et de la vie privée du suspect, de la mise en état de l'affaire. Ce juge serait aussi chargé de la garantie des intérêts de la victime pendant cette phase préparatoire. Dans ce but, la constitution de partie civile s'effectuerait devant ce juge dès l'enquête de police. Afin de pallier toute inertie du parquet, comme pour l'instruction actuelle, la constitution de partie civile devant le juge obligerait le parquet à ouvrir une enquête préliminaire, l'action publique étant mise en mouvement. Matériellement, la partie civile se constituerait devant le juge qui par ordonnance de soit-communiqué, informerait le parquet lequel serait alors obligé d'agir. Dès ce moment, la partie civile constituée aurait accès au dossier mis à sa disposition par la police judiciaire ou le parquet et disposerait des mêmes droits que le suspect défendeur pour agir pendant l'enquête. Cette version maximaliste de la réforme de la procédure pénale serait ainsi souhaitable. Les propositions du Comité Léger constituent selon nous un premier pas.

Le risque d'une telle évolution est d'assister, comme ce fut le cas avec l'instruction préparatoire et l'enquête, à une translation des investigations avant que le suspect bénéficie d'un statut formel de défendeur afin de contourner ses droits. Par réaction, la société voyant ses intérêts menacés, admettrait le sacrifice des intérêts du suspect pour se protéger de lui. Mais il ne faudrait pas que la défense de la société oublie la préservation de l'individu. La sécurité de la société et la sûreté des justiciables, fussent-ils suspects, ne sont pas des antonymes. La question de leurs relations est d'ailleurs peut-être mal posée. Il ne s'agit pas d'intérêts divergents, mais d'une certaine manière, convergents puisqu'ils visent à assurer la protection de l'ordre social et des individus.

La suspicion ne doit pas faire oublier que le suspect n'est pas encore un coupable et demeure toujours un innocent. Il n'est pas un déclassé dans l'ordre juridique et social. Il reste un citoyen à part entière. Un justiciable.

Index

A

C

D

E

F

G

H

I

J

M

P

T

V

Bibliographie

Ouvrages généraux

AUBERT (J.-L.), *Introduction au droit et thèmes fondamentaux du droit civil*, Armand Colin, 10ème éd., 2004.

BOULOC (B.), *Procédure pénale*, Dalloz, 21ème éd., 2008.

BOUZAT (P.), PINATEL (J.), *Traité de droit pénal et de criminologie*, t. 1, Dalloz, 2ème éd. 1970.

CABRILLAC (R.), FRISON-ROCHE (M.-A.), REVET (T.), dir., *Liberté et droit fondamentaux*, Dalloz, 10ème éd., 2004.

CADIET (L.), *Droit judiciaire privé*, Litec, 2ème éd. 1998.

CARBASSE (J.-M.), *Histoire du droit pénal et de la justice criminelle*, PUF, 2000.

CHAMBON (P.), GUERY (C.), *Droit et pratique de l'instruction préparatoire. Juge d'instruction*, Dalloz, 5ème éd., 2004.

CONTE (P.), MAISTRE DU CHAMBON (P.), *Droit pénal général*, Armand Colin, 7ème éd. 2004.

CONTE (P.), MAISTRE DU CHAMBON (P.), *Procédure pénale*, Armand Colin, 4ème éd., 2002.

CORNU (G.), FOYER (J.), *Procédure civile*, PUF, 1996.

DANET (J.), *Justice pénale, le tournant*, Gallimard-Le Monde, 2006.

FAUSTIN HELIE, *Traité de l'instruction criminelle, ou Théorie du code d'instruction criminelle*, t. 1, *Histoire et théorie de la procédure criminelle*, Paris, H. Plon, 2èmeéd., 1866.

FAUSTIN HELIE, *Traité de l'instruction criminelle, ou Théorie du code d'instruction criminelle*, t. 3, *De la police judiciaire*, Paris, Plon, 2ème éd., 1866.

FAUSTIN HELIE, *Traité de l'instruction criminelle, ou Théorie du code d'instruction criminelle*, t. 4, *De l'instruction écrite*, Paris, H. Plon, 2ème éd., 1867.

FAUSTIN HELIE, *Traité de l'instruction criminelle, ou Théorie du code d'instruction criminelle*, t. 5, *De la mise en prévention, de la mise en accusation et du règlement de la compétence*, Paris, H. Plon, 2ème éd., 1867.

FOURMENT (F.), *Procédure pénale*, Paradigme, 9ème éd. 2008.

GARÇON (E.), *Code pénal annoté*, Sirey, 1901.

GARRAUD (R.), *Traité théorique et pratique du droit pénal français*, t. 1, Paris, Larose, 2ème éd., 1898.

GHESTIN (J.), GOUBEAUX (G.), FABRE-MAGNAN (M.), *Traité de droit civil. Introduction générale*, LGDJ, 4ème éd. 1994.

GUERY (C.), *Détention provisoire*, Dalloz, 2001.

GUINCHARD (S.), BUISSON (J.), *Procédure pénale*, Litec, 4éme éd., 2008.

GUINCHARD (S.), BANDRAC (M.), DOUCHY (M.), FERRAND (F.), LAGARDE (X.), MAGNIER (V.), RUIZ FABRI (H.), SINOPOLI (L.), SOREL (J.-M.), *Droit processuel*, Dalloz, 2ème éd., 2003.

LAINGUI (A.), LEBIGNE (A.), *Histoire du droit pénal*, t. 2, *La procédure criminelle*, Cujas, 1979.

MERLE (R.), VITU (A.), *Traité de droit criminel*, t. 1, *Problèmes généraux de la science criminelle. Droit pénal général*, Cujas, 7ème éd., 1997.

MERLE (R.), VITU (A.), *Traité de droit criminel*, t. 2, *Procédure pénale*, Cujas, 15ème éd. 2001.

MOUHANNA (C.), *Police judiciaire et magistrat, une affaire de confiance*, La documentation française, 2001.

PARRA (C.), MONTREUIL (J.), *Traité de procédure pénale policière*, Quillet, 1975.

PETTITI (L. – E.), DECAUX (E.), IMBERT (P. –H.), *La Convention européenne des droits de l'homme. Commentaire article par article*, Economica, 1995.

PRADEL (J.), *L'instruction préparatoire*, Cujas, 1990.

PRADEL (J.), *Procédure pénale*, Cujas, 14ème éd., 2008.

PRADEL (J.), CORSTENS (G.), *Droit pénal européen*, Dalloz, 2002.

RASSAT (M.-L.), *Traité de procédure pénale*, PUF, 2001.

RAYNAUD (G.), VINCENT (J.), GUINCHARD (S.), MONTAGNIER (G.), *Lexique des termes juridiques*, Dalloz, 14ème éd., 2003.

RENUCCI (J.-F.), *Droit européen des droits de l'homme*, LGDJ, 3ème éd. 2002.

ROYER (J.-P.), *Histoire de la justice en France*, PUF, 3ème éd., 2001.

SAINT-PIERRE (F.), *Guide de défense pénale*, Dalloz, 5ème éd., 2007.

SOULEZ-LARIVIERE (D.), DALLE (H.), *Notre justice*, Robert Laffont, 2002, p. 133

SUDRE (F.), *Droit européen et international des droits de l'homme*, PUF, 7ème éd. 2005.

VINCENT (J.), GUINCHARD (S.), *Procédure civile*, Dalloz, 27ème éd., 2003.

Ouvrages spéciaux, monographies, thèses.

ALBIGES (C.), *De l'équité en droit privé*, LGDJ 2000.

AMBROISE-CASTEROT (C.), *De l'accusatoire et de l'inquisitoire dans l'instruction préparatoire*, th. Bordeaux IV, 2000.

ANGEVIN (H.), *La pratique de la chambre de l'instruction*, Litec, 2ème éd. 2004.

ASCENSI, (L.), *Du principe de la contradiction*, LGDJ, 2006.

ASTAING (A.), *Droits et garanties de l'accusé dans le procès criminel d'Ancien Régime XVIe- XVIIIe siècles. Audace et pusillanimité de la doctrine pénale française*. PUAM, 1999.

BALLANDIER (P.), *Pour une défense de la présomption d'innocence*, th., Aix-Marseille III, 1996.

BECCARIA (C.), *Traité des délits et des peines*, 1764, GF-Flammarion 1991.

BENTHAM (J.), *Traité des preuves judiciaires*, par DUMONT (E.), t. 1, 2ème éd., 1830.

BONIS-GARÇON (E.), *Les décisions provisoires en matière pénale*, PUAM, 2002.

BÜCK (V.), *L'influence des cours constitutionnelles sur la politique pénale. Etude comparée France-Espagne*, LGDJ, 2002.

BUISSON (J.), *L'acte de police*, th. Lyon III, 1998.

CARBONNIER (J.), *Sociologie juridique*, PUF, 1978.

CEDRAS (J.), *La justice pénale aux Etats-Unis*, Economica, 2ème éd., 2005.

CHAMBON (P.), *Le juge d'instruction. Théorie et pratique de la procédure*, Dalloz, 4ème éd. 1997.

Comité de réflexion sur la justice pénale, *Rapport d'étape sur la phase préparatoire du procès pénal*, mars 2009.

Comité de réflexion sur la justice pénale, *Rapport remis le 1er septembre 2009 à Monsieur le Président de la République et à Monsieur le Premier Ministre.*

CONTE (P.), *L'apparence en matière pénale*, th., Grenoble, 1984.

DABIN (J.), *La technique de l'élaboration du droit positif, spécialement du droit privé*, Sirey, 1935.

DANA (A.-C), *Essai sur la notion d'infraction pénale*, LGDJ, 1982.

DANET (J.), *Défendre. Pour une défense pénale critique*, Dalloz, 2ème éd. 2004.

DANET (J.), dir., *Le nouveau procès pénal après la loi Perben II*, Dalloz 2005.

DANTI-JUAN (M.), *L'égalité en droit pénal*, th. Poitiers 1984.

DANTI-JUAN (M.), dir., *Dix ans après la réforme de 1994. Quels repères dans le code pénal ?*, Travaux de l'institut de sciences criminelles de Poitiers n° 224, Cujas, 2005.

DECAMPS (J.), *La présomption d'innocence : entre vérité et culpabilité*, th., Pau, 1998.

DELMAS-MARTY (M.), dir., *Procès pénal et droits de l'homme. Vers une conscience européenne*, PUF, 1991.

DELMAS-MARTY (M.), dir., *Corpus-Juris portant dispositions pénales pour la protection des intérêts financiers de l'Union Européenne*, Economica, 1997.

DE TISSOT (O.), *Le temps des suspects. L'honnête homme face à la police et à la justice*, Balland, 1979.

DE VALKENEER (C.), *Manuel de l'enquête pénale*, Larcier, Bruxelles, 2003.

DECOCQ (J.), MONTREUIL (J.), BUISSON (J.), *Droit de la police*, Litec, 2ème éd. 1998.

DECOTTIGNIES (R.), *Les présomptions en droit privé*, LGDJ, 1950.

DEFFERRARD (F.), *La suspicion légitime*, LGDJ, 2000.

DEFFERRARD (F.), *Le suspect dans le procès pénal*, LGDJ 2005.

ESSAID (M.- J.), *La présomption d'innocence*, Editions Laporte, Rabat, 1971.

FRISON-ROCHE (M.-A.), *Généralités sur le principe du contradictoire*, th., Paris II, 1988.

FRISON-ROCHE (M.-A.), MAZEAUD (D.), *L'expertise*, Dalloz 1995.

GARAPON (A.), PAPADOPOULOS (I.), *Juger en Amérique et en France*, Odile Jacob, 2003.

GENY (F.), *Science et technique en droit privé positif, Nouvelle contribution à la critique de la méthode juridique*, t. 3, *Elaboration technique du droit positif*, Sirey, 1921.

GIRARD (C.), *Culpabilité et silence en droit comparé*, L'Harmattan, 1997.

GRUNVALD (S.), DANET (J.), *La composition pénale. Une première évaluation,* L'Harmattan, 2005.

GUILHERMONT (E.), *La présomption d'innocence dans le discours doctrinal*, th., Perpignan, 2006.

HENRION (H.), *La nature juridique de la présomption d'innocence*, th., Montpellier 1, 2004.

HOAREAU-DODINAU (J.), TEXIER (P.), *La culpabilité*, PULIM, 2001.

JOSSERAND (S.), *L'impartialité du magistrat en procédure pénale*, LGDJ, 1998.

LAGARDE (X.), *Réflexions critiques sur le droit de la preuve*, LGDJ 1994.

LAZERGES (C.) dir, *Figures du parquet*, PUF 2006.

Le champ pénal. Mélanges en l'honneur du professeur Reynald Ottenhof, Dalloz 2006.

Le droit pénal à l'aube du troisième millénaire. Mélanges offerts à Jean Pradel, Cujas, 2006.

Les droits et le Droit. Mélanges dédiés à Bernard Bouloc, Dalloz, 2006.

LETURMY (L.), *La recherche de la vérité et le droit pénal*, th. Poitiers 1995.

LEVY (R.), *Du suspect au coupable.* Le travail de police judiciaire, Editions Médecine et Hygiène – Méridiens Klincksieck, coll. Déviance et société, 1987.

MATSOPOULOU (H.), *Les enquêtes de police*, LGDJ, 1996.

Mélanges offerts à Raymond Gassin. Sciences pénales et Sciences criminologiques, PUAM, 2007.

MERLE (P.), *Les présomptions légales en droit pénal*, LGDJ, 1970.

MERLE (R.), *La pénitence et la peine*, Cujas, 1985.

MURDOCH (J.), *L'article 5 de la Convention européenne des Droits de l'Homme. Protection de la liberté et de la sûreté de la personne*, Strasbourg, Éditions du

Conseil de l'Europe, Dossiers sur les droits de l'homme n° 12 (révisé), 2003.

NAGOUAS-GUERIN (M.- C.), *Le doute en matière pénale*, Dalloz, 2002.

PERELMAN (C.), FORIERS (P.), dir. *Les présomptions et les fictions en droit*, Bruylant, 1974.

PERELMAN (C.), *Logique juridique. Nouvelle rhétorique*, Dalloz, 2ème éd. 1999.

PERRODET (A.), *Etude pour un ministère public européen*, LGDJ 2001.

PIN (X.), *Le consentement en matière pénale*, LGDJ 2002.

PLESSIX-BUISSET (C.), *Le criminel devant ses juges en Bretagne aux 16e et 17e siècles*, Maloine, 1988.

PORTERON (C.), *Droit à l'information et procédure pénale*, th. Nice 2002.

PRADEL (J.), dir, *Les atteintes à la liberté avant jugement en droit pénal comparé*, Cujas, 1992,

QUILLERE-MAJZOUB (F.), *La défense du droit à un procès équitable*, Bruylant, 1999.

Rapport de la commission de réflexion sur la justice au Président de la République, La documentation française, 1997.

RAVIER (P.), MONTREUIL (J.), *L'enquête de police judiciaire*, Paris Lavauzelle, 1979.

RIBEYRE (C.), *La communication du dossier pénal*, th. Grenoble 2, 2004.

ROBERT (J.-H.), TZITZIS (S.), dir., *La présomption d'innocence. Essais de philosophie pénale et de criminologie*, Revue de l'Institut de criminologie de Paris, Vol. 4, 2003-2004, Eska, 2004.

ROETS (D.), *Impartialité et justice pénale*, Cujas 1997.

ROUSSEL (G.), *Les procès-verbaux d'interrogatoire. Rédaction et exploitation*, L'Harmattan, 2005.

SAAS (C.), *L'ajournement du prononcé de la peine. Césure et recomposition du procès pénal*, Dalloz, 2004.

SAINT-GERAND (V.), *La culpabilité dans la théorie de la responsabilité pénale*, th., Lyon III, 2000.

SALAS (D.), *Du procès pénal*, PUF, 1991.

SARTHOU-LAJUS (N.), *La culpabilité*, Armand Colin, 2002.

SCHWARTZ (L.), *Petit manuel de garde à vue et de mise en examen*, Arléa, 2002.

TERRE (F.), dir., *Le doute et le droit*, Dalloz, 1994.

TONGLET (A.), *La présomption d'innocence et les présomptions en droit pénal*, th., Paris XIII, 1999.

VALETTE (V.), *La personne mise en cause en matière pénale*, PU Clermont-Ferrand, 2002.

WEST (A.), *Les transformations de l'administration de la preuve pénale. Approches et perspectives comparatistes : les procédures accusatoires*, Rapport pour le centre de prospective de la gendarmerie nationale, Juillet 2004.

Principaux articles

ALLIX (D.), Le droit à un procès équitable. De l'accusation en matière pénale à l'égalité des armes, *Justices* 1998, p. 19.

ALLIX (D.), La preuve en matière pénale à l'épreuve du procès pénale équitable, *Justices*, n° 10, 1998, p. 35.

ALT-MAES (F.), La contractualisation du droit pénal. Mythe ou réalité ?, *Rev.sc. crim.* 2002, p. 501.

AUVRET (P.), Le droit au respect de la présomption d'innocence, *JCP* 1994, I, 3802.

BADINTER (R.), Au sujet du projet de loi sur la présomption d'innocence, *Petites Affiches*, 25 oct. 2000, n° 213, p. 13.

BEAUVALLET (O.), Les premières investigations du procureur près la Cour pénale internationale, *Dr. pén.* 2004, chron. 15.

BECHERAOUI (D.), La notion de flagrance en droit français, libanais et égyptien, *Rev. sc. crim.* 1997, p. 73.

BEERNAERT (M.-A.), Négociation sur la peine et procès équitable, *Rev. trim. dr. h.* 2003, p. 963.

BELIN (P.), PONS (T.), Juge d'instruction et avocat : vous avez dit contradictoire ?, *AJ pénal* 2007, p. 315.

BESSON (A.), Rapport sur le projet de Code de procédure pénale, *D.* 1955, n° 86 p. 27.

BILLIAUD (A.), Quel contrôle du JLD sur les enquêtes ?, *AJ pénal* 2004, p. 233.

BONFILS (P.), La réforme de l'ordonnance de 1945 par la loi prévention de la délinquance, *AJ pénal* 2007, p. 2094.

BOULOC (B.), Le témoin, le témoin assisté, le mis en examen, *Rev. pénit. dr. pén.* 2003, p. 649.

BOURDEAUX (G.), La suspicion de fraude, *JCP* 1994, I, 3782.

BREDIN (J.-D.), Le doute et l'intime conviction, *Droits*, 1996, n° 23, *La preuve*, p. 21.

BÜCK (V.), Vers un contrôle plus étendu de la garde à vue. L'exemple du contentieux relatif à la notification immédiate des droits, *Rev. sc. crim.* 2001, p. 325.

BUISSON (J.), Les présomptions de culpabilité, *Procédures* 1999, chron. n° 15.

BUISSON (J.), Contrôles et vérifications d'identité, *J. -Cl. proc. pén.*, art. 78-1 à 78-5, fasc. 10.

BUISSON (J.), La garde à vue dans la loi du 15 juin 2000, *Rev. sc. crim.* 2001, p. 25.

BUISSON (J.), Des contrôles d'identité requis aux fouilles requises, *Procédures* 2002, chron., n° 3.

BUISSON (J.), Les auxiliaires délégués de la justice pénale, *Rev. pénit. dr. pén.* 2005, p. 813.

BUSSY (F.), La notion de partie à l'instance en procédure civile, *D.* 2003, p. 1376.

CADIET (L.), Et les principes directeurs des autres procès ? Jalons pour une théorie des principes directeurs du procès, in *Mélanges Jacques Normand*, Litec, 2003, p. 71.

CAPDEPON (Y.), Le juge du siège et l'évolution de la procédure pénale : juger ou contrôler ?, *Dr. pén.* 2007, étude n° 15.

CARTUYVELS (Y.), Police et parquet en Belgique : vers une reconfiguration des pouvoirs ?, *Droit et société*, 2004, p. 52.

CAULLET (M.), Terminologie criminelle et droit d'inculpation, *Rev. sc. crim.* 1954, p. 330.

CERE (J.-P.), REMILLIEUX (P.), De la composition pénale à la comparution sur reconnaissance préalable de culpabilité : le « plaider-coupable » à la française, *AJ pénal* 2003, p. 45.

CHAMBON (P.), Le juge d'instruction face au Code de procédure pénale, *JCP* 1959.

CHASSAING (J.-F.), Jalons pour une histoire de la présomption d'innocence, in *Juger les juges, Du Moyen Age au Conseil supérieur de la magistrature*, La Documentation française, 2000, p. 232 et s., spéc., p. 237.

COHEN (C.), A propos de la détention provisoire. Vers la réforme permanente ? Historique - Etat des lieux et perspecctives, *Gaz. pal.* 1995, 1, doct., p. 501.

COLOMB (C.), Nullité des contrôles d'identité, *AJ pénal*, 2005, p. 139.

CONTE (P.), Un aspect de l'apparence vraisemblable au stade policier de la procédure pénale (aperçus sur la notion d'apparence en procédure pénale), *Rev. sc. crim.* 1985, p. 471.

CONTE (P.), Pour en finir avec une présentation caricaturale de la présomption d'innocence, *Gaz. pal.* 1995, 1, doct. p. 21.

CONTE (P.), Les galeux de la République. A propos de l'« affaire d'Outreau », *JCP* 2006, I, 101.

CONTE (P.), Les propositions du comité de réflexion sur la justice pénale, *Dr. pén.* 2009, étude n° 11.

COSTE (F.-L.), Statut de la parole et présomption d'innocence, *AJ pénal* 2004, p. 402.

COSTE (F.-L.), Chambre de l'instruction, *Rép. pén. Dalloz.*

COUVRAT (P.), Le rôle moteur du développement des droits de l'homme en procédure pénale, *D.* 2002, chron., n° 5.

DALLE (H.), Juges et procureurs : une évolution divergente, in Ce qui a changé dans la justice depuis 20 ans, *Justice* n° spécial, 1998, p. 55.

DANET (J.), Le droit pénal et la procédure pénale sous le paradigme de l'insécurité, *Arch. pol. crim.* 2003, p. 37.

DANET (J.), Ceci n'est pas un plaider coupable, intervention et synthèse du colloque « La comparution sur reconnaissance préalable de culpabilité », Vendredi 28 novembre 2003, *Bulletin du Barreau de Versailles*, n° hors série, décembre 2003, p. 18.

DANET (J.), Brèves remarques sur la typologie et la mise en œuvre des nullités, *AJ pénal* 2005, p. 133.

DANET (J.), La CRPC : du modèle législatif aux pratiques…et des pratiques vers quel(s) modèle(s) ?, *AJ pénal* 2005, p. 433.

DAVAL (C.), La loi du 10 août 1993 relative aux contrôles et vérifications d'identité, *Petites affiches*, 15 oct. 1993, n°124, p. 7.

DE LAMY (B.), Le juge des libertés et de la détention : un trompe l'œil, *Dr. pén.* 2007, étude n°13.

DE SMET (B.), Le juge d'instruction : obstructionniste ou acteur indispensable dans le procès pénal, *RID. pén.* 1996, p. 417.

DEBOVE (F.), La justice pénale instantanée, entre miracle et mirages, *Dr. pén.* 2006, chron., n°19.

DEFFERRARD (F.), Le crime et le soupçon. Réflexions sur la preuve dans la suspicion légitime d'infraction pénale, *D.* 2001, chron., p. 2692.

DEFFERRARD (F.), Le juge d'instruction retrouvé, *D.* 2006 act., p. 1908.

DELMAS-MARTY (M.), La preuve pénale, *Droits* 1996, n° 23, *La preuve*, p. 31.

DELMAS-MARTY (M.), Evolution du ministère public et principes directeurs du procès pénal dans les démocraties européennes, *Justices* n° 3, janv./juin 1996, p. 75.

DELMAS-MARTY (M.), Vers un modèle européen de procédure pénale, *Arch. pol. crim.* 2000, p. 21.

DETRAZ (S.), La prétendue présomption d'innocence, *Dr. pén.* 2004, chron. n° 3.

DI MARINO (G.), L'implantation et la remise en cause des dogmes accusatoire et inquisitoire, *RID pén.* 1997, p. 17.

DI MARINO (G.), Du code de procédure pénale version 1958, au code de procédure pénale version 2000, *Rev. pénit. dr. pén.* 2000, p. 87.

DONNEDIEU DE VABRES (H.), La réforme de l'instruction préparatoire, *Rev. sc. crim.* 1949, p. 499, p. 432, p. 617, p. 796.

DORWLING-CARTER (M.), Faut-il supprimer le juge d'instruction ?, *JCP* 1990, I, 3458.

DUMONT (J.), Juge d'instruction, Juridiction d'instruction du premier degré, Dispositions générales, *J. -Cl. proc. pén.*, art. 79 à 84, fasc. 20.

DUMONTET (B.), L'avocat et la garde à vue : aspects pratiques et critiques, *AJ pénal* 2004, p. 275.

GIUDICELLI (A.), Le témoin assisté et la personne mise en examen : vers un nouvel équilibre ?, *Rev. sc. crim.* 2001, p. 43.

GIUDICELLI (A.), Repenser le plaider coupable, *Rev. sc. crim.* 2005, p. 592.

GIUDICELLI (A.), La garde à vue après la loi n° 2004-204 du 9 mars 2004, *AJ pénal* 2004, p. 261.

GIUDICELLI (C.), Regards croisés sur la direction de l'enquête dans les procédures pénales, *AJ pénal* 2008, p. 439.

GIUDICELLI (C.), Le juge d'instruction évoluera ou disparaîtra, *AJ pénal* 2009, p. 68.

GOLLETY (F.), Les morts suspectes, *Rev. sc. crim.*, 1958, p. 913.

GORPHE (F.), La valeur probante des indices, *Rev. sc. crim.* 1937, p. 418.

GOULESQUE (J.), MICHAUD (J.), Le « Janus » de la magistrature, *Rev. sc. crim.* 1974, p. 666.

GRUNVALD (S.), DANET (J.), Brèves remarques tirées d'une première évaluation de la composition pénale, *AJ pénal* 2004, p. 196.

GUERY (C.), Les paliers de la vraisemblance pendant l'instruction préparatoire, *JCP* 1998, I, 140.

GUERY (C.), Le juge des libertés et de la détention : un juge qui cherche à mériter son nom…, *D.* 2004, p. 583.

GUERY (C.), L'avenir du suspect, *AJ pénal* 2005, p. 232.

GUERY (C.), De la nécessité accrue, pour le témoin assisté, de l'être bien…, *AJ pénal*, 2005, p. 111.

GUERY (C.), J'instruisais, tu instruisais… Nous instruisons, *AJ pénal* 2006, p. 340.

GUERY (C.), Détention provisoire et culpabilité, *D.* 2006, Point de vue, p. 1556.

GUERY (C.), La fin de l'instruction, *AJ pénal* 2007, p. 319.

GUERY (C.), La mort suspecte n'est plus ce qu'elle était, *JCP* 2008, I, 187.

GUERY (C.), ROLLAND (R.-P.), Les houles inutiles. Propos sur le nouveau statut de témoin assisté, *Gaz. pal.* 2000, 2, doct. p. 1735.

GUINCHARD (A.), La qualité de partie à l'instruction en droits (fédéral) américain et français, *Rev. sc. crim.* 1997, p. 611.

GUINCHARD (S.), Le procès équitable : un droit fondamental ?, *AJDA* 1998, n° spécial, p. 194.

GUINCHARD (S.), Les métamorphoses de la procédure à l'aube du troisième millénaire, in *Clés pour le siècle*, Dalloz, 2000, p. 1135.

HARDOUIN-LE GOFF (C.), Les fictions légales en droit pénal, *Dr. pénal* 2009, Etude n°1.

HENRION (H.), L'article préliminaire du code de procédure pénale : vers une « théorie législative » du procès pénal ?, *Arch. pol. crim.* 2001, p. 13.

JEAN (J.-P.), Le ministère public entre modèle jacobin et modèle européen, *Rev. sc. crim.* 2005, p. 670.

JEANDIDIER (W.), La présomption d'innocence ou le poids des mots, *Rev. sc. crim.* 1991, p. 49.

KOERING-JOULIN (R.), La présomption d'innocence, un droit fondamental ?, in *La présomption d'innocence en droit comparé, Colloque organisé par le Centre français de droit comparé à la Cour de cassation (Paris, le 16 janvier 1998)*, Société de législation comparée, 1998, p. 19.

LAZERGES (C.), Le concept d'imputabilité dans les doctrines de défense sociales, *Rev. sc. crim.* 1983, p. 315.

LAZERGES (C.), Le renforcement de la protection de la présomption d'innocence et des droits des victimes : histoire d'une navette parlementaire, *Rev. sc. crim.*, 2001, p. 8.

LAZERGES (C.), La dérive de la procédure pénale, *Rev. sc. crim.* 2003, p. 644.

LAZERGES (C.), La présomption d'innocence en Europe, *Arch. pol. crim.* 2004, p. 127.

LECLERC (H.), La loi du 15 juin 2000 renforçant la présomption d'innocence et les droits des victimes, *Gaz. pal.* 29/30 sept. 2000, p. 2.

LEBLOIS-HAPPE (J.), De la transaction pénale à la composition pénale, Loi n° 99-515 du 23 juin 1999, *JCP* 2000, I, 198.

LEBLOIS-HAPPE (J.), Quelle collégialité pour l'isntruction en 2010 ?, *AJ pénal* 2008, p. 363.

LEGRAND (D.), Regard critique sur les propositions de réforme de l'instruction, *AJ pénal* 2006, p. 333.

LEMONDE (M.), Le juge des libertés et de la détention : une réelle avancée ?, *Rev. sc. crim.* 2001, p. 51.

LENNON (J.-L.), Les raisons justifiant le placement en garde à vue du suspect, *D.* 2006, chron., p. 887.

LETURMY (L.), De l'enquête de police à la phase exécutoire du procès : quelques remarques générales sur l'expertise pénale, *AJ pénal* 2006, p. 58.

LEVASSEUR (G.), L'imputabilité en droit pénal, *Rev. sc. crim.*, 1983, p. 1.

LOMBOIS (C.), La présomption d'innocence, *Pouvoirs* 1990, p. 81.

MARGUENAUD (J.-P.), Le droit à « l'expertise équitable », *D.* 2000, chron., p. 111.

MARGUENAUD (J.-P.), Les dérives de la procédure pénale française au regard des exigences européennes, *D.* 2000, chron., p. 249.

MARINELLI (V.), Structure et fonction de la présomption d'innocence, in *La présomption d'innocence en droit comparé, Colloque organisé par le Centre français de droit comparé à la Cour de cassation (Paris, le 16 janvier 1998)*, Société de législation comparée, 1998, p. 47.

MARON (A.), Témoin assisté et personne mise en examen, nouveaux coupables ou nouveaux innocents, *Rev. pénit. dr. pén.* 2001, p. 20.

MARON (A.), Des innocents d'Outreau aux innocents d'Ailleurs, propos inconvenants, *Dr. pén.* 2006, Repère n° 2.

MATSOPOULOU (H.), Les innovations dans la conduite de l'information judiciaire : une urgence pour 2010 ! Commentaire de la loi n° 2007-291 du 5 mars 2007 tendant à renforcer l'équilibre de la procédure pénale, *Dr. pén.* 2007, études n° 5.

MATSOPOULOU (H.), Renforcement du caractère contradictoire, célérité de la procédure pénale et justice des mineurs. Commentaire de la loi n° 2007-291 du 5 mars 2007 tendant à renforcer l'équilibre de la procédure pénale, *Dr. pén.* 2007, études n° 6.

MAYAUD (Y.), Les malades mentaux entre non-imputabilité et imputation, *AJ pénal* 2004, p. 303.

MAYER (D.), Plaidoyer pour une redéfinition du flagrant délit, *D.* 1980, chron. p. 99.

MAYER (D.), Prévention et répression en matière de contrôles d'identité : une distinction trompeuse, *D.* 1993, chron., p. 272.

MERCINIER (E.), Nouveau régime de la fin de l'information judiciaire : réflexions pratiques, *AJ pénal* 2008, p. 497.

MERLE (R.), Le corps humain, la justice pénale et les experts, *JCP* 1955, I, 1219.

MERLE (R.), La garde à vue, *Gaz. pal.* 1969, 2, doct. p. 18.

MERLE (R.), La Convention européenne des droits de l'Homme et la justice pénale française, in *La Plume et la parole*, Cujas 1993, p. 167.

MERLE (R.), La défense pénale, *Justices* n° 10, 1998, p. 91.

MOLLA (A.), L'avocat face à son client, *AJ pénal* 2007, p. 308.

MOUHANNA (C.), Les relations police-parquet en France : un partenariat mis en cause ?, *Droit et société*, 2004, p. 505.

NORD-WAGNER (M.), La détention provisoire : un équilibre renforcé ?, *AJ pénal* 2007, p. 113.

OTTENHOF (R.), Imputabilité, culpabilité et responsabilité en droit pénal, *Arch. pol. crim.* 2000, p. 71.

PANSIER (F.-J.), Le juge et l'innocence, *Gaz. pal.* 10 août 1995, doct., p. 1002.

PICARD (E.), Les contrôles d'identité au regard des droits fondamentaux : des régimes inutilement hétéroclites, *RFD adm.*, 1994, p. 959.

PONCELA (P.), Quand le procureur compose avec la peine, *Rev. sc. crim.* 2002, p. 638.

PRADEL (J.), La montée des droits du délinquant au cours de son procès. Essai d'un bilan, in *Mélanges Larguier*, Presses Universitaires de Grenoble, 1993, p. 223.

PRADEL (J.), La personne suspecte ou poursuivie après la loi du 15 juin 2000. Evolution ou Révolution ?, *D.* 2001, chron. p. 1035 et 1114.

PRADEL (J.), La procédure pénale française au début du XXIème siècle, *Rev. pénit. dr. pén.* 2003, p. 341.

PRADEL (J.), Défense du plaidoyer de culpabilité. A propos du projet de loi sur les évolutions de la criminalité, *JCP* 2004, I, 58.

PRADEL (J.), Notre procédure pénale défend-elle l'intérêt général ? *Rev. pénit. dr. pén.* 2005, p. 503.

PRADEL (J.), Haro sur le juge d'instruction !, *D.* 2006, p. 245.

RASSAT (M.-L.), Détention provisoire 17… et la suite, in *Droit pénal contemporain. Mélanges en l'honneur d'André Vitu*, Cujas, 1989, p. 619.

RAZAFINDRANALY (J.-R.-V.), La garde à vue. Entre paradoxes téléologiques et aléas sémantiques, *Les Cahiers de la sécurité intérieure*, n° 51, 2003, p. 69.

REMPLON (L.), La rétention du « suspect », *JCP* 1978, I, 2916.

RENOUX (T.), Le Conseil Constitutionnel et l'instruction pénale : juges ou magistrats ?, *Justices* n° 10, 1998, p. 75.

RENUCCI (J.-F.), Les nouvelles dispositions sur l'enquête et la CEDH, in Sudre (F.), dir., *Le droit français et la Convention européenne des droits de l'homme*, 1974-1992, Editions N. P. Engel, Strasbourg, 1994, p. 211.

RENUCCI (J.-F.), Le procureur est-il un magistrat au sens européen du terme ?, in *Libertés, justice, tolérance : mélanges en hommage au doyen Gérard Cohen-Jonathan* (2 vol.), Bruylant 2004, p. 1345.

ROUSSEL (G.), L'introduction du « repenti » ou le pragmatisme appliqué du législateur, *AJ pénal* 2005, p. 363.

SAAS (C.), De la composition pénale au plaider-coupable : le pouvoir de sanction du procureur, *Rev. sc. crim.* 2004, p. 827.

SAINT-PIERRE (F.), Un point de vue sur l'évolution actuelle de la procédure pénale, *D.* 2002, Point de vue, p. 3019.

SAINT-PIERRE (F.), Le véritable enjeu des contrôles juridictionnels de la légalité des procédures pénales : la sûreté des justiciables, *AJ pénal* 2005, p. 177.

SAINT-PIERRE (F.), La nature juridique des droits de la défense dans le procès pénal, *D.* 2007, chron., p. 260.

SAINT-PIERRE (F.), Les stratégies de la défense devant le juge d'instruction, *AJ pénal* 2007, p. 313.

SCHWENDENER (M.), Quelle place pour la garde à vue dans la procédure pénale ?, *AJ pénal 2006*, p. 344.

SOULEZ-LARIVIERE (D.), Les nécessités de l'accusatoire, *Pouvoirs* n° 55, 1990, p. 65.

SOURIOUX (J.-L.), La croyance légitime, *JCP* 1982, I, 3058.

SUSINI (J.), Les moments critiques de l'enquête de police ; les ressources refoulées de l'enquête préliminaire, *Rev. sc. crim.* 1977, p. 161.

SUSINI (J.), L'interrogatoire du suspect, *Rev. sc. crim.* 1986, p. 229.

TAGARAS (H.), La notion d'accusation et les droits de l'accusé, in *Le procès pénal équitable et la protection juridictionnelle du citoyen*, *Actes du Colloque organisé à Bordeaux les 29 et 30 septembre 2000 par l'Institut des droits de l'homme des avocats européens et l'institut des droits de l'Homme du Barreau de Bordeaux*, Bruylant, 2001, p. 43.

THOMAS (D.), Les contrôles d'identités préventifs depuis les arrêts de la chambre criminelle des 4 octobre 1984 et 25 avril 1985 : la nécessité d'une réforme, *D.* 1985, chron., p. 181.

THOMAS (D.), Le suspect en quête de statut procédural, in *Mélanges Cabrillac*, Litec 1999, p. 823.

TULKENS (F.), VAN DE KERCHOVE (M.), La justice pénale : justice imposée, justice participative, justice consensuelle ou justice négociée, *Rev. dr. pén. crim.* 1996, p. 445.

VARAUT (J.-M.), La défense pénale, *Rev. pénit. dr. pén.* 2003, p. 719.

VLAMYNCK (H.), Approche policière de la garde à vue, *AJ pénal* 2008, p. 262.

VOULAND (P.), La défense pénale est un métier, *AJ pénal* 2007, p. 301.

VROOM (C.), La liberté individuelle au stade de l'enquête de police en France et aux Etats-Unis, *Rev. sc. crim.* 1988, p. 487.

ZAPPALA (E.), Ministère public et juge : séparer les carrières ?, *Rev. pénit. dr. pén.* 2001, p. 482.

Table des matières

L'HARMATTAN, ITALIA
Via Degli Artisti 15 ; 10124 Torino

L'HARMATTAN HONGRIE
Könyvesbolt ; Kossuth L. u. 14-16
1053 Budapest

L'HARMATTAN BURKINA FASO
Rue 15.167 Route du Pô Patte d'oie
12 BP 226
Ouagadougou 12
(00226) 76 59 79 86

ESPACE L'HARMATTAN KINSHASA
Faculté des Sciences Sociales,
Politiques et Administratives
BP243, KIN XI ; Université de Kinshasa

L'HARMATTAN GUINÉE
Almamya Rue KA 028
En face du restaurant le cèdre
OKB agency BP 3470 Conakry
(00224) 60 20 85 08
harmattanguinee@yahoo.fr

L'HARMATTAN CÔTE D'IVOIRE
M. Etien N'dah Ahmon
Résidence Karl / cité des arts
Abidjan-Cocody 03 BP 1588 Abidjan 03
(00225) 05 77 87 31

L'HARMATTAN MAURITANIE
Espace El Kettab du livre francophone
N° 472 avenue Palais des Congrès
BP 316 Nouakchott
(00222) 63 25 980

L'HARMATTAN CAMEROUN
Immeuble Olympia face à la Camair
BP 11486 Yaoundé
(237) 458.67.00/976.61.66
harmattancam@yahoo.fr

L'HARMATTAN SÉNÉGAL
« Villa Rose », rue de Diourbel X G, Point E
BP 45034 Dakar FANN
(00221) 33 825 98 58 / 77 242 25 08
senharmattan@gmail.com

550386 - Décembre 2013
Achevé d'imprimer par

1livre.com
du rêve à la réalité !

www.ingramcontent.com/pod-product-compliance
Lightning Source LLC
LaVergne TN
LVHW011150061026
849535LV00003B/681

* 9 7 8 2 2 9 6 1 1 4 5 8 6 *